彰往考來・圖書館史系列叢書 02　宋建成 主編

元華文創
頂尖文庫 EA039

The Historical Development of the National Central Library

國家圖書館故事

國家圖書館，原稱國立中央圖書館，一九三三年創立於南京迄今……

卷二

館藏發展及整理

宋建成　著

叢書序

　　中國的圖書館事業淵遠流長。漢代重視圖書典籍，徵集圖書，並加以整理，官府藏書豐富，有了藏書處所。這個藏書所在，有以官職命名，如太常、太史、博士、御史等，藏書附屬在政府機關內，猶如今日的機關圖書館；有以殿閣稱之，如西漢的蘭臺、石室、石渠閣、天祿閣、麒麟閣、溫室、延閣、廣內、祕室等，東漢有辟雍、東觀、蘭臺、石室、宣明、鴻都等，有如今日的國立圖書館，可謂洋洋大觀。因藏書處所甚多，到了西元 159 年（東漢桓帝延熹 2 年），置祕書監，開始有了專職典掌全國圖書秘籍的機構，正如同今日的國家圖書館。祕書監直至 1380 年（明太祖洪武 13 年）被併入翰林院，歷時 1,222 年之久。期間，雖名稱偶有變易，或稱監，或稱省等，但在歷代中央官制中，已屬常制。祕書監的工作，始終賡續進行，未嘗中斷。

　　北宋時沿襲前代舊制，祕書省仍然肩負典掌全國經籍之責。北宋初，以昭文館、集賢院、史館為三館，作為實際的藏書處所。978 年（太宗太平興國 3 年）新建崇文院，三館移入，並內置特藏書庫「祕閣」，稱「三館祕閣」，祕書省形同虛設。1082 年（神宗元豐 5 年）改革官制，取消崇文院名稱，三館祕閣重歸祕書省統領。1120 年（欽宗宣和 2 年）祕書省新省舍落成。迨 1127 年（欽宗靖康 2 年），金軍攻破京師汴梁（開封府），擄走徽、欽二帝及皇族、后妃、朝臣等 3,000 餘人北去，北宋亡國，此即史稱「靖康之難」。北宋官府藏書，儘被金人劫走，蕩然靡遺。宋室南渡之初，政局混亂，1129 年（南宋高宗建炎 3 年）廢祕書省。1131 年（高宗紹興元年）高宗到了紹興府，時局稍定，復置祕書省。高宗派程俱（1078—1144）為首任朝奉大夫守祕書少監。

　　程俱曾先後出入北宋三館祕閣達 14 年，熟悉館閣業務，瞭解官府藏書對治理國家的功用。根據程氏奏〈進《麟臺故事》申省原狀〉，認為「典籍之府，憲章所由，當有記述，以存一司之守」，於是「輒採摭見聞及方冊所載，法令所該，比次為書，凡 12 篇，列為 5 卷，名曰《麟臺故事》。繕寫成 2 冊，詣通進司投進，如有可採取，以副本藏之祕省，以備討論」。奉聖旨「依奏」。案「麟臺」係指於 685 年（唐武后垂拱元年）將祕書省改稱之名。705 年（唐中宗神龍元年）又恢復原名。「故事」或稱「舊事」、「事實」，為「典章制度」的舊稱。南宋陳振孫《直齋書錄解題》，將〈史錄〉下分 16 類，其中有「典故類」。《麟臺故事》記錄北宋一代祕書省館閣制度及故實。

　　《麟臺故事》傳本散佚。清人從《永樂大典》輯錄，原書已亡 3 篇。究其內容分為 3 大類：1.〈沿革〉、〈省舍〉、〈職掌〉3 篇，記述了祕書省和館閣的設置、職掌及演變。2.〈選任〉、〈官聯〉、〈恩榮〉、〈祿廩〉4 篇，敘述所置人員的地位、升遷和待遇。3.〈儲藏〉、〈修纂〉2 篇，對官府藏書的營運，如儲藏校讎典籍，修纂國史等，作了有系統的說明。清初《麟臺故事》5 卷輯本，被收入《四庫全書》。1780 年（清高宗乾隆 45 年）紀昀等，為《麟臺故事》重新作序，指出該書「所記者皆宋初館閣之事，典章文物，燦然可觀。蓋紹興元年初復祕書省，皆以俱為少監，故俱作是書，得諸官府舊章，最為詳備。」

　　是書論述國家藏書的重要性，並歸納其職能為 1.資政參考（處理國家政務，需利用官府藏書）；2.養育人才（培養高級文官）；3.利用藏書便於修纂（校勘圖書、編纂圖書），總結了北宋官府藏書的管理制度。

　　由正史的記載，祕書省相當於今日的國家圖書館。《麟臺故事》也就是北宋「國家圖書館故事」。

　　又，（日）德川光圀（1628—1701），江戶時代大名，又稱水戶黃門。水戶藩第 2 代藩主，德川家康之孫。他為進行編纂《大日本史》（原稱《本朝史紀》或《國史》），於 1657 年（後西天皇明曆 3 年）在江戶別邸成立修

史局。其後該局擴移至小石川藩邸（今東京巨蛋球場，後樂園庭園），改稱「彰考館」，取自晉杜預（222－285）《春秋經傳集解・序》「彰往考來」之意。期許在修史的過程中能夠博蒐資料，審慎且客觀地解讀相關內容及朝廷紀錄，還原歷史真相，考察未來。書成於 1906 年（明治 19 年）。

　　本叢書爰以「彰往考來・圖書館史系列叢書」為叢書名，彙集近代各個「圖書館故事」，用來彰顯圖書館員秉持着專業，研發及運用科學的方法，努力於經營圖書館，從事蒐集、整理、保存及製作圖書資訊、服務公眾或特定對象等工作。保存文化、提供資訊，促進學術研究，對國家的教育及文化事業貢獻良多。

　　盧荷生教授撰《中國圖書館事業史》，敘述中國古代至清代的官府藏書史，每代細說圖籍徵集、藏書處所、編著目錄 3 事。蓋各代開國君王，以「馬上得天下」，前朝內府藏書，多因兵燹而散佚，立國後修文，「大收篇籍，廣開獻書之路」，由皇帝向民間公開徵求藏書，再度聚書，建藏書殿閣多處，編纂目錄自然隨之而起。歷朝興衰，官府藏書隨之聚散，循環不已。本叢書因而也偏重於館藏發展、館舍建築、圖書整理，尤其重視電腦及網路科技引入圖書的整理和利用。

　　本叢書首先推出 3 卷。卷一、卷二為「國家圖書館故事」，旨在回顧中央圖書館 1933 年至 2011 年的發展歷史。卷三為「漢學圖書館故事」，敘述外國漢學圖書館對漢學（中國學）研究資料的蒐藏。在中國沿海各地收集善本書等研究資料者，列舉日本及美國。在西北地方收集中國古文獻者有英、俄、法、日等國。惟有了解外國人對漢學資料的蒐藏，始能更進一部體會中央圖書館「搶購」善本書的辛勞，及避免江南藏書被「洗劫一空」的重要性。本叢書以記錄故實為主，內容中有標黑體字體及〔　〕符號者，係筆者的淺見及注解。

　　本叢書之完稿及付梓，要感謝國家圖書館館長曾淑賢及同人提供閱覽環境和館藏圖書資源。圖書的封面設計係取材國圖古籍善本書影，以緬懷國圖在抗戰最艱困期間（1940－1941）於淪陷區滬港兩地，為國家秘密搶

購散佚珍貴古籍故事。感謝國圖提供數位影像,並同意授權利用。上圖為(明)文俶女士繪,〈〔煎煮〕海鹽〉,載於:《金石昆蟲草木狀》27 卷 12 冊,1617－1620 年間(明萬曆 45－48 年)彩繪底稿本。左圖係〈書衣〉,載於:(宋)許棐撰《梅屋詩餘》1 卷、(宋)戴復古撰《石屏長短句》1 卷,明虞山毛氏汲古閣影鈔南宋臨安陳宅書籍舖刊本。右圖則為(宋)陳彭年重修《廣韻》5 卷 5 冊,南宋初婺州刊巾箱本,卷 5 葉 47,據澤存堂本補〔以影印葉〕。並特別感謝元華文創股份有限公司慨允出版。

前　言

　　中國自古以來藏書事業發達，發展到宋代，已經基本形成官府藏書、書院藏書、私人藏書、寺廟藏書 4 大體系。一直到 19 世紀末以前，中國沒有「圖書館」乙詞，也沒有以「圖書館」命名的藏書機構。古代的藏書樓重典藏，輕公眾利用。迄 1897 年（光緒 23）刑部主事張元濟等人，為培育維新人才，在北京創辦學習西學的「通藝學堂」。訂有《通藝學堂章程》（全 61 條），在第 3 條規定「學堂所宜設立以資講習者」凡 9，其中有「圖書館」乙項，並訂《圖書館章程》（全 12 條）。這是第一次正式使用了「圖書館」這個名詞。惜「百日維新」失敗，張氏被革職永不敘用，學堂也被迫停辦。1901 年（光緒 27）清政府推動「預備立憲」，積極改革。1904 年（光緒 30）張之洞、張百熙、榮慶《奏遵旨重定學堂章程妥籌辦法摺（大學堂附通儒院）》，在〈屋場圖書器具章第四〉第 4 節「大學堂應附屬圖書館一所，廣羅中外古今各種圖書，以資考證。」這是首次在中國官方文件使用「圖書館」乙詞。1905 年（光緒 31）學部設立。

　　1909 年（宣統元）學部〈奏分年籌備事宜摺〉，在預備立憲的前 3 年內，計畫完成京師圖書館和各省圖書館的設立，一時地方督撫紛紛開始奏設圖書館，形成了一場由上而下的公共圖書館運動。同年學部奏擬《京師及各省圖書館通行章程》（全 20 條），以「圖書館之設，所以保存國粹，造就通才，以備碩學專家研究學藝、學生士人檢閱考證之用；以廣徵博采，供人瀏覽為宗旨。」（第 1 條）「京師及各外省圖書館均須刊刻觀書券，以便稽察。凡入館觀書非持有券據，不得闌入。」可稱門禁森嚴。「圖書館收藏圖籍，分為兩類：一為保存之類，一為觀覽之類。」（第 7 條）「凡內府秘籍，海內孤本，宋元舊槧，精鈔之本，皆在應保存之類。保存類圖書，

別藏一室，由館每月擇定時期，另備券據，以便學人展視。」（第8條）「凡中國官私通行圖書，海外各國圖書，皆為觀覽之類。觀覽類圖書，任人領取繙閱，惟不得汙損、剪裁及攜出館外。」（第9條）從中國第一次圖書館立法法條來看，雖是已從藏書樓進步到圖書館，但是對近代圖書館缺乏認識，仍因循舊制，中國傳統的藏書樓觀念，仍深入人心，重視保存類圖書，仍崇尚經史子集珍本古籍。民國鼎革以後，官府藏書和私人藏書逐漸流入國立及省立圖書館所藏。

沈祖榮以1921年的圖書館調查結果，提到當時圖書館的流弊之一，在館藏方面「不注重現實及環境所合用之書，欲研究一種有系統的學術，無書可觀，窮年累月，不知所從。動稱古書最有價值，不加分析，籠統視為國粹。圖書館流弊，將如何改良，以為書籍宜選擇精當。」1923年他在〈提倡改良中國圖書館之管見〉乙文，提到圖書館錯亂情形之一，「萬軸牙籤，多非實用之書籍」。當時有識之士積極倡導和參加「新圖書館運動」，以學習西方圖書館理念及經營管理方法，改革和發展中國近代圖書館事業。這種圖書館新圖書蒐藏觀念，由典籍保存趨於實用，導致我國圖書館事業發展第一次範式轉移（Paradigm Shift）。圖書館所建立的館藏不再侷限珍本、孤本、善本等，而是要以讀者的需求為主，蒐集各類資料，講求實用性。這項導致圖書館館藏發展的改革歷程與蛻變的因素很多，其中之一的是史學界史料學派興，重視史料的發掘與整理，認為史料即史學。

本書撰有〈善本特藏的蒐藏：史料整理和書厄〉乙篇，首述1919年以還，中國開始了用科學的方法「整理國故」的運動。胡適於1923年，在〈國學季刊・發刊宣言〉揭示了「整理國故」的意義。他認為整理就是「用精密的方法，考出古文化的真相」，然後用「明白曉暢的文字報告出來，叫有眼的都可以看見，有腦筋的都可以明白。這才是重新估定一切價值。」1921年11月北京大學研究所先行成立國學門。國學門的設立是為研究國故，而其研究的重點首在整理。1928年大學院成立中央研究院歷史語言研究所，傅斯年提出了〈中央研究院歷史語言研究所工作之旨趣〉，認為「近代的歷

史學只是史料學，利用自然科學供給我們的一切工具，整理一切可逢著的史料」。陳寅恪在給傅斯年的信也談道：「蓋歷史語言之研究，第一步工作在搜求材料，而第一等之原料最為重要。」

其次敘述中研院史語所兩大史料的發掘與整理工作。1928 年起在河南安陽殷墟進行科學的發掘，獲得無數有字甲骨資料，經整理和研究，以地下出土史料證明了商朝的歷史，保持了中國文明古國的地位。1929 年購置內閣大庫部分明清檔案，並開始整理，俾作為此後《明史》改修，「清史」編纂第一種有價值的材料。史語所以此編印了《史料叢書》，並校勘《明實錄》的脫漏訛誤。

1927 年顧頡剛應中山大學的要求，為圖書館去江浙一帶採購圖書。顧頡剛以為「我們要以新觀點所支配的材料搜集，成就研究本國各問題的科學化，既以助成新材料的基礎建設，並使我們的圖書館成為一個有生命的圖書館。」於是擬訂了《國立廣州中山大學購求圖書計畫書》。他破除以往經史子集為書籍全部的看法，提到「我們購書的宗旨，只是搜集材料」，計畫要蒐集 16 類圖書資料，如下：1.經史子集及叢書；2.檔案；3.地方志；4.家族志；5.社會事件的記載；6.個人生活的記載；7.帳簿；8.中國漢族以外各民族的文籍；9.基督教會出版的書籍及譯本書；10.宗教及迷信書；11.民眾文學書；12.舊藝術書；13.教育書；14.古存簡籍；15.著述稿本；16.實物的圖像。顧氏要把圖書館變成「供給許多材料來解決現代發生的各種問題的」機構。並此次購書因經費所限，認為應優先購置：現在急需的書，現在即可下手研究的材料，現在雖不能下手研究，但恐其失去，應即行購買的材料。圖書館館長杜定友，推崇該計劃書，認為所「擬的 16 大類，已經把所有的材料，包括殆盡，更不容有所添減」，乃出版了該計畫書，納入《國立中山大學圖書館叢書第 2 種》（國立中山大學圖書館研究會，1927）並寫了一篇〈跋〉，稱：刊行本書的宗旨「非但要把它作為購書根據；而且希望這本小書能夠在中國圖書館學上發生重大影響，以助中國圖書館事業的發展。」

　　國圖成立之初，處學界對於新史料的蒐集、發掘與整理的需求，面臨自 19 世紀中葉以來傳統的經史子集珍貴古籍，屢遭戰爭而燬損、散失，甚至被搶劫至國外，中華文化遭到浩劫。如北京城官府藏書部分，先後發生鴉片戰爭、英法聯軍、八國聯軍之役；江浙私人藏書部分，先後受到第一次鴉片戰爭、太平天國之役、日本侵略戰爭導致中國的全面抗戰等戰事，都使中華文物損失慘重。

　　圖書蒐集的對象由古籍善本擴大到各種研究所需資料。這個範式轉移主要是圖書館員館藏與文化使命觀念的改進，它的發展是緩進的。國圖因為國難當頭，經費困難。因日本侵略戰事，江南私人藏書大家藏書散出，鄭振鐸《求書日錄》說：「『八一三』事變以後，江南藏書家多有燼於兵火者。但更多的是，要出售其所藏，以贍救其家屬。」國圖遂盡全力購藏，以免流失海外。本篇可稱國圖抗戰期間搶購善本書的楔子。

　　本書撰〈善本特藏的蒐藏（二）搶購〉和〈善本特藏的蒐藏（三）接收和代管〉兩章，分別敘述抗戰期間在淪陷區搶購江南藏書家藏書的經過及抗戰勝利後接收和代管善本的情事。〈搶購〉章即敘述 1940 年全面抗戰正酣之際，江南淪陷區藏書家，為生活計，所藏珍本古籍，紛紛求售，許多珍貴文物都流入上海書肆，日本、偽滿、美國都派人挾款大量採購。國圖成立「文獻保存同志會」，自 1940 年年初至 1941 年年底分別在滬港兩地進行搶購。這是國圖最大規模，也是最富意義的蒐購行動。結果，適時購得江南主要大藏書家散出的善本古籍和普通本線裝書，數量及質量驚人，可比美國立北平圖書館善本珍藏，成績可觀。惜因戰事，該批部分善本運抵香港，為避戰火波及，待轉運寄存美國國會圖書館時，反被日本掠奪。幸抗戰勝利，自東京帝國圖書館追回，歸還國圖。這批於抗戰期間，在淪陷區多方蒐集的古籍善本，奠定了今日館藏善本古籍的基礎。

　　〈接收和代管〉章，敘述抗戰勝利，1946 年起國圖開始接收敵偽文化機構圖書，其中以接收汪偽陳羣在蘇州、上海所設圖書館中的善本書為最多。國圖遷臺後，購書經費有限，新增善本以接受公私移贈為主。另外還

有奉命代管，如國立東北大學運臺善本圖書及北圖運臺內閣大庫輿圖、自美運回北圖所藏善本。當以後者代管北圖善本及內閣大庫輿圖，最為重要，惟 1985 年由國圖改交故宮代管。

經史子集善本書亦屬史料，為求利用，自須蒐集和整理。附載「中國大陸古籍整理」乙節，記大陸地區圖書館和出版社對中華古籍的維護及促進海外中華古籍的回歸。

1980 年發生了我國圖書館事業的第二次範式轉移，即館藏整理作業方法改革，係因應電腦和網路通信科技的進步而產生。本書撰〈館藏整理自動化〉和〈館藏整理數位化〉兩章，敘述 1980 年國圖與中國圖書館學會合作組織「全國圖書館自動化作業規劃委員會」，研訂並實施「全國圖書館自動化作業計畫」，啟動了我國圖書館自動化作業，是臺灣圖館事業發展史上重要的里程碑。

由於國家經濟的起飛，教育的蓬勃發展，國民教育程度的提升，國圖推動中文圖書自動化作業及典藏數位化、傳播網路化，循計畫逐步由人工而自動化，進而數位化，由國圖瞬間推向全國並尋求國際化。

2004 年王振鵠館長回顧發展中文圖書自動化作業自動化，曾寫到『全國圖書館自動化作業計畫』，確實擬訂得非常及時，經過這麼多年的努力，在國圖編目組、採訪組、閱覽組和電腦室的同人齊心努力，再加上圖書館學會和各圖書館的支持合作下，這些計畫都能一一實現。可以說已經達到全面自動化作業的要求。」這使得我國圖書館作業，全面由傳統圖書館服務邁向自動化，為日後圖書館複合式、數位化服務奠定永固的基礎，也為國內外圖書館間開創館際合作和資源共享的契機，帶來我國圖書館完全嶄新的服務。

目　次

第一章　善本特藏的蒐藏（一）
史料整理和書厄

前　言

　　日本「東洋史」的研究，自明治以降，引進近代歷史學風潮下，採用「史學專業」手段寫作歷史，甚至寫了中國通史，如在清末那珂通世（1851－1908）用漢文寫了《支那通史》4 卷 5 冊（東京：中央堂，1888－1890），起自唐虞迄南宋亡。該書採用西方「通史」的體例，兼收西洋學者的資料，為羅振玉介紹到了中國。其後，日本特別重視滿蒙與朝鮮研究，當時被視為日本對中國大陸政策的一環，研究內容極為豐富繁多。其中矢野仁一撰〈滿蒙非支那本來之領土論議〉，被作為日首相田中義一及關東軍石原莞爾進行全面侵華的學術思想基礎。

　　「九一八事變」爆發後，在北平的一批學者集會，討論國事。以處國難當前，民族危亡之際，「書生何以報國」，乃有駁斥矢野仁一等滿蒙繆論之議。爰計畫出版《東北史綱》乙書，以正視聽。原訂出版 5 卷，邀傅斯年、方壯猷（1902－1970）、徐中舒（1898－1991）、蕭一山（1902－1978）及蔣廷黻（1896－1965）分別執筆撰寫「古代之東北」、「隋至元末之東北」、「明清之東北」、「清代東北之官制及移民」、「東北之外交」。但只有傅斯年《東北史綱初稿：第 1 卷古代之東北》（北平：中研院史語所，〔1932〕）和英文 Li Chi, *Manchuria in History：A Summary*（Peiping：Peking Union Bookstore＝大同書店，1932）兩書正式出版。後者由傅斯年、徐中舒、方壯猷撰寫，中文本約 10 萬餘字，李濟節略翻譯為 45 頁的節略本。這使得

國際聯盟李頓調查團（Lytton Commission）在《李頓報告》（*Report of the Commission of Enquiry*）的前 8 章裏，認為滿洲是中國完整的一部分，日本侵略中國東北，「滿洲國」是日本一手製造的傀儡政權，不給予事實上或法律上的承認。日本各大報紙報導，對本項報告均表示憤怒。日本退出國聯。

一、「整理國故」運動

　　1919 年以還，中國學術界在新文化運動的高潮時，開始了以科學的方法「整理國故」運動。肇因有二，一為 20 世紀初中國的「五大發現」，即發現了殷墟安陽甲骨文、敦煌鳴沙山寫經、居延漢代竹簡、內閣大庫明清檔案、中國境內的古外族遺文；一為受日本中國學研究的影響。

（一）胡適和整理國故

　　胡適（1891－1962）將新文化運動定位為文化重新評價的運動，倡導「整理國故」。他在 1919 年 12 月於《新青年》（7 卷 1 期）發表〈新思潮的意義〉乙文，對新文化運動提出一個「研究問題、輸入學理、整理國故、再造文明」完整的綱領。在該文宣示：「新思潮的精神是一種批判的態度」、「新思潮的手段是研究問題與輸入學理」、「新思潮對於舊文化的態度，在消極方面是反對盲從，是反對調和；在積極方面是用科學的方法來做整理的工夫」、「新思潮唯一目的是再造文明」。

　　胡適又於 1923 年 1 月，在《國學季刊·發刊宣言》揭示了「整理國故」的意義與方法。首先提到「『國學』在我們的心眼裏，只是『國故學』的縮寫。中國一切過去的文化歷史，都是我們的『國故』；研究這一切過去的歷史文化的學問，就是『國故學』，省稱為『國學』。」並指出「『國故』包含『國粹』，但它又包含『國渣』。我們若不瞭解『國渣』，如何懂得『國粹』。」

對於國粹，必須整理，使之發揚光大；對於國渣，則應拋棄。整理就是「用精密的方法，考出古文化的真相」，然後用「明白曉暢的文字報告出來，叫有眼的都可以看見，有腦筋的都可以明白。這才是重新估定一切價值。」胡適倡導採用近代科學的方法來整理文化遺產，提出整理國故的方法：

1. 用歷史的眼光來擴大國學研究的範圍。只要我們大家認清國學是國故學，而國故學包括一切過去的文化歷史。歷史是多方面的，過去種種，上自思想學術之大，下至一個字，一支山歌之細，都是歷史，都屬於國學研究的範圍。

2. 用系統的整理來部勒國學研究的材料。他具體提出系統的整理方法可分為三，（1）索引式的整理，即把一切大部的書或不容易檢查的書，一概編成索引，使人人能用古書。（2）結帳式的整理，即將這一種學術裏已經不成問題的部分整理出來，交給社會；把那不能解決的部分，特別提出來，引起學者的注意，使學者知道何處有隙可乘，有功可至，有困難可以征服。結帳是結束從前的成績；預備將來努力的新方向。（3）專史式整理，即用現在力所能搜集考定的材料，先做成各種專史，如民族史、語言文字史、經濟史、政治史、國際交通史、思想學術史、宗教史、文藝史、風俗史、制度史之類。專史之中自然還可以分子目。也只有分專史研究，國學研究才能深入。治國學以應該各就「性之所近而力之所能勉者」，用歷史的方法與眼光擔任一部分的研究。

3. 用比較的研究來幫助國學的材料的整理與解釋，即博采參考比較的資料。方法上，西洋學者研究古學的方法，早已影響日本的學術界了，要虛心採用他們的科學方法。材料上，歐美日學術界有無數的成績，可以供我們參考比較，可以給我們添無數借鑒的鏡子。

胡適掀起整理國故的運動，是中國史學由傳統過渡到現代的發端。

民國肇建，新舊交替，軍閥亂政，局勢未臻穩定；承受各項不平等條約的束縛，財務吃緊。北伐以前，由政府所設研究機構，寥寥無幾。其中

較為重要者，厥為國立北京大學研究所。1922 年 11 月 4 日，北京大學通
過研究所組織大綱，該所分自然科學、社會科學、外國文學、國學 4 門。
而研究所國學門早於 1921 年 11 月成立。國學門的設立是為研究國故，而
其研究的重點首在整理。國學門的學術刊物之一——《國學季刊》（1923
年 1 月創刊），發行主旨即在發表國內、外學者研究「國學」的成果。首任
主任沈兼士在起草《籌畫北京大學研究所國學門經費建議書》呼籲：

> 竊謂東方文化自古以中國為中心，所以整理東方學以貢獻世界，實為中
> 國人今日一種責無旁貸之任務。吾人對於從外國輸入之新學，曰我固不
> 如人，猶可說也；此等自己家業，不但無人整理之，研究之，並保存而
> 不能，一聽其流轉散失，不知顧惜，（中略）以中國古物典籍如此富，國
> 人竟不能發揚光大，於世界學術界中爭一立腳地，此非極可痛心之事耶。

要以國學在世界上、學術上，爭取「科學的東方學正統在中國」的地位。

（二）傅斯年和中央研究院

新史料的不斷發現和新方法的逐步運用，傅斯年（1896－1950）《史學
方法導論》有言：「史料的發現，是以促成史學的進步。而史學之進步，最
賴史料之增加。」溯自傅斯年於 1926 年冬自德國學成歸來，擔任國立中山
大學文科主任，1928 年 1 月創辦了中山大學語言歷史研究所，此係模仿北
京大學研究所國學門而設。中央研究院歷史語言研究所（「中研院史語所」）
與該所有相承的關係。1928 年 7 月大學院於廣州中山大學校內籌備中央研
究院歷史語言研究所，蔡元培邀傅斯年、顧頡剛、楊振聲任籌備委員。11
月該所成立，所址設於廣州市東山恤孤院後柏園，以傅斯年為首任所長。
傅氏乃辭去中山大學校務，專任史語所。中山大學語言歷史研究所先後經
顧頡剛、商承祚代理主任；1931 年由劉其峯兼主任時改名文史研究所。

　　1928 年 10 月，傅斯年提出了〈中央研究所歷史語言研究所工作之旨趣〉，認為「近代的歷史學只是史料學，利用自然科學供給我們的一切工具，整理一切可逢着的史料」。「凡一種學問能『直接研究材料』、『擴張它研究的材料』、『擴充它作研究時應用的工具』，便進步。」因而提出「我們不是讀書人，我們只是上窮碧落下黃泉，動手動腳找東西」。中研院史語所的宗旨在確定為直接研究材料、擴張研究的材料及擴充研究工具三者。傅氏重視史料，在本文他提到：

> 我們最要注意的事是求新材料。第一步想沿京漢路，安陽至易州；第二步是洛陽一帶，將來一步一步的西去，到中亞細亞各地，就脫離了純中國材料的範圍了。為這些工作及隨時搜集之方便，我們想在洛陽或西安、敦煌或吐魯番、疏勒設幾十工作站，「有志者事竟成」。

　　在該〈旨趣〉可看出（德）史學家蘭克（Leopold van Ranke，1795－1886）的影響。蘭克是 19 世紀西方史學的祭酒。他除了發揚德國的歷史語文考證學風，要求徹底研究各種語言文字，打好語文基礎來研究歷史外，特別重視第一手的史料，開檔案研究的先河。這對傅斯年、陳寅恪有啓發的作用。

　　中研院史語所擬定次第成立史料、漢語、文籍考訂、民間文藝、漢字、考古、人類學及民物學、敦煌材料研究等 8 個組，其中史料組由陳寅恪在北平負責組之，陳氏「擬先利用在北平可得之史料，整理清代史中數重要問題」，開始接洽明清內閣大庫檔案。考古組由李濟任主任，決定發掘安陽。敦煌材料組由陳垣主持。史語所以為「南中富於方言民族諸科材料，史料在北平最富」，爰決定除工作因地方性不可離粵者仍留廣州外，一體遷往北平。1929 年史語所遷北平，將原 8 個組歸併為 3 組，即歷史學組（主任陳寅恪）、語言學組（趙元任）、考古學組（李濟）。向外交部商得借用北海公園靜心齋，設立第 1 組、第 3 組和史語所圖書室。及向中研院歷史博物館

籌備處借用午門城上西翼樓和東廊房，作為第 1 組第 2 工作室，即整理內閣大庫檔案處。另租賃東城洋溢胡同 41 號洋房，為第 2 組（包括音韻學書籍陳列閱覽室）所在。其後，因從河南運平整理的古物甚多，再商得由北平市政府令北海公園委員會撥借北海公園蠶壇房屋為第 3 組辦公之用。並為了第 3 組田野工作的需要，設河南考古工作站、山東考古工作站。1934年 5 月將原社會科學研究所的民俗組改為史語所第 4 組（人類學組）。

1928 年 10 月開始大規模展開了新史料的發掘整理工作。史語所在河南安陽殷墟進行了 15 次發掘，獲得有字甲骨資料無數，證明了中國文獻上關於商朝的記載並非虛造偽作，把中國歷史從周文王、周武王上溯到商湯以及其先王，保持了中國文明古國的地位。1929 年 3 月購置內閣大庫部分明清檔案，並開始整理。1943 年 12 月，傅斯年在《史料與史學·發刊詞》，仍不改其志，說道：

> 本所同人之治史學，不以空論為學問，亦不以「史觀」為急圖，乃純就史料以探史實也。史料有之，擇可因鈎稽有此知識。史料所無，則不敢臆測，亦不敢比附成式。此在中國，固為司馬光以至錢大昕之治史方法。在西洋，亦為輵克、莫丹森之著史立點。史學可為絕對客觀乎？此問題今姑不置答，然史料中可得之客觀知識多矣。

傅氏本文提及輵克即蘭克，莫丹森即莫姆森（Theodor Mommsen，1817－1903），都是 19 世紀德著名史學家。

陳寅恪（1890－1969）在給傅斯年的信：「蓋歷史語言之研究，第一步工作在搜求材料，而第一等之原料最為重要。」陳寅恪素關心中國學術的獨立，不要依賴外國，應思慮百年大計，希望全國矚望的北大清華，能首先擔負起民族精神所寄的學術文化獨立之責。1929 年 5 月他寫給〈北大學院己巳級史學畢業生贈言〉：「羣趨東鄰受國史，神州士夫羞欲死，田巴魯仲〔見《太平御覽》引〈魯連子〉〕兩無成，要待諸君洗斯恥」（依〈章培

恒序〉，載於：李慶《日本漢學史・第 1 部》，「魯連」指胡適；「田巴」指何人尚無定論）；1931 年值清華大學 20 周年，他在該校紀念特刊，撰〈吾國學術之現狀及清華之職責〉：

> 吾國大學之職責，在求本國學術之獨立。（中略）東洲鄰國以三十年學術
> 銳進之故，其關於吾國歷史之著作，非復國人所能追步。（中略）國可亡，
> 而史不可滅。今日國雖倖存，而國史已失其正統，若起先民於地下，其
> 感慨如何？（中略）拈出此重公案，實繫吾民族精神上生死一大事者，
> 與清華及全國學術有關諸君試一參究之。以為如何？

傅斯年創辦中研院史語所，也開創了中國史學正式邁入現代。在備供研究的史料方面，雖然中國文獻數量浩繁，類型眾多，但是較局限於經史子集典籍、佛道文獻。對此以外的史料，如檔案、簡牘、金石拓片、雕塑、古器物、民俗器物、古器物等等，都較不重視。沈祖榮在〈民國十年之圖書館〉乙文，條陳當時圖書館經營的問題，其中館藏建立部分，「不注意現實及環境所合用之書，欲研究一種有系統的學術，無書可觀，窮年累月，不知所從；動稱古書最有價值，不加分析，籠統視為國粹。」清末民初處新舊學術轉型之際，具現代意義的圖書館，應蒐集哪些材料，一時懹然。

茲以北大研究所國學門及中華圖書館協會的成立時間，與日本帝國大學文科大學史學科引進蘭克史學及日本文庫協會成立相比較，各較推遲了 36 年及 33 年。從而引申對現代史料意義與範圍的認識也晚日本 30 年以上。因此，1917 年，北京莫理循文庫也東渡日本入藏岩崎氏，實為中國圖書館界一大憾事；但看來並沒有像皕宋樓那樣，令學術界、公私藏書機構感到震撼及痛心，這也就不足為奇了。

（三）顧頡剛與中山大學

　　1924 年 2 月，　國父孫中山先生在廣州親手創辦了國立廣東大學，係由國立廣東高等師範學校、省立廣東法科大學、省立廣東農業專門學校合併組成。建立不到一年，因孫中山病逝於北京，1926 年 8 月為紀念孫中山，更名為中山大學。初期改校長制為委員制。國民政府任戴季陶（委員長）、顧孟餘（副委員長）、徐謙、丁維汾、朱家驊為委員。1926 年 10 月委員會第 4 次會議，決議募集建設圖書館及各科實驗室基金；及添聘教員，延聘國內知名學者來校任教。該校為了充實文學院，要找一位對新文學有創造力，並對治新史學負有時名的學者，乃延聘傅斯年擔任文學院院長，兼國文系和史學系兩系主任。1927 年 4 月至 1929 年 2 月間，顧頡剛（1893－1980）應聘赴中山大學，擔任史學系教授兼主任、圖書館中文部主任等職。朱家驊、傅斯年派顧頡剛去江浙一帶為中山大學圖書館採購圖書。

　　顧頡剛以為「我們要以新觀點所支配的材料搜集，成就研究本國各問題的科學化，既以助成新材料的基礎建設，並使我們的圖書館成為一個有生命的圖書館。」即於 1927 年 4 月底作《國立廣州中山大學購求圖書計畫書》，5 月中旬完稿。他破除「聖道」和「古文」的傳統觀念，打破以往經史子集為書籍全部的看法。文中提到「以前人看圖書是載聖人之道的，讀書是要學做聖人，至下也是文人，所以藏書的目的是要勸人取它作道德和文章的。現在我們的目的是在增進知識了，我們要把記載自然界和社會的材料一齊收來，使得普通人可以得到常識，專門家也可以致力研究。」「總括我們購書的宗旨，只是『搜集材料』一句話。」計畫要為圖書館蒐集 16 類圖書資料，即：1.經史子集及叢書；2.檔案；3.地方志；4.家族志；5.社會事件的記載；6.個人生活的記載；7.帳簿；8.中國漢族以外各民族的文籍；9.基督教會出版的書籍及譯本書；10.宗教及迷信書；11.民眾文學書；12.舊藝術書；13.教育書；14.古存簡籍；15.著述稿本；16.實物的圖像。文中並說明各類所包括內容及蒐集的必要性。顧氏要把圖書館變成「供給許多

材料來解決現代發生的各種問題的」機構，此次購書因經費所限，認為應優先購置：現在急需的書，現在即可下手研究的材料，現在雖不能下手研究，但恐其失去，應即行購買的材料。5 月 14 日他在圖書館學術研究會宴席上，演說購書計畫。圖書館館長杜定友，推崇該計劃書，稱：所「擬的16 大類，已經把所有的材料，包括殆盡，更不容有所添減」，6 月出版了該計畫書，納入《國立中山大學圖書館叢書第 2 種》（國立中山大學圖書館研究會，1927）並寫了一篇〈跋〉，稱：刊行本書的宗旨「非但要把它作為購書根據；而且希望這本小書能夠在中國圖書館學上發生重大影響，以助中國圖書館事業的發展。」

　　顧頡剛按此計畫書，在滬杭等地收買舊書，前後 4 個月（1927.05.22到滬，1927.09.26 離杭，由滬登輪，1927.10.13 抵廣州返校），顧氏稱：「杭州、蘇州、上海、紹興、寧波、嘉興、南京、松江各地的書估和舊家都紛紛來接洽，使我戶限為穿。」共花費了 5 萬 6 千餘元，「購書約 12 萬冊，計叢書約 150 種、地方志約 600 種、科舉書約 600 種、家譜約 50 種、考古學書約 250 種、近代史料約 800 種、民間文藝約 500 種、民眾迷信約 400種、碑帖 15,000 種、30,000 餘件（張），內善本書及未經見的稿本鈔本批本甚多。」提升了圖書館館藏的數量和質量。在《國立中山大學圖書館周刊》披載〈本館舊書整理部年報專號〉，顧氏撰〈卷頭語〉（6 卷 1-4 合刊）提到了經史子集以外的書蒐集的情況。他發覺整個圖書館界基本上，仍在六經三史為中心的史料觀，全中國的書商與舊藏書樓「正統派的氣息」極重。顧氏談到書肆舊書商說：「我志在為圖書館購書，而他們則只懂得『正統派』的藏書。他們心目中以為可藏的只有這幾部，所以送來的書重複太多。我所要的材料，他們以為不應買，所以不肯（實在也不會）替我去搜集，使得我不能完全達到我的計畫。」「因為這個緣故，所買的仍以經史子集為多。其他的仍不能適合原來預定的數目，惟有地方志，是因商務印書館和外國圖書館的收買，他們已懂得搜集了（20 年前是不知道有這一回事的）。所以這一項買到很多。」

1929 年 4 月 15 日，顧頡剛到蘇州中學演說，題為：《對於蘇州男女中學的文學同志的幾個希望》，刊《蘇中校刊》21/22 合期，「先生指出現代人研究歷史與前人不同，已由典籍擴大到實物，由帝王文化擴大到民間文化。」

顧頡剛為中山大學圖書館購書是為學術界開了新風氣的。1981 年 3 月顧廷龍〈介紹顧頡剛先生撰《購求中國圖書計畫書》——兼述他對圖書館事業的貢獻〉乙文，提到：「我從事圖書館古籍採購事將五十年，即循此途徑〔案：搜集材料〕為收購目標，頗得文史學者的稱便。」

（四）胡適〈中國書的收集法〉

胡適在 1928 年 7 月上海東方圖書館舉辦的「圖書館學暑期講習班」專題演講〈中國書的收集法〉。他開宗明義說：「圖書館學者，學了一個星期，實習了幾個星期，這不過是門徑。如果要把他做終身的事業，就要懂得書。懂得書，才可以買書、收書、鑒定書、分類書。」「要懂書，有 3 個重要的辦法：愛書、讀書、多開生路。」「生路多了自然會活泛，因此外國語不能不懂。日語、英語、法語、德語、俄語，能多懂了一種，便多了一種好處。生路開的多了，才能講收書，無論新的、舊的、中國的、外國的，都得知道他的內容。這樣，便是分類也有了辦法。」胡適贊同顧頡剛代表中山大學，拿了幾萬塊錢出來收書。不論甚麼東西，如果是書，就一律多要。胡適稱這個方法為「無書不收的收書法」。「這種方法是用歷史的眼光來收書，我們可以說『一切的書籍，都是歷史的材料。』『材料不在乎好壞，祇要肯收集，總是有用處的。』」胡適覺得「圖書館是應當要博的，而且從博這個字上，也會自然而然的走到精密的路上去。」胡適不贊成「古董家的收集法」，專講版本的，如果這書是古的就收去，範圍太窄。用極貴的價錢，收極平常的書，太不合算，他們收的書，只有古董的價值，完全沒有歷史的眼光，惟有給學者作校刊舊本之用。也不贊成「理學家的收集法」，完全用

理學家的眼光來收書的，乾隆《四庫全書》以收集有關世道人心的書，拿這個標準收書，就去掉了不少有用的書。他的弊端很大，如門類太窄、因人廢言、因辭廢言、門戶之見太深。這樣收書，就冤抑了許多有價值的書。這一種收集法，比古董家還不好。

（五）古物保存法

鼎革以後，中國學者開始更加重視保存史料的議題。蓋從鴉片戰爭到抗日戰爭勝利（1840－1946）的百年間是中國積弱與古籍古物流失外國最嚴重的時代。這種流失，除因戰事因素如英法聯軍、八國聯軍、中日戰爭等外，許多外國的漢學家、探險隊、考察團利用當時中國政局的混亂，在各地尤其是邊疆，肆無忌憚地盜掘掠奪偷運中國古籍古物，如甲骨、敦煌寫經、佛經、西夏文獻等。當時外國派駐中國的傳教士、外交及商務人員、記者、學者或留學生等，回國時亦帶回不少。也有書商、藏書機構有計畫有目地派學者來華訪書購書，流出海外。中國古籍古物流失日、英、俄、法、美等國為最多，惟確實的數字，皆難以統計。

1928 年 4 月國民政府大學院公布《大學院古物保管委員會組織條例》（全 9 條），1928 年 10 月由大學院成立該委員會。大學院院長函聘了 20 名委員，以張繼為主任委員，「專管計畫全國古物古蹟保管研究及發掘事宜」。曾刊行《古物保管委員會工作彙報》（北平：大學出版社，1935.05），披載該會成立 6 年（1928.9－1934.10）期間的工作成果。

1930 年 6 月 2 日國民政府公布《古物保存法》（全 14 條），明定將於 1931 年 6 月 12 日施行。1931 年 7 月 4 日公布《古物保存法施行細則》（全 19 條）。1934 年 7 月 12 日主管機關行政院中央古物保管委員會在行政院會議廳成立，設委員傅汝霖（1895—1985；主席）、葉恭綽、李濟、蔣復璁、盧錦榮、滕固、舒楚石、朱希祖、黃文弼、董作賓等 10 人。該古物保管會在 3 年間，制定了各種調查表格，俾對全國文物作廣泛的調查登記；還參

與擬定了《采掘古物規則》、《古物出國護照規則》、《外國學術團體或私人參加採掘古物規則》、《暫定古物之範圍及種類大綱》、《古物獎勵規則》等一系列保護法規,同時也從事文物古跡的修繕。

其他行政法規還有 1928 年 9 月 13 日內政部公布《名勝古蹟古物保存條例》,1929 年 12 月 7 日國民政府公布《監督寺廟條例》(第 2 條:「寺廟及其財產、法物,除法律別有規定外,依本條例監督之」),1930 年 11 月 7 日國民政府修正《鑑定禁運古籍須知》,依上述法令規定,所謂古物者,係指「有關歷史、文化、藝術之古蹟古物」,「與考古學、歷史學、古生物學及其他文化有關之一切古物而言」。其保存之範圍,指 1.時代久遠者;2.數量罕少者;3.其本身有科學之歷史之或藝術之價值者。至於禁止運出國外之古籍,暫定為 1.線裝木版之書籍圖書,其刊行在前清咸豐元年(1851)以前者;2.原銅活字圖書集成;3.永樂大典及四庫全書;4.官署檔案;5.手寫稿本及精印本;及總理(即 國父孫中山先生)遺墨、及未印之遺著。

惜 1935 年 6 月主管機關位階改隸調降,納併入內政部。1937 年又改由內政部禮俗司兼辦。國家屢弱,喪失了部分主權,列強在華享有治外法權、租界、駐軍等特權,業務始終難以完全實施。

二、甲骨文的發掘

甲骨文是商代晚期(公元前 14－前 11 世紀)遺留下來的珍貴歷史資料,主要出土地是商朝盤庚以來的都城、河南安陽小屯村。董作賓(1895－1963)在《甲骨學六十年》乙文,談到殷墟的開發,「分私人挖售時期、公家發掘時期」前後兩期。前期是從 1899 年(光緒 25)國子監祭酒兼團練大臣王懿榮(1845－1900)發現帶字的甲骨起,到 1928 年春,共持續 30 年之久;後期是從 1928 年秋季到 1937 年春,中研院史語所殷墟發掘團工作的期間。但即使在後期,「殷墟範圍內不斷有甲骨零星出現,大多在民

間流散收存。」（李學勤《殷墟甲骨輯佚－安陽民間藏甲骨‧序》）

（一）私人挖售時期

在前期，殷墟遺址為了甲骨文字能夠換錢而有意的挖掘出售者很多，致出土的甲骨文數量龐大。董作賓提到「根據調查報導，前後約有 9 次，出土的甲骨文，大約有 8 萬片以上，大都被古董商人買去，轉售給王懿榮、劉鶚（1857－1909；鐵雲；著有《老殘遊記》）、王襄（1876－1956）、羅振玉（1866－1940）、孟定生、端方、黃濬、徐枋、劉體智，以及美國的方法歛（Frank Herring Chalfant，1862－1914）、加拿大的明義士（James Mellon Menzies，1885－1957）、英國的庫壽齡（Samuel Couling，1859－1923）、金璋（Lionel Charles Hopkins）及日本的林泰輔（1854－1922）、三井源右衛門、河井仙郎、中村不折等。後來輾轉相讓，歸入國內外公私機關。」因為甲骨文的價值，從論斤買賣的藥材（當時的價格每斤制錢 6 文），被哄抬到王懿榮「每版價銀 2 兩」，到端方甚至「每字酬銀 2 兩 5 錢」（董作賓，《甲骨年表》），致「小屯村民棄農掘骨以求厚利，古董業者假冒偽造以求善價」，所以私人挖售時期，散失的有字甲骨不少。

甲骨著錄書

由於甲骨文的陸續出土和伴隨著甲骨著錄書也相繼刊行，而擴大了甲骨文流傳的範圍，為研究者提供了最基本的研究資料。甲骨著錄書是採用墨拓、臨摹、照相等方法，把甲骨文字客觀的、真實地呈現在紙張等媒體上，並編集成冊。因為甲骨文字是一種從未見過的古老的文字，甚難辨識和閱讀，所以學者甲骨文的研究先放在識字，繼之，考釋、綴文、文例、斷代、殷曆、殷禮、證史的研究工作，甲骨著錄書提供了研究的材料。董作賓認為「著錄一類，最屬重要，因為這是殷代文化直接史料的庫藏」。

在重要的甲骨著錄方面王懿榮是第 1 個收藏甲骨文字的人，他委託古董商范維卿（另說：范壽軒）出價收買，得約 1,500 片。庚子事變，八國

聯軍攻入北京，王氏投井殉國，其子王崇烈（翰甫）將甲骨文字大部分售予劉鶚，小部分（25 片）贈與英國人在天津所辦的新學書院陳列展覽。劉氏續有所得，自所藏 5,000 片中選錄 1,058 片，1903 年（光緒 29）10 月，編為《鐵雲藏龜》6 冊（劉氏抱殘守缺齋傳拓石印本），這是甲骨學史上第一部甲骨著錄專書，在學術界引起了很大的反響。隨着甲骨文蒐購和流傳日廣，各種甲骨著錄書也日多。

劉氏因賤買太倉的米來賑濟北京難民事，遭流放新疆迪化而逝，其所藏分歸羅振玉、（猶太裔英人）哈同（Silas Aaron Hardoon，1851－1931）、葉玉森、商承祚、吳振平、柳詒徵（復歸中央大學史學系）、陳中凡。羅振玉又大量收集，「竭力以購之」，遂成為收藏甲骨文字最多者，所得約 30,000 片。他著錄又考釋，使甲骨文的研究，漸為世人所重視。他先後編了《殷虛書契》（即《殷虛書契前編》）8 卷線裝 4 冊（日本珂羅版=Collotype 影印本，1913 年）收了 2,229 個拓片、《殷虛書契菁華》1 卷（日本書學院出版部珂羅版，1914）收了 68 片較大的龜甲和牛骨、《殷虛書契後編》2 卷（珂羅版，1916）收拓片 1,104 片及《殷虛書契續編》6 卷（珂羅版，1933）收了甲骨 2,016 片，總計拓印甲骨約 5,300 多片，是研究甲骨文和商代歷史的重要參考書。羅氏以外，劉體智所藏甲骨文字也極為豐富，郭沫若編《殷契萃編》5 冊（日本東京：文求堂石印本，1937），係僅就劉氏蒐藏 28,000 片中，選出 1,595 片編纂而成。

甲骨考釋和歷史研究

在甲骨的考釋方面，1904 年（光緒 30）孫詒讓（1848－1908）根據《鐵雲藏龜》認識了甲骨文字 185 個字，寫成《契文舉例》2 卷（初未刊；及至 1917 年，羅振玉始印於《吉石庵叢書》3 集），是為第一部研究甲骨的專書。孫氏考釋甲骨文採用「偏旁分析法」，將商周等不同時代的銘文加以偏旁分析，藉此追尋文字的初軌及其演變的原委和流變。「今就通者，略事甄述，用補有商一代書名之佚，兼以尋倉後籀前文字流變之迹」（自序）。這是第 1 部考釋甲骨文的著作，開啓了甲骨學的大門。羅振玉先後撰《殷

商貞卜文字考》（羅氏玉簡齋印本，1910.02）、《殷墟書契考釋》（日本京都：羅氏永慕園石印本，1914）、《增訂殷墟書契考釋》3 卷（北京：東方學會，1927.02），羅氏「由許書以溯金文，由金文以窺書契，窮其蕃變，漸得指歸，可識之文，遂幾五百。循是考求典制，稽證舊聞，途徑漸啓，局鐍為開。」奠定了辨識甲骨文字的基礎。董作賓認為「甲骨學能建立起來，實出於羅氏一人之力」（《甲骨學六十年》）。此外，王國維、王襄、葉玉森、商承祚、唐蘭（1901－1979）、郭沫若、于省吾（1896－1984）、裘錫圭等，進行考釋都有貢獻。

　　甲骨文字考釋解說日增，可辨識的字日多，乃進一步考證歷史。1917年，王國維在完成《戩壽堂所藏殷墟文字考釋》（哈同珍藏）的基礎上，著有《殷卜辭中所見先公先王考》（1917.02）、《續考》（1917.04）等著作（收入《觀堂集林》卷 9），以甲骨文材料和傳世文獻，研究商王世系等問題，並在此基礎提出古史研究的「二重證據法」，奠定甲骨文字是新史料的地位。1931 年董作賓在《安陽發掘報告》第 3 期（1931.06）發表《大龜考釋》的基礎上，1933 年著《甲骨文斷代研究例》，提出甲骨文「五期分法」和「十項標準」，為甲骨學研究開闢了新局面。1945 年又著《殷曆譜》4冊。郭沫若撰《甲骨文字研究》2 冊（大東書局石印本，1931）自序：「余之研究卜辭，志在探討中國社會之起源，本非拘於文字史地之學，然識字乃一切探討之第一步，故於此亦不能不有所注意，且文字乃社會文化之一要徵，於社會之生產狀況與組織關係略有所得，欲進而追求其文化的大凡，尤舍此而莫由。」開創了藉文字的考釋，以唯物史觀探討古代社會歷史的方法。

　　甲骨文經過孫詒讓和甲骨四堂——羅振玉（雪堂）、王國維（觀堂）、董作賓（彥堂）、郭沫若（鼎堂）的努力，建立了甲骨學，學者紛紛投入甲骨文的研究，並獲得了相當大的成果。

外國人的收藏

　　20 世紀初葉，在中國的許多外國人開始收藏甲骨文字，以傳教士方法

歙與庫壽齡為最早。前者為長老會派駐山東濰縣，後者係浸禮會駐青州。
兩人先後於 1903、1904、1906 年在濰縣、青島等地收購，所得甲骨文字甚
多，後來均先後讓與歐美博物館，如大英博物館、蘇格蘭皇家博物館（愛
丁堡）（Royal Scottish Museum, Edinburgh）、卡內基博物館（美國匹茲堡）
（Carnegie Museum, Pittsburgh）、飛爾德博物館（芝加哥）（The Field
Museum of Natural History, Chicago）、美國普林斯頓大學等。方法歙用鋼筆
摹寫甲骨文字 423 頁，其中 229 頁由（美）白瑞華（Roswell S. Britton）輯，
先後印成 3 本書。1.《庫方二氏藏甲骨卜辭》（The Couling-Chalfant Collection
of Inscribed Oracle Bone）（上海商務印書館，1935.12，132 頁）， 收藏 1,687
片；2.《甲骨卜辭七集》（Seven Collection of Inscribed Oracle Bone）（1938
年紐約出版，32 頁），共收 7 家藏品 527 片；3.《金璋所藏甲骨卜辭》（The
Hopkins Collection of Inscribed Oracle Bone）（1939 年紐約出版，66 頁），
共收 484 片；金璋為外交官，甲骨文字得自庫壽齡。

　　此外，加拿大長老會駐豫北彰德府（今安陽市）牧師明義士，從 1914
年起就在派駐地直接向村民購買，所得甲骨最多，他編《殷虛卜辭》（Oracle
Records from the Waste of Yin）（上海：別發洋行石印本=Kelly & Walsh, Ltd.
1917），收 2,369 片（用鋼筆摹寫）。在（自序）裏，他說自已所藏甲骨，
已有約 5 萬片。1927－1928 年他又輯《殷虛卜辭後編》（未刊；1972 年臺
北：藝文印書館刊行），約收 2,819 片。

　　除方法歙、庫壽齡、明義士外，購藏甲骨的西方傳教士還有（美）柏
爾根（Pall D. Bergen，1860－1915）、（加）福開森（John Calvin Ferguson，
1866－1945）、（德）衛禮賢（Richard Wilhelm，1873－1930）、（加）懷履
光（William Charles White，1873－1960）等。

　　（日）林泰輔是日本研究甲骨學的先驅，他曾提出，研究中國上古史，
除經書、諸子及史書等文獻外，也應搜求甲獸骨文、銅器文及銅器、貨幣、
兵器古鈴、石器及玉器等 6 個領域的資料。他藏有甲骨文字 600 片，並彙
集了商周遺文會、權古齋（林泰輔齋名）、聽冰閣（三井源右衛門）、繼述

堂（河井仙郎）諸家所藏，編《龜甲獸骨文字》2 卷（日本東京：三省堂，1917），共收 1,023 片。金祖同（1912－1955）編《殷契遺珠》1 函 3 冊（上海：中法文化出版委員會，1939），收錄河井仙郎（荃廬）、中村不折、堂野前種松、中島玉振（蠔叟）、田中慶太郎（文求堂）、三井源右衛門等 6 家收藏。河井仙郎、田中慶太郎兩家收藏現歸東京大學東洋文化研究所；堂野前種松收藏現分藏天理大學、大原博物館；中島玉振所藏贈山崎忠；三井源右衛門舊藏現藏東洋文庫。

（二）公家發掘時期

中研院史語所發掘

　　國立中央研究院史語所成立後，開始進行科學的田野工作——殷墟挖掘。經董作賓（1895－1963）實地的勘查，認為甲骨文的遺址在河南安陽小屯村北中心地帶，並確認尚未挖盡，亟需立即由國家學術機關以科學的方法挖掘；史語所考古組乃於 1928 年 10 月 13 日起，至 1937 年 6 月 19 日，共進行了 15 次的發掘，各次的主持人有董作賓、李濟（1896－1979）、郭寶鈞（1893－1977）、梁思永（1904－1954）、石璋如（1902－2006）等，率領了李景聃（1900－1946）、石璋如、李光宇（1905－1991）、劉燿（1906－1983；後改名尹達）、尹煥章（1909－1969）、祈延霈（1910－1939）、胡厚宣（1911－1995）、王湘（1912－2010）、高去尋（1910－1991）、潘愨（1907－1969），還有李春昱（1904－1988）、裴文中（1904－1982）、周英學等，採取大規模發掘。出版了考古報告——《安陽發掘報告》1-4（中研院史語所專刊；1-4）（北平：1929.12、1930.12、1931.6、上海：1933.6）及《中國考古學報》（即田野考古報告）1-4（上海：1933）。

　　其間，河南地方人士對史語所的發掘工作，始終疑慮其為「竊盜」。史語所傅斯年、李濟、董作賓等，都極力推動《古物保存法》立法。該法規定「埋藏地下及由地下暴露地面之古物，概歸國有」，採掘古物應申請執照。

1935年4月9日內政部、教育部依法合發了第1號「採取古物執照」交「國立中央研究院負責人蔡元培收執」，載明「茲有國立中央研究院負責人蔡元培聲請於1935年3月起至1935年7月止採掘河南安陽城西北小屯村侯家莊一帶及洹河南北兩岸地方古物，由梁思永率領採掘案，經中央古物保管委員會核准，並派董作賓監察，合行發給執照」云云。

1928年10月13日起第1次殷墟發掘，就出土有字龜甲555片、有字牛胛骨229片，合計784片，收獲豐富，振奮人心。其後，以第3次斬獲有字龜甲2,050片，「大龜4版」就在其中；牛骨962片，合計甲骨文字3,012片；及第13次發現了YH127坑，滿貯龜甲，其中有完整或接近完整的龜腹甲達320版，編號共為17,804片，最為轟動。而第10次至第12次，則均無甲骨文字發現。這15次發掘，計第1-9次得6,513片，第13-15次得18,405片，共得24,918片。此外，還發現了陶器、青銅器、玉器、石器、寶石器、骨角牙器、蚌器、漆木器、皮革製品、紡織品、自然遺物（動物骨骼為主）等，及商朝後期王宮裏面的宮室、宗廟、復穴、寶窖的遺址（基址），及墓葬、手工業作坊等遺址。

由於時局緊張，殷墟發掘工作於1937年6月19日被迫中斷，所發掘文物匆匆押運到南京欽天山北極閣史語所大廈。蘆溝橋事變、淞滬戰役相繼爆發，60箱珍貴的中西文圖書及善本書，由李濟押運到南昌農學院保存。其他1,300多箱出土文物，陸續運到南京下關碼頭裝船，分批運往長沙，由梁思永總負責，經過一個月陸續抵達長沙聖經學院。1938年春，史語所人員奉命押送300餘箱器物，先乘船去桂林，經越南海防輾轉抵昆明，暫居清雲街靛花巷1號樓房。其後由滇入川。抗日勝利復員回京，又再遷來臺灣。

李濟因主持殷墟的發掘，成為首屈一指的考古學家。中央研究院史語所殷墟挖掘的團隊，認真的科學考古工作。「例如出土的任何東西，必須在原地保持原狀，俟登錄完畢才能移動。由於地方上的土匪有盜墓之舉。因而年輕的研究員高去尋、石璋如等便負起夜晚守墓的責任。他們坐在墓邊，

圍上羊毛袍禦寒。」「李濟專司研究出土器物，梁思成研究西北岡大墓，董作賓、李孝定、屈萬里研究甲骨文，高去尋研究梁思成故世後所遺留的文稿，石璋如研究小屯的宮室，各有論著發表，數十年來，為中國上古史的研究，打下堅實的基礎。」證實了司馬遷《史記》等古書中對殷商的歷史記載，將中國的信史往前推到西元前 1750 年，貢獻鉅大。

「1970 年代，李濟寫了一本綜述性的英文專書 *Anyang*，由賈士蘅協助收集資料，筆錄口述（英語），再寄費慰梅（Wilma Fairbank；費正清夫人）潤飾」（賈士蘅），1977 年由西雅圖華盛頓大學出版部出版。賈士蘅又將本書中譯《安陽》（臺北：國立編譯館，1995）。

這歷經 9 年的考古界大事，2012 年由李永迪、馮中美編，《殷墟發掘照片選輯》（臺北：中研院史語所，2012.12），2017 年由石璋如著；李永迪、馮中美、丁瑞茂編校《殷墟發掘員工傳》（臺北：中研院史語所，2017.06），為參加發掘的工人及工作同人立傳記，為當年發掘的史實留下紀錄。

南港中研院史語所研究

隨著甲骨學研究的日益深入，對甲骨文史料的精確性和完整性的需求也日增。因為甲骨文是新史料，非常珍貴，隨著收藏家大量的需求價格日升，私人挖售時期，開始出現造偽以求厚利；又一片甲骨出土後，往往數易其主，各自予以著錄，同一片甲骨也就重複出現數次，各種著錄甲骨文的書籍也就有相互重複的情事，所以利用甲骨材料，得對來自私人挖售的甲骨鑑別真偽及查明著錄書先後著錄情況去除重複（即校重）。又由於甲骨骨質輕脆而易斷易折易朽，致傳世甲骨完整者極少。1936 年中研院史語所殷墟發掘發現 YH127 坑，其中有完整的龜腹甲 300 多版，增加學者對「版」的認識，及史料求「全」的需求。「所謂『全』，就是把原來本是一版，殘碎後著錄在不同書中的甲骨碎片綴合起來，使它們『重聚一堂』。甲骨文經過綴合復原的處理，才能找出各辭之間的互相關係，恢復當時的卜辭文例等等，從而成為我們認識商代社會的重要史料。」（王宇信，《新中國甲骨

學六十年（1949－2009）》）。陳夢家《甲骨綴合編‧序》：「為求文例的研究，及窺見卜辭的完整記載，甲骨綴合實為最急切最基本的工作。」還有占卜文字殘缺不能閱讀，可以殘辭互補。因為「殷人占卜，一件事常使用多塊甲骨進行，占卜之後，每塊甲骨都刻上同樣的卜辭，就產生了卜辭同文，這樣如遇到殘缺，這塊缺這幾個字，那塊缺那幾個字，互相湊在一起，殘缺的文字就能為完整的卜辭」（胡厚宣，《甲骨文合集‧序》）。

甲骨文的著錄、考釋、斷片（殘存零碎）綴合（Oracle Bone Rejoinings）、殘辭互補處理，遂成為甲骨學研究的基本工作。中研院史語所遷臺後，甲骨研究工作逐漸展開。

中研院史語所、董作賓編《小屯‧第二本‧殷虛文字‧甲編（圖版）》1 冊（原稿本），精選第 1-9 次發掘甲骨，從中選出有字龜甲 2,467 片，有字骨版 1,399 片，合計 3,866 片；墨拓 3,938 片，加上牛頭刻辭 1 件；鹿頭刻辭 2 件；鹿角器 1 件，共 3,942 片（臺北：臺灣商務印書館，1948.04）；及《小屯‧第二本‧殷墟文字‧乙編（圖版）》3 冊（原稿本），另有（原拓本），著錄第 13-15 次所得甲骨，選拓 9,105 片（上中輯，臺北：臺灣商務印書館，1948、1949；下輯，臺北：中研院史語所，1953）。由於戰爭的緣故，《甲編》《乙編》到 1953 年才出齊，這是中研院史語所發掘出來甲骨文總集。鍾柏生編《小屯‧第二本‧殷虛文字‧乙編補遺》（原拓本）（臺北：中研院史語所，1995.05），收錄 7,441 片遺漏的甲骨。1993 年《乙編》再版重印，除補正舊版錯誤外，印刷精美，體現拓片的細節，較舊版更有研究的價值。

1956 年，屈萬里以《甲編》為基礎，從事考釋，先把 3,900 餘片甲骨綴合（Oracle Bone Rejoining）成 223 個版，費時數載。然後據以辨字義，釋文辭，著成 40 餘萬言的《殷墟文字甲編考釋》2 冊（臺北：中研院史語所，1961.06）。「屈氏嘗以辛稼軒辭句『眾裏尋他千百度，驀然回首，那人只在燈火闌珊處』以況其拼綴甲骨之甘苦情景。」「拼綴工作尚且如此艱辛，其考釋精博詳密，則其攻苦殫精可知矣。」（劉兆祐）

　　其後，張秉權（1919－1997）編《小屯・第二本・殷墟文字・丙編》6
冊（製版原拓）（臺北：中研院史語所，上輯（一）（二），1957.08、1959.02；
中輯（一）（二），1962、1965.04；下輯（一）（二），1967.12、1972），將
《乙編》的殘碎龜甲及其編餘甲骨綴合成本編，共 512 版，內整龜或接近
整龜者 294 版，半龜或接近半龜者 54 版。

　　李孝定編《甲骨文字集釋》16 冊（中研院史語所專刊；50）（臺北：
中研院史語所，1965），彙集歷來各家解釋的甲骨文字，按《說文解字》部
首排列，共收了 3,200 字，計有：正文 1,062 字，重文 75 字，《說文》所
無字 567 字，存疑 136 字，待考 1,551 字。

河南省博物館發掘

　　1929 年 10 月 7 日起正當中研院史語所考古組進行第 3 次發掘，10 月
21 日，河南省立博物館館長兼民族博物館館長何日章（1893－1979；1946
年來臺，即任省立臺北圖書館研究員），因不滿中研院史語所違反協議將掘
得古物潛運出省，爰一面向史語所據理交涉，一面設法自行開掘，在小屯
村北且濱臨洹河地區也同時招工發掘 2 個月，中研院被迫工作暫停。史語
所 11 月 15 日復開工，至 12 月 12 日停工。

　　1929 年 12 月史語所所長傅斯年與河南省政府代表張鈁、張鴻烈、李
敬齋，商定「解決安陽殷墟辦法」（全 5 條）。1930 年河南省政府不顧成約，
准許何日章派人再度挖掘古物，自 2 月 17 日起，至 3 月 9 日止，又 4 月
12 日起，至 4 月 30 日止，凡開工兩次。3 次共得甲骨文字 3,656 片。關百
益（1882－1956；原名保謙）編；田玉芝拓，《殷虛文字存真》線裝 6 冊（開
封：河南博物館，1931.06、1935，墨拓黏貼本）。在〈自序〉裏說：「將分
集拓售，每集拓本百片，計至 1935 年，出齊 8 集 8 冊。」惟第 6、第 7 冊
未售。許敬參撰寫《殷虛文字存真第一冊考釋》（河南博物館：1933.06）。

　　孫海波（1911－1972）編《甲骨文錄》線裝 2 冊（河南通志館，1938.11，
柯羅版影印拓本），與《考釋》合兩冊，選錄 930 片。1958 年嚴一萍去其
重片，分其誤合，綴合 20 組，實得 905 片，刪除原書考釋和索引，編成《甲

古文錄新編》（臺北：臺灣商務印書館，1958.05）。

抗戰軍興，1937 年 6 月，河南博物館奉示就館藏精選文物珍品 5,678
件，拓片 1,162 張，圖書 1,472 部（冊）分裝 68 箱，遷運漢口法國租界。
1938 年 9 月，再運抵重慶；1949 年 12 月，從中再選 38 箱運抵臺中北溝。

河南大學與殷墟發掘

1928 年 10 月，河南省政府為協助中研院史語所殷墟考古發掘，特選
派張錫晉、郭寶鈞以地方政府代表身分參加發掘工作。當時河南大學（河
大）兼職教授、教育廳祕書郭寶鈞主動請纓參加。10 月 7 日發掘團抵達安
陽，安陽縣政府派科員張守魁前來偕同董作賓等赴小屯籌措發掘工作。經
過數日的準備，10 月 13 日開始發掘。1930 年郭氏轉入史語所，先後參加
了第 4、5、8、13 次（後兩次為主持人）的發掘工作。1931 年 2 月第 4 次
發掘，河大兼職教授、任職河南省政府祕書處馬非百（1896－1984）帶領
史學系學生石璋如，國文系學生劉燿、許敬參、馮進賢（以實習生身分）
參加殷墟發掘。馬氏還參加了第 7、8、10、11 次發掘。石璋如、劉燿於
1932 年自河大畢業，都入史語所為研究生，一面研讀研究生課程，一方面
繼續參加殷墟和各地的田野工作。1934 年完成學業均留史語所為助理研究
員，持續殷墟發掘工作。

日本人盜掘

抗日戰爭期間，日人屢次來安陽盜掘。如 1. 1938 年春，慶應義塾大
學文學部北支學術調查團由大山柏（大山巖次子）率領到安陽考古；2. 1938
年秋，東方文化研究所水野清一、岩間德也（1904 年曾購藏大龜甲 1 版，
1932 年郭沫若將此版著錄於《卜辭通纂》中命名為「岩間大龜」，現藏旅
順博物館）等到安陽侯家莊考察挖掘；3. 1940－1941 年東京帝國大學考古
學教室來發掘。（胡厚宣）這也引起當地村民乘機亂挖起來，出土一些甲骨
和器物。

中國大陸中科院和社科院考古所發掘

　　抗戰勝利，胡厚宣編集《戰後新獲甲骨集》9 冊（上海：羣聯出版社，1951-1954）。計分 1-4 冊《戰後京津新獲甲骨集》（5,642 片）（1954.03；原載成都：齊魯大學國學研究所專刊，1946.05、07）；5-6 冊《戰後寧滬新獲甲骨集》（1,143 片）（1951.04；原北京：來薰閣書店）；7-9 冊《戰後南北所見甲骨錄》（3,276 片）（1951；原北京：來薰閣書店）。及《甲骨續存》（3,753 片）3 冊（上海：羣聯出版社，1955.12）；《甲骨續存補編》3 冊（天津：天津古籍出版社，1996.06）。以上各書，編排的體例，開創了先以時代為序，自盤庚至帝辛，分為 4 個時期；每期甲骨再按其性質分為若干類。

　　1949 年 11 月中國科學院成立，1950 年春派出以郭寶鈞為首的殷墟發掘團（4 月 12 日至 6 月 10 日），恢復了中斷 13 年之久的殷墟發掘工作。1977 年 5 月中國社會科學院由中國科學院分出獨立建院。考古研究所安陽工作站在小屯、侯家莊、後崗、四盤磨、大司空村等地及安陽以外之處進行發掘。在多年的發掘工作陸續發現一些甲骨，其中以 1973 年小屯南地一批甲骨的出土，是繼 YH127 坑甲骨發現之後的又一次大批出土，計有 7,150 片。其中卜甲 110 片（有刻辭者 60 片），卜骨 7,040 片（有刻辭者 4,761 片）。經過綴合，實際掘出的刻辭甲骨共 4,892 片。中國社科院編，《小屯南地甲骨》5 冊（上冊 2 分冊、下冊 3 分冊）（上海：中華書局，1980.10、1983.10），分甲骨拓片，及釋文、索引和摹本、鑽鑿形態 5 部分。中國社科院考古所小屯南地甲骨整理小組以筆名蕭楠（諧音「小南」，成員有溫明榮、劉一曼、曹定雲、郭振祿），發表一系列與甲骨有關的報告文章，如〈1973 年安陽小屯南地發掘簡報〉、〈小屯南地甲骨綴和篇〉、〈小屯南地甲骨的鑽鑿形態〉等，結合成冊，出版《甲骨學論文集》（北京：中華書局，2010.07）。

　　另 1991 年 10 月，花園莊東地（編號 91 花東 H3 坑）「出土共 1,583 片，其中卜甲 1,558 片（腹甲 1,468 片，背甲 90 片），上有刻辭的有 574 片（腹甲 557 片，背甲 17 片）；卜骨 25 片，上有刻辭的有 5 片。」（劉一曼、郭鵬，《1991 年安陽花園莊東地、南地發掘簡報》），較具規模。又中

國社科院考古所，劉一曼、曹定雲編，《殷墟花園莊東地甲骨》6 冊（昆明：
雲南人民出版社，2003.12），載出土數字下半段略有出入，記「有刻辭的
甲骨 689 片，其中刻辭卜甲 684 片（腹甲 659 片，背甲 25 片）、刻辭卜骨
5 片。」本書是第一部以甲骨拓本、摹本、照像相結合在一起的甲骨著錄
書。

中國社科院考古所，劉一曼、岳占偉編，《殷墟小屯村中村南甲骨》（昆
明：雲南人民出版社，2012.03），正文收錄為兩次發掘所得 514 片。即
1986-1989 小屯村中發掘獲得有字甲骨 305 片（綴合後為 291 片）及
2002-2004 小屯村南發掘獲有字甲骨 233 片（綴合後為 207 片）。及另附近
所出 17 片甲骨地拓片、摹本，分別出自小屯北地、花園莊東地、苗圃北地
和大司空村，共 531 片。

（三）各種著錄書出版

甲骨文總集

1964 年中國社會科學院考古研究所主導，將 1934 年，孫海波（1910
－　）編，《甲骨文編》（北平：燕京大學哈佛燕京學社，1934.10），予以改
編體例，仍由孫海波編纂，出版了改訂本（北京：中華書局，1965.09），
依《說文解字》排列，正編收已識的字 1,723 個，附錄收已經考釋而未被
公認的字 2,949 個，共計 4,672 個。金祥恆（1918－1989）《續甲骨文編》
1 函 4 冊（臺北：藝文印書館，1993.06），補孫著以後新出土新流傳者，
收 37 部殷墟甲骨文字著錄中的單字、合文、詞，計字首 2,500 個，5 萬餘
字。此外，還有高明，《古文字類編》（北京：中華書局，1980.11）；（日）
松丸道雄、高島謙一，《甲骨文字字釋綜覽》（東京：東京大學東洋文化研
究所，1993）；于省吾，《甲骨文字詁林》4 冊（北京：中華書局，1996）。

1978 年起，由郭沫若主編、胡厚宣總編輯、中國社會科學院歷史研究
院編的《甲骨文合集》13 冊（北京：中華書局，1978.10－1982.12），是中

國大陸第一部大型集大成的甲骨著錄。收錄自 1899 年以來，國內外包括中研院史語所在內所出版的 70 多種甲骨文著錄書和分散在國內外收藏的甲骨實物拓本、照片和摹本，從先後出土 10 多萬片甲骨，經過校出重片（約 14,000 餘片），吸收前人去偽和綴合的成果，篩選了 41,956 片。分為 5 個不同的時期：1.武丁；2.祖庚、祖甲；3.廩辛、康丁；4.武乙、文丁；5.帝乙、帝辛；每期又依社會歷史內容分：1.階級和國家；2.社會生產；3.思想文化；4.其他 4 大項和 21 個小類，以利查檢。《合集》也融入了桂瓊英所綴合的 2,000 多版。

　　1984 年，嚴一萍編《商周甲骨總集》16 冊（臺北：藝文印書館，1984）。係以《合集》、《小屯南地甲骨》為基礎，增補《懷特氏等收藏甲骨文集》、《英國所藏甲骨集》、《東京大學東洋文化研究所藏甲骨文字》、《周原甲骨》，收小屯甲骨 41,956 片、小屯南地甲骨 4,612 片、小屯甲骨拾遺 1,968 片、周原甲骨 301 片。

　　1996 年出版了由胡厚宣輯，王宏、胡振宇整理的《甲骨續存補編》7 卷 3 冊（天津：天津古籍出版社），係編纂《合集》時又收集到 3,841 片甲骨。分別收錄國內 19 個博物館藏品，共計 333 片：13 個大學 209 片：文物管理委員會、研究機構 9 個 84 片；私人收藏家 55 位 3,023 片；其他單位 69 片；及已被甲骨著錄書收入者 15 種 622 片。另在《合集》的基礎上，由胡厚宣主編，王宇信、楊升南總審校，出版《甲骨文合集釋文》4 冊（北京：中國社科院，1999.08）、《甲骨文合集材料來源表》3 冊（北京：中國社科院，1999.08）；彭邦炯、謝濟、馬季凡編，《甲骨文合集補編》7 冊（北京：語文出版社，1999.08），收入甲骨 13,450 片。另附錄王宇信、楊生南輯，《殷墟以外遺址出土甲骨》，收 306 片。

　　2001 年，宋鎮豪、段志洪編，《甲骨文獻集成》40 冊（中國古文字大系；1）（成都：四川大學出版社，2001.04），分甲骨文考釋、甲骨研究、專題分論、西周甲骨與其他、綜合等 5 大類。

綴合專書

綴合專書，首推曾毅公《甲骨綴合編》，共綴合了 396 版。1955 年出版了合曾毅公、郭若愚、李學勤等 3 家依據《甲編》、《乙編》上、中輯所收甲骨拓片進行全面性綴合工作的《殷墟文字綴合》（北京：科學出版社，1955.04），「就甲乙編卜辭綴合 480 片〔版〕，亦省學者一部綴合精力之作。」（董作賓）

嚴一萍編，《甲骨綴合新編》2 函 10 冊（臺北：藝文印書館，1975.06），前 9 冊共收 684 個綴合版，第 10 冊為《甲骨綴合訂訛》，共收入 364 版。集成了許進雄、白玉崢、持井康孝、松丸道雄、曾毅公、屈萬里、嚴一萍等各家綴合成果。1976 年再發行《甲骨綴合補編》（臺北：藝文印書館）。

1999 年，蔡哲茂編，《甲骨綴合集》（臺北：編者、1999.09）。本書共收入甲骨綴合版 361 版，分（甲骨綴合集）、（釋文及考釋）、*Catalogue of Oracle Bone Rejoinings* 等 3 大部分。後者所編（《甲骨文合集》綴合號碼表）及（《甲骨文合集》未收綴合號碼表）、（《小屯南地甲骨》綴合號碼表）、（《英國所藏甲骨集》綴合號碼表），使讀者對所著《甲骨綴合集》以外的綴合情況，也能一目了然。附錄：（《甲骨文合集》重片號碼表）、（《甲骨文合集》同文例號碼表），俾有助於研究。2004 年再出版《續集》，（臺北：文津出版社，2004.08），收入甲骨綴合版 185 版。2011 年出版《甲骨綴合彙編─圖版篇》（新北市：花木蘭文化出版社，2011）。

中國大陸公藏甲骨館藏目錄

抗戰時，收藏甲骨最多者，是羅振玉、劉體智、明義士。當今中國大陸公藏甲骨最多者為中國國家圖書館（北京），藏有 35,651 片，其中 2 萬多片為劉體智舊藏；源於「1953 年，劉體智所藏 28,000 餘片甲骨，歸於文化部文化局。中國科學院考古研究所又重新墨拓，題名《善齋所藏甲骨拓本》，28 冊，收 28,292 片」。次為故宮，22,463 片，其中 20,364 片為明義士舊藏；山東省博物館 5,468 片，為羅振玉、明義士舊藏（魏敬群）。

　　「羅振玉舊藏甲骨，在中國大陸者，藏有盒裝者，計有山東省博物館、中國國家圖書館、吉林省博物館、吉林大學、故宮；零散沒有盒裝者，旅順博物館、遼寧省博物館、吉林大學、吉林省博物館、吉林師大等，總計共有 5,883 片。」（胡厚宣）明義士所編《殷虛卜辭》所收的 2,369 片、後歸南京博物院。此外，還有一批甲骨賣給了日本人，也幾經易主。

　　相關收藏在中國大陸館藏著錄（例示）：1.李鍾淑、葛英會著，北京大學中國考古學研究中心、北京大學考古文博學院編《北京大學珍藏甲骨文字》2 冊（北京大學震旦古代文明研究中心學術叢書特刊）（上海：上海古籍出版社，2008.11），收入北大賽克勒考古與藝術博物館（Arthur M. Sackler Museum of Art and Archaeology）藏 2,929 片；2.濮茅左，《上海博物館藏甲骨文字》（上海：上海辭書出版社，2009.01），收 5,002 片；3.宋鎮豪、趙鵬、馬季凡編纂，《中國社會科學院歷史研究所藏甲骨文字》3 冊（上海：上海古籍出版社，2011.08），收入包括有字甲骨、碎骨、無字甲骨及偽刻 2,023 片。

　　2017 年，甲骨文藏品入選聯合國教科文組織「世界記憶名錄」（Memory of the World Register），申報的收藏單位 11 家（藏量在 1,800 片以上），分別是中國國家圖書館、故宮博物院、中國社科院考古所、中國社科院歷史所、上海博物館、南京博物館、山東博物館、旅順博物館、天津館、北京大學、清華大學。

　　中國國家圖書館與中華書局合作，將於 2019 年王懿榮發現甲骨文 120 週年之際，陸續出版《國家圖書館藏甲骨全集》，刻持續由胡輝平、趙愛學整理。

臺灣公藏甲骨館藏目錄

　　2009 年，李宗焜、中研院史語所編，《史語所購藏甲骨集》（臺北：編者，2009.11）。本書並不是著錄中研院史語所所藏 1928-1937 間的殷墟發掘品，而是收錄了史語所歷年購藏甲骨 380 片的圖版、拓本及釋文。包括 1928-1946 間 7 次所購，及李光宇（1905－1991；啓生）拾得甲骨 42 片。

　　1972 年 11 月 29 日教育部函令國圖移撥史博館古器、甲骨共 751 件，
而甲骨殘片計 722 件（依蘇瑩輝（國立中央圖書館的文物拓片）記：大小
共有 747 片，均係殷墟出土）。1996 年 10 月 1 日史博館進行文物清點，計
實有甲骨 4,982 片。2013 年 8 月 27 日，史博館與中研院簽定「殷墟甲骨整
理研究合作案」，將以 4 年時間，進行全面整理、摹本製作、釋文、編輯及
數位化等研究工作。

散見外國的甲骨文著錄書

　　依據王宇信，《新中國甲骨學六十年（1949－2009）》載，世界上藏有
殷墟甲骨文的國家，「主要有日本（12,443 片）、加拿大（8,702 片）、英國
（3,089 片，內有偽片）、美國（1,882 片）、德國（715 片）、俄羅斯（199
片）、瑞典（100 片）、瑞士（99 片）、法國（99 片）、星加坡（28 片）、比
利時（7 片）、韓國（6 片）、荷蘭（13 片）等 13 個，收藏總數為 26,700
片左右。」（另根據孫亞冰 2006 年《百年來甲骨文材料統計》，稱：有 14
國，總數為 21,578 片。較王文，多了紐西蘭；流散到這些國家的數量也不
同。）

1. 流散日本甲骨文的著錄書（例示）：

　　（日）貝塚茂樹、伊藤道治，《京都大學人文科學研究所藏甲骨文
字》4 冊（京都：京都大學人文科學研究所，1959.03-1968）；

　　（日）伊藤道治，《故小川睦之輔氏藏甲骨文字》（載於《東方學報
（京都）》37 冊，1966.03）、《大原美術館所藏甲骨文字》（載於《日本
倉敷考古館研究集報》4 號，1968）、《藤井有鄰館所藏甲骨文字》（載於
《東方學報（京都）》，第 42 冊，1971.03）、《檜桓元吉氏藏甲骨文字》
（載於《神戶大學文學部紀要》I，1972.01）、《關西大學考古學資料室
藏甲骨文字》（載於《史泉》51 號，1977）、《國立京都博物館藏甲骨文
字》（載於《神戶大學文化學年報》，3，1984）、《黑川古文化研究所所
藏甲骨文字》（載於《神戶大學文化學年報》，3，1984）、《天理大學附
屬天理參考館藏甲骨文字》（天理教道友社，1987.02）；

　　（日）松丸道雄，《日本散見甲骨文字搜滙》6 冊（載於日本《甲骨學》7-12 號，1959-1980）、《日本所見甲骨錄》（東京：朋友書店，1977）、《東京大學東洋文化研究所藏甲骨文字》14 冊（東京：東京大學東洋文化研究所，1983.03）；

　　（日）渡道兼庸，《東洋文庫所藏甲骨文字》（東京：東洋文庫中國史研究委員會，1979.03）；

　　（日）荒木日呂子，《中島玉振舊藏甲骨》《東京：創榮出版株式會社，1996.04）。

2. 流散西方各國甲骨文的著錄書（例示）：

　　香港饒宗頤（1917－2018）先後出版了《日本所見甲骨錄》（香港大學，1957；原載《東方文化》3：1，1956.06）、《巴黎所見甲骨錄》（香港：大宏雕刻印刷公司，1956）、《海外甲骨錄遺》（香港大學出版社，1961；原載《東方文化》4：1-4：2，1957-1958）、《歐美亞所見甲骨錄存》（Singapore：International Press Co.,1970；原載《南洋大學學報》1970：4）。還有，李琰，《北美所見甲骨選粹》（載於香港中文大學《中國文化研究所學報》3：2，1970）。

　　加籍華裔許進雄出版了《明義士收藏甲骨文集》（*The Menzies Collection of Shang Dynasty Oracle Bones*）（加拿大多倫多，皇家安大略博物館，1972）、《懷特氏等收藏甲骨文集》（*Oracle Bones from the White and Other Collections*）24 冊（多倫多，皇家安大略博物館，1975）。

　　美籍華裔周鴻翔出版了 *Oracles Bone Collection in the United States*（《美國所藏甲骨錄》）（Occasional Papers；10）（Berkeley：University of California Press，1976）。

　　（法）雷煥章（Jean Lefeurve，1922－2010）輯，《法國所藏甲骨錄》（臺北：利氏學會=Taipei Riccii Institute，1985）、《德瑞荷比所藏一批甲骨錄》（臺北：光啓社，1997）。

　　李學勤、齊文心、（英）艾蘭（Sarah Allan）輯，中國社會科學院歷

史研究院、倫敦大學亞非學院編《英國所藏甲骨集》(*Oracles Bone Collection in the Great British*)4 冊(北京：中華書局，1985.09、1992.06)、《瑞典斯德哥爾摩遠東古物博物館藏甲骨文字(北京：中華書局，1999)。

胡厚宣編集，《蘇德美日所見甲古集》(成都：四川辭書出版社，1988.03)、《蘇聯國立艾米塔什博物館藏甲骨文字》(載於《甲骨文與殷商史第三輯》，上海古籍出版社，1991)。

三、內閣大庫明清檔案

19 世紀末 20 世紀初，中國歷史文物新的發現，提供了新的研究資料，擴大了傳統漢學研究的領域。甲骨文由中國的學者發現，引起學界的重視。中央研究院在安陽小屯等處科學發掘 15 次，獲得有字甲骨 24,918 片，震驚海內外；河南省博物館也在小屯發掘 2 次，獲得有字甲骨 3,656 片。敦煌寫經、漢簡遠在偏僻遙遠地區，遭列強探險隊掠奪，捷足先登。中瑞西北科學考察團奮起直追，發現了居延漢簡；黃文弼（1893－1966）發現樓蘭漢簡。滿文老檔存放在瀋陽故宮，被內藤虎次郎盜拍照片回日本，前清宣統離開故宮，又發現滿文老檔以前的原檔。明清內閣大庫檔案，一直存放在紫禁城東華門內文華殿之南的內閣大庫，被隨意堆放而湮沒。除了上開重大的發現以外，時還有不少零星重要文獻也被學術界注意到，如碑刻、佛教佚典、六朝唐代的寫本及宋刻孤本。

（一）緣起

清沿明例，設內閣，是皇帝的祕書機關。雍正後雖設軍機處，但內閣仍是中央政府處理一般行政事務的中樞。清代內閣大庫隸屬於內閣，是清代中央最重要的檔案庫。位在紫禁城東南隅，西臨內閣大堂，北對文華殿，

坐南朝北，由東西兩座庫房構成。西邊貯存紅本，俗稱西庫，東邊藏實錄表章，俗稱東庫，每庫分上下兩層，凡 20 間，總面積達 1,295 平方米（392坪），它是由明文淵閣和藏書樓改建而成。西庫所藏多於東庫，典籍居十分之三，檔案居十之七。典籍多為明文淵閣藏書孑遺。檔可略分清檔、盛京舊檔、明檔 3 部分，多為清代歷朝朱諭，內外臣工題本、奏本，外藩屬國表章、歷代殿試大卷等；東庫貯《實錄》、《聖訓》等。

　　清朝內閣大庫匯集了大量的重要檔案，到了清末常因「木格已滿」，「潮溼霉爛」，「遠年舊檔」而檢出焚燬。1899 年 3 月 17 日（光緒 25.2.6），內閣大庫因雨滲漏嚴重，年久失修，內務府准略為修葺；內閣大學士李鴻章奏請，將紅本庫中多年潮溼霉爛的副本撿出焚化，以清庫儲，不誤開工。此奏蒙准。內閣大庫中朱批紅本 4,500 綑，約 30 萬件均移出燒燬。

　　1909 年（宣統元），內閣大庫因年久失修，多處傾塌，奏准修繕。在修繕之前，爰先將庫貯《實錄》、《聖訓》移至大庫南面的銀庫暫存，其餘檔案、典籍則分兩處，一部分暫移文華殿兩廡存放，大部分仍留庫內。1909年 9 月 9 日（宣統 1.7.25）學部張之洞奏准以內閣大庫所藏典籍設立學部圖書館（後改為京師圖書館），其餘則係「無用舊檔」，請求焚燬。1910 年3 月 8 日（宣統 2.1.27）開工，8 月初（6 月底）大庫修畢，暫移出的《實錄》、《聖訓》仍送回大庫保存，而檔案、典籍，則如張之洞所請，就沒有送回大庫。學部派參事羅振玉（1866－1940；為張之洞幕府）前往內閣接收庫藏典籍。羅振玉看到堆積如山的檔案、典籍，隨手翻閱，認為絕不是「無用舊檔」，而是稀世史料。因羅振玉的建議，張之洞奏罷焚毀庫中檔案。於是，這批檔案「無論完闕破碎，一併移送（學部），發交圖書館妥慎儲藏。」因而內閣大庫明清檔案，從此可區分為移出部分及留庫部分。

　　內閣大庫所藏南宋、金、元、明等歷代內府圖書，約 2、3 萬冊，由內閣翰林院移送京師圖書館。1911 年（宣統 3），該館正監督繆荃孫（1844－1919）編纂《學部圖書館善本書目》8 卷；及《學部圖書館方志目》1卷，均由京師圖書館印行。前者為一稿本，收錄所藏善本書約 140 部，以

宋元版居多。後者收錄俱為內閣大庫移藏。時一般重視大庫所藏宋版書，
有些學者希望在檔案中「淘寶」，對內閣大庫原藏不知數百萬件的檔案文
獻，就引不起興趣。依蔡元培《明清史料·序》：

> 明清內閣大庫檔案及文籍之失散不知從何時起，但大批失散是 1917、
> 1918 年的事。這些檔案及文籍在大庫雖然不是科學的排列著，但總沒有
> 拉亂，沒有分散。不幸開始移動者缺少公心，不知史料的價值，一層一
> 層的剝削，拿去宋板書，拿去好看的文件，而把最後的最大的一堆堆到
> 午門端門門洞中。又不幸為一個妄人賣了，幾乎走到唐山變做還魂紙。
> 中間經數年的展轉。纔於 1929 年下由中央研究院歷史語言研究所買入。
> 公家舊物仍歸公家，其中損失已經不可計數了，但畢竟大部分依舊歸到
> 公「家」，還是痛定後差可安慰的事。

復依徐中舒〈再述內閣大庫之由來及其整理〉載：

> 當時學部圖書館（即京師圖書館）接收庫中書籍時，大概即由庫中綑載
> 而去，並未詳細點查；不但這裏面許多珍貴的檔案未曾取去，還有許多
> 殘本殘葉的宋元本書籍，也雜在這些凌亂的檔案裏，而被遺下。這些被
> 遺下的檔案與殘本殘葉的書籍，都是預留焚毀的。

（二）移出部分的整理

移出部分，即這個沒有送回大庫的檔案，先是 1909 年經張之洞、羅振
玉搶救，險遭火焚之厄；繼之，裝了裝米用蔴袋 8,000 袋，約重 15 萬斤，
移至學部。檔案又分藏兩處，案卷之類暫置國子監南學敬一亭，試卷之類
置學部大堂後樓。

教育部歷史博物館

　　1912 年 7 月，北洋政府教育部在國子監舊署設立了國立歷史博物館籌備處，由胡玉縉擔任籌備處主任，接收了存於國子監舊有禮器、書版、石刻等，包括存放在此的明清檔案，並暫行兼管孔廟。1917 年，教育部以原有館址，「地處偏僻，房舍狹隘」，乃將該館遷往故宮午門樓，該存於國子監的檔案隨之移至午門、端門存放。（中國第二歷史檔案館）當時教育總長傅增湘、次長陳垣，籌備處處長彥德（正黃旗人），派員在午門上整理蘇袋。依李光濤（1902－1984）《記內閣大庫殘餘檔案》引述曾參加本項工作的佟榮說：

> 當初這些東西從蘇袋裏倒出來的情形大概都是整大綑的居多，這樣的自然也用不著什麼整理，只須將一綑綑的提出來堆在一起便算了事。最奇怪的，就是當時整理的工友也不知道是奉到什麼人的命令，大家都一致認真的在塵埃和亂紙中拼命的去找宋版書，當然，工友們也不是版本家，宋版不宋版全無分別，但是只要能夠找出書冊一本，便會現錢交易，立時賞以銅元 40 大枚（等於銀元 2 角），其餘的亂紙自然也就視同廢紙了。

李光濤依此理證，整理的結果，不外是分為「保存」和「放棄」，即「有用」和「無用」的兩部分。「至於『放棄』的一部分，教育部又慎重其事，請各部都派員會同再行檢查又在灰土和廢紙之間鑽來鑽去，鑽了短短的幾天，也就草草地結束了。從此這一大堆破紙便散放在午門樓上無人過問，接著部長傅氏也下野了。」

　　1919 年，教育部撥交歷史博物館原有學部大堂後樓的明清檔案暨歷朝科舉殿試策卷 15,000 餘件。（中國第二歷史檔案館）

8,000 蘇袋和羅振玉、李盛鐸

　　1921 年，北洋政府財政奇窘，政府部門都是各自籌款維持；歷史博物

館以經費短絀,除「略檢其整齊者,陳列於樓(午門樓上展覽),以誥敕及廷試策為多;餘堆城下,視為廢紙」。爰以出賣「爛字紙」為名,報教育部奉准後,將 8,000 蔴袋(一說 7,000 袋),重約 15 萬餘斤,「廢紙」(實為檔案)售予西單同懋增紙店為重造紙(再造紙)紙料,得銀幣(大洋)4,050圓。一位親身經歷的同懋增南紙文具店伙計朱偉武回憶(略以):

> 這些文件檔案分兩次投標出賣。第 1 次賣的是朝房東側存放的明朝永曆至萬曆年間的 10 幾萬斤,當作爛紙,以 3,000 多元的標價賣給白紙坊的商人,由他們合資購去。他們把這些爛紙零賣給白紙坊的各抄紙坊,以及附近各縣的抄紙作坊。這批明朝的文件檔案材料從此蕩然無存。第 2次投標的是存放在午門外兩側朝房和端門洞內的明崇禎和清朝順治至宣統止的文件檔案材料,共計 14 萬 8 千餘斤。以同懋增紙店以銀元 4,050元中標。

該紙店租了善果寺各大殿和配殿存放,即已開始抽出大量的檔案在出售,原宮中存放的明清檔案開始散失。事為金梁(1878-1962)報知羅振玉搶救,1922 年 4 月(壬戌年 3 月)羅以 3 倍價(12,000 圓)挽回。羅氏就招人整理,編印了《史料叢刊初編》10 冊(東方學會,1924 年)。

1924 年,羅振玉財力不繼,又從事扶植溥儀復辟的活動,難以繼續整理,祇好以 16,000 元轉售給李盛鐸(1859-1934)。李盛鐸有藏書樓「木犀軒」極富盛譽。

羅振玉仍截留一些明清檔案;其中一部分約 40 多箱賣給大連滿鐵圖書館漢籍主任松崎鶴雄。羅振玉又在京津間陸續蒐集自紙店流散者,仍藏有一些內閣大庫明清檔案,這批檔案幾經周折,被羅氏帶至旅順。

李盛鐸所獲這批明清檔案,存北平和天津兩處,漸覺庋藏困難,當時日本滿鐵、哈佛燕京社均有意收購;李氏已與滿鐵簽訂買賣合約,幸因學者(馬衡等)責難尚未出境。1928 年 10 月中研院(隸大學院)歷史語言

研究所正式成立，傅斯年就任所長。在此之際，陳寅恪立即致函提醒傅斯
年「觀燕京與哈佛之中國學院經費頗充裕，若此項檔案歸於一外國教會之
手，一國史之責，托於洋人，以舊式感情言之，國恥也。」馬衡得知此事
後，堅決阻止出售給日人，致函傅斯年商請其在中山大學歷史語言研究所
購買。中大限於財力，傅斯年特意致函蔡元培，商請大學院購置，稱：

> 其中無盡寶藏，蓋明清歷史，私家記載，究竟見聞有限；官書則歷朝改
> 換，全靠不住，政治實情，全在此檔案中也。（中略）此後《明史》改修，
> 「清史」編纂，此為第一種有價值之材料。

當大學院正在進行籌款時，李氏提出兩條件：其一，須陰曆年內付款，否
則大庫檔案即將為燕京大學等處所得。二，大庫檔案中如檢得宋版書籍殘
頁，須交還渠。因渠藏有宋版書係原藏於內閣大庫者。陳寅恪稱：

> 此檔案中宋版書成冊者，大約在歷史博物館時為教育部人所竊，歸羅再
> 歸李以後，則尚無有意的偷竊。（中略）又我輩重在檔案中之史料，與彼
> 輩異趣，我以為寶，彼以為無用之物也。

1929 年 3 月大學院終以 18,000 銀元收購了這批檔案，平津兩地各秤得 6
萬餘斤，距 15 萬斤，已短少 3 萬斤，轉交中研院史語所收藏整理。1929
年 5 月，史語所由廣州遷至北平，開始預備接收李氏所藏檔案，並勘得歷
史博物館午門西翼樓上為堆存整理之所。

　　1929 年 8 月 13 日教育部將所屬歷史博物館撥給中研院管轄，改定名
稱為國立中央研究院歷史博物館籌備處。史語所乃設歷史博物館籌備處委
員會，置常務委員朱希祖、傅斯年、裴善元，委員陳寅恪、李濟、董作賓、
徐中舒。1930 年 5 月 1，史語所所長傅斯年「感於同在院中一類之檔案材
料不可不集中處理」，乃報奉院長蔡元培同意，將中研院歷史博物館籌備處

舊存明清檔案，全部備函移交到史語所第一組第二工作室。該籌備處管理主任裘善元乃將舊存明清檔案無論已編未編號數，除正陳列各件留待抄錄外，全部移交完竣。

史博館留存部分

教育部歷史博物館尚未出售予紙店者，仍留存在館。其中有「61 箱又1,502 蔴袋」由北京大學商得教育部同意，於 1923 年 5 月 22 日移撥北大研究所國學門，由史學系、中國文學系師生組織「清代內閣大庫檔案整理委員會」代為整理，大都是些比較整齊的檔案，均備架度置；1924 年 5 月，經整理有明季清初檔案 23,300 多件，乃將「檔案整理委員會」改名為「明清史料整理會」。自 1924 年至 1934 年編印《北京大學整理清代內閣檔案報告(要書)》、《北京大學研究所國學門整理明清內閣檔案史料要件報告》、《北京大學研究所國學門整理明清內閣檔案史料要件報告(題本)》、《清九朝京省報銷冊目錄》(第 1 冊順治康熙二朝)、《洪承疇章奏文冊滙輯》(吳世拱輯錄)、《嘉慶三年太上皇起居注》、《崇禎存寶疏抄》、《內閣檔案各衙門交收天啓崇禎事迹清單》(朱希祖編) 等。

於是，內閣大庫明清檔案移出部分，主要分別度藏於中研院史語所、羅振玉、北京大學研究所國學門。

中研院史語所的整理

1929 年春，中研院史語所由廣州遷至北平；9 月起，史語所第一組(歷史學組，主任陳寅恪) 由自清華國學研究所畢業的該所研究員徐中舒負責主持整理(徐萌退意後，由李光濤繼任) 所購得的明清檔案。召雇了書記10 人：尹煥彰、李光濤、程霖、周士儼、張文熊、馬進修、潘小珊、嵇澤貴、陳長青、梁士琦等；工友 18 人：方國英、齊莃民、佟榮、劉培元、白崇海、秦明德、吳聯、許富、李文林、趙炳勳、周起渭、吳炳仁、趙瑞年、常世昌、姚廣田、王志信、祁祥澤、趙俊昇等(當時第一組共 30 人，1930年 6 月有職工 29 人全體合影乙幀)。第一組辦公室與第三組在北海公園靜

心齋（係向外交部借用），第一組第二工作室（即整理內閣大為庫檔案處）在午門西翼樓樓上及西南亭（係向歷史博物館籌備處借用）進行整理明清檔案；並組織「明清史料編刊委員會」，負責審定編印史料任務。為了確保檔案整理效率和防止損壞事故的發生，特訂《歷史語言研究所第一組第二工作室規則》（全 12 條），「本工作室的組織，計分 6 股，每股由書記 1 人，督同工友 2 人進行整理工作。」以書記尹煥章、李光濤為工作室臨時管理人，負責一切管理事宜（徐中舒不能常川午門，在靜心齋做研究工作）。嚴格要求工作人員按章進行，整理破碎零亂的檔案，工作非常辛苦。每人用具為手杖（撥開字紙）、口罩、風鏡、藍布對襟長衫、黑布帽子。百年舊物，附帶的灰（塵）土特別多，每一蔴袋或蓆包倒在地上時，塵土便飛揚，室內差不多猶如煙霧一般。從工作室出來，每個人鼻孔裡都是塞滿了黑灰，兩道眉毛上都掛了許多碎紙的絨毛，就是用水清洗，也必須一盆又一盆地才能洗得乾淨的。灰塵不但嗆人，而且影響呼吸和肺部。「工作室內絕無講話的聲息，只有一羣工作人員整理碎紙的聲響，正好像蠶吃桑葉一樣簌簌的有聲。」並指定由李光濤負責填寫工作日誌。破爛字紙，整理工作至為繁重。工序為 1.去灰；2.鋪平；3.分類；4.綑扎；5.理碎（將剩餘碎檔，再小心地裝入蔴袋，待日後處理，共 1,200 餘袋，每袋約重 30 斤強）；6.裱褙；7.鈔副（擇重要者，鈔錄副本，以便編纂付印）等。至 1930 年 9 月30 日檔案初步工作告一段落，以去灰（灰土約 120 餘袋，每袋至少以 100斤計）、鋪平最為辛苦費時。李光濤〈記內閣大庫殘餘檔案〉描述（略以）：

> 凡被整理上架的〔檔案〕，則當為 7 萬斤上下，仍被裝入蔴袋的，則當在
> 4 萬斤，灰土約重 1 萬 2 千斤。以上 3 項，合而計之，適當於原約重 12
> 萬斤左右之數。

第 2 階段接著至 1931 年止，由於粗工漸漸結束，所留工作人員逐漸減少，初所留用者，書記 6 人、工友 5 人，裱匠和雜役各 1 人。漸再減為 3 人，

最後只留 1 人負責保管。工作集中在分類及綑扎上架。第 1 階段整理時，已就檔案的外型，如明稿、清紅本、揭帖、移會、謄黃、賀表、各類簿冊、雜稿、殘本書葉等，已分別庋置；第 2 階段以朝代為單位，每朝的檔案同置一處。每一檔件先按朝代，次依年月排列。俟完成該初步分類工作，再進行編號摘由等事。當 1932 年年終時，所有已整理的檔案，全已分類完畢，雖未編號登記，但重要檔件，已有簡明目錄可查。

　　至是本項檔案已可按年索求，公開研究之用。於是「明清史料編刊委員會」委員陳寅恪、朱希祖、陳垣、傅斯年、徐中舒審訂，編印了《明清史料》甲乙丙丁 4 編，各線裝 10 冊（前 3 編由上海商務印書館出版；丁編已定稿，因遷臺未及印出，迄 1972 年發行甲至戊編合訂本，始行補入）。其後編佈至癸編，凡 10 編 1 百冊都 1 千餘萬言。自選編校印以迄成書擔任實務工作者係研究員李光濤，曩者傅斯年譽為「提舉」（周天健）；編印《史料叢書》，如《清代官書記明臺灣鄭氏亡事》、《內閣大庫書檔舊目》；並以此校勘《明實錄》的脫漏訛誤，校勘初以國立北平圖書館藏《明實錄》紅格鈔本曬藍本為底本。

　　傅斯年的校勘《明實錄》工作，自 1933 年 7 月起，請李晉華擔任，工作助手有那廉君、潘愨、鄧詩熙；1937 年 2 月 7 日李氏積勞病逝，同年秋改由那廉君、姚家積、吳相湘校勘；1939 年秋，改由王崇武接續此項工作。1948 年因戰亂停頓。1955 年 9 月，李濟恢復校勘工作，由黃彰健（1919－2009；1944 年 5 月入史語所）主持，助手有楊慶章、楊華爔、王恆餘、曾超球，其餘曾參與校勘者的姓名均載黃彰健所著《明實錄校勘記》引據各本目錄。校勘完竣，自 1961 年 6 月起史語所依據國立北平圖書館藏《明實錄》紅格鈔本微捲（美國會圖書館攝製）陸續影印出版，《校印本明實錄》於 1966 年 4 月全部印行，計太祖至熹宗 13 朝共 133 冊；《校勘記》於 1968 年元月完全印就，計 29 冊；1967 年又印行附錄《崇禎長編》、《熹宗七年都察院實錄》、《皇明寶訓》等書 21 冊，合計 183 冊。這是現存《明實錄》中最為完全的本子。工作進行中，中研院院長胡適函請美國會圖書館將北

平圖書館善本甲庫微捲一全份，贈予史語所，於 1959 年 12 月運到，以利校勘。胡適曾於 1962 年 2 月 23 日在福州街寓所，為《校印本明實錄》的內封面用毛筆題簽「明實錄附校勘記」，翌日胡適主持中研院院士會議，過度操勞，心臟病發作逝世。

黃彰健撰有（中央研究院歷史語言研究所校印明實錄的工作）乙文，文末提到，略以：

> 明清兩代史料浩繁。如有計劃地整理，使後來研究的人能接力賽跑，不需從頭起步，則治這門學問的人始有集大成的一日。有計劃的全盤整理，需要毅力恆心，也需要「成功不必自我」的器量。現在這個時代，有許多學問已盛行集體研究，而史語所的工作均係集體工作。集體工作需利用研究所的圖書設備，需研究所人力財力的支持，才能有成，不能僅靠自己一個人的力量。故研究機構對學術研究的重要性愈來愈增加。一個人在學問方面如果能稍有成就，往往得歸功於他所服務的研究機構。史語所成立於 1928 年。在 1929、1930 年傅孟真先生即可能有意校勘實錄。這一工作克底於成，仍主要是研究所的功勞。一項集體工作的完成，需要研究人員、研究所、及有關方面三者的圓滿配合。

1933 年 3 月底，史語所由北平遷入上海曹家渡司非爾路小萬柳堂舊址，第二、三組（語言組、考古組）南遷後，以蠶壇（係由北平市政府令北海公園委員會撥借為第三組辦公室）全部，靜心齋的一部分，來堆存午門西翼樓上舊藏的明清檔案，使集中於一處，以便陸續整理。午門房屋爰撥還中研院歷史博物館籌備處。

1933 年春中研院計畫將各所集中於首都南京，1934 年 10 月史語所南京北極閣東麓（雞鳴寺路）建築所址落成，係由基泰工程師設計，建華建築公司承包。屋式中西兼採，屋頂鋪蓋北平官窯綠色琉璃瓦，外表為中國古代式的建築。共分 4 層樓，依房屋內部的分配，將供第二、三、四組（人

類學組，由社會科學研究所民俗組改歸史語所）集中使用，並借一間與中
央博物院籌備處作臨時辦工之用。1936 年春，史語所由上海遷入，第一組
部分人員續留北平，整理明清檔案。

　　日寇入侵，傅斯年以為華北終非久安之地，爰命李光濤將檔案擇要裝
100 鐵皮箱（外觀是木箱，並用錫封焊，使不透氣），約 31 萬餘件，占總
數 1/4，隨所播遷南京，自是隨所輾轉各地。

　　抗日軍興，中研院第一步搬遷工作，先將各所集中長沙，除了上海工
程理化 3 所有部分設備寄存，地質所一部分移往廬山外，各所全部設備和
人員都移到長沙集中。自 1937 年 9 月、1938 年 1 月，史語所由南京遷移
重要儀器標本及圖書室善本書籍共 1,132 箱分別抵長沙。南京淪陷，史語
所根據 1937 年 12 月 11 日中研院院務會議所訂原則「地質、物理、化學、
心理等所移桂林，史語、天文、氣象、社會與工程 5 所移昆明，動植物所
與總辦事處移往重慶。」決將所址由湘遷滇。自 1937 年 12 月起 1938 年 4
月 16 日止，史語所全體職員除少數疏散解職及押運公務赴渝者外，皆陸續
離湘，分途向昆明集中。至 1938 年 7 月爰租定城北青雲街靛花巷樓全部和
竹安巷平房一院，分作辦事處和職員宿舍，史語所一切事務均上軌道。1938
年 9 月 28 日昆明遭日機轟炸，為安全計，辦事處疏散至昆明城北 11 公里
的龍泉鎮，租定該鎮棕皮營村的響應寺及龍頭書塢為辦公處所，東廟前後
大殿作職員宿舍，至 1938 年 10 月中旬，史語所再度全部工作再次進入常
軌。由於由湘入滇，人員皆將各人應用的研究材料隨身攜帶，故抵達昆明
即能恢復工作。時儀器標本及圖書運到昆明者有 356 箱，其餘 776 箱，分
存重慶、桂林、長沙、漢口、香港各處，以待隨時起運。太平洋戰爭爆發，
越南為日軍所佔，1940 年 8 月史語所又入川遷到南溪縣李莊鎮栗峯上板栗
坳張家大院。1946 年 5 月 1 日，史語所 53 位同人集資鐫立《留別李莊栗
峯碑銘》，碑額董作賓以甲骨文書寫《山高水長》，碑文由陳槃撰，勞幹書
法，「適茲樂土，爾來五年矣」，史語所在李莊，一直到抗戰勝利復員。

　　1937 年 7 月北平淪陷，北平工作處將未及移送南京的內閣大庫檔案，

將其中較重要及抄好者，裝箱寄存輔仁大學，其餘未運檔案分貯午門西翼樓、蠶壇兩處。1938 年 1 月，華北偽「中華民國臨時政府教育部」來接收，封閉蠶壇，11 月又將蠶壇撥歸北大，遂將檔案移往端門，置於門樓上及門洞內。偽教育部部長湯爾和得知歷史博物館原係教育部管轄，於是將歷史博物館再重新回歸到該部直轄並換發館印，保管該明清檔案。偽「華北政務委員會」成立，再將蠶壇作為糧食倉庫，拆卸電燈電線，其後將國貨陳列館移往蠶壇。中研院史語所勝利復員，因原借用靜心齋及蠶壇均遭破壞及年久失修，即使能順利接收續借，也無力支應巨額的修葺費，一時無處可整理這大量的明清檔案。史語所傅斯年一時以「所剩餘之三法司及滿文檔案 4,567 捆，數量雖多，性質實不甚重要，可供采擷刊布者甚稀少」於 1946 年 9 月 20 日致函中研院總辦事處，擬「將此批檔案移交其他學術機關保管，而與該機關訂約，本所得保留研究整理刊布之權」，囑意故宮博物院、北平圖書館、北大文科研究所等 3 機關則擇其一保管此項檔案。

　　1946 年底，中研院接收了日偽「上海自然科學研究所」及「北平人文科學研究所」、「北平近代科學研究所」，前者由數學研究所接收，後兩者由史語所接收，設立北平圖書史料整理處，專資整理。人文科學研究所原係日東方文化事業總委員會為編纂《續修四庫全書》所蒐集善本書約 15,000 種。該所遷臺時，由張政烺（1912－2005；古文字學家、古文獻學家）挑選 700 餘種運臺。

　　徐蚌戰起，原入川明清檔案，再運往臺灣。整理工作或斷或續，及至 1951 年 4 月，所長董作賓「特命全部開箱，逐箱清查件數，及重新辦理登記」，結果查得全部共計 311,914 件。

羅振玉的整理

　　1928 年，羅振玉舉家遷居遼寧旅順口，建居所，及「大雲書庫」藏書樓（4 層樓）。1933 年秋，在旅順設「大庫舊檔整理處」開始整理內閣大庫明清檔案。依何益三（羅氏姊夫）《大庫舊檔整理處緣起》乙文提及本事緣起：

本處現所有之舊檔，乃羅氏將所得轉讓於李氏〔盛鐸〕後，又於京津陸
續收得者，凡約萬斤。羅氏由津幾費周折又將其移諸旅順。逮滿洲建國，
日本水野梅曉及松崎鶴雄二氏，商請羅氏，謂所藏〔大庫檔案〕史料能
否由日本〔東方文化事業總委員會〕及滿洲國共出公帑整理之。羅氏以
學術乃天下之公，慨然允諾，且謂檔案雜蹂，必須就近整理，將來編目
畢事，即將原件捐滿洲國，由國家保存焉。議定於 1933 年〔大同 2；昭
和 8〕夏，羅氏乃奏陳執政，暫借舊肅親王府樓上為辦事處，並定名為
「大庫舊檔整理處」。

該整理處爰延攬松崎鶴雄、何益三主其事，招處員十餘人從事整理，羅福
成（1884－1960；羅氏長子）及羅福頤（1905－1981；羅氏五子）協助編
目。1936 年整理工作完成後，羅氏除留下一小部分外，將大部分捐給奉天
圖書館珍藏。據羅福頤統計，共計有明清檔案 54,910 件，及滿、漢文不全
題本和不全題本（首尾多殘缺，難予摘由）565 捆。自 1933 年至 1935 年，
先後編印《清太祖實錄稿》、《大庫史料目錄》《甲乙丙丁戊己編》、《明季史
料零拾》、《國朝史料零拾》、《史料叢編》初集、二集等。抗日勝利後該奉
天圖書館改屬瀋陽博物館。1947 年 3 月，移北平北京大學文科研究所空屋，
以避兵災。

羅振玉所保留者，後入藏旅順博物館，共 230 件冊；其中檔案上有鈐
「臣羅振玉壬戌所得秘籍」，可知仍屬羅氏於 1922 年所得舊物。

中國第一歷史檔案館、中國國家博物館接收

1949 年 1 月北平和平解放後，文管會接收了故宮，1951 年 3 月，故宮
文獻館改稱故宮檔案館，1955 年 12 月移歸中國國家檔案局領導，改稱第
一歷史檔案館。其後，幾度更易領導機關，1980 年重行隸屬於國家檔案局，
第一歷史檔案館正式成立。

1950 年起開始接收全國所藏明清檔案，如 1953 年 4 月從北京大學研
究所明清檔案室收回上開代為整理的明清檔案，計黃冊 73 箱；明題奏及敕

諭、檔簿 44 箱；題本 696 箱，共計 813 箱。1954 年 8 月又從端門上接收了中研院史語所（即偽教育部歷史博物館）未及運臺的檔案，計有較整齊題本 287 箱又 32 架（裝箱 350 箱）；殘爛檔案 1,694 麻袋又 34 箱，共計為 671 箱又 1,694 麻袋。1958 年再接收瀋陽博物館所移交的明清檔案。

歷史博物館所殘留一小部分內閣大庫明清檔案，1933 年 4 月南遷了清歷朝試策 15,115 卷、34 箱，運到南京，存入中研院自然歷史博物館。新中國成立，這批檔案隨故宮博物院未及運臺文物，移回北京，現存第一歷史檔案館。

1933 年 4 月，教育部國立歷史博物館未及南遷，秘密存放北平浙江興業銀行者，勝利後仍遷回該館。1949 年 10 月，該館改稱國立北京歷史博物館，隸屬於文化部。2003 年 2 月，改稱中國國家博物館。2006 年 12 月編有《中國國家博物館館藏文物研究叢書——明清檔案卷》。依該書〈王宏鈞‧前言〉：

> 中國國家博物館現存之明清檔案，最早入藏者是 1921 年教育部撥交國立歷史博物館之清內閣大庫舊存，但為數甚少。1950 年重新登記，共有 4,000 冊。1973 年撥交中國第一歷史檔案館 3,000 餘件。（中略）此外，還有一大批 1928 年以前北京國民政府之檔案存放於景山，堆滿壽皇殿北之三大間房屋中。1959 年由任行健副館長和王宏鈞，以一節火車皮運往南京，撥交中國第二歷史檔案館。

1984 年 10 月，遼寧社會科學院歷史所關嘉錄、魏鑒勛與大連市圖書館副館長孫克力、文獻室主任王多聞，從該年 10 月 30 日起至 11 月 5 日止，清點了大連市圖書館藏清代檔案，確認它是清內閣大庫明清檔案。來源係滿鐵奉天圖書館。1943 年日本為表示日「滿」合作，除保留滿鐵大連、奉天、哈爾濱圖書館外，其餘均劃歸偽「滿洲國」管轄。根據滿鐵 3 圖書館和調查部所協議的業務分工，從大連圖書館把自然科學、工學、醫學、

交通、通信的圖書搬到奉天圖書館；奉天圖書館將中文古書、歐文貴重書搬到大連圖書館。其中從奉天圖書館由植野武雄監運運來一批檔案，交由大連圖書館大谷武男經手。經過整理統計，大連市圖書館藏清內閣大庫檔案總管內務府全宗共計 2,000 餘件，殘件 600 餘件。

（三）故宮與留庫部分

內閣大庫中未經出移清宮的檔案，為數尚多。溥儀被驅逐出宮後，社會名流和專家學者組成清室善後委員會，點查清宮遺物。1925 年 9 月善委會審度時勢，決定成立故宮博物院。

1925 年 10 月 10 日下午 2 時，故宮在乾清宮舉行開幕典禮。從此皇宮變成故宮，古物為國民所有。由李石曾（1881－1973；煜瀛）書寫「故宮博物院」（顏體楷書）匾額，高掛於故宮大門（原清室神武門）。

故宮設古物圖書兩館，圖書館復分圖書、文獻兩部。1928 年 6 月，國民政府接管北平，任命李石曾為故宮委員長，易培基為院長兼古物館館長。以陳垣擔任圖書館館長，沈兼士、袁同禮為副館長。圖書館以紫禁城西部的壽安宮（乾隆為恭祝其母 60 大壽，特修繕供其母居住）為館址。將紫禁城中清宮各宮殿遺存的古籍集中於此，截至 1934 年，壽安宮有古籍 9,300 多種、265,300 餘冊。另有幾部大型古籍因原典藏條件較好，仍留在原處，包括文淵閣《四庫全書》、《古今圖書集成》，摛藻堂《四庫全書薈要》，乾清宮《古今圖書集成》。

圖書館文獻部的辦公處設在紫禁城南三所（位於宮中外東路錫慶門之南，即明清時皇子所居，也稱擷芳殿），開始集中宮內各處舊存檔案從事整理。故宮先把宮內各處的檔案集中到宮，宗人府的玉牒和檔案存放到宮內壽門外的院落中。1926 年 1 月，接收國務院移送了觀海堂、方略館、資政院原藏古籍和前軍機處檔案（存放故宮大高殿）。1928 年 6 月接收了清史館的檔案。

1928 年 10 月 5 日故宮調整組織結構，設立古物、圖書、文獻 3 館。文獻館以張繼、沈兼士分任正副館長。文獻館的設立，使檔案部門脫離了圖書館的管轄，獨立成為一個部門，專責於關於檔案及清代歷史物品的編目、陳列、儲藏、展覽，及清代史料的編印等事項。文獻館專門收藏宮廷文獻檔案，計有 1 千餘萬件，依檔案的來源，分組管理，計分 5 組：1.內閣大庫檔案組（兼管清史館案）；2.軍機處檔案組；3.內務府檔案組；4.宗人府檔案組；5.宮中檔案組。另設事務組，負責行政事務工作。後又增設物品組，負責各項檔案、物品的整理、保管、陳列和編輯等事項。

1931 年 1 月，文獻館以清內閣大堂遺址為臨時辦公室，開始整理內閣大庫明清檔案留庫部分，該年底即將紅本及實錄兩庫的檔案初步整理完畢，1932 年起進一步對檔案進行編目。

故宮南遷

九一八事變後，故宮籌備南遷。1932 年秋開始裝箱。計古物館 2,631 箱、圖書館 1,415 箱、文獻館 3,773 箱，秘書處 5,672 箱，總計 13,491 箱。同時也附帶運出了分藏於古物陳列所（前清熱河避暑山莊和瀋陽故宮的文物撥交該所）、頤和園和國子監的文物 6,066 箱。1933 年 1 月 3 日，日軍攻占山海關，然後向熱河和長城各口推進，華北告急。1933 年 2 月 5 日中午，故宮檔案文物南遷第 1 批 2,118 箱集中在太和門廣場開始裝車(板車)，6 日清晨兩列裝滿文物的火車駛出了前門火車站，列車沿平漢線南行，到鄭州改行隴海線到徐州，再沿津浦線到南京浦口，暫存行政院大禮堂，最後決定運滬，暫時保存在法租界。及至 5 月 23 日第 5 批抵滬南遷的檔案文物，總計 13,437 箱又 64 包。復依另一項統計：「共有 242,592 件中國古代藝術品，包括自秦朝以來的 6,411 幅書法和繪畫作品、商代 4,402 件青銅器和 3,894 件玉器、23,783 件南宋時其瓷器。都是無價之寶。」（經盛鴻）

文獻館有 3,773 箱，如內閣大庫檔 1,516 箱、軍機檔 364 箱、內府檔 32 箱、宮中檔 461 箱、刑部檔 86 箱、清史館檔 77 箱、實錄聖訓 507 箱、玉牒 94 箱、起居注檔 66 箱、圖像 62 箱、輿圖 17 箱、地圖銅版 26 箱、冊

寶 35 箱等等；此外，還有秘書處玉牒秘檔 834 箱。依《文獻館所藏檔案分類簡表》，內閣檔案分為「內閣承宣之官文書、內閣進呈之官文書、史官記載、各房日行公事檔案、各館處檔案、因修書而徵集之檔案、盛京檔案、接收裁併機關及內閣改組後之檔案」等類。其中，1935 年 5 月提老滿文檔 8 箱運回北平，1936 年 2 月由北平歸還了 1 箱，故實際文獻館南遷 3,766 箱。

1933 年 7 月故宮理事會，決定在南京朝天宮建立分院及文物保存庫。1934 年 12 月南京朝天宮東側劃歸故宮，故宮南京分院正式成立。1936 年 9 月 26 日朝天宮建築物（「國立故宮博物院南京分院地下保存庫」）落成，11 月，國民政府核准將存滬南遷文物，全部遷運朝天宮。爰自 12 月 8 日起，分 5 批，由鐵路轉遷南京，12 月 17 日遷竣。

七七事變起，1937 年 8 月 4 日北平淪陷，8 月 13 日日軍入侵上海。故宮奉行政院令，將朝天宮庫存檔案文物疏散到大後方，故宮檔案文物爰分南中北 3 路西遷。第 1 批南路是參加「倫敦中國藝術展」的 80 箱文物，1937 年 8 月 14 日由南京裝船溯江而上，到武昌後改乘火車運到長沙，最後於 1938 年 11 月移運存放於貴州安順華嚴洞，繼之，1944 年 12 月又疏散到四川巴縣石油溝飛仙岩。第 2 批中路 9,331 箱（包括故宮 4,055 箱及古物陳列所、頤和園等處文物精品），分兩次運出，從 1937 年 11 月開始，也由南京裝船溯江而上到漢口，抵重慶後，先用汽車運到宜賓，再用輪船於 1939 年 9 月 19 日運抵四川樂山縣安谷鄉祠堂。第 3 批北路 7,287 箱，1937 年 11 月起，分 3 次，採陸路運輸，由南京，經徐州、開封到寶雞，再轉運漢中、成都，於 1939 年 6 月運抵四川峨眉縣城東門外大佛寺和西門外武廟。故宮在重慶設總辦事處，並分設巴縣、樂山、峨眉辦事處，故宮檔案文物才有了安全的落腳的地方。

1933 年在南京成立的中央博物院籌備處，1937 年 11 月該處的文物也水運西遷抵重慶，1939 年以後，又分別運往昆明，最後抵四川樂山安谷鄉、南溪李莊。

　　抗日勝利復員，3 處西遷檔案文物依序全部集中於重慶南岸向家坡經濟部貿易委員會舊址，除了國子監 10 個先秦石鼓（每個重約 1 噸）走陸運外（走川湘公路，經過長沙，歷時兩個多月，直達南京），其餘走水運。1946 年 6 月 19 日起，由海棠溪上船，運至儲奇門，再轉大船沿江而下，至 12 月 9 日安抵南京朝天宮。中央博物院籌備處的文物也於 12 月 16 日全部運回南京，政府將古物陳列所撤銷，該所文物撥交中博籌備處。1948 年冬，徐蚌會戰起，故宮存放南京檔案文物提取精品，運往臺灣。其中文獻館有 600 箱。中博籌備處文物也提取精品運臺。

　　新中國成立以後，故宮存放朝天宮未及運臺的留存部分，1950 年先行北返北京故宮 235 箱，仍存南京者 2,711 箱。其後無論南運和西遷的明清檔案都陸續歸回北京故宮；再隨機關的改制，移轉中國第一歷史檔案館。

　　內閣大庫明清檔案，經數次播遷，現主要分藏於臺北中研院史語所，及北京中國第一歷史檔案館、中國國家博物館。

四、書厄

　　圖書文獻的燬燼和散佚，在所多有。前人有「五厄」、「十厄」之說。清代燬損次數更多，對圖書文獻的燬壞是巨大驚人的。

（一）官府藏書書厄

　　官府藏書遭戰火波及，先是鴉片戰爭，繼有英法聯軍、八國聯軍之役，損失慘重。

英法聯軍縱火圓明園

　　1842 年（道光 22）鴉片戰爭英軍侵入鎮江，文宗閣藏書遭損。「南三閣」所藏《四庫全書》，用太白連史紙抄寫，尺幅較「北四閣」書開本小，

書衣裝潢也有不同。各閣所藏書種數、冊數、函數並不相同，諸書記載互有出入。《四庫全書》外，還藏書《古今圖書集成》、《全唐文》等書。

1860 年（咸豐 10）英法聯軍（第二次鴉片戰爭）攻入北京，闖入西郊皇家苑囿圓明園、清漪園、靜宜園（香山）、靜明園（玉泉山）等焚燒搶掠，慘遭破壞。

各園林內藏書處所眾多，多處皇家園囿藏書、文物、景點遭受損壞與掠盜。

各閣殿室陳設書籍，以清內府刻本為主，內容包含經史子集各類，兼有少量冊頁、輿圖。英法聯軍洗劫並燒毀了圓明園，文源閣與其存放的《四庫全書》、《古今圖書集成》等；和圓明園東的長春園含經堂內味腴書室與其存放的《四庫全書薈要》也俱遭焚燬。藏於翰林院的《永樂大典》被掠奪部分。北京內府書籍均遭損失。

焚燬了清漪園，造成光緒 2 年（1886），慈禧太后挪用海軍軍費 8 千多萬兩重修萬壽山前山，並更名為頤和園。

八國聯軍搶劫北京城

1900 年 8 月 15 日（光緒 26.7.21），（英）指揮官葛司利（Lord Alfred Gaselee，1844－1918）在八國聯軍統帥（德）瓦德西（Alfred Graf Von Waldersee，1832－1904）抵達中國之前，因急於解救北京被圍困的使館區，乃率領主要由英、俄、日等國組成的約 2 萬名聯軍攻占北京，慈禧、光緒攜領宮眷，與親近王公大臣統率御營兵丁倉皇離京，聯軍行軍作戰，各支部隊相互競爭，各不相讓，整個北京即按各國軍隊攻入該城時最初占據之處予以瓜分。各國在京指揮官特許軍隊於 8 月 16 日至 8 月 18 日（7.22-24）在京城內公開搶劫 3 日，其後更繼以私人打劫，致使北京陷於空前的痛苦之中。外國軍隊像野獸一樣，到處姦淫婦女、搶劫財物、殺人放火，北京的人民遭受了前所未有的洗劫。北京紫禁城和園囿、官府及官民均遭受了巨大的損失。當時在京的所有聯軍，如英、法（指揮官弗雷＝Henri Nikolas Frey，1847－1932）、俄（李涅維奇＝Nikolai Petrowitsch Linewitsch，1833

－1908）、日（福島安正，1852－1919）、美（查菲＝Adna Romanza Chaffee，1842－1914）的聯軍都參與了搶劫。聯軍統帥瓦德西在其回憶錄曾提及在京聯軍搶劫情事：

> 英國方面，所有搶得的贓物均須上繳，統一堆放於英國公使館，並被正式拍賣。此種活動延續數日，拍賣所得款項，按照官階高低，再加以分派。在北京的英國軍隊幾乎全係印度雇傭軍，大肆搶劫，所有在京的各國軍隊，以印度兵最是善於尋找各處藏匿的金銀財寶。日本方面，對於此次所有掠奪之物，一律收歸國有。由此所得錢款，實在不少。美國方面，對於搶劫之事，原本是禁止的，但美國士官們頗為精明能幹，能夠想方設法突破禁令，為所欲為。俄國方面，搶劫的方式看上去極其簡單粗暴，且毫無計畫，將各個文物大肆破壞，頗令人痛心。法國方面，他們的搶劫行為，較其他聯軍，絕不甘居人後。

另依仲芳氏《庚子記事》載：

> 大抵各國洋人，在街巷挨門擄搜財物，搶劫行人，占居房舍，抓拿苦力，各處相同，並無幸免。惟有善取惡取之分，長久暫時之別耳。統約各國而論，以日本美國稍善，英國雖不甚凶橫，而所用印度之兵到處肆擾，俄法二國則又次之，德國暴虐搜劫較諸國為尤最矣。凡在京之人，談及在德國界內居住者，莫不吐舌搖頭，可見比別國殘酷也。

此外，俄占據北海公園、頤和園時，兩處凡是能搬移的寶物、貴重文物，無論大小皆被掠走。日軍從戶部銀庫搶走 300 餘萬兩銀子和無數綾羅錦緞，盜劫一空，故放火焚燒以絕口實。戶部被焚，並延及禮部。又從內務府搶走 32 萬石倉料和全部銀兩。

使館鄰近翰林院，該院及其藏書被八國聯軍劫燼和散佚（程煥文），其

中當時僅存 600 多冊的《永樂大典》遺失甚多，到 1909 年（宣統元）籌建京師圖書館時，只存 64 冊。翰林院還有各種圖書文獻檔案，包括數以萬計的《四庫全書》底本和《四庫全書》未收的「四庫存目」書原本（乾隆未發還來自徵集原藏書家藏書的書），均遭到重擊的損害。據英國人記事，言如中國 18 省的牛津、劍橋、海德堡、巴黎，中國讀書人最崇敬的翰林院被燬。

紫禁城文淵閣所存《四庫全書》和御花園摛藻堂所存《四庫全書薈要》幸安然無恙（《薈要》只有 2 部，另一燬於英法聯軍之役）。各地買賣搶劫之物，風氣盛行。各國商人，特別是來自美國者，聚集在此。所售之物以青銅器、歷朝歷代的瓷器、玉器為最多，其次為絲綢、刺繡、皮草、大量的景泰藍以及紅漆器。許多貴重物品橫遭毀壞，包括堪稱無價之寶的木雕，令人扼腕。

德國於 1900 年 8 月 18 日（光緒 26.7.24）「晚間之前，已有消息，云及聯軍已佔領北京，中國皇室業已逃走，各國公使們仍然好好地活著」，但是仍以外國公使館被中國人圍困並受到威脅為名，行侵略中國之實，以便掠奪更多的在華利益，特別是務必向中國索取更多的戰爭賠款，以獲得此項款項建造一支強大的海軍艦隊。於是仍然按原計畫，1900 年 8 月 22 日（光緒 26.7.28）瓦德西自那不勒斯港啓程，1900.9.25（光緒 26.閏 8.2）抵達大沽海灣。

（二）江南藏書書厄

明清以來中國出現不少著名的藏書家，尤以江浙為盛，藏書既精且富，尤好宋槧本。各藏書家藏書源遠而流長，書猶海也，各支流均匯聚於斯，構成邦國文獻。

自清乾隆以來，中國的文化中心在江南，藏書集中在江浙。江南藏書家受害於戰火，先有第一次鴉片戰爭（1840－1842；道光 20-22 年），繼之

太平天國之役（1851－1864；咸豐元年廣西舉事－同治 3 年天京陷落），再有日本侵略戰爭導致中國的全面抗戰等 3 大書厄。

鴉片戰爭與江南

1840 年（道光 20）鴉片戰爭寧波府城陷落，英軍掠去天一閣《大明一統志》等輿地書數十種而去。天一閣以蒐藏中國地方志、科舉錄、政書、實錄、詩文集等為著。

依白撞雨於 2008 年在英國南威爾士的海伊書鎮（Hay-On Wye；中譯名五花八門，鍾芳玲《書店風景》譯：黑昂威）攜回（英）道格拉斯（Robert Kennaway Douglas，1838－1913）編，*Catalogue of Chinese Printed Books, Manucripts and Drawings in the Library of the British Museum.* Printed by Order of the Trustees of the British Museum.（London：Stephen Austin and Sons of Hertford, 1877.02）乙冊；http://archive.org./details/cu319240323150。時道格拉斯為英皇書院（King's College）的中文教授及大英博物館印刷圖書部（the Dept. of Printed Books）高級助理。該書著錄 2 萬冊中國古籍。依道格拉斯〈序〉稱，館藏主要來源有三：1. 1825 年（道光 5）Fowler Hull 贈送；2. 1843 年（道光 23）英國皇室所贈於 1842 年（道光 22）在中國戰爭期間得到的中國圖書（In 1843 Her Majesty presented a number of works which had been taken during the war in China of 1842）；3. 1847 年（道光 27）英國政府外務部收購了馬儒翰（John Robert Morrison，1814－1843；為傳教士 Robert Morrison（1782－1834）之子，故也稱 Morrison the younger，香港稱：摩理臣，香港一已被剷平的 Morrison Hill，即取名來自其父）的中文圖書約 11,500 冊（並就其父所蒐集的地圖、文稿）移送。這是在歐洲出版的第一本館藏中文圖書目錄，特從上海購置中文字模備供印刷。其後，白氏攜回該書，由域外漢籍珍本文庫編纂出版委員會編，《1877 年版大英博物館館藏中文刻本、寫本、繪本目錄》（域外漢籍珍本文庫第 1 輯）（重慶：西南師範大學、北京人民出版社，2010）乙書。

太平軍燬文匯閣、文宗閣

太平軍所及之處，焚毀學宮，搜書焚書，設「刪書衙」刪改儒學經書，東南藏書家，蕩然無存。不僅私人藏書家罹此大劫，官府藏書亦遭兵燹。1853 年（咸豐 3）太平軍攻入揚州、鎮江，戰火燬了大觀堂文匯閣、金山寺行宮文宗閣，書閣俱焚，有「典守閣書者，竟不能奪出一書，聽付賊炬」之嘆。1861 年（咸豐 11）太平軍第 2 次攻陷杭州，西湖孤山南麓聖因寺文瀾閣坍塌損毀，藏書大量散失。幸經浙江文化界 3 次補鈔才告保存。

太平軍前後據杭州兩年多，文瀾閣一度作為太平軍兵營，閣圮書散。丁申（1829－1887）、丁丙（1832－1899）昆仲搶救、收購佚書殘卷（《四庫》庫書，不含《古今圖書集成》殘本 673 冊，為 8,389 冊），暫存杭州府學尊經閣。1880 年（光緒 6）兵部尚書浙江巡撫譚鍾麟（1822－1905；譚延闓之父）與丁丙在原址重建文瀾閣，尊經閣藏書盡數移入，所集僅及原書 1/4。1882 年至 1888 年（光緒 8 -14）丁氏遍尋底本，大規模雇書手補鈔，計配殘篇 891 部，補鈔 2,174 部，總藏已達 34,769 部；1898 年（光緒 24）又補鈔 38 部，使所保存的《四庫全書》漸恢復原貌。光緒帝頒「文瀾閣」匾額，用滿、漢兩種文字書寫，懸掛閣外正中，民國早期《四庫全書》移貯新建浙江圖書館，自此閣與書分開。本次丁丙主持補鈔《四庫》庫書，由張大昌、孫樹禮專職負責，抄寫員達百餘人，向藏書家借用底本，惟因為太平軍進軍江浙，且為時甚久，許多著名藏書樓均燬於此時，所以索借甚難。時提供藏書供繕補闕者，除丁申、丁丙八千卷樓外，如范懋柱（1721－1780；范欽八世孫）天一閣、盧址（1725－1794）抱經樓、汪汝瑮振綺堂、孫仰曾壽松堂、蔣光煦（1813－1860）別下齋、沈氏味經堂、馮雲濠（1800－？）醉經閣、袁芳瑛臥雪廬、瞿秉清（1828－1877）瞿秉淵（1850－1886）昆仲（瞿鏞之子）田裕齋、李之郇瞿硎石室、吳煦（1809－1893）清來堂、朱學勤（1823－1875）結一廬、陸心源（1834－1894）皕宋樓、胡鳳丹（1823－1890）退補齋、丁日昌（1823－1882）持靜齋、孔廣陶（1832－1890）三十三萬卷堂等。

　　1911 年（宣統 3）浙江圖書館孤山路館舍（白樓）動工興建，6 月中旬文瀾閣及所藏《四庫全書》等圖書並歸浙館。1912 年 2 月 25 日錢恂任該館總理（旋改總理為館長），夏館舍落成，乃將《四庫全書》移儲到新建館舍；經核對整理，編《壬子文瀾閣所存書目》，內附待訪之書和待訪之卷。1915 年錢恂發起補鈔文瀾閣《四庫全書》，並經商借文津閣本作補鈔，在北京設立補鈔文瀾閣四庫全書館，由錢恂負責，另在浙江聘請單丕（1878－1930；錢恂內弟）、陳瀚為駐杭補鈔文瀾閣書分館校理。補鈔文瀾閣《四庫全書》，始自 1915 年（乙卯年），終於 1923 年，後稱「乙卯補鈔」。計補鈔缺書 13 種、缺卷 20 種，共 268 冊，並購得原抄本 182 種。

　　張宗祥（1882－1965；號冷僧）等發起第 3 次補鈔，始自 1923 年（癸亥年），終於 13 年（1924），全部大功告成，即後稱「癸亥補鈔」。本次發起人除兼總務幹事張宗祥外，還有兼會計幹事周慶雲，兼評議幹事沈銘昌、沈寶昌、沈爾昌、姚煜、王體仁、張元濟、徐棠、劉成幹。還有杭州稽核幹事吳憲奎、北京稽核幹事吳震川、監理堵福詵、總校徐偉。本次募款對象，限浙江人；捐款者計 47 人，以浙江軍物督辦盧永祥捐洋 4,000 元為最多，詳見〈捐款姓氏錄〉載於《補鈔文瀾閣四庫闕簡紀錄》（丙寅仲夏刊本）。其時捐款者主要為軍、政、實業界、文化界、藏書家。後者如張壽鏞、王體仁、張鈞衡、張元濟等。經過了三次補鈔，重生的文瀾閣《四庫全書》總為 36,917 冊，數量比原頒 35,990 冊還多一些。

　　丁氏八千卷樓也於該年燬於太平軍兵燹，重建於光緒 14 年（1888）；還有海源閣也受到重創。

　　天一閣亦遭閣破書散，幸范氏後人范邦綏（1817－1868；范欽第 10 世孫），避地山中，得訊大驚，即間關至鄞城江北岸搜訪，聞書為洋人傳教士所得，或賣諸奉化造紙廠家，急借資贖回。太平軍退，又偕宗老，多方購求，書得稍稍復歸，其有散在他邑，不能取贖者，則賴郡守任丘，下文告示提贖，還藏閣中。後經整理，重編《劫餘書目》大抵有目無書，已亡佚過半矣。

真是「烽火亘千里，所過之處，悉成焦土」。

「一二八事變」日本炸燬商務印書館

商務印書館在 1896 年（光緒 22）創於上海，逐漸發展為以發行圖書為專業，集編輯、印刷、發行 3 個部分為一整體的文化出版機構。1924 年在閘北寶山路商務印書館印刷總廠對面興建東方圖書館，耗資銀 11 萬兩，為一座 5 層鋼筋混凝土大廈。

日本關東軍侵佔東三省後，日本海軍陸戰隊竟於 1932 年 1 月 28 日晚 11 時後，在上海製造事端，突襲閘北國軍，第 19 路軍以守土有責，奮勇抗敵，爆發了震驚中外的「一二八事變」、淞滬戰役。

閘北是華界，隔蘇州河與公共租界相毗連，是淞滬、京滬、滬杭甬 3 條鐵道接軌處，是華界最繁盛的地區。入侵日軍在上海市區與國軍展開激烈的攻防戰，日軍不斷地從本土派兵增援上海。本戰役使上海華界的商業、金融及教育文化出版事業遭受嚴重的打擊。29 日晨 4 時 20 分起日機由黃浦江中航空母艦上起飛，低徊空際，狂轟濫炸，擲彈放火，整個閘北成了火窟，火焰與黑煙瀰漫了半個天空，閘北華界的商號遭燬達 4,204 家，房屋被燬 1.97 萬戶，國人生命財產損失慘重。上海的印刷廠、裝訂廠也大多在這一帶，燬於砲火。「16 所大學遭到轟炸，其中有 12 所學校，如同濟大學、勞動大學、交通大學上海本部、中央大學商學院、中央大學醫學院、暨南大學、持志大學、上海法學院等等的圖書資料，遭到全部或部分的毀壞，總數當在 7、80 萬冊。」（裴高才引用胡秋原主筆的小型報紙《抗日戰爭號外》；案該報僅發行了 5 天，1932.01.30-02.03）

商務印書館印刷總廠及所屬編譯所、東方圖書館（含涵芬樓藏書）、尚公小學等於 1 月 29 日及 2 月 1 日先後被炸，中彈起火（一說 1 月 29 日商務印書館印刷總廠被日機轟炸焚燬，火焰冲過馬路，殃及東方圖書館，但損燬不大。2 月 1 日早晨東方圖書館及商務印書館又復起火，據說是日本浪人縱火，頓時火光冲天，紙灰飛揚，至當日傍晚，巍峨璀璨的 5 層大廈方焚燬一空）全廠焚燬，5 層圖書館大樓僅剩斷壁殘垣。30 年來搜羅所得

大量的中外圖書，都化為灰燼，全部直接損失達 16,330,504 元，誠為中國教育文化史上一場罕見的浩劫，中外輿論界均深表痛心與惋惜。

　　張元濟（1866－1959；菊生）於 1902 年（光緒 28）入商務印書館並籌設編譯所，先後任經理、監理、董事長等職。商務歷 30 餘年的經營，使從草創初期的印刷業，成功地轉型為出版業，已然為中國及東亞最大的出版社。總廠占地 80 餘畝，員工達 4,500 人，供給中國全國學校用品者達 75% 之多，頗具規模。1907 年（光緒 33）建置編譯所藏書室，1909 年（宣統元）定名涵芳樓，次年又改稱涵芬樓，1924 年移入總廠對面，新建占地 2,600 平方公尺的東方圖書館，古籍善本室仍稱涵芬樓，積書頗豐，以古籍和地方志著稱。東方圖書館 1 樓是流通部；2 樓為閱覽室、雜誌陳列室；3 樓即涵芬樓善本書室、裝訂室；4、5 樓作書庫、雜誌報刊書庫。1926 年 5 月起對民眾免費開放。

　　東方圖書館遭日軍蓄意燬滅，被燬藏書約 483,395 冊、圖表照片 50,000 套。包括 1.普通書 348,000 冊：(1)中文 268,000 冊（平均 3、4 本合訂 1 冊）；(2)外國文 80,000 冊。　2.善本書 95,355 冊：(1)經部 274 部、2,364 冊；(2)史部 996 部、10,201 冊；(3)子部 876 部、8,438 冊；(4)集部 1,057 部、8,710 冊；(5)購進揚州何氏悔餘齋善本尚未整理，約 40,000 冊；(6)方志 2,641 部、25,682 冊。3.中外雜誌報章 40,000 冊。目錄卡片 400,000 張。炸燬的東方圖書館館藏量，較同時國立北平圖書館所藏 540,000 冊（據 1933 年度統計，包含《四庫全書》在內）並無遜色。其中方志館藏量，也居全國第三，僅次於北圖 3,844 部和故宮 3,641 部。張元濟為保存古籍善本，曾提出求書四法，即「求之坊肆，丐之藏家，近走兩京，遠馳域外」。他重視方志，認為「地方志雖不在善本之列，然其間珍貴之記述，恐有比善本猶重者」；自 1915 年《辭源》出版後，商務為編《中國古今地名大辭典》、《中國人名大辭典》等工具書，需要從方志中查證資料，乃積極收羅方志。還有大量完整的中外報章雜誌、多卷西洋古籍（Incunabula）。另編譯所中文圖書 3,500 冊，外國文 5,250 冊，圖表 17,500 套。商務和東方圖書館亦為國難而犧牲，

遭焚燬文化典籍，損失難以估量。

僅自北伐戰事以來，曾陸續移藏上海公共租界寄存在金城銀行保險庫的善本547部、5,300餘冊倖免於難。戰事既定之後，張元濟就這部分編撰《涵芬樓燼餘書錄》4卷，計宋刊93部、元刊89部、明刊156部、抄校本192部、稿本17部，都各撰解題。這批珍籍於1951年轉讓北京圖書館，併及捐獻《永樂大典》21冊。

全面抗戰與浙省善本遷徙

1937年7月7日深夜，日本發動「七七事變」，8月7日南京召開國防會議，決議全面抗戰。8月13日日軍進犯上海，「八一三」淞滬會戰於焉展開。11月5日日軍大舉在金山衛登陸，迂迴側擊淞滬，杭州危在旦夕。

1937年8月5日浙江省立圖書館（「浙館」）館長陳訓慈（1901－1991）將文瀾閣《四庫全書》及該館所藏善本，共36,318冊，裝入228箱（《四庫》140箱，善本88箱），由事務主任史美誠、編纂夏定域（1902－1979；曾任中山大學助教兼中研院史語所工作、任教之江大學）、葉守榮、毛春翔（1898－1973）護運，在江乾碼頭裝船，遷移錢塘江南岸的富陽漁山。再向南運抵桐廬，在七里瀧，水流湍急，船無法逆流而上，幸經浙江大學（「浙大」）校長竺可楨之助，以浙大卡車於11月分批運抵建德北鄉松陽塢暫存，《四庫》書由虞佩嵐、汪聞興保管。12月杭州淪陷，又移金華。27年2月南遷龍泉縣城中心學校；《四庫》書由虞佩嵐保管。2月24日日軍派人來杭尋找《四庫》的下落，幸已隨浙館善本西遷。

1938年3月27日教育部為保存在當時僅有的《四庫》，決定將該書運黔，寄存貴州省立圖書館。《四庫》爰再運貴陽，派李絜非（1906－1983；浙大史地系副教授）前來協助，並決定浙館善本留置龍泉（1942年5月遷移與福建接壤的慶元縣淤上鎮）。《四庫》即由李絜非、浙館史美誠（1906－？）、虞佩嵐、顧志興等，雇汽車經浦城，1938年3月運抵浙江江山，經浙贛鐵路與粵漢鐵路抵長沙，再由交通部西南公路運輸管理局撥車，4月30運抵貴陽，先存城內省立圖書館，設浙館《四庫》管理處。經開箱清

點整理於 5 月 20 日完竣後，史美誠即回浙，繼由浙館派夏定域典守。1938 年 9 月 28 日為避免敵機空襲計，移置城外所購張家祠堂，1939 年 4 月 8 日又奉命移小關地母洞洞內儲藏。由夏氏 1 人、工役 2 人及貴陽警察總局第一分局警士 2 人（先後被調回警局歸建）在該典藏處看管。1939 年 8 月 14 日教育部派國圖鍾敬夫前往貴陽視察文瀾閣《四庫》受潮情形，及商討曬書辦法。1939 年 9 月 9 日貴州省教育廳科長高應侯、國圖鍾敬夫、浙館夏定域、貴州省立圖書館館長藍端祿 4 人聯合報告商討議決 8 點建議，略以：曬書時期不可再緩，宜儘量提早開箱曝曬，以免日久損壞。以每箱平均約有 300 餘冊，預計每日曬 3 箱，每箱須職員 2 人，工友 1 人照料，俾便遇雨時迅速搬入洞內；貴州氣候多雨，估須 3 個月始可曬畢。另曬書設計，下置木凳，再鋪木板於上，然後每冊書置於木板上翻曬。洞口須建一瓦棚，內放若干書架，預備曬書遇雨時將書暫放於書架上。日後須設有專員常川駐守藏書洞內，並有權隨時開箱查看箱內的書有無受潮損壞情形。（趙曉強）1939 年 9 月 11 日開始曝曬工作，由浙大代表王煥鑣、浙館夏定域及貴州館職員楊漁卿常川住宿該洞上負責照料曝曬。10 月 5 日因王煥鑣急回浙大教書、曬書職務託夏定域兼。大抵工序為：1. 先看書箱號開箱清點所裝的夾數，記錄於曬書日記簿；2. 對照書目逐一清點部數、冊數，相符後加標籤（識）於書目上；3. 將每夾書帶撤開，順序排列於木板上翻曬，每隔 1 小時後又一次翻曬一次，約曝曬 5、6 小時，視書無潮氣，移回陰處回涼；4. 逐一將每箱、每夾、每冊刷整乾淨，依照目錄復對，同時將每夾書帶捆紮完好；5. 將曝曬過並經整理完竣的圖書裝入原書箱內，再與曬書日記簿所記夾數核對；6. 加除蟲粉（樟腦粉）、俟換紙（油紙、牛皮紙）包蓋完善，加釘釘固封箱，凡經 10 餘次手續。12 月 5 日始曬畢。（中國第二歷史檔案館）1940 年 2 月 16 日教育部令國圖籌備處迅派人員前往查勘文瀾閣《四庫》保藏情形，因而改進其通風避潮及調節日光等庋藏辦法，使臻妥善。1940 年 12 月 3 日夏定域應聘浙大國文系後，浙館改派柳逸廠接管。1941 年 10 月 24 日柳逸廠因病請辭，浙館改派前孤山分館主任兼編

目幹事毛春翔接充。1944 年 12 月倭寇迫黔，教育部洽軍政部撥車 6 輛，由教育部督學楊予秀、特約編輯陳國禮及管理處毛春翔、楊紹民、雷國清護運，運至重慶青木關丁家灣保存。1945 年 2 月 19 日教育部特成立浙江文瀾閣《四庫全書》保管委員會；聘徐青甫、張宗祥、余紹宋、竺可楨、賀師俊、顧樹森（代表教育部）、蔣復璁（國圖）、陳訓慈為委員，指定顧樹森、蔣復璁、陳訓慈為常務委員，訂立《委員會組織大綱》，並設祕書、管理員各 1 人，由毛春翔任秘書兼管理負責人。據陳訓慈稱，此會由浙省旅渝人士發起，「以保管妥善為理由，實際是預為以後原璧返浙之地」。

　　抗戰勝利，文瀾閣四庫書遷至南京或重歸杭州，當時各有提議。經保管委員會陳訓慈、竺可楨、蔣復璁、顧樹森及政府高層浙籍人士朱家驊、陳誠等的努力，1946 年 5 月 8 日向由交通部公路總局介紹的渝蓉廣商車總隊租 3 噸卡車 6 部，由教育部社會教育司科長徐伯璞（領隊）、黃閔（教育部祕書組主任）、吳展予（科員）、夏定域（浙大教授）、毛春翔（浙館）等 6 人押運，開赴青木關裝載文瀾閣《四庫全書》及附藏書共 156 箱，5 月 11 日自渝啟行。車上除有押運人員 6 人外，還有勤務 2 人，內政部警察總隊派遣警衛 1 班 11 人攜足子彈，以保旅途的安全。每車司機助手各 1 人及熟諳汽車修理的技工 1 人；並訂妥開車規則，督令遵守。經貴陽、衡陽入贛，途中曾遇匪徒劫車，由押運人員督令警衛開槍驅散，到上饒，抵諸暨，復再轉由火車，分次運杭、於 7 月 3 日與 6 日先後裝運，至 6 日下午止，全書安抵杭州，重回浙江省立圖書館。現藏西湖孤山浙江圖書館古籍部。（中國第二歷史檔案館）

　　抗戰期間，寧波范氏天一閣書為躲避戰火的肆虐和外敵的覬覦，打破「書不出閣」的祖訓，將閣中珍本分 3 批，經 5 次轉移，直到抗戰勝利，才得返閣。先是由重修天一閣委員會負責，第 1 批於 1937 年 8 月 17 日將全部的登科錄和明代方志等最珍貴的藏品（孤本），裝成 3 箱移至仍在城內的碧沚祠，旋（第 2 次）轉至鄉下的鄞西眺頭范家莊。第 2 批於 1939 年 1 月 11 至 12 日再擇明以前版本及鈔本分裝 8 大木箱 1 小皮箱，移至鄞南茅

山范欽墓莊。第 3 批由教育部令浙江省教育廳轉令浙江省立圖書館協助運
藏，於 1939 年 4 月第 4 次轉移，包括前兩批及新增《古今圖書集成》11
箱，共移藏 23 箱，計 9,080 冊，也運到龍泉密藏，與浙館善本一起存放，
由浙館會同范家一人（范召南）保管。1942 年 8 月至 1943 年 1 月再次隨
浙館善本轉移到慶元縣。勝利後也一起運回杭州，1946 年 12 月才由寧波
派人將其運回天一閣。

第二章　善本特藏的蒐藏（二）搶購

前　言

　　國圖館藏最大的特色，是藏有豐富的善本書。

　　「善本」乙辭，起於宋代。自南宋以後，它的意義包涵相當的廣泛，凡是古本，流傳稀少的圖書，經過審慎校勘無誤的寫本，近代校刻很精美的版本，以及注釋精確的書本，都可稱為善本。1875 年（清光緒元）張之洞《輶軒語・語學篇》中，在〈通論讀書・讀書宜求善本〉條目：「善本非紙白、墨新之謂，謂其為前輩通人用古刻數本，精校細勘付槧，不訛缺之本也。」又說：「『善本』之義有三，一曰『足本』（無缺卷、未刪削）；二曰 『精本』（精校、精注）；三曰『舊本』（舊刻、舊鈔）皆是。」這是一般讀書人所稱的善本。明中業以後，古版日漸稀少，宋版為世珍視。清初以來的藏書家，蒐購圖書，完全視書本是否古舊而定，凡是舊刻、舊鈔的，因為存世漸少，他們認為應該特別予以珍藏妥為保存。自清末，丁申、丁丙編《善本書室藏書志》、繆荃孫編《學部圖書館善本書目》，善本之名，為藏書家所沿用，專指張之洞所稱的舊本。所謂舊的標準，則隨時代而異。鼎革以來，圖書館鑒於此類古書逐漸減少，凡 1644 年明亡以前的，全列入善本範圍，清代以來的版本，僅擇其精者或罕見者；除此之外，則歸入普通本線裝書。1941 年，依國圖編纂屈萬里，所編《善本圖書編目規則・通則》載，善本書的範圍如下：

　　1. 1488 年至 1505 年（明弘治）以前之刊本、活字本。

2. 1522 年至 1566 年（明嘉靖）以後至近代刊本及活字本之精者或罕
　 見者。

3. 稿本。

4. 名家批校本。

5. 過錄名家批校本之精者。

6. 舊校本。

7. 近代鈔本之精者。

8. 高麗、日本之漢籍古刊本、鈔本之精者。

這項為「善本」界定的範圍和規範，也曾為海內外藏有中文古籍的圖書館
所採行。因為善本之名專歸舊本書，因舊本日漸稀少，一再降其標準。國
圖於 2008 年 9 月 17 日「衡量圖書之年代久遠及版本的珍稀性」重行定「善
本」標準，將 1795 年（清乾隆 60）以前刊刻的古籍列入善本，該館藏清
初順治、康熙、雍正、乾隆朝原屬普通本線裝書計 536 部 9,184 冊提列善
本。因此，國圖「自 2008 年善本總數即由 2007 年的 12,385 部、126,293
冊，增加為 12,921 部、135,477 冊；而普通本線裝書則由 2007 年的 10,038
部、121,948 冊，減為 9,502 部、112,764 冊。近年來又陸續增加 125 部普
通本線裝書，故目前普通本線裝書為 9,627 部、113,246 冊。」

　　國圖籌備之初，僅由教育部撥發清學部舊藏，其中有一部明版《大明
仁孝皇后勸善書》，屬內閣大庫之物，國圖即以此書做為善本集藏的始基。
繼奉令接收南京國學書局，除了清末金陵官書局刻書版外，有一部顧炎武
的《肇域志》，是金陵書局付梓所清鈔的底本。隨後又陸續購到明嘉靖刻本
《龍江船廠志》、太平天國官刻《英傑歸真》、清沈炳巽《續唐詩話》稿本。
館藏善本，僅此數部而已。國圖現藏善本書的主要來源有二，一為 1940
年至 1941 年抗戰期間對淪陷區善本書的大規模搶購；一為 1945 年 9 月復
員還都，接收陳羣的澤存書庫。國圖對善本古籍的蒐集，因國家處於內憂
外患及財政困難下，致經費短絀，起步較晚。

一、強敵環伺

在「孤島」搶購善本以求保存文獻，除人身安全顧慮外，還面臨國內外強敵環伺者的競爭。除日本敵偽外，美國一些著名的圖書館，都有代理機構坐鎮北平搜購世家舊族後人手裏流出的古籍線裝書。

1940 年 2 月 27 日〈蔣復璁報告赴港滬兩地布置搜購古籍情形簽呈〉提及：（國圖〈館史史料選輯〉）

> 職乃從事調查舊籍散佚之情形，始知舊書之流出國外，不盡由於敵方之掠奪，即美國各大學圖書館及偽滿洲方面，亦均派有專人在平滬兩地收買，以致淪沒益眾。居間者大都為北平書賈，先將書籍運至北方，然後轉賣散出。其中珍善之本固多，而普通木刻本被收買者亦不在少。（中略）若不亟為收買，不特珍刊名鈔流入異域，即平常需用之刻本亦將無處可購。

浙江吳興（湖州）是「藏書之鄉」，當地藏書家不少，幾難以計數。及至民國初，又有南潯張鈞衡（1872－1927）的「適園」、蔣汝藻（1877－1954）的「傳書堂」（密韵樓）及劉承幹（1881－1963，蔣汝藻的表弟）的「嘉業堂」，藏書三足鼎立。其中「傳書堂」最早書散，1925 年因蔣氏事業失敗，將「傳書堂」向浙江興業銀行典書償債，期滿後無力贖回，被商務印書館以 16 萬元悉數購去，藏涵芬樓；未典之書，1932 年悉由北平圖書館（「北圖」）買斷。嘉業堂是近代江南第一大藏書樓，由於逢國難及家變，迫使劉承幹將出售書藏，而為中外藏書機構、藏書家、學者及書賈所關注。鄭振鐸對袁同禮似有猜忌，1941 年 3 月 7 日鄭振鐸致張壽鏞信，「談及：袁守和等已到滬（乞秘之）（中略），同來者有王某〔王重民〕，欲來此為美國

國會圖書館購宋版書。見面時，當勸其為子孫多留些讀書餘地。」1941 年
3 月 19 日復致蔣復璁函：「蓋劉貨為時髦物，思染指者不在少數，有某某
古董商亦已在議價中。又袁某〔袁同禮〕在此，聞有破壞意，且亦在鑽營
接洽中。如此批貨為外人所得，誠百身莫贖之罪人也！」

　　美國哈佛燕京圖書館及國會圖書館等，對於方志、家譜尤為著意蒐購。
1940 年 5 月 14 日及 5 月 21 日鄭振鐸分別致蔣復璁函：「各方外人訪購『方
志』甚力，僅燕京哈佛社一處，聞已儲有 6 萬美金〔1936 年 5 月，依《中
美白銀協定》30 美元＝100 法幣；隨後法幣對外價值逐漸下滑，1941 年，
1 美元＝約 16.19 法幣〕，勢恐不易與竟。（中略）嘉業堂書最為重要，且
須秘密進行，蓋某方亦即積極進行，與各家商談也。」「風聞張芹伯〔張乃
熊適園〕之弟，在美國留學（？）者〔張乃驥〕，曾于最近來函，欲代美
國某圖書館〔國會圖書館〕大購宋板書。平賈輩已開出書單若干寄去，『國
寶』一失，不可復得，大可焦慮！」此等機構往往挾其雄厚的財力，實為
古籍搶救的勁敵。

　　當時北平的舊書業是搶救古籍最大的對手。鄭振鐸《劫中得書記‧序》
有言：「有明會通館」活字本《諸臣奏議》者，由傳新書店售予平賈，得
900 金。而平賈載之北去，得利幾三數倍。以是南來者益眾，日搜括市上。
遇好書，必以攫去。諸肆宿藏，為之一空。（中略）以是精刊善本日以北，
輾轉流海外，誠今古圖書一大厄也。每一念及，寸心如焚。禍等秦火，慘
過淪散，安得好事且有力者出面挽救劫運於萬一乎？」復於《劫中得書續
記‧序》：「然私念古籍流落海外，於今為烈。平滬諸賈，搜括江南諸藏家
殆盡，足跡復遍及晉魯諸地。凡有所得，大抵以輦之美日為主。百川東流
而莫之障，必有一日，論及我國文化，須赴海外遊學。為後人計，中流砥
柱之舉其可已乎？」

　　1941 年 2 月 26 日鄭振鐸致蔣復璁函：「弟自前年中，目睹平賈輩在此
鑽營故家藏書，捆載而北，嘗有一日而付郵至千包以上者。目擊心傷，截
留無力，惟有付之浩嘆耳！每中夜起立，彷徨吁嘆，哀此民族文化，竟歸

淪陷，且復流亡海外，無復歸來之望。我輩若不急起直追，收拾殘餘，則將來研究國史朝章者，必有遠適海外留學之一日，此實我民族之奇恥大辱也！」知其重要性「尤在喪一城、失一地以上」，祇有「書生報國」，努力搶救，使「江南文化不至一掃而空」。

（一）平賈絪載而北

鼎革以後，古舊書業逐漸復甦。根據周肇祥（1880－1954）《琉璃廠雜記》中說：

> 〔辛亥〕革命之後，國學摧夷，舊書幾成冷物。週來事事復古，相需漸多。舊日官僚學究又得美差缺，腰纏漸裕，買書之興復作。東、西洋設立圖書館，間有購求我國舊籍，以充籤軸，於是舊書幾與古董爭奇。尋常一明板書，多或值數十金，少亦需數金。宋元精槧，任意婪索。

北伐後，北平市各工商行業紛紛成立同業公會，書業成立「書業進德會」；自 1931 年始正式向社會局備案為「北平市書業同業公會」。當時北京市書業分布比較集中之處有宣武區的琉璃廠、崇文區的打磨廠、東城區的隆福寺和東安市場、西城區的西單商場。他們的圖書來源、經營特色、行銷對象，各有所不同。以琉璃廠、隆福寺收售古舊書者較多。古舊書店的店家多是學徒出身，雖然讀書不多，但是因經常與古舊書為伍，用心鑽營，也有精予版本目錄學，頗深於書，有的還著書立說。此外，還有北平每年農曆正月初一至十五的廠甸廟會，全市古舊書業，爭來設攤位，經史子集各類書，待價而沽，任人翻閱選購。

琉璃廠的興盛期是在清末至 1942 年 12 月日本偷襲珍珠港發動太平洋戰爭期間。歷經八國聯軍入侵北京、推翻滿清創建民國、軍閥割據混戰、抗日戰爭；每當處於動盪不安的時局，各藏書家的珍藏和藏書也就會大量

散出，為古舊書業提供了貨源。雖廢除了科舉，但國學仍持續。隨著新式學堂、學校興起，各級學校圖書館相繼成立。推行通俗教育及社會教育，公共圖書館興。新史料、新材料的出土、發現，引起了新的研究課題。社會制度的變遷，耕讀之家，子孫永寶，重藏輕用的傳統藏書家外，產生了以經營實業、創辦銀行及學者為主的新藏書家。打開中國門戶後，列強的調查和研究機構及學者，急於了解中國的歷史、文化、社會、地理、自然資源等狀況，大肆收購中文圖書資料。這些因素促成新書、古舊書的需求量大，而致使書業的繁榮。琉璃廠書店，新、舊書業兼有，其中古舊書店較多，歷史也較久。琉璃廠店鋪鱗次櫛比，是寸土寸金之地。1926 年時經營古籍線裝書有 96 家，後來上海的商務印書館、中華書局、有正書局等也相繼前來開設分店。

　　清人洪亮吉《北江詩話・卷 3》將古舊書商列為藏書家，屬掠販家。戰亂使得一些傳統的藏書家，發生變故，藏書樓不能守，書商大肆搜購，書剛到手，又向新的買家、藏書家兜售。新藏書家及其藏書處所，如鹽業的嚴邀（1855－1918；字驗峰）和嚴谷聲（1889－1976）賁圓書庫、王體仁（1873－1938；字綬珊）九峰舊廬、張鈞衡（1872－1927）適園；房地產與礦業的盧靖（1856－1948）和盧弼（1876－1967）知止樓；紡織業與銀行家的陶湘（1871－1940）涉園；銀行家葉景葵（1874－1949）卷盦、劉體智（1879－1962）遠碧樓、蔣抑厄（1875－1940）凡將草堂；蠶絲業的蔣汝藻（1877－1954）傳書堂（密韵樓）、劉承幹（1881－1963）嘉業堂、陳澄中荀齋；西藥房與報人莫伯驥（1878－1958）五十萬卷樓；紡織業與水泥廠周叔弢（1891－1984；名暹）自莊嚴堪（書齋名，取自佛經中「佛莊嚴」、「我自莊嚴」）；大學和學術機構的學者，如梁啓超（1873－1929）飲冰室、朱希祖（1879－1944）酈亭、鄧之誠（1887－1960）五石齋、吳梅（1884－1939）奢摩他室、馬廉（1893－1935）平妖堂、汪國垣（1887－1966；辟疆）小奢摩館、陳垣（1880－1971）勵耘書屋、黃侃（1886－1935）量守廬、胡小石（1888－1962）願夏廬等。書商奔走往還新舊藏書

家之間，利之所在，眾必趨之。北平是全國書業中心，當圖書的需求量相當大時，專靠北平的書源不能滿足，為了牟利，各書肆紛紛派員到外地訪書，或遠赴蘇杭滬粵，或近走齊魯豫晉，遠採近取，博採窮搜。各省城中，先通都大邑，次窮鄉僻壤，竭澤而漁，「於是舉國之書盡歸於北京矣」。

書商得時時注意市場的需求與變化，鼎革以來，購書者的好尚，就曾多次變化。如 1912 年參眾兩院議員，彼此相習成風，爭相購買詩文集，因而集部書價大昂。1914 年、1915 年間，袁克文（1889－1931；袁世凱次子）廣購宋槧精本，於是宋版書價值極昂。1926 年北京圖書館成立，大力蒐集晚明野史、清代禁書，書價隨之而漲。1931 年東方文化委員會搜購經史考據的書，所購動輒數十部，書商因之大飽欲壑；日人素喜漢文書籍小說戲曲類圖書，原極廉，經胡適極力選購，價遂大起；另蒐集方志者亦為日人，而國人向不重視，北圖、燕京大學及藏書家張國淦、任鳳苞等出重資購求明清方志，書價始告攀高。市場需求常因時變易，多少影響了書肆營業的範圍和方向。

一般而言，自 1921 年至 1926、1927 年，古舊書業為傳統書業的末期，重版本，以宋元版書為最好，大都注重經部及詩文集。自 1927 年至 1937 年七七事變，書肆業漸行轉變，東西科學競相進入中國，學術界提倡科學方法，學術重現代化專業化，於是學重實際，崇尚考據，原所注意的經部、集部，漸為史、子兩類替代。史子又分若干門類，以奏議記事及各省方志突然風行。七七初起，百業蕭條，古舊書業一度沈寂，但自 1939 年起，人心漸趨平復，公私機構與中外學者爭相訪購，再度復活並臻極盛，直至太平洋戰爭而止。此時具科學考據的歷史地理、子部集部最為搶手，書價甚昂。時購買力最強者，哈佛燕京學社、大同書店，皆購寄美國，年各約數萬元。又興亞院、東方文化事業委員會、滿鐵亦買不少。於是不少珍本密籍，多浮海而去。

上海的古舊書業在清宣統至抗日戰爭前的 2、30 年間，曾盛極一時的有陳琰（陳立炎）古書流通處、柳蓉春（？－1924）博古齋、羅振常（羅

振玉族弟，婿周子美）和金頌清（1878－1941）的食舊廛。

　　陳琰原經營六藝書局，1916 年赴寧波以 5 萬元購得盧文弨抱經樓全部舊藏 2,036 部。藏書抵滬後，在進步書局樓下西廂房開設「古書流通處」，銷售古舊書及所刻刷印古籍。曾購得江陰繆荃孫藝風堂、嘉定廖穀似等藏書，凡藏家大批售出者，悉為其網羅。刊印《古書流通處新舊書目》，為江南規模最大的古書店。

　　柳蓉春知書，也曾購得莫棠（1865－1929；叔父莫友芝，1811－1871）文淵樓、銅井文房藏書。首開影印大部頭叢書風氣，所印有士禮居、守山閣、墨海金海、拜經樓、百川學海、津逮秘書、六十家詞諸種。售舊槧精鈔，家本寒素，居積致小康。惜其後人不能守其家業。

　　食舊廛於 1914 年創，重點經營清代的精校精刊書，專與日本人做舊書生意，將中國書售於東瀛。1914 年天一閣失竊書（依繆荃孫《天一閣失竊書目》記，被竊 1,759 部），竊書賊薛繼渭、書商馮德富將贓物初售六藝書局，每冊僅 2 角許；後改售來青閣，得價稍善。陳琰所得者僅數十部，散售於張氏適園等各家。來青閣所得甚多，轉售於食舊廛。食舊廛即予編目寄往日本買家。編目甫成而竊書事發，遂以書歸烏程蔣汝藻，得價 8,000 元。事經上海法租界會審公廨判決該 3 書店皆罰款了事，薛繼渭監禁 9 年。食舊廛不久即歇業。羅振常另開辦蟫隱廬，金頌清開設青籟閣書店，各自經營。1925 年陳琰以年老體弱或經營困難，使得全部古籍以萬元讓售給陳乃乾和金頌清合資的中國書店。陳乃乾入主中國書店僅一年，以不能施展抱負而退出。

　　來青閣於 1869 年（同治 8）由陳雲溪開設於蘇州，1913 年在上海設分店，實際經營者是楊壽祺。他精通目錄學，是鑒別古籍版本的專家，以收購價格合理，深受藏書家信任。

　　上海的古舊書業漸面臨由北京來滬開設古書店的競爭。最先是北京古舊書業李紫東（1870－1947）來上海收書。他最初是給北京文友堂收書的。文友堂店主是魏文忠、魏文厚兄弟二人。其後，李氏用他們兄弟兩人的名

字，開設了忠厚書莊，是北方人在上海開設最早的古舊書店。李紫東精於古籍版本鑑別，業務上偏重於宋元舊刻本，受到上海大藏書家的信任，如蔣孟蘋、瞿啓甲、潘明訓、董康、劉悔之、張元濟、丁福保、陳清華等。1941 年袁西江、黃廷斌投資進店，改稱忠厚合記書莊。1944 年李氏已年逾古稀，回原籍，忠厚合記書莊歸袁、黃兩氏經營了。

　　1930 年富晉書社王富山（1893－1982）收得揚州吳氏測海樓藏書，因當時上海有人因故揚言，謂富晉實代日本人經手，書將流出外洋，於是縣長及黨部出而阻攔，不讓其裝運，經蔡元培、董康、陳乃乾等疏通，富晉書社為避免不必要的誤會，將所購得吳氏書藏，先由北平圖書館、上海涵芬樓、中華書局圖書館、大東書局選購，其餘大部分留在上海開了富晉書社分店。陳乃乾 1943 年 9 月撰〈上海書林夢憶錄〉提及：

> 自富晉書社購測海樓藏書後，即設分店於上海，為北方勢力南漸之先聲。近年來薰閣亦南下設肆，修文堂主人亦賃屋長住上海。此後上海舊書業，當成南北兩派並峙之勢矣。此兩派做法不同，習尚各異。北方人每得一書，不急於求售。既估定售價若干，雖累年不能銷，亦不輕於減銷。南方人購進之書，志在急售，不願擱置。故北方之多年老店，常有善本書存儲，南方則絕無僅有而已。

　　綜計 1931 年至 1941 年間，北方人來滬開設古舊書店，大都為北平古舊書店的分店。除上述忠厚書莊、富晉書社外，還有陳行的來薰閣書店、孫實君的修文堂書店、步恒猷和韓士保的文海書店、孫誠儉（字助廉，孫實君之弟）的溫知書店（北平修緄堂分店）、孔里千的藝林書店等大小規模約十幾家。時古書店分布，主要在黃浦區漢口路、福州路一帶。上海的幾家古舊書店，除來青閣，朱遂翔（1902－1967）的抱經堂（原在杭州，1938 年在滬創立）存書尚多外，其他如林子厚的漢文淵書肆、徐紹樵（1896－1960）的傳薪書局則只是勉強維持。這個時期江南著名藏書家的書藏散出，

也多半為北方人在上海所開書店所收。因為北方書價高於南方，北方買書
的單位較多，如國立北平圖書館、北京大學、清華大學、燕京大學、大同
書店、中法漢學研究所、東方文化研究所等公私單位，每年都有大量經費
採購古舊書，書籍的銷路較廣；且七七事變後，南北幣制不一，又有匯差，
「南書北運」中獲得了厚利。民國以來，江南藏書家刻了許多大部頭叢書，
如《適園叢書》、《四明叢書》、《嘉業堂叢書》、《求恕齋叢書》、《吳興叢書》
等，這些書刻於南方，南方流傳很多，因藏書家與古舊書店間關係密切，
上海有實力者，如有利可圖，也就北運，如來薰閣書店都是成批從藏書家
處買來，整船地運到北方。這樣的情形一直到太平洋戰爭爆發，南北買書
的情況發生了根本的變化。美國、法國在北平的燕京大學、中法漢學研究
所因經費斷絕，大同書店因外匯不繼，都停止買書，其他淪陷區公立單位
或遷往大後方，或移各省淪陷區之外的偏遠之處，不克買書。北平古舊書
店隨之蕭條。但在上海買古舊書的市場卻異常活絡起來，能買書者是偽政
府漢奸官僚、日偽機關、與日偽政府關係良好的實業家銀行家。大量的古
書又從北往南運矣。

　　南京大學教授徐雁在〈絕代坊賈陳濟川和孫殿起〉乙文，以陳杭和孫
殿起為例，來說明時舊書業兩種類型經營的佼佼者。來薰閣陳杭（1902－
1968；字濟川），勤勞肯幹，明察時勢，抓住商機，創新經營，並「善識版
本，廣交文人學者」，熱忱服務，使訪書者在書店中享有那種吃茶閑話的訪
書之樂。陳氏結交了一大批國內外著名的學者專家，如魯迅、鄭振鐸、魏
建功、老舍、傅惜華、馬庸、趙萬里、胡厚宣、吳曉鈴，以及日本教授如
東京帝大服部宇之吉、長澤規矩也；京都帝大狩野直喜；東北帝大青木正
兒等。有的專家學者與他形成莫逆之交，如 1940 年 10 月，陳杭於上海三
馬路（今漢口路）所設來薰閣書店分店，成為了鄭振鐸墊居上海一個重要
的去處。還編印《來薰閣書目》，係 1929 年創刊，採鉛印線裝形式，首期
由沈尹默題簽。第 4 期由魏建功（1901－1980）題簽。第 6 期於 1943 年 1
月編訂，封三（廣告頁）刊《玄覽堂叢書》總目。1941 年 1 月重定了《來

薰閣書店方志目（輿圖、山志、醫書、政書、家譜目附）》。來薰閣全盛時期，其年平均收售古舊書刊多達 5 萬多部（冊）；並從事古舊書編輯出版，其年營業額達到了 10 萬元，店伙最多達 20 人，是為琉璃廠最大的古舊書店。值得一提的，1928-1930 年期間，他應長澤規矩也等人的邀請，先後 4 次東渡日本在東京、京都、大阪、神戶、九州、福岡等地展銷（「圖書展賣會」）中國古籍，並結識日本專營中國古籍的文求堂、臨川書店的老闆，走訪了一些學者、藏書家和圖書館，把中國古舊書的業務做到了東瀛。

孫殿起（1894－1958）於 25 歲應北大教授倫明（1875－1944）之邀，主持其所開設「通學齋」古書舖。孫氏博覽而強記，在倫明指點之下，終日埋首於古籍羣書之間，視野日漸擴大，遂精識書籍版本，明辨優劣，著書編目。創編了《通學齋書目》，出版《叢書目錄拾遺》（12 卷 4 冊）、《販書偶記》（20 卷 8 冊）及其《續編》、《清代禁書知見錄》、《琉璃廠小志》等。徐雁並進一步列舉北京、天津、蘇州、杭州古舊籍書店店家著書，如王晉卿《文祿堂訪書記》；雷夢水《書林瑣記》、《古書經眼錄》；雷夢辰《清代各省禁書彙考》；張振鐸《古籍刻工名錄》；江澄波《江蘇刻書》、《古刻名抄經眼錄》；嚴寶善《販書經眼錄》，說明「在中國舊書業界，確實存在一個著書編目的傳統，其裨益中國學術文化史和藏書史並非淺鮮。」

依倉石武四郎《述學齋日記》乙書所載與他接觸來往的舊書店，計北京 26 家，上海 5 家。由於江南藏書家藏書散出，北方書賈也紛紛南下攫取，從 1932 年至 1945 年來滬經營舊書店大小有 10 幾家，他們在「南書北運」中獲得了厚利，北方的書價高於南方，其中北平圖書館、哈佛燕京大學高價收購明人著作。真所謂「東至齊魯，西至秦晉，南及江浙閩粵楚蜀，於是舉國之書盡歸於北京矣」。

長澤規矩也《中華民國書林一瞥》述及當時舊書肆的營業情況，如下：

經營者重視外國顧客，大概是看重客人確定無疑的支付能力這一點。銷
售方法方面，有的書店將書籍皆陳列於架上，掛上長長的書名牌，等待

顧客的到來。也有店員投顧客所好，攜帶書籍登門造訪。這些傳統作法之外，書店也嘗試印行舊書銷售書目，展開通信郵購業務，此風自上海波及北平。最近，書賈更是在多數藏書未到手時，便按書目接受顧客的訂單，而後以較高價格從藏書家手中收購，再擡高書價巧妙地將書分售給眾多顧客。由於這個緣故，圖書館想要直接購入藏書家的藏書，也幾乎不太可能了。古籍收藏家為了得到這些書，主動擡高書價互相競爭。

這些流散到市面上的私家藏書，大部分被平賈席捲北上，其中許多轉手賣給了哈佛燕京學社漢和圖書館。而北平舊書業，大半以哈佛燕京、大同書店為第一出路，因其經濟力強，且無競爭者，數年之間，頗獲善本。

（二）北圖大同書店代理

大同書店（Union Book Store）由北圖於 1931 年 8 月開辦，由北圖購書委員會委員傅斯年提議設立，並經該會討論批准成立。該館購書委員會西文組委員兼書記顧子剛（1899－1984；T.K. Koo）任經理，館方投入 500 元開辦費，其最初目的在直接與外國出版社聯繫，無須透過中介，購買物美價廉的外國書刊，並能享有一定的折扣。九一八事變後，也為美國圖書館代為選購國內中國古籍，為北圖國際交流工作之一。北圖顧子剛用大同書店名義代辦中文古籍，按市價收手續費 1 成，再以此款購置圖書贈送北圖。大同書店在《中華圖書館協會會報》和 *Quarterly Bulletin of Chinese Bibliography* 上刊登廣告，「本店專代售北平各學術機關及文化團體出版書籍，為出版者與購書者之中樞」，「本店專代訂購國外出版書籍。」（如《中華協會會報》9 卷 2 期披載廣告）漸漸地大同書店已被美國圖書館界視為獲得中國學術成果的重要管道。洛克菲勒基金會 1938 年度報告（*The Rockefeller Foundation Annual Report, 1938*）載「該會批准代號 RE38030 資助計畫，給予哥倫比亞大學、芝加哥大學各 25,000 美金購買書籍和東亞

語言教材，給予國會圖書館東方部 4,500 美金用於成立遠東研究中心」（雷強）顧子剛聞訊，開始介入舊書業務。他「先與各館商定做他們的代表，這樣他們就不再派人親來買書」。顧子剛協助各館每月 500、350 美金購書。何炳棣在《讀史閱世六十年》，談到：

> 三十年代美金 1 元折合國幣 5 元，正是國會圖書館、哈佛燕京學社、哥倫比亞大學、芝加哥大學等館大批系統地收購政制、方志、家譜等圖書的理想時期。美國諸館幾乎都是委託北平方面採購經理人顧子剛。顧先生對三、四十年代美國中文藏書飛躍式的擴充是功不可泯的。

書賈每得好書，必先送燕京以求善價。哈佛燕京、大同書店，皆購寄美國，年各約數 10 萬元，於是珍本秘籍，多浮海而去。茲以芝大遠東圖書館為例，該館中文舊籍館藏的基礎，可說全由北圖協助而建立的。依錢存訓曾道：

> 芝大中文藏書的最初部分，主要是 1936 至 1940 年代第二次大戰前在北平委託北平圖書館顧子剛先生用「大同書店」的名義所代辦，大部分是根據《北平人文科學研究所藏書目錄》有系統的採購，選擇嚴謹，很少重複。其中不少皆係私家舊藏；紙墨精良，每冊都有補頁及線訂重裝，外加藍布書套，上貼手寫宋體字的虎皮紙書簽，可以在書架站立，十分精緻而整潔。當時國內貨幣與外幣的兌換率很低，一般清刊本每冊平均不足美元 1 角；這樣的價格一直到 1950 年代末期由我經手採購時，仍然相差不多。甚至 1960 年代我在臺、港、日本等地所購明刊本，平均不過每冊 2 至 4 美元。當時雖然採訪不易，但仍可從各種管道取得若干新舊圖書。

1930 年代前後，美國有中文圖書館約 20 所，其中最重要的哈佛燕京學社圖書館外，如國會館、哥大、芝大等館的圖書採訪都得到北圖大同書

店之助。（錢存訓）

　　北圖於 1934 年起，創刊中、英文版《圖書季刊》、*Quarterly Bulletin of Chinese Bibliography* ，中英文版內容不同。英文版係以國外學者為對象，重在闡述學術，介紹書刊。內容包括論著、序跋、書評、新書介紹、期刊介紹、學術消息、西書中譯等。

二、搶購淪陷區善本

（一）緣起：搶救江南藏書

　　全面抗日戰爭起，江南一些藏書世家，已不能守，為生活所迫，不得已出售先人遺籍，因而善本書逐漸流入滬肆，美國各大學圖書館、日本及敵偽都派人來購書，北平的書賈亦南下收購。其中珍善本固多，而普通木刻本被收買者亦在不少，以致淪沒益眾。

　　1940 年元月 5 日，時寓居上海的有識人士，私立光華大學校長張壽鏞（1876－1945）、國立暨南大學校長何炳松（1890－1946；1924 年 5 月入商務，1935 年 7 月離開，任暨大校長）及該校文學院院長兼圖書館館長鄭振鐸（1898－1958；西諦）、商務印書館董事長張元濟（1866－1959）、上海中法大學教授張黃（1895－1985；鳳舉、定璜）等聯名致電政府，要求撥款搶救劫中流散的圖書，深恐此等國家重要典籍淪落異域。鄭振鐸《求書日錄》說到「為什麼要在這個時候非『搶救』不可呢？」略以：

　　「八一三」事變以後，江南藏書家多有燼於兵火者。但更多的是，要出售其所藏，以贍救其家屬。常熟瞿氏「鐵琴銅劍樓」燬矣，樓中普通書籍均盪然一空，然其歷劫僅存之善本，固巍然猶存於上海。蘇州「滂喜

齋」的善本，也遷藏於滬，得不散失。然其普通書也常被劫盜。南潯劉
氏嘉業堂，張氏適園之所藏，均未及遷出，岌岌可危。常熟趙氏舊山樓
及翁氏、丁氏之所藏，時有在古書攤肆上發現。其價其廉，其書時有絕
佳者。南陵徐氏書，亦有一部分出而易米，一時上海書市，頗有可觀。（中
略）但所得最多者卻是平賈們。他們輦載北去，獲利無算。（中略）而他
們所得售之誰何人呢？據他們的相互傳說與告訴，大約十之六七是送到
哈佛燕京學社和華北交通公司去，以可以得善價也。偶有特殊之書，乃
送到北方的諸收藏家，像傅沅叔、董授經、周叔弢那裏去。殿本書和開
化紙的書則大抵皆送到偽「滿洲國」去。我覺得：這些兵燹之餘的古籍
如果全部落在美國人和日本人手裏去，將來總有一天，研究中國古學的
人也要到外國去留學。這使我異常的苦悶和憤慨。更重要的是，華北交
通公司等機關，收購的書，都以府縣誌及有關史料文獻者為主體，其居
心大不可測。近言之，則資其調查物資，研究地方情形及行軍路線；遠
言之，則足以控制我民族史料及文獻於千百世。一念及此，憂心如搗，
但又沒有「挽狂瀾」的力量。同時，某家某家的書要散出的消息，又天
天在傳播着。平賈們也天天鑽門路，在百計營謀。我一聽到這些消息，
便日夜焦慮不安，亟思「搶救」之策。我和當時留滬的關心文獻的人士，
商談了好幾次，（中略）我們乾脆地不忍見古籍為敵偽所得，或大量的「出
口」。（中略）我們要以國家的力量來「搶救」民族的文獻。

另 1940 年元月 7 日，為保全華南文物，寓港葉恭綽、李征根、王雲五、
許地山致電主席林森、總裁蔣中正、行政院長孫科、教育部長陳立夫，略
以：（中國第二歷史檔案館，1940.01─02）

寇兵肆虐，華南公私文物掃地殆盡，重要圖籍之散失者不可數計，敵方
竭力搜集，此於文化菁英，國防祕要，均大有關係，擬請政府立籌巨款
或由英美庚款項內指撥，於香港委託熱心諳習此道之人密為收購，以圖
補救。

奉諭交教育部、內政部核議。

（二）文獻保存同志會

　　上海函電教育部部長陳立夫及管理中英庚款董事會（「中英庚款會」）董事長朱家驊（中國國民黨組織部部長）。中英庚款會提議將原所撥國圖補助建築費 150 萬元，先用來選購古籍；教育部代部長顧毓琇次長亦極為贊成，經徵得出巡返部的部長陳立夫同意，共同合作辦理。

　　1940 年元月 4 日，蔣復璁受中英庚款會之託，由重慶動身，9 日抵香港與該會董事葉恭綽（1881－1968）會商蒐購散佚舊籍，「決定購書經費暫以 40 萬圓為限，以三分之二款項分配於上海，三分之一分配於香港，庶兩地積藏書籍可以同時採購。」（1940 年 2 月 27 日蔣復璁呈教育部長簽呈稿，國圖（館史史料選輯））繼於 1940 年元月 14 日祕密抵達上海，與當地關心國故的目錄版本學專家商搶購古籍事，並說明「教部已有決心，想即在滬收購，以圖挽救」。在滬 9 天，購書事宜商定後離開上海。元月 25 日，蔣復璁和他的總務主任陸華琛，因孫述萬（任職北圖）的介紹，在香港初晤了香港大學馮平山圖書館主任兼文學院教席的陳君葆（1898－1982）。2 月 1 日回渝。

　　搶救古籍事，擬推張元濟主持其事，惟張「因年事已高」力辭不就。最後由張元濟、張壽鏞、何炳松、鄭振鐸、張鳳舉等 5 人組成「文獻保存同志會」（「文獻保存會」），張元濟負責鑒定宋元善本；張壽鏞負責版本及價格的審定；何炳松負責蒐購經費的收付工作；張鳳舉負責訪求及審定；鄭振鐸負責直接與書肆或藏書家接洽，以及購得圖書的保管、編目等事宜。另葉恭綽除負責香港方面古籍蒐購外，又主持由滬寄港精品的轉運事宜。並訂定《文獻保存同志會辦事細則》（全 7 條），明定採購圖書的程序，並設辦事處 1 所，以幹事 1 人、書記 1-2 人組成，辦理圖書點查、登記、編目、裝藏事宜。

1940 年 9 月 6 日教育部第 18548 號指令籌備處主任蔣復璁，略以：「呈件均悉，查上海情形特殊，託稱文獻保存同志會名義，收購圖籍，權准照行。據呈該會辦事細則及香港購書清單，併准備查。附件存。此令。部長陳立夫。」

1940 年之後，教育部又派徐鴻寶〔時任故宮博物院古物館館長；具有豐富的金石、版本和目錄的知識和經驗，曾十餘年（1922－1933 年）供職北圖，採集了大批的流散古籍，但從未為個人購置善本珍籍，可稱恪守圖書館員倫理〕曾兩度由貴州安順前來港滬兩地協助鑑定收購善本工作。

文獻保存會諸人都感維護國之重寶，責無旁貸，「極願為國家文獻，鞠躬盡瘁」。茲摘錄文獻保存會工作報告書及信函內容數則，如「我輩對於民族文獻，古書珍籍，視同性命，萬分愛護，凡力之所及，若果有關係重要之典籍圖冊，決不任其外流，而對於國家資力亦極寶重，不能不與商賈輩齟齬論價，搜訪之際，或至廢寢忘飱，然實應盡之責，甘之如飴也」、「將來若研究本國文化而須赴國外留學，實我民族百世難滌之恥也」、「為子孫百世留些讀書餘地，乃我輩之素志，誠不願將來研究國故朝章者，非赴國外留學不可」。

購書費

中英庚款會原所撥國圖補助建築費 150 萬元，前已經動用，尚餘約 120 萬元。搶救古籍購書經費初以 40 萬元為度，因為所購古籍歸國家所有，40 萬元中的 30 萬是中英庚款會的墊付款，將來教育部要歸墊；另外 10 萬元則是中英庚款會協助保存古物的補助款。依 1940 年 6 月 27 日中英庚款會（渝庚補）密字第 443 號公函國立中央圖書館籌備處，略以：（中國第二歷史檔案館）

抗戰以還，文物圖籍多散佚。本年一月間，中央迭據滬港士紳電請撥款收購。本會以此事確為當務之急，然戰事方殷，軍需浩繁之際，欲由政府撥款，勢必困難。故為迅赴機宜起見，特就前定補助保存國內固有文

化史跡古物專款餘額提壹拾萬元，一面與貴館蔣館長慰堂商洽，就本會補助建築經費項下動用參拾萬元，兩共國幣肆拾萬元，專充收購書籍之用。全部款項以念陸萬五千元分配上海，以拾參萬伍仟元分配香港。數月以來，陸續收購，已有幾批。

該筆 40 萬元由中英庚款會自重慶匯給在上海的該會董事馬錫爾（Robert Caldecott Marshall），再由馬氏分轉文獻保存會和在港的該會董事葉恭綽。依 1940 年 5 月 9 日籌備處主任蔣復璁呈教育部部長簽呈及中英庚款會董事報告（購密），略以：「茲據葉董事恭綽 4 月 1 日來函，謂中英庚款會 135,000 元已由滬撥到，已購得書籍兩批，並附清單一份。上海張校長壽鏞、何校長炳松 4 月 2 日來函略謂已先後購進各藏書家書籍 5 批。」籌備處在淪陷區祕密蒐購古籍順利開始，各家的藏書陸續流出源源不斷，幸賴教育部及中英庚款會支持本項搶救古籍的行動，購書費陸續增加。

依時任教育部長陳立夫回憶：「中英庚款會約付 120 餘萬元，教育部撥給專款 200 數 10 萬元，均逕匯陷區支用。」蔣復璁提到：「中英庚款會之中館〔國圖〕建築存款用罄後，教育部繼續撥款約 200 萬元。」昌彼得也提及：「其經費除動用中英庚款董事會補助中央圖書館建築費的餘款外，教育部繼續撥款約 200 萬元」。依此本案購書費為 330 萬。茲略述如下：

文獻保存會第 1 筆購書費不及 3 個月已支用半數，而私家藏書流出不絕。「舊籍的流出國外，不盡由於敵方的掠奪，即美國各大學圖書館及偽滿洲方面均派有專人在平滬兩地收買，以致淪沒益眾。居間者大多為北平書賈，先收書籍運至北方，就後轉賣散出。其中珍善之本固多，普通木刻本被收買者亦不在少。」（1940.2.27 蔣復璁呈教育部長簽呈稿）鑒於「此半年乃緊要關頭，若能籌添款項，則各家所藏，可以獲得。」（上開 1940.6.27 中英庚款會密字第 433 號公函）於是第 2 筆 80 萬元，「其中 30 萬元已商得中英庚款會同意，在籌備處建築費內墊撥，尚有 20 萬元呈行政院核准與前允撥之 30 萬元一併撥給，以利蒐購而保文獻。」（1940.06.07 教育部致行

政院呈）所以本案經費前兩筆合計為 120 萬元，「其中除 50 萬元係呈請教
育部核轉行政院請撥外，餘 70 萬元為中英庚款會撥付」。（上開 1940.06.27
中英庚款會密第 433 號公函）

　　第 2 筆時，因為重慶只能通匯香港，所以蔣復璁將 30 萬元匯給葉恭綽，
再分批轉匯上海。50 萬元由中央銀行匯到香港王雲五處，為謀由港匯滬妥
善起見，由王氏將此款領出，以「圖記」名義，存入已遷到香港的中央銀
行廣州分行，憑其印鑑開支；另由何炳松在上海商業銀行的上海總行，亦
以「圖記」名義開立存戶，憑其印鑑開支存款。上海香港開戶後，有關搜
購古籍費用的轉匯事宜，以「圖記」名義進行存取支出等事項。全部款項
王雲五既需分期運滬，以免阻礙，又需於匯水較低時匯出，以免損失。蔣
復璁預計速則 3 個月，慢則半年可以匯清。（1941 年 2 月 24 日籌備處沙字
第 23 號密呈教育部）。渠料香港政府凍結國幣，鄭振鐸於 1941 年 10 月 23
日致蔣復璁函提及香港王雲五來電告款被凍結事：「港王君處『圖記』款，
尚有若干餘存，（已匯來 42 萬元，又付馬君 5 千元，共用過 42 萬 5 千），
而已遭凍結，無法匯滬。擬請王君將此款電匯尊處，尊處收到後，懇能立
即電匯敝處為荷！」此時正將與張乃熊簽約購適園藏書，將支付定金國幣
10 萬元，餘款 60 萬元在訂約期滿 1 個月內需陸續結清。其後，鄭振鐸致
蔣復璁函再提及「港王君處所存『圖記』款 5 萬 1 千餘元，又遭凍結，無
法匯下。」由此看來還有 5 萬多元不及匯出，另行設法。

　　1940 年中央再撥第 3 筆款 110 萬元，其中 60 萬元仍係中央庚款會墊
付。（1941.10.21 附抄□賢弼等簽呈〔角簽〕、中國第二歷史檔案館）其後，
1941 年 10 月 15 日教育部再密呈「上次請得之款，已將用罄」擬再懇撥購
書費、運輸費兩項共需 100 萬元。（1941.10.15 教育部密呈、中國第二歷史
檔案館）經行政院 538 次會議議決通過。（1941.11.07 行政院致教育部訓令、
中國第二歷史檔案館）依 1941 年 12 月 6 日教育部社密字 102 號訓令國立
中央圖書館，摘錄：（「國圖舊檔」〈搜購古籍〉檔案）

查前據該館呈請撥款壹百萬元，以搜購古籍，保藏文物一案，經呈奉（中略）行政院秘書處 11 月 18 日勇會字第 18287 號函開：「貴部 1941 年 10 月 15 日呈請撥款壹百萬元，交由中央圖書館搜購古籍一案，經提出本院第 538 次會議：決議『通過』，相應函達查照補編概算呈院核轉」等由，合行令仰遵照，迅即補編概算 7 份呈部核轉為要。此令

部長　陳立夫

1935 年 11 月 4 日起國民政府實行紙本位制，使用「法幣」，一直到 1948 年 8 月 19 日始被「金圓券」替代。

鄭振鐸

鄭振鐸於 1921 年 3 月自北京鐵路管理學校畢業，被分派在上海西站當練習生，但 4 月他放棄了實習工作，進入商務印書館編輯刊物。1923 年 10 月與商務高夢旦女公子高君箴結婚。1935 年 6 月後便一直在滬，任上海暨南大學文學院院長，兼中文系主任，一度兼圖書館館長；創刊及主編《暨南學報》、《國立暨南大學圖書館學報》。

鄭振鐸熱心搶救文獻，一是與他好書、癖書及愛民族、愛國家的性情有關。鄭振鐸亦藏書家，蒐藏戲曲、小說、附圖（版畫）的戲曲小說、畫譜箋譜、歌謠俗曲及其它收藏，興趣廣泛。但他在《劫中得書記・新序》稱：「我不是一個藏書家。我從來沒有想到為藏書而藏書。我之所以收藏一些古書，完全是為了自己的研究方便和手頭應用所需的。」另由《清代文集目錄・序》得知他收書「始於詞曲小說及書目。繼而致力於版畫，遂廣羅凡有插圖之書。最後乃動博取清代文集之念。」

從他所寫《劫中得書續記,〈清代文集目錄・跋〉》裏自述：「予素志恬淡，於人世間名利，視之蔑如。獨於書，則每具患得患失之心。得之，往往大喜數日，如大將之克名城。失之，則每形之夢寐，耿耿不忘者數月數年。如此書癖難除，積習不銷，思之每自笑，亦復時時覺自苦也。」在《劫

中得書記‧序》說：「戰事西移，日月失光，公私藏本被劫者漸出於市。（中略）然私念大劫之後，文獻凌替，我輩苟不留意訪求，將必有越俎代謀者。史在大邦，文歸海外，奇恥大辱，百世莫滌。」又說：「夫保存國家徵獻，民族文化，其辛苦固未足垺攻堅陷陣，捨生衛之男兒，然以余之孤軍與諸賈競，得此千百種書，誠亦艱苦備嘗矣。」

　　二是鄭振鐸因購得《脈望館鈔校本古今雜劇》，感受到政府「即在被侵略的破壞過程中，對於文化的保存和建設還是無限的關心。」緣起於 1938 年 5 月 30 日他在上海與陳乃乾（1896—1971）至古董商孫伯淵（1898—1984）處，簽定了契約，以 9,000 元購買了元明雜劇 64 冊（明代收藏雜劇者，往往將若干單帙薄冊的雜劇合釘為一本），包含鈔本、刻本雜劇 242 種（〔242 個腳本〕）。較「『也是園』所藏，全書 72 冊，都 269 種，已缺 8 冊，凡 27 種」。這部不朽的書，隱晦了近 300 年，終於再重現於世，誠為國寶。依鄭振鐸《跋脈望館鈔校本古今雜劇》乙文，這部書原係（明）趙琦美（1563—1624；藏書室曰脈望館）鈔校明刊本，其後輾轉為清人錢謙益（1582—1664）、錢曾（1629—1701）、季振宜（1630—1674）、何煌（1668—1745）、黃丕烈（1763—1825）、汪士鍾（1786—?）、趙宗建（1824—1900）所藏，至歸入丁祖蔭（1871—1930）後因戰亂再度自蘇州散出。由於孫伯淵待價而沽，非萬元不售，籌款實在不易。鄭氏認為「此實國寶，應為國家所有，萬不可失去，或陷於敵手」，乃於 1938 年 5 月致函中華教育文化基金董事會（China Foundation for the Promotion of Education and Culture）委員、北平圖書館圖書委員會委員孫洪芬，孫回應，說道：書價如此之昂，「只可望洋興歎耳。」

　　鄭氏又打電報到教育部給盧冀野（1905—1951；原名正紳，一代曲學大師吳梅門下），教育部以「脈望館藏元明曲本與安陽發掘、敦煌經卷出世，同為五十年來學術界之奇迹」，立刻回電，決定要購置。依據 1938.06.15 教育部致行政院呈，略以：（中國第二歷史檔案館）

本部以該項書籍關係文化甚巨，經即囑暨南大學文學院院長鄭振鐸接洽
購買，藉免流入敵手。初索價 1 萬元，後以 9 千元購得，現該書已囑鄭
院長寄至香港國立北平圖書館辦事處點收後轉運昆明國立北平圖書館庋
藏，並已由本部分別電飭遵照。

鄭氏大為讚嘆，在國家多難，政府內遷之際，還能留意到文獻的保全，可
見我民族的蘊蓄力量的驚人。

1937 年 11 月 17 日國民政府遷至武漢，雖 11 月 21 日又遷至重慶，
但政府機關大部份在武漢。1938 年 8 月武漢會戰全面展開。

教育部在內地匯款不易，鄭氏先向程瑞霖（1900—1943；暨南大學代
理校長）告貸，拿了支票和翁率平（暨南大學教授，1938 年 7 月 4 日與邵
洵美創刊了《大英夜報》，為避免日軍新聞檢查，找英國人掛名，所謂的「洋
旗報」之一）同去付款取書。這部書鄭氏予以訂名為《脈望館鈔校本古今
雜劇》。

「此種罕見書，際此時限，自宜藉流通為保存」，1938 年 6 月，鄭振
鐸致張元濟函，詢問商務印書館有無影印此書的意願。1939 年 12 月，商
務印書館與教育部在滬代表鄭振鐸訂立「租印《元明雜劇》」契約（全 5
條）。商務允出租金壹千元，印成之後另贈送全書 10 部與教育部；教育部
對於本書允於 10 年內不收回自印，亦不另租他家印行。商務於書收到後一
年內出齊。張元濟特邀王季烈（1873－1952；君九）校勘。先由姜佐禹（殿
揚）初校，校後寄序時在大連的王季烈復訂。作業進行中，要求「竭力保
全原書面貌」。1941 年 8 月底，上海商務出版了《孤本元明雜劇》（線裝，
全 32 冊），選印了 144 種（劇），其中包括久已失傳的孤本 136 種。初版機
器製本 350 部，於該年 12 月即已售完。同時出版王季烈撰，《孤本元明雜
劇提要》。及至 1958 年 12 月，北京商務印書館又據北京圖書館藏本印行《脈
望館鈔校本古今雜劇》（全 84 冊）（古本戲曲叢刊·四集；3）。

　　三是失書之痛。鄭振鐸曾說他的書藏：「我生平從沒有意外的獲得，我的所藏圖書，一部部都是很辛苦的設法購得的：購書的錢，都是中夜燈下疾書的所得或減衣縮食的所餘。一部部書都可看出我自己的汗，冬夜的淒慄，有紅絲的睡眼，右手執筆處的指端的硬繭和酸痛的右臂。」復依他於1937年10月26日所撰〈失書記〉提到，略以：「『一二八』之役，我在東寶興路的寓所淪入日人之手，一切書籍都不曾取出。書箱被用刀斧斫開的不少。全部的彈詞，鼓詞，寶卷及小唱本均喪失無遺。惟古書還保存得很多。大多數都轉送開明書店圖書館寄存。『八一三』戰事起後，虹口又淪為戰區，開明書店圖書館全部被毀於火，我的大多數的古書，未被毀於『一二八』之役者，竟同時盡毀於此役。所失者凡80餘箱，近2千種，1萬數千冊的書。不能無介介於心；總覺得有些對不起古人。但我所深有感者，乃在沒有國防的國家根本上談不上『文化』的建設。沒有武力的保衛，文化的建設是最容易受摧殘的。『文化』人將怎麼保衛文化呢？當必知所以自處矣。」另他的《蟄居散記‧燒書記》，提到鑒於第1次淞滬戰爭時虹口、閘北一帶的經驗——有征倭論一類的書而被殺，被捉的人不少——自然不能不小心。「一二八」日兵佔領了舊租界，不久透過保甲組織，挨家按戶通知，說：凡有關抗日的書籍、雜誌、日報等等，必須在某天以前，自動燒毀或繳出來，否則嚴懲不貸。同時，在各書店、各圖書館，搜查抗日書報，一車車的載運而去。這一次燒書的規模大極了，差不多沒有一家不在忙着燒書的。鄭振鐸自述：「我硬了心腸在燒。心頭像什麼梗塞着，說不出的難過。但為了特殊的原因，我不能不如此小心。整整的燒了3天。」

訪書目標

　　鄭振鐸曾說明圖書館的訪書與藏書家基本的不同，他說：「對於一個經營圖書館的人，所有的圖書，都是有用的資材。用到的時候，全都能發生價值。這與專門考究收藏的人有所不同。他們是收藏家。我們替國家圖書館收書卻需有更廣大、更寬恕、更切用的眼光。圖書館的收藏是為了大眾的及各種專家們的，但收藏家卻是追求個人的癖好。所以我為自己買書的

時候，也衹是顧到自己的癖好，不旁騖，不雜取，不兼收並蓄，但為圖書館收書時，情形和性質便完全不同了。」

文獻保存同志會將建置一個國家圖書館的善本館藏為目標。1940 年 8 月 24 日《上海文獻保存同志會第四號工作報告書》稱：

竊謂：國家圖書館之收藏，與普通圖書館不同，不僅須在量上包羅萬有，以多為勝，且須在質上足成國際觀瞻之目標。百川皆朝宗於海，言版本者必當歸依於國立圖書館，凡可稱為國寶者，必當集中於此。

蓋其性質原是博物院之同流也。若能盡張芹伯及嘉業堂之所有，並繼得南北各藏家之精華，則「百宋千元」之盛業，固可立就。微聞南海潘氏寶禮堂之宋刊本百餘種，亦有不能守之說。若併得之，則「皕宋」之語，固非若潛園主人之虛跨浪語矣。此一大事業能在「抗建」期間完成，則誠是奇迹之奇迹，不僅國際人士詫異無已，即子孫百代亦將感謝無窮矣。

這充分反映前輩學者專家對國立〔家〕圖書館所肩負任務的認知。這與蔣復璁在 1963 年 12 月〈國立圖書館之起源與使命〉乙文所指「國立圖書館是國家最高的圖書館，負有集中圖書的任務，即民族文化的集中、世界知識的集中、各科學術的集中，是國家一個重要機購，密切的關係著國家的發展，不是一個僅僅讀書的場所」，在概念上是一致的。

採購的對象，係以江南藏書家為主，最重要的是二劉二張二潘，即劉承幹嘉業堂、劉體智遠碧樓、張乃熊適園、張珩韞輝齋、潘祖蔭滂喜齋、潘宗周寶禮堂；還有瞿鏞鐵琴銅劍樓。「北平書賈陸續南下：文祿堂、邃雅齋、來薰閣、修綆堂、修文堂、文奎堂等諸家，皆已在滬，其目標皆在二劉二張諸氏所藏。若我輩不極力設法挽救，則江南文化，自我而盡，實對不住國家民族也。若能盡得各家所藏，則江南文化可全集中於國家矣。」（上海文獻保存同志會第二號工作報告書）

重視明版書兼及宋版書

　　文獻保存會特別重視訪求明版書，「蓋四庫之纂修，似若提倡我國文化，實則為消滅我國文化，欲使我民族不復知有夷夏之防，不復存一絲一毫之民族意識，故館臣於宋元及明代之史料及文集，刈夷尤烈，塗抹最甚。恢復古書面貌，還我民族文化之真相，此正其時。故我輩於明抄明刊及清儒校本之與四庫本不同者，尤為著意訪求」。依 1940 年 5 月 7 日《上海文獻保存同志會第二號工作報告書》提到嘉業堂及適園藏書，「嘉業堂所藏善本多半在滬，多而不甚精。其中明初刊本一千八百種以上，實大觀也。其重要實在其所藏宋元本之上。」「張芹伯書為最精，僅黃跋書已有九十餘種。」鄭振鐸 1940 年 7 月 20 日致蔣復璁信中再次提到適園藏書：「芹伯書中僅宋版已有七十餘種，黃跋有百種左右，誠南瞿北楊之後頸也。」1940年 10 月 24 日《第五號工作報告書》再提「然我輩心目中，仍以能獲得劉張二藏為鵠的。劉張二目，經逐日翻檢，愈覺其美備。張氏之書，在版本上講，實瞿楊之同流也。至劉氏書，則其精華全在明刊本，史籍尤多罕見之孤本，其中清儒手稿，亦多未刊者。實亦不能以市價衡之。」劉張藏書，「萬不能任其零星散失或外流。」

訪書對象

　　1.藏書家部分：1940 年元月 19 日，蔣復璁、張元濟、何炳松、張鳳舉在張壽鏞家商購書事（鄭振鐸因小病未能出席）。「原則上以收購『藏書家』之書為主。未出者，擬勸其不售出；不能不出售者，則擬收購之，決不聽任其分散零售或流落國外。玉海堂、羣碧樓二家，當先行收下。」

　　文獻保存會在訪求規劃中，早就有意購劉承幹嘉業堂、張鈞衡適園兩處書，以得這兩家所藏，已足匹儷北平圖書館所藏而無愧色，作為一大規模圖書館的基礎，極為合宜，但不動聲色，以善本書不儲複本的原則，對於蒐購宋元明刊本時，都會先參考劉、張兩家藏書目錄，於此兩目錄已有者，皆摒棄不收，矜惜「物力」。但普通書採進副本尚無妨。

　　若遇重要書藏待沽，索價較高，又各方有意染指，文獻保存會則與蔣復璁函電交馳，往復商量，務使典籍不致淪落異域。他們本身都知書，曉文物，喜蒐藏，精鑒別。也有以藏書或蒐藏文物著名者，如張元濟涉園及所主持商務印書館的涵芬樓，張壽鏞約園，鄭振鐸西諦書庫、玄覽堂，葉恭綽宣室等。文獻保存會為減少書賈的居間牟利，決定零星小藏家透過書肆收購，對質量高的大藏家則採取直接洽商的方式。於是蒐訪所及，已不限原定港滬，近在蘇杭，遠至北平，與各地書賈皆有來往，遍及淪陷區各地。

　　鄭振鐸等在上海搶救古籍善本之際，在北平則委託任職北圖的趙萬里（1905－1980；斐雲）幫忙代購。

　　鄭振鐸信件寄出，都是委託唐弢代為郵寄。時唐弢為上海郵務管理局郵務員，每天有機會在日寇檢查郵件離開之後，郵袋封口之前，始將委託的信件投入郵袋而封口。在滬搶救古籍，遂能祕密進行。

　　1940 年 4 月文獻保存會依經歷數月來的採購實務，發現購書費顯然不足。有感今後半年間，實為江南藏書的生死存亡的最緊要關頭，一些藏書大家正在整理藏書目錄，恐將待價而沽，北平書賈聞風而至，陸續南來，其目標皆在二劉二張諸氏所藏。

　　1940 年 6 月 24 日《上海文獻保存會第三號工作報告書》爰再向蔣復璁分析，若將購書的標的分成五大類：1.普通應用書籍；2.明末以來的史料；3.明清兩代的未刊稿本；4.「書院志」、「山志」及抄本方志、重要家譜；5.有關「文獻」之其他著作，有流落國外的危險者。認為前 4 類書，以現有的資力，尚易應付，且尚可維持若干時日；惟對於第 5 類書，則萬非力之所及。若劉體智遠碧樓書，宋元本及方志還不在內，就索價至 40 萬，張芹伯適園書索價至美金 3 萬，劉承幹嘉業堂善本書亦索價 40、50 萬金，此皆非今日此間之力所能及者。然我輩不及早商購，則亦必有流落國外之虞。遠碧樓普通書尚不足惜，然如適園、嘉業堂之藏卻萬不能再任其失去。皕宋東運，木犀繼去，海源之藏將空，江南之庫已罄。此區區之僅存者，幸

早日設法救援為荷。

　　2.書肆收購部分：當文獻保存會購得玉海堂、羣碧樓的收藏後，消息傳開，引起舊書業界的震盪，這些家的收藏量多而質精，原來都是書賈久思得而未得的，自知力不足以匹敵，特別是平賈認為在江南將不能再得到什麼，於是一些書賈便攜書到鄭振鐸家裡走動。書賈便一天天來得多，且來的更多了，「樣本」也堆得好幾箱。這樣，「其初，僅阻擋住平賈們不將江南藏書北運，但後來，北方的古書也倒流到南方來。」

　　1941年6月鑒於多家書商賈願商讓，惟苦於經費不多，為力有限，未能放手購置；鄭振鐸與徐鴻寶乃商定訪書的目標，除普通應用書外，應以孤本、未刊稿本、極罕見本、禁燬書、四庫存目及未收書為限。其他普通的宋元刊本，及習見習得的明刊本，均當棄之不顧。而對於「史料」書，則尤當注意搜羅，俾成大觀。總之，以節省資力為主；以精為貴，不以多為貴；以質為重，不以量為重。

（三）收購藏書家書藏

　　鄭振鐸《求書日錄》曾說：「我替國家收到也是園舊藏元明雜劇，是偶然的事；但這『搶救』民族文獻的工作，卻是有計畫的，有組織的。」文獻保存會的初衷並不想「求書」，是「搶救」書，注重在江南若干大藏書家。如果他們的收藏有散出的消息，便設法為國家收購下來，不讓其落於書賈和敵偽的手中。

藏書家

　　文獻保存會自1940年年初至1941年年底，時值抗戰最緊急之時，展開秘密蒐購。得自藏書家的舊藏珍籍不少，較著名者如蘇州劉氏玉海堂（劉世珩，1875－1926；劉之泗，1900－1937）、杭州胡氏藏書、上元宗氏咫園（宗舜年，1865－1933；宗惟恭，字禮白）、吳興張衍（蔥玉，1917－1964）藏書、常熟瞿氏鐵琴銅劍樓（瞿鏞，1794－1875；瞿啓甲，1873－1940；

瞿熙邦，1908－1987）、江寧鄧氏羣碧樓（鄧邦述，1868－1939）、湘潭袁氏剛伐邑齋（袁思亮，1879－1939）、吳縣王氏二十八宿硯齋（王蔭嘉，1892－1949）、廬江劉氏遠碧樓（劉體智，1879－1963）、順德鄧氏風雨樓（鄧實，1876－1951）、順德李氏泰華樓（李文田，1834－1895）、嘉興沈氏海日樓（沈曾植，1850－1922）、海鹽張氏涉園（張元濟，1867－1959）、武進陶氏涉園（陶湘，1871－1940，字蘭泉）（殘留在滬的藏書）、武進費氏歸牧堂（費念慈，1855－1905）、南陵徐氏積學齋（徐乃昌，1866－1946）、大興傅以禮（1827－1898）華延年室舊藏、杭州楊氏豐華堂（楊復，1866－？）、紹興王氏「九峰舊廬」（王體仁，1873－1938，字綏珊）、慈谿沈氏抱經樓（沈德壽，韋力推論生卒年1862－1934）、吳興張氏韞輝齋（張珩，1917－1964，張乃熊之姪）、吳興劉氏嘉業堂（劉承幹，1881－1963）、吳興張氏適園（張鈞衡，1872－1927 及其子張乃熊，1891－1945）、吳縣潘氏寶山樓（潘承厚，1904－1943，號博山；潘承弼，1907－2004，號景鄭；潘承圭，于歸顧廷龍），及常熟翁之繕（1874－1917）、無錫孫毓修（1871－1923；字星如）舊藏。茲就嘉業堂、適園搶購情事說明於後。

嘉業堂

　　吳興劉承幹（1881－1963）的祖父劉鏞以絲業起家，後涉足鹽業、茶葉、典當、墾牧、房地產等，雄居南潯首富。劉鏞長子劉安瀾早逝，次子劉錦藻（1862－1934；撰有《皇朝續文獻通考》）的長子劉承幹出繼給劉安瀾。劉鏞去世後，劉承幹以長子、長孫，兼挑兩房香火，繼承祖業，擁有巨額財富，熱衷藏書與刻書事業。適辛亥革命後，眾多江南舊家世族，遭此巨變，家道中落，為維持生計，乃變賣藏書，致大量舊籍流至書肆，劉氏得以採訪購進，初藏上海寓店「求恕齋」。1924 年底劉氏斥金 12 萬元，在南潯佔地 20 畝的園林中，營造書樓，溥儀賜「欽若嘉業」九龍匾，建築落成，稱名「嘉業藏書樓」（1,936 平方公尺＝586.67 坪），藏書源源不斷地自上海運來。自清宣統以還，歷 20 多年的發展，迅速成長，遂成一代藏書大家。其後由於劉氏家庭經濟因素，嘉業堂的部分精品已易主，如宋本

《四史》、《竇氏聯珠集》、《魏鶴山集》等售讓南海潘氏寶禮堂，稿本《宋會要》為北平圖書館所得，明鈔列朝《實錄》售讓給中央研究院史語所，《永樂大典》殘本售讓日本在東北的滿鐵大連圖書館。

　　嘉業藏書樓落成之後，聘有職員、工友各 4 人。職員負責藏書的分類、編目、查卷數打圖章、保管；抄錄複本入藏或應外方的需要錄副；及接待來訪專家學者等。工友則從事傳達、伙食、園林管理等。此外，還有秘書黃孝紓（公渚），不在書樓工作。常年經費約 3,000 元。依李性忠述：

> 根據有關人員的回憶和留存檔案記載，在嘉業堂先後從事過藏書整理和保管的職員起碼有 8 人，他們是：周延年（子美）、施維蕃（韵秋）、王善繼（建夫）、劉君實、崔聿成（叔榮）、張鳳翔（仲翺）、梁體泉（沅左）、沈焜。工友有黃祥林、黃元春、顧阿金、丁金寶、褚和尚，駐樓刻友有呼宗華、王存葵、顧克武、蔡紹祥，印友有沈文良等。周子美和施韵秋是他們中的核心人物，也都擔任過編目部主任。所謂的編目部主任，其實也就是樓主任，因為樓主劉承幹早已攜家遷居上海，雖然每年劉氏都會回故鄉小住書樓，但時間很短，有關藏書樓的一切，幾乎都交由編目部主任處理。

　　歷代藏書家都有編纂藏書目錄的傳統，嘉業堂落成前，劉承幹曾經先後請人對其中的精品撰寫書志，繆荃孫（1844－1919）、吳昌授（1844－1927）、董康（1867－1947）等都曾先後主持。落成後，周延年與施維蕃以 5 年時間編成《嘉業堂藏書目錄》（全 12 冊），計經、史、子部各 1 冊，集部 4 冊，叢書、方志各 1 冊，抄本 2 冊，善本 1 冊；《嘉業堂善本書影》（全 5 冊）。還有《求恕齋書目》1 冊，是複本書，約 5 萬卷；《留餘草堂書目》1 冊，是劉氏在杭州西湖的別墅，存書 3、4 千部書；《吳興劉氏嘉業堂善本書影》5 卷 5 冊；《嘉業堂滬庫書目》4 冊，是抗日期間，搶運存上海愚園路儉德坊 32 號，約 2,700 餘部。嘉業堂「近 60 萬卷藏書，按四庫分類

編排，加以變通，頗能自成體系。」

　　嘉業堂所藏古籍最多的時候，有 12,450 部、16 萬冊、60 萬卷，以大量收藏宋槧元刻、明刊本、稿鈔校本、地方志為特色。鄭振鐸曾說：「嘉業之書，論版本或不如瞿、楊兩家及適園之精，論有用與罕見，則似較此數家為尤足重視」。嘉業堂的藏書，合流眾長，兼收並蓄，幾萃北京及江浙等地藏書的精華，諸收藏家多佚出之本，無不歸之。其中，以明刊本最稱「寶藏」，具孤本及罕見本多、明人別集多、明代史料多等 3 大特點。依 1940年底《嘉業藏書樓明刊本書目》4 卷，著錄樓藏明刊本凡 1,810 部、29,198冊。鄭振鐸曾仔細鑒定嘉業堂全部明刊本，稱：「甚感滿意，佳本繽紛，如在山陰道上，應接不暇，大可取也。」鑒於嘉業堂藏書「其菁華在明刊本及稿本，明刊本中尤以史料書方志為最好」，其明代史料豐富與完整，為當時藏書家收藏最多者；而代表日方、美方、敵偽利益的書商你來我往，鑽營甚力。

　　1937 年受到抗戰的影響，上海淪陷後不到一個月，戰火即蔓延到南潯，日軍日人強行來書樓閱書、掠書、「借用」，損失了一些書籍，工作也立即停頓，僅留工友一二看守，書樓多次遭到日偽人員的騷擾，刻友顧克武、蔡紹祥被日軍槍殺，形勢險惡，賴施維蕃為保護與搶救藏書，採取了有力措施，得以保存。施維蕃將全部珍貴圖書及其他藏書每部滿 10 冊者的首冊，或每 20 冊抽出 1 冊，秘密轉移到南潯劉承幹另兩處住宅存放，造成書樓藏書殘缺不全的假象。後來有計畫地多次秘密打包裝麻袋，交應寶、蘭寶船，帶出大批書籍到上海，截止於 1942 年 12 月，嘉業藏書樓共計運滬圖書 4,028 部、62,081 冊。分別是宋元刊本 152 部、2,724 冊；南雍三朝本 21 部、606 冊；明刊本 2,114 部、29,669 冊；清刊本 389 部、8,930 冊；《古今圖書集成》4,996 冊；稿鈔本批校本 874 部、6,535 冊；刻本（不明時代）44 部、560 冊；其他（不能區分是刻本還是稿鈔校本）433 部、8,061冊。

　　1939 年至 1943 年間，日本在中國的滿鐵大連圖書館、東亞同文書院，

美國哈佛燕京學社都覬覦求購嘉業堂藏書，連陳羣、梁鴻志也都妄想。文獻保存同志會蒐購嘉業堂藏書，以書主「舉棋不定」、「欲望甚奢」、「言而少信」的特質，更加增過程的複雜，購得不易。

　　1940 年 4 月鄭振鐸得到劉承幹將大量出售藏書的信息，並與劉氏懇談。1940 年 8、9 月間，鄭振鐸經翻閱嘉業堂藏書目錄，「審閱書目，鑒定版本，以決取捨」，並與張壽鏞反復討論，從而選得 1,900 餘部。12 月 27 日鄭親赴劉宅，鑒定宋元版本。1941 年 2 月間鄭又偕徐鴻寶至劉宅鑒定明刊本和鈔校本，為時約 10 天，挑選了 1,200 部。鄭先後 3 次擬訂收購方案。最初劉有出售全部藏書的意向，對此，鄭振鐸提出「全部收購、商定價格總數、分期付款的方案」，先付款購入最精華的部分，即 1,900 餘部明刊本與稿鈔本，餘下者與劉商訂總數，戰後再付款購買。鄭氏認為「我輩如允許其全購，則善本必可一次全得」。但有鑒於日方虎視眈眈，威迫劉氏日甚，鄭等人曾與劉懇商一「兩全之策」，萬不得已時，將靜嘉堂藏書析分為三，上品售歸國家，下品應付日方，中品則向國家請求增撥經費續購。最後，由於劉承幹改變態度，只願售讓部分館藏，因收購經費也極其有限，乃擬定就 1,900 部中選取明刊本 1,200 餘部及鈔校本 36 部；「餘皆暫行放棄，待後再談」的方案。1941 年 4 月中旬，鄭振鐸託施維蕃送嘉業堂藏鈔校書 36 部，請張元濟估價，張覆函謂「如今法幣價值跌落，書價當可漲至原價 10 倍」，力主速購（吳方）。4 月下旬「文獻保存會」「出其全力，以說動書主。大義、私交，無話不說盡」，鄭振鐸擔心購書事被人從中作梗，憂心如焚。4 月 15 日，以 25 萬購其藏書精華；因施維蕃在此事，居間聯繫多有出力，故於書款之外，特致 5,000 元酬金。1941 年 4 月 19 日下午，「所購劉氏書運畢，當即分藏 4 處」。收購嘉業堂藏書自 1940.04-1941.01 前後歷時 1 年，鄭振鐸自述：「一年以來，瘁心力於此事，他事幾皆未加聞問。」

　　據 1941 年 5 月 3 日《上海文獻保存同志會第八號工作報告書》（約 9,000 字）載：「綜計明刊本中，凡得經部 78 種，史部 250 餘種，子部 260 餘種，集部 600 餘種，共計 1,200 餘種。（因有 10 餘種在爭議未決中，故

未能以確數奉告）。」「此批書商談甚久，變化頗多。功敗垂成者不止二三
次。幸能有此結束，大可慶幸。然我輩之心力已殫矣。蓋書主素性懦弱寡
斷，易為人言所惑。」「至此，此項交易，乃大功告成矣！成交之日，我輩
心滿意足，森公亦極為高興。蓋其精華，已為我輩所擷取矣。餘書續購與
否，已無多大關係。雖宋、元本，稿本，鈔校本，清刊本各部分，尚有應
行選購者，然均非萬不可失之物」。鄭振鐸自述：「一年以來，萃心力於此
事，他事幾皆未加聞問。」至於宋元刊本，後來又歸入文獻保存會者，有
《唐書》等 31 部。

　　1941 年 3 月 24 日鄭振鐸致張壽鏞信：「提及收書中，『惟宋元本部分
頗為貧乏』，今後擬專致力於此」4 月 22 日張元濟以宋元古籍 5 種送交鄭
振鐸，擬售予文獻保存會，後以 26,000 元成交。鄭振鐸稱：「張元濟毅然
見讓，『此 5 書，皆可稱為壓卷之作。得唐寫本〔蕭統編、唐人集注〕《文
選》1 巨卷〔98 卷〕，總集部可鎮壓得住矣；得宋寫本〔錢若水等撰〕《太
宗實錄》〔殘卷，存 12 卷〕5 冊，史部得冠冕矣；得宋刊本〔黃庭堅〕《山
谷琴趣外編》〔3 卷〕1 冊、宋刊本〔歐陽修〕《醉翁琴趣外編》〔殘卷，
存後 3 卷〕1 冊，詞曲類可無敵于世矣；得元刊本〔王安石撰、李璧注〕
《王荊文公詩注》10 冊〔全帙〕，元刊本部分足稱豪矣』。」

　　張元濟因商務印書館被日人摧燬，瀕臨破產，股息已多年未發或甚微，
加之通貨膨脹，變賣住屋，另行租屋，家境已告困難，曾鬻字以解燃
眉之急，文人風骨，有不食周粟的氣節。固生病住院手術後需款，但
將其藏書中之最精者售讓，以補文獻保存會購自嘉業堂所藏宋元本的
不足，成人之美，亦屬佳話。後文獻保存會又購進適園舊藏，宋元版
蒐羅既豐且盛。另錄 1941 年傅增湘售美國國會館《魏書》宋刊大字
本美金 800 元；《後漢書》宋刊大字本美金 200 元；《東坡紀年錄》宋
刊本美金 50 元；《分門集注杜工部書》殘本宋刊本美金 30 元；《妙法
蓮華經》北宋刊本美金 120 元（居蜜）以資參考。復依 1941 年 10
月 30 日袁同禮致函駐美大使胡適，談及：近來物價日昂，美金 1 元

可換國幣 30 餘元。如此推算，張元濟售價亦不為多。

　　其後，1942 年秋，鄭振鐸透過施維蕃向劉承幹說張叔平（？ －1970；一字子羽，藏書室稱聖澤園，父張百熙，1847－1907）欲出價 200 萬購其藏書，並且南潯的書可由張請領「搬出證」，日軍方面他也可接洽，不會有阻。張叔平曾任南京中央軍校政治訓練部祕書。抗戰期間，為第三戰區司令長官顧祝同駐滬聯絡處處長，又受潘漢年指導，與周佛海熟識（依《鄭振鐸日記》載：（張氏）在「『亂世』頗有應付之才，在勝利後則失其作用矣」）。時淪陷區通行貨幣是汪偽政府中央儲備銀行所發行的中央儲備銀行券（「中儲券」），中儲券兌換法幣的比率是 1：2（1945 年 9 月國民政府宣布法幣兌換中儲券的比率為 1：200。換算之，淪陷區 1941 年時有法幣 100元，換成中儲券 50 元，到了抗戰勝利，只可換回法幣 0.25 元，小戶人家大部分因而破產）。張劉雙方經數度磋商，1942 年 10 月 21 日，張叔平偕鄭振鐸同至劉處，訂立合約，張氏以中儲券 200 萬元，分 3 次付款，購劉書 132,000 冊。唯劉氏因張所付支票延期，又屢次託故延緩付款，而物價飛漲，認為因張氏遲付而損失過重，乃於 12 月 17 日去函提出解約，張覆書，聲言反對，各不相讓，終成買賣糾紛。鄭振鐸因書事牽延未決，退出中人地位。抗戰結束，1945 年底，以上海市警察總局長宣鐵吾諭，發還劉氏部分藏書告終。張得自靜嘉堂者，其中 531 部明刊及嘉興藏經 1 部又轉售於浙江大學圖書館，1952 年中國全國高校院系調整，繼存杭州大學圖書館善本書庫。此外零星出售也不少，散播四方，京津滬各大圖書館、港大馮平山圖書館、澳門何東圖書館、柏克萊加州大學東亞圖書館等都可以看到嘉業堂藏書圖記的古籍。

　　1951 年 11 月 19 日，劉承幹致函浙江省圖書館，願捐獻嘉業藏書樓及其藏書和書樓四周空地，并藏書書版連同各項設備，但並不包括求恕齋書箱及自印各書及石印鉛印說部以及碑帖，擬仍歸劉氏領回。依該年 10 月17 日及 4 月 19 日「浙江省立圖書館、省立嘉興圖書館嘉業堂藏書管理處」（負責人是浙館特藏組組長毛春翔）《整理嘉業藏書樓工作總報告》所附

〈嘉業藏書樓藏書清冊〉2 冊及後來又發現乙批，造冊登記〈藏書清冊第 3 冊〉，得知嘉業堂存書 12,421 部、113,978 冊。其中方志 1,123 部；鈔本 586 部；叢書 340 種；雜誌 222 種、3,301 冊；碑帖 1,829 份又 417 種 699 冊；自印書 5,329 部、23,537 冊。留存書版叢書中各子目和單行本共計 184 種、版片 39,559 片（兩面刻版計單面）。初劉氏曾希望藏書由政府收購，但依《土地改革法》及其補充解釋，劉氏藏書「應由浙館會同嘉興圖書館接收代管，代管後再相機發動其捐獻。」

劉氏的要求，浙省文教廳從保護嘉業堂的完整性，指示浙館動員劉氏再捐獻，但始終未獲得劉氏首肯。直到 1981 年 5 月，由其遺囑補辦手續，才得以完滿解決。

其間，1954 年至 1957 年劉氏上海藏書經王欣夫（1901－1966；原名大陸，著有《文獻學講義》）居中作介，復旦大學圖書館分 3 次購進嘉業堂藏書，第 1 次清刻本 2,037 部，其中經部 132 部，史部 393 部，子部 160 部，集部 1,133 部，志部 170 部，叢部 49 部；第 2 次抄本，如嘉業堂從國史館傳鈔的清代十三朝《實錄》及《國史》稿本等；第 3 次以明刊本為主。

劉承幹是中國近代私人藏書家的巨擘，但藏書歷史不長。嘉業堂藏書樓落成未及 10 年，藏書即陸續散去；不到 30 年，私人藏書終歸於公。嘉業堂的興衰正是新舊交替，由私人藏書樓為圖書館取代的實例。

適園

吳興張鈞衡（1872－1927；字石銘，號適園），世代經商。祖父張頌賢（1817－1892；字竹齋），往還南潯上海杭州之間，從事緝里絲出口及兩浙鹽業致富，開創家業。張頌賢長子、張鈞衡父親張寶慶（？－1887；字質甫）早逝。張頌賢逝後，張鈞衡與其叔張寶善（1856－1926）協議，繼承了遺產。其堂弟係張靜江。張鈞衡經商之餘，就是蒐書，不數年便積書萬卷。依 1916 年張鈞衡《適園藏書志》16 卷（繆荃孫撰），分四部著錄了 900 部，其中藏有宋本 45 部，元本 57 部。張氏藏書後繼有人，長子張乃熊，

字芹伯，一字莚圃，精於版本學，亦好聚書，承繼適園藏書，家藏既富，又袤益之，精本充仞。次子張乃熸，字仲草；有子張珩、字蔥玉，藏書室名「韞輝齋」，精於書畫鑑別。三子張乃驥，字叔馴，以蒐藏金石泉幣著名。

適園藏書善本多於普通本，所藏大都淵源有自，其中不少善本精抄自吳騫（1733－1813）拜經樓、顧沅（1799－1851）藝海樓、汪士鍾（1786－？）藝芸書舍、朱學勤（1823－1875）結一廬等藏書舊家。適園藏書具宋元本既多且精、重稿本抄本、所藏黃丕烈（蕘圃）的校跋本多等 3 大特色。「張氏之書，在版本上講，實瞿楊之同流也」。

張乃熊以戰亂中守藏不易，有意出讓。1940 年編有《莚圃善本書目》6 卷。該書目著錄善本書，依 1940 年 8 月 24 日《上海文獻保存同志會第四號工作報告書》稱：

> 約在 1,200 部左右（全部 1,690 餘部，其中約 600 部為普通書），計宋刊本凡 88 部 1,080 冊、元刊本凡 74 部 1,185 冊、明刊本凡 407 部 4,697 冊，餘皆為抄校本及稿本。僅黃蕘圃校跋之書已近 100 部，可謂大觀。適園舊藏，固十之八九在內，而芹伯二十年來新購之書，尤為精絕。彼精於鑑別，所收大抵皆上乘之品，不若石銘之泛濫、誤收，故適園舊藏，或有中駟雜於其中，而芹伯新收者，則皆為宋元本及抄校本之白眉。

1941 年 8 月 10 日鄭振鐸致張壽鏞信：「談張芹伯書如購成，『則宋元本方面，可以彌補缺憾不少，抄本部分亦大可壯觀』。」8 月 29 日「談因近來有好些書被他人爭奪而去，『心中至為憤懣，終夜彷徨，深覺未能盡責對不住國家，指出其原因，一是對市價估計太低，而不知近來市面上之書價實在飛漲多極快；二是不能當機立斷』。」

張芹伯書索價殊反覆無常，蓋張氏以美金 3,000 元作標準，而美匯黑市飛漲不已，曾由張珩（蔥玉）居間。10 月 26 日下午 4 時，與張芹伯（乙方）在鄭振鐸處簽訂合同（全 8 條），「莚圃全部藏書（以《莚圃書目》3

冊為憑，清版書、普通書目及吳興人著述若干種除外）由乙方讓予甲方」，
文獻保存會最後以國幣 70 萬元購得。（沈津，〈鄭振鐸致蔣復璁信札〉（中））
11 月 15 日交書，並另租穩妥房一間存放。1941 年 12 月 2 日鄭振鐸致蔣復
璁函：「芹貨點收，將次完竣，佳品繽紛，應接不暇。靜夜孤燈，披卷相對，
別有一番異香溢出冊外，誠足自喜自慰矣。（中略）我輩有此一批宋本加入
庫中，頓添無窮生氣，若再得瞿、潘、楊所藏，則恐不僅人間第一，亦且
遠邁天祿琳瑯而上之矣。三百年來，殆將以吾『藏』為最鉅觀也！姑妄懸
此鵠，或不難實現也。」

　　張珩，藏書大部分是自行搜羅，其中不少得自松江韓應陛（1800－1860）
讀有用書齋及南潯蔣汝藻密韻樓，文獻保存會亦購得張珩珍藏善本 100 餘
種，以 35,000 元成交。

**1941 年 1 月國圖重慶分館館舍落成，蔣復璁 1985 年 6 月曾說：最初
造價只要 5 萬元，後來物價飛漲，重慶分館是以 17 萬完工。可見當
時善本書價的一斑矣。**

二潘

　　1941 年 12 月 8 日日本發動太平洋戰爭，上海孤島淪陷。鄭振鐸即使
蟄居上海，仍擬搶購蘇州潘氏滂喜齋（潘祖蔭，1830－1890；潘祖年，1870
－1925）、廣東南海潘氏寶禮堂（潘宗周，1867－1939；潘世茲，1906－1992）
藏書。在 1941 年 12 月 2 日、1943 年 8 月 7 日鄭振鐸先後致蔣復璁函：「今
後收書，似不妨以已得者及瞿、潘二目為參考，凡在此數『目』外者，似
皆應羅致之，且尤應補充其所未備。（中略）微察瞿、潘二藏，有 20 萬，
即已可動，而零購之物，每種亦不過多者千餘金，少者數百金，有 7、8
萬之數，亦即可得補充之精品無數矣。宋本過 500，或不難實現也。」、「今
日大藏家，南瞿外，便應數到『滂喜』、『寶禮』二潘矣。」

　　依 1940 年 4 月《文獻保存會第一號工作報告書》：「鐵琴銅劍樓所藏已
商約再三，絕不他售，瞿氏兄弟深明大義，殊為難得，當可分批陸續得之，

欲一時盡其所藏，此實尚談不到也。」

　　潘祖蔭（1830－1890）為藏書家、金石家，藏書極豐，且多珍本。1859年（咸豐 9）英法聯軍之役，燬其分藏上海、京師的藏書，盡付蕩然。怡親王「樂善堂」書散出後，潘祖蔭再悉力蒐藏，漸復舊觀。1884 年（光緒 10）潘氏延聘他的學生葉昌熾（1849－1917）為其蘇州舊宅最珍本書 135 部，編成《滂喜齋書目》（後稱《滂喜齋讀書記》，再後修訂稱《滂喜齋藏書記》）。後潘祖蔭所有的遺產歸由其弟潘祖年（1870－1925）處理；潘祖年去世，由姪孫潘承厚（博山）、潘承弼（景鄭）將其所藏運回蘇州，庋藏在南石子街舊宅，時係潘達于（潘祖蔭孫媳婦，1906－2007）當家。

　　1943 年 9 月 7 日，寶禮堂宋本書計 106 部、元版共 112 部、明銅活字本數十種唐人集等，潘家急予求售，開價就 50 萬美金，合法幣凡 20 億（沈津，〈鄭振鐸致蔣復璁信札〉（下）），〔按此換算，4,000 法幣＝1 美元〕，惟因時局實在危急，政府實在困難，最後沒有成功。

> 自太平洋戰爭爆發後，外匯市場關閉，中英美平準基金也相繼終止，法幣貶值，無法控制。1942 年法幣集中由中央銀行發行。受戰事影響，幣值貶值。因中美租借法案、發行同盟勝利美金儲蓄券等等因素，官價 20 法幣＝1 美元。與法幣低下的實際匯率相差數倍，黑市 3,000 法幣＝1 美元，美國對此深為不滿，1943 年 10 月曾官價調至 120 法幣＝1 美元。

　　在新中國成立後，二潘藏書，都為中國大陸所有。滂喜齋藏書經潘達于捐給上海合眾圖書館（潘承弼與顧廷龍為郎舅，抗戰中任職上海合眾圖書館）；1953 年合眾圖書館捐獻給上海市人民政府，1955 年改名上海市歷史文獻圖書館，1958 年併入上海圖書館。寶禮堂藏書，在抗戰期間求助於英國的亞洲文會北中國支會（North China Branch of the Royal Asiatic Society），輾轉運抵香港，存入匯豐銀行保存。潘世茲主動致函鄭振鐸願無償捐給國家，1950 年由徐伯郊（1913－2002）；徐鴻寶的長子，（文物局

「香港秘密收購小組」負責人）自香港將這批藏書安然運回上海，再以火車專列運至北京，入藏北京圖書館。

在整個 50 年代，除寶禮堂藏書外，還有瞿氏鐵琴銅劍樓、常熟翁氏藏書、周叔弢藏書、商務涵芬樓藏書、賀孔才藏書、鄭振鐸藏書，及《趙城金藏》（金代雕版的佛教大藏經，時僅存 4,330 多卷；現入藏有 4,813 卷）等大批善本先後入藏北京圖書館，由善本部趙萬里、冀淑英（1920－2001）等，辦理古籍入藏，考訂版本，整理編目。

書肆

依《求書日錄》記，文獻保存會以原來的目的，注重在江南若干大藏書家，如果他們的收藏有散出的消息，就設法為國家收購下來（搶救下來），不讓其落於書賈和敵偽手中。所以最初極力避免與書賈接觸。

1940 年 1 月 21 日鄭振鐸偕潘承厚（博山）至上海集寶齋孫伯淵處看劉世珩玉海堂（藏書樓因藏元刻元印《玉海》200 冊而命名）收藏；24 日，鄭振鐸與張元濟赴孫處，再細閱書。25 日鄭振鐸與何炳松、張壽鏞商議，決定不任玉海堂流散，書價則託潘承厚與孫氏磋談。2 月底以 17,000 元購進劉氏所藏善本書 75 部。

1940 年 3 月 25 日鄭振鐸送陳孫伯淵標列鄧邦述羣碧樓各書價格，請張元濟審定；經張元濟、鄭振鐸、張壽鏞等與書估多次諧價，4 月以 55,000 元高價自彼處悉數購入，計約 1,100 餘部、1 萬 5、6 千冊，其中善本約有三百數十種，以抄校本為最多。案鄧邦述於 1911 年（宣統 3）編印《羣碧樓書目初編》時，已藏書 24,964 卷，包括宋本 816 卷，元本 2,743 卷，鈔本 5,338 卷，明本 15,488 卷，批校本 849 卷等；以史集兩部為多。鼎革以後，影響宦途，生活日顯艱難。1927 年蔡元培為中研院以 5 萬元收購其藏精本，鄧氏將售出者編為《羣碧樓善本書目》，尚存者為《寒瘦山房鬻存善本書目》。其後又被「九峰舊廬」王體仁收購乙批。鄧氏於 1939 年逝世，其家屬將所藏全部求售。文獻保存會進行購買羣碧樓書，竟形成與書賈競價情事。鄭振鐸原擬以 12,000 多元購其中善本 50 部，因文祿堂王文進願

購其全部藏書出價 5,5000 元，文獻保存會「如不能出到 55,000 元者（善本及普通書均在內），則祇好售予平賈矣。」鄭振鐸為搶救典籍，處與書賈間競爭的態勢，恐稍一躊躇，為書賈所奪。

1940年8月中國書店陳乃乾過訪鄭振鐸，表示出讓鄧實風雨樓藏書之意。鄭振鐸認為鄧氏藏書中明遺民著作最多，抄本部分尤佳，可補充文獻保存會已購各批書之不足，遂以31,500元購下全部書籍，計750餘部，9,000餘冊。

書賈的消息靈通，當風聞文獻保存會購下玉海堂和羣碧樓藏書，書賈就來鄭振鐸家走動，不時的攜來些很好、很重要的「書樣」，致鄭氏不能不見獵心喜，經文獻保存會商量多次，也就決定購下書賈手頭的書。

鄭氏深受黃丕烈收書方法的影響，對於書賈帶着書找上門來，即使沒有自己想要的，也要選購幾部，這是千金買馬骨的意思。因為鄭氏的熱忱、大公無私，吸引住南北書賈，而書賈的愛國也絕不後人，也知道民族文獻的重要，就自動自發的會替他蒐訪羅致的。鄭氏提到：

> 北自山西、平津，南至廣東，西至漢口的許多古書與文獻，沒有一部重要的東西曾逃過我的注意。我所必需求得的，我都能得到。那時，偽滿的人在購書，敵人在購書，陳羣、梁鴻志在購書，但我要的東西決不會跑到他們那裏去。我所持剩下來的，他們才可以有機會揀選。我十分感謝南北書賈們的合作。但這不是我個人的力量，這乃是國家民族的力量。

自經手蒐購各家藏書的書肆者，分滬平兩地。在上海者，如文匯書局（王文錦）、中國書店（金興祥，金祖同，陳乃乾，1893－1970；名乾）、杭州抱經堂書局上海分局（朱遂翔）、來青閣（楊壽祺，1882－1972）、忠厚書莊（李紫東，？－1944）、秀州鼎記書社（朱匯良）、富晉書社（王富晉，1889－1956、王富山，1893－1982）、集寶齋（孫伯淵，1898－1984）、傳薪書店（徐紹樵，1896－1960）、漢文淵書肆（林集虛；？－1953）、漢

學書店（郭石麒，1889－1962、楊金華）、樹仁書店（汪樹人，？－1899）、積學書社（曹聲濤等）、蟫隱廬書莊（羅振常，1875－1944）等。此外，在蘇州者，如文學山房、崇五書莊、新城書店、藻玉堂等。

在北平者，如三友堂（高新元，1897－1976、于喜忠，1922－1987）、文友堂（魏升甫）、文芸閣、文奎堂（王雲瑞，？－1927、王金昌）、文通閣（田富有）、文祿堂（王文進，1893－1966；晉卿）、文殿堂（王殿馨，1901－1976；浡馥）、文滙閣（傅宗泰）、直隸書局（宋星五）、來薰閣（陳杭，1902－1968；字濟川，京滬皆有）、校賢閣（裴連順，1913－1972）、修文堂（孫誠溫，1902－1966，字實君；京滬皆有）、修綆堂（陶湘、孫誠儉，1905－1969、孫錫齡；孫誠儉在上海創分號溫知書店）、通學齋（倫明1875－1944，孫殿起，1894－1958；耀卿）、笙記書坊、開明書局（姜士存）、景文閣（喬景熹）、羣玉齋（張士達）、誼古齋（劉織昌）、邃雅齋（董金榜，1894－1983）、寶繪齋（樊文佩，1890－1964）等。

還有屬個人或充作介紹（證人）者，如沈仲方（1896－1981；矛盾）、李拔可（1876－1952）、周越然（1885－1962）、施維潘（1897－1945；韵秋）、孫伯淵（1898－1984）、孫仲淵（1901－1972）、徐乃昌（1868－1936；積學齋）、郭則（1909－1990；晴湖）、張元濟（涉園）、張珩（1915－1963；蔥玉）、潘承厚（博山，1904－1943）、潘承弼（景鄭）、蔣祖詒（1902－1973；穀孫）等。

所購所得數量質量

依 1940 年 12 月 23 日鄭振鐸應「渝方將開會，索購書之約略統計」，乃以兩日之力，略加計算，發密電致蔣復璁並轉陳朱家驊和陳立夫：「敝處至本月念『廿』日止，已得玉海堂、羣碧樓、海日樓、風雨樓、費念慈、劉晦之、張蔭玉、王蔭嘉、陶蘭泉、杭州胡氏、常熟瞿氏、上元宗氏、大興李氏、大興傅氏諸家舊藏及滬、平各肆購善本書總約 3,000 種。（中略）秘藏孤本不少，其他普通應用書為數更多本。各詳計共用款約 42 萬。」1941年 1 月 6 日「上海文獻保存同志會第 6 號工作報告書」載「統計簡表」時

已購得甲類善本 2,050 餘部、18600 餘冊，乙類善本 1,000 餘部、11,000 餘冊，甲乙兩類善本書共 3,000 餘部、29,000 餘冊。普通書未及清理完竣。鄭振鐸嘗稱：「預估『善本』所收，頗堪滿意，且頗自幸能不辱命也。」另就 1941 年 3 月 13 日鄭振鐸致張壽鏞函及 1941 年 3 月 19 日上海文獻保存同志會致蔣復璁函，載：「我輩所得『善本』，大抵不出 2,000 種。再加劉氏書約 1,900 至 2,000 種，則總計：約得善本 3,800 種左右，可抵得過北平圖書館之四冊『善本目』之 3,900 種矣」「所不及者，惟宋元本及明代方志部分耳。其他經、子部分，大足並美，史（除方志外）、集二部，尤有過之無不及」「以百數以內之款，值此書價奇昂之日，尚能得此數量，誠堪自慰慰人也（平均每種不及 300 元也），何況尚有清代善本及普通本無數乎？」旋劉書業已成交。復依 1941 年 7 月 25 日鄭振鐸致蔣復璁：「『史』目自審頗為精彩，較之《北平圖書館目》，似僅『正史』、『地理』二門，望塵莫及。究竟宋、元善本過少也，但即就『地理』部分而言，『山志』似較勝，『郡邑』則苦於明刊太少。然除天一、平〔北〕圖外，海內外殆亦鮮可與我頡頏者。」該函還說到「此一月中，曾偕森公往閱芹圃、寶禮堂及瞿氏各書，增廣見聞不少。滿目琳瑯，大飽眼福！」旋芹伯書亦已購得。

　　1941 年 12 月 8 日太平洋戰爭起，隨即「一二八」香港保衛戰，文獻保存會工作不能不停止。鄭振鐸說明：「一則經濟的來源斷絕；二則敵偽的力量已經無孔不入，絕難允許像我們這樣的一個組織有存在的可能；三則為了書籍及個人的安全計，我不能不離開了家。我一離開，工作也不能不隨之而停頓了。」

　　文獻保存會在兩年裏，所得善本，質及量驚人，成績可觀。

玄覽堂叢書

　　1941 年 6 月在上海為防止本批圖書在戰亂遭離散遺佚，乃編《玄覽堂叢書》（鄭振鐸曾建議「此項影印本，擬每種加一裏封面，並請姜佐禹代書「國立中央圖書館善本叢書」字樣；後為將來收書範圍計，不加「善本」

字樣,第二集擬收清儒未刊稿本,「善本叢書」則留待將來印宋元刊本時之用),所選以明代史料居多。因以保存史料為重,故未收經部書,也未收宋元版書。鄭振鐸期所印,「必須仿古如真,精美異常」,採珂羅版。叢書印樣大多以散頁分函寄奉蔣復璁,如《紀古滇說集》、《交黎剿平事略》《諸司職掌》、《甲申紀事》等(沈津,〈鄭振鐸致蔣復璁信札〉(中),1941.09.11、1941.10.09-10)。

這 3 集子目的部數,說法不一。初集擇孤本 31 部附 3 部,予攝成照片影印,交由上海精華印刷公司(商務印書館在滬化名)於 1941 年 6 月出版,共線裝 10 函 120 冊。鄭振鐸化名玄覽居士寫序。1947 年 5 月(牌記),編《續集》,收書 20 部附 5 部,由國圖出版,10 函 120 冊;1948 年《三集》,收書 12 部,由國圖影印,財絀,尚未裝治成冊。後於 1955 年 7 月(牌記)由南京圖書館裝訂成書,共 2 函 32 冊。三集計收書 63 部附 8 部。(徐憶農)1949 年 6 月,顧廷龍撰《玄覽堂叢書提要》,計初集、續集、三集共 65 部(附錄併及)。

《玄覽堂叢書》所採用的底本以明刻本、明鈔本及清初本為主。其中元人著述 1 部,清人著述 2 部附 3 部,餘均為明人著述。內容以史學為主,包括雜史、傳記、奏議、律例、考略、方志、專志、地理圖表等,兼收子、集部著述,如算法、宮譜之類,均為研究明史的珍貴史料。

依據京都大學人文科學研究所東亞人文情報學研究中心《日本所藏古籍數據庫》(全國漢籍資料庫),藏有原版《玄覽堂叢書》初續三集的圖書館,有東洋文庫、東京大學東洋文化研究所;初續兩集的有京都大學人文科學研究所等;初集的有國立國會圖書館等。

(四)善本書裝運

法寶館

上海購得的圖書,分置「法寶館」、外商銀行保管庫、外商銀行堆棧 3

處。

　　法寶館在葉恭綽佛教淨葉社社址，赫德路（今常德路）和愛文義路（今北京西路）口「覺園」內。文獻保存會借法寶館二樓的半間，以書櫥作隔間，因門戶甚不謹慎，只作為抄寫書目的辦公處所，不作為儲藏之所。將得書鈔寫書目、編目、蓋硃文密記。因在淪陷區，不便由國圖具名作藏書章，每書乃加蓋暗記，「希古右文」，朱文方印，鈐在卷首；「不薄今人愛古人」，白文長方印，鈐在卷末；而善本蓋「玄覽中區」朱文牙章，然後裝箱，再運出庋藏。後者由徐鴻寶托王禔（福庵；1878－1960）鐫刻，採《老子·十章》「滌除玄覽，能無疵乎？」河上公注：「當洗其心，使潔靜也。心居玄冥之處，覽知萬事，故謂之玄覽。」及西晉·陸機《文賦》「佇中區以玄覽，頤情志於典墳」之句，隱寓中央雖居玄冥之地，仍能遠覽萬物，留意於典冊。

　　裝箱時分為三類：一為甲類善本，包括宋元刊本、明刊精本、明清人重要稿本、明清人精抄精校本；一為乙類善本，包括明刊本、清刊精本及罕見本、清人及近人稿本、清人及近代抄校本。其他為普通本（即丙類）。甲類善本，裝旅行大箱存放外商銀行保管庫。乙丙二類，裝大木箱，存於外商銀行堆棧。每箱均有詳目一紙，粘貼于箱蓋裏面，並另錄簿籍備查。各箱中均夾入多量樟腦等辟蟲物，並用油紙等包裹，以防水濕。對於甲乙二類書，每種並用透明紙及牛皮紙包紮，以昭慎重。鄭振鐸在上海，聘用郭晴湖、施維蕃、沈志堅等作編目、登記工作。

　　至於香港所購得的書籍，在「國立中央圖書館大陸時期舊檔案」（或稱「國立中央圖書館館史舊案卷」；「國圖舊檔」），依據 2003 年 10 月國圖盧錦堂所見〈香港購書目錄〉10 紙載，約 341 部，包括順德李文田收藏的元明版書及批校書、莫氏五十萬卷樓（莫伯驥，粵中第一家）所藏、黃氏碧琅玕館（冼玉清）藏物、徐氏南州書樓（徐信符，粵中第二家）藏本及其珍善本；另外還有敦煌經卷 27 種（葉恭綽在港購書報告載：30 種）等。（「國圖舊檔」〈搜購古籍〉檔案）香港方面購得的書，裝入鐵箱，由葉公綽以「庚

記」名義暫時寄存於金城銀行庫。此時遠東局勢愈來愈險惡，上海香港古籍要安全的運藏護送到重慶，是採全部內運，抑運美暫存，或香港轉運，三方案中以何者為宜，終決定以香港轉運，先將古籍運港。

託人攜運

文獻保存會購得圖書的裝運，可分為 3 個部分。第 1 部分託人攜運有兩批。首於 1941 年 7 月 24 日，由徐鴻寶自滬返黔道經香港，即隨身攜帶兩大箱最精本，可稱為國寶古籍，如宋刊本《五臣注文選》、《後漢書》、《禮記》、《中興館閣錄》等，共 80 部 502 冊，疏通上海海關，登船赴港。7 月 27 日抵港後，將書重新分裝 8 包，於 7 月 31 日送交歐亞航空公司運書，因重慶連日遭轟炸，在桂林滯留，到 8 月 9 日航運抵渝。9 月 1 日經國圖屈萬里、中英庚款會朱其仁會同點交後，立即交由屈萬里負責，直運國圖所在江津白沙鄉下（「國圖舊檔」〈點書單〉）。這些國寶曾在重慶舉辦了一次展覽會，轟動一時。

次批於 1941 年 11 月下旬，託西南聯大教授李寶堂攜上書箱 2 只，共裝書 51 部 619 冊，將當面交香港大學馬鑑（1883－1959；季明）。其中精品 28 部，原意係將請馬鑑航空運寄蔣復璁（沈津，〈鄭振鐸致蔣復璁信札〉（下），1941.11.22），惟 1941 年時由馬鑑帶回重慶者，僅 4 部，尚餘 47 部在港。

> 李寶堂 1909 年（宣統元）3 月入俄彼得堡鐵路大學堂學習鐵路專門科，學成回國。1941 年 1 月 23 日自滬經安南來滇，任西南聯大外國語文學系俄語教授。

寄港轉美

第 2 部分為 1941 年 6 月以前在上海所購得較精的甲類善本，包括劉氏嘉業堂所購得者，共 2,390 部 23,000 餘冊，費時 2 個月，陸續分批郵寄香港。嘉業堂藏書部分於 1941 年 6 月 22 日全部均已寄出，共 1,710 郵包。

截止 1941 年 9 月 3 日香港已收到 3,200 郵包。經葉恭綽安排存放馮平山圖書館，在該館主任陳君葆（1898－1982）協助下，由香港大學中文學院主任許地山（1894－1941）、馬鑑派人幫助保管整理。葉恭綽在港粵所得的書也加入其中，則存港善本有 3 千餘部、約 3 萬冊。經將上海寄來的郵包拆開、核對、登錄，再裝入木箱（內附鐵皮套箱銲封防水），共裝 111 箱。

　　1941 年 10 月 3 日，教育部和中英庚會放棄經由仰光陸運至昆明，再由瀘州轉運白沙的內運方式，決定將這批古籍共 3 萬多冊運美，請駐美大使胡適轉存國會圖書館，代為保管，俟戰後再運回。鄭振鐸也認為「如果內運困難，似只有照原訂辦法，托適之先生向國會圖書館商『借藏』之途矣。」（沈津，〈鄭振鐸致蔣復璁信札〉（中），1941.09.11）因先前在渝陷區不敢鈐「國圖」名義藏章，為將來辨識起見，茲再將木箱打開，連同港購各書，趕辦在每部書加蓋「國立中央圖書館攷藏」藏章和「管理中英庚會董事會保存文獻之章」印記，費時 3 個月，原訂 12 月 4 日美國格蘭（President Grant）總統號船運美，不料國際情勢緊張，船公司已不願來運，託美領事館設法，亦尚無結果。依據 1941 年 10 月 15 日蔣復璁密函呈教育部報告：「現在存港善本有 3 千種，約 3 萬冊。」（國立中央圖書館蔣復璁，1941.10.15）

香港淪陷

　　1941 年 12 月 8 日（日本時間 8 日凌晨 3 時 20 分；夏威夷時間 7 日 7 時 50 分），日本不宣而戰，偷襲美國在太平洋最大的海空軍基地──夏威夷臺島的珍珠港。數小時後日軍同時攻擊包括香港在內的英美法荷等國在亞洲的殖民地，太平洋戰爭爆發。日本南支那派遣軍第 23 軍（司令官酒井隆）第 38 師團（師團長佐野忠義）於 12 月 8 日早上攻擊香港，12 月 25 日下午香港淪陷，旋第 38 師團（通稱號：沼）依原計劃調到南洋作戰。國圖這一大批古籍也告下落不明，港渝間消息不通，足有半年之久，毫無音訊。隨後，始有兩則有關的訊息，先是 1942 年 7 月 16 日駐美大使館胡適復葉恭綽函稱：「古籍本定裝格蘭，不料情勢緊，航運變，接洽無結果，似

未裝出」等語。接著 1942 年 7 月 20 日杭立武致蔣復璁函稱：「陳寅恪兄現已脫離香港，行抵桂林。頃接其 6 月 20 日來函述及存港善本書情形：「『英庚款會』所購善本書，多為日本『波部隊』運至東京，其運去之書目，無意中發現，存於馬季明先生處，將來勝利之後，可以按目索還，或索賠損失等語。囑為轉告。」

　　1941 年 12 月 29 日，日方在半島酒店成立「軍政廳」政府，由酒井隆出任最高長官，下轄總務、民政、經濟、司法、海事 5 個部門，實施軍政。同日，酒井隆授命第 38 師團憲兵隊長野間賢之助組成香港憲兵隊。1942年 1 月，日本規劃設立「香港占領地總督部」。日本外務大臣東鄉茂德建議首相東條英機啟用日軍中著名的「中國通」陸軍中將磯谷廉介（1886－1967），任命他為香港「總督」。於是，1942 年 2 月 20 日總督部成立，他也正式上任。總督下的行政首長是總務長官，負責協調和監督 7 個政府部門：民治、財政、交通、經濟、報導、管理和外事部的工作。此外，與總務長官同級的還有防衛隊隊長、憲兵隊隊長。憲兵隊（本部）隊長野間賢之助轄下 5 個地區憲兵隊，均由一名隊長統領。

　　一直到勝利後，才知道香港淪陷，「12 月 28 日，香港大學馮平山圖書館由『大日本軍民政部』接收（部員包括竹籐峰治等人），交由『大日本陸軍軍蒐集第四班』（班員包括須山卓、前峴信次、大瀧榮一等人）管理」（劉國蓁）；「12 月 28 日，日軍官 7、 8 人由日本商人竹籐峰治及通譯嚮導，到館巡視。兩天後，日兵來館釘上「大日本軍民政部管理」木條在館外。次日又加釘「大日本陸軍管理第五號」木條。兩天後，日軍又派人到館釘封各室，外加「立入嚴禁、軍蒐集第四班」封條。」（黎樹添）日軍仔細檢查館內藏書，發現了這批國圖存港善本書，木箱寫著收件人「華盛頓中國駐美大使胡適博士」，而寄件人是「中英文化協會香港分會祕書陳君葆」。

　　案竹籐峰治（1882－？），為「香港商業貿易總經理」（國防部審判戰犯酒井隆判決書），素有財界「南支南洋通」之稱。曾任臺北州臺北市協議會會員；臺灣銀行廣東、香港支店長，華南銀行董事；臺灣扶輪俱樂部幹

事（1932-1934 兩屆，會長幣原坦）；臺灣拓植株式會社（國策會社）子公司福大公司（設於臺北市北門町，為臺灣與福建的貿易往來而設）董事、海外子公司南興公司（經營專賣項品以煙及酒為主）董事。1941 年起，在香港從事菸草專賣事業。

須山卓（1910－1981），滿鐵東亞經濟調查局副參事，譯有李濟著《支那民族の形成》（1943），另譯《民族學入門：人間の類型》（1943）等；著有《亞細亞民族の研究》（1939）、《華僑》（1967）、《華僑經濟史》（1977）等書。後為長崎大學教授。

前嵨信次（1903－1983；1937 年由前島改姓為前嵨）於 1940-1945 年在滿鐵東亞經濟調查局西南亞細亞班任職。1928 年跟隨老師藤田豐八來到臺灣，擔任臺北帝大東洋史講座的助手。1929 年臺北帝大購得（法）教授華特（Clement Huart，1854－1926）的藏書約 2,000 餘冊，以波斯、阿拉伯與其他各國有關東洋語言學文獻為主。前嵨整理「Huart 文庫」。這使他對臺灣史、中亞、阿拉伯世界的研究，產生極大的興趣。1932 年前嵨任教於臺南州立第一中學校。他發表了一些有關中亞、阿拉伯世界與東西方物產和文化交流的論文。著有《アラビヤ地域と歐洲勢力》（1941）（《阿拉伯地域與歐洲勢力》）、《アラビア民族史》（1941）（《阿拉伯民族史》）、《中央アジアの過去と現在》（1942）（《中亞的過去與現在》）等。1956-1971 任教慶應大學。

大滝榮一，任職滿鐵東亞經濟調查局圖書館。

1942 年 1 月 9 日上午，日軍憲兵隊長平川在香港牛奶公司裏面所設的「調查班」對主任陳君葆及館員劉國蓁、劉弼進行長時間的盤查。偵訊關於馮平山圖書館的組織、藏書等等。下午 7：00～11：45 訊問重點在關於南京中央圖書館善本事，晚上陳君葆被扣留在萬國銀行樓頂，一夜未合目。10 日，白天到港大兩次，晚復到一次，8 點多才放行回家。11 日、12 日繼續白天自行前往應訊。13 日 10 點 30 分到馮平山圖書館實地搜查，先查嶺南大學部分，下午開箱看中央圖書館書籍、許地山遺書，約至 4 點半始畢。

1942 年 2 月 6 日（一說：1942 年 1 月底），日本南支那派遣軍（通稱號：波）特別調查班在竹籐峰治帶引下，調查官少佐宮本博及班長中尉肥田木，指揮其成員將這批古籍強行運走，木箱上改寫寄「東京參謀本部御中——極密」字樣。鄭振鐸在上海所託李寶堂隨身攜帶古籍 2 皮箱寄存，因未見蓋有「國圖」印記，未被日軍劫走而保留下來。

1942 年 3 月 22 日馮平山圖書館移交總督部調查班管理，改貼總督部封條。23 日下午 2 點 10 分磯谷廉介視察香港大學圖書館，「問圖書館事甚詳」，2 點 40 分離去，轉港大，接見全體教授和學校當局高層領導。4 月 9 日，正式辦理移交，調查班正副班長肥田木、濱本到館訓話，下午交目錄與肥田木。接着 1944 年 9 月 25 日，磯谷廉介設立香港占領地總督部立圖書館於馮平山圖書館舊址，以原臺北帝大文政學部東洋文學講座教授神田喜一郎（1897－1984）為館長。12 月 25 日又設立香港市民圖書館於香港島中區花園道梅夫人（Lady Helena May）公益會舊址，以原臺北帝大文政學部西洋文學講座教授島田謹二（1901－1993）為館長。二次戰後，馮平山圖書館恢復了原名，市民圖書館及總督部藏書原則上交予港大。

藏匿上海

第 3 部分，包括乙類善本、普通本、1941 年 6 月以後購得的張氏適園善本等，約 3 百數十箱，一時運不走。自 12 月 8 日太平洋戰事發生，結束了上海「孤島」的時期，日軍進入租界，文獻保存會被迫將之藏匿上海法寶館及多處民房密藏。鄭振鐸也因張國淦（1876－1959；乾若）的幫助改名易姓，雖仍在上海，但離家秘密隱居（蟄居）在外。原存鄭振鐸家中善本書搬入梁俊青家裏的空房子，後來又轉移王辛笛（1912－2004；馨迪，徐鴻寶的女婿，著名詩人，1939 年自英愛丁堡大學學成回國後，在暨南大學、光華大學任教，1981 年後，被歸為「九葉詩派」）家中；還有張國淦家和王伯祥家等處；文獻保存會所有的帳冊、書目等，分別密封後寄放王伯祥、張國淦家中及來薰閣老闆陳濟川處；還有一小部分善本，則寄放張乃熊（芹伯）、張珩（蔥玉）叔姪處。將存滬善本古籍，採取分藏辦法，分

移多處民房中密藏。鄭振鐸說道：

> 整整忙碌了七八天，動員我家裏的全體的人，連孩子們也在內。還有幾
> 位書店裏的夥友們，他們無時無刻不在忙碌地搬着運着。為了避免注意，
> 不敢用搬場車子，祇是一大包袱、一大包袱的運走。因此，搬運的時間
> 更加拖長。我則無時無刻，不在擔心者，生怕中途發生了什麼阻礙。直
> 等到那幾個運送的人平安的歸來了，方才放下心頭上的一塊石。這樣，
> 戰戰兢兢地好容易把家裏的書運空，方才無牽無掛地離開了家。

　　鄭振鐸為了避免日寇汪偽的追捕和迫害，化名陳敬夫。1942 年為求有
個歇腳和交談之處，他商得耿濟之同意，在善鍾路（今常熟路）、海格路（今
華山路）小局場附近開設一片舊書店，取名蘊華閣，賣書及文具，店中只
雇一位職工孫景潤，便於交談、會客、秘密聯絡。鄭振鐸並無固定收入，
東藏西躲，甚至去了蘇州、無錫等地。

　　1943 年 3 月 20 日鄭振鐸致蔣復璁函：「店中資金，大部存港。港肆久
無消息，近聞業已封閉，數載心血，廢於一旦，深夜徬徨，不能入寐。家
運之蹇，一至于此，不禁憤懣難平！滬店存貨，為我家僅存之物，益不能
不珍護之矣。」及至抗日戰爭勝利後才得以重見天日。

（五）追回國寶

　　1944 年同盟國軍隊已在準備全面反攻收復失地，為避免戰火波及文物
古蹟，造成損失，4 月 1 日教育部成立「戰區文物保存委員會」，由次長杭
立武任主任委員，馬衡、李濟、梁思成任副主任委員。當務之急是要在短
期內編一本中英文文物古蹟目錄，並在地圖上標明名稱和方位。1945 年 5
月梁思成完成了《戰區文物保存委員會文物目錄》（*Chinese Commission for
the Preservation of Cultural Objects in War Area, List of Monuments*）（87

頁）。首冠木建築、磚石塔、磚石建築鑒別總原則 3 篇，次為〈凡例〉，後為分省分縣文物古跡目錄，共 400 處，每處寫明名稱、年代、所在地。

　　1945 年 8 月日本投降後，11 月 1 日教育部奉令將「戰區文物保存委員會」改為「清理戰時文物損失委員會」（「清損會」），負責二次大戰後公私文物封存和清理及追償歸還物主的工作，分建築、古物、圖書、美術 4 組，置主任委員杭立武（教育部次長），副主任委員陳訓慈、馬衡、李濟、梁思成，由軍政部、外交部、內政部各派代表 1 人，中研院院長、中央文化運動委員會主任委員、故宮院長、中央博物院籌備處主任、北平研究院院長、國史館館長、國圖館長、北圖館長、教育部部長指派的高級職員及聘請的社會熱心美術及保存古物人士充任委員（委員有傅斯年、蔣復璁、袁同禮、徐鴻寶、沈兼士、張鳳舉等）展開下列工作：

1. 調查文物損失，即舉辦全國公私文物損失登記。後以地區遼闊，交通未復，設京滬、平津、粵港、武漢、東北 5 個調查區，如徐鴻寶為京滬區代表，余紹宋、黃增樾、江彤侯、程復生為副代表，全研僧為助理代表，顧廷龍為辦事員；沈兼士為平津區代表，唐蘭為副代表，王世襄為助理代表；及浙、閩、湘、皖、冀、豫等省先後成立辦事處。派員實地清查文物損失情況，俾追索被劫文物，以補登記的不足。清損會將調查所得，分類分省編有《戰時文物損失目錄》，計列書籍、字畫、碑帖、古物、古蹟、儀器、標本、地圖、藝術品等各項文物損失總共 3,607,074 件又 1,870 箱 741 處（古蹟），惟公私收藏家對於文物損失的申報，並不踴躍，此數實未能完全顯示出戰時實際的損失。

2. 各調查區協助教育部接收清理各地敵偽文物。1946 年 1 月 30 日行政院軍事委員會應教育部之請，訓令各機關收復區敵偽圖書文物等一律通知教育部清損會接收。在國內調查文物損失的過程中，初步掌握了一些重要文物被劫的情況，包括國圖、北圖移藏香港馮平山圖書館的珍善本被劫運日本情況。

3. 估計文物損失價值。清損會原以文物損失不能以金錢估值，惟行政院賠償委員會因其他方面損失都列有價格乙項，為求統一以便索償，亦請清損會估價列入。爰延聘各項文物專家及上海業書肆及古玩者，按戰前價格逐項嚴格評定，列為統計。

4. 編製甲午以來流入日本的文物目錄。清損會曾請外交部向遠東委員會及駐日盟軍總司令部（General Headquarters Supreme Commander for the Allied Powers，簡稱 GHQ/SCAP；「盟總」）提出追償我國文物意見書乙種。其主要要求為自甲午以來，凡為日本掠奪或未經我政府許可擅自發掘的一切文物，均須由日本交還。清損會深感在甲午以後，我國文物為日本巧取掠奪者，為數至夥，此次辦理追償，自亦應不以 1937 年以後的戰時損失為限。而在此期間，凡為日本破壞，或因日本軍事行動損失的文物，則必須責令以同類或同等價值的實物賠償。京滬區徐洪寶、顧廷龍、賀昌羣、謝辰生等編有《中國甲午以後流入日本之文物目錄》9卷附錄 2 卷（油印本），以為交涉之依據。該目錄編纂地點在合眾圖書館閱覽室，費時 9 個月，於 1946 年底完稿。引用日本歷年出版的目錄、圖錄等 122 種，收錄被劫奪到日本的中國古物珍品，包括甲骨、石器、銅器、刻石、陶瓷、古玉、絲繡、書畫、寫經、拓本、雜物等 15,245 件，按公私收藏者名稱排列，並將戰事期間日人歷次在我國的發掘而攜去者編為附錄。

5. 追償在日文物。清損會為調查日本劫奪我國文物情形，並與國內調查工作聯繫，於 1946 年 5 月經商准外交部，派遣代表，隨同駐日代表團工作。盟總對收回文物規定甚嚴，而國內各方於被劫的證件，多不具備，致交涉每感困難。其中國圖在淪陷區收購而被日本劫走的善本書即在日查獲運回。後因時局影響，政府遷臺，所有日本歸還無主古物，轉運來臺，暫存霧峯聯管處保存，後由教育部令，將此等古物轉撥國立歷史博物館。

寄港轉美裝箱部分

抗日戰爭勝利，根據上述胡適、陳寅恪等提供的少許線索，從 1945
年底至 1946 年初，我國教育部、外交部、軍令部等單位，在港臺日 3 地展
開追查；陳君葆自亦多方設法找尋。

長澤規矩也藏匿

1942 年 3 月之後，日本從香港劫走包括國圖善本圖籍在內近 5 萬冊的
圖書陸續運到東京，11 月 26 日陸軍參謀本部將這些「虜獲圖書」運交文
部省。1943 年 7 月 24 日再由文部省運到上野帝國圖書館，8 月 23 日文部
省指示該館先行整理是批圖書漢籍 134 箱、洋書 25 箱，並要求於 10 月中
旬提交圖書目錄。（國立國會圖書館五十年史編委會）帝國圖書館岡田溫請
長澤規矩也主持本項工作，1944 年 1 月 25 日國圖善本在帝國圖書館開箱。
（長澤規矩也）

1944 年秋天，美軍飛機開始頻繁地轟炸東京，帝國圖書館將 13 萬 3
千貴重圖書，疏散至 300 公里之外的長野縣立圖書館（1945 年 3 月整批圖
書又被轉移到飯山女子高中的體操場）；其中就有長澤規矩也挑選了香港被
劫國圖善本 2 萬冊（岡田溫）；被長澤挑剩的 1 萬多冊善本，則被歸入「乙
類圖書」，移至帝國圖書館地下室。

岡田溫提及，長澤規矩也忠告我們，盟軍來到就會將貴重圖書拿走，
就如同日本從前在中國所做的事情一樣。帝國圖書館的書都是疏散到長
野，這事一定會被美軍間諜發現，他們一定知道這些書都在長野。（岡田溫
先生喜壽紀念會）於是戰爭一結束，便將這些書取回東京，然後將國圖善
本 2 萬多冊再一次疏散，長澤提議將這些書移藏到伊勢原一家寺院。但文
部省認為該場地不甚理想，選定離寺院西北約 5 公里處的高部屋村。1945
年 8 月遂疏散在高部屋村，藏在村長小澤元的地窖裏。（佐野昭）

長澤規矩也所編目整理這批自香港馮平山圖書館劫運東京上野帝國圖
書館的國圖善本典籍，二次大戰後，以《靜庵漢籍解題長編》為書名，於

1970 年由汲古書院出版，全 2 冊，著錄了該批一部分善本解題。

追查

　　1945 年 8 月，日本宣布無條件投降後，馮平山圖書館陳君葆立即開始追查這批國圖存港善本書的下落，在港遍尋不着。其後，陳君葆於 1945 年 11 月 19 日致函教育部次長杭立武，報告 111 箱事，及覆館長蔣復璁 11 月 8 日函，說明 111 箱（書）被移出經過並報告現留館內書尚有 520 餘冊無恙。1946 年 1 月 24 日陳氏約下午 2 時許與香港英國軍政府軍事法庭海軍參謀情報處（英）端納（H.G. Donald）上尉及 3 個軍官到赤柱軍事監獄。先提審樂滿與江村二人，後提竹籐峰治；1 月 25 日上午與端納同到高等法院鞠問竹籐峰治，他們關於圖書事，均閃爍其詞，不得要領。1946 年 2 月 16 日陳君葆致函次長杭立武，說曾與香港海軍情報當局 2 次提審被拘在港日俘集中營的竹籐峰治，但他堅不吐實。（陳君葆）

　　1945 年 9 月 19 日教育部「據中央圖書館呈報日本掠奪我國文物一案函達查照由」致外交部公函（社字第 47661 號）（教育部，1945.09.19）：

關於調查日本掠奪或損毀我國文物一案，據國立中央圖書館渝總字第 329 號代電稱：「查本館於 1942 年 2 月初香港淪陷後有存港備運美國之圖書乙佰十二箱，內藏善本 3 千餘種，寄存香港大學馮平山圖書館者，為敵駐香港部隊調查班移去，按箱面原寫寄華盛頓中國駐美大使館胡大使收等字樣，據當時目擊者稱，敵軍運時箱面改寫『參謀本部御中』等字樣，迄今是否運日尚無從探悉。惟該項圖書均係善本，諒係敵人掠擄而去，自應向日方索還，否則必行補償，是否有當，理合電呈仰祈鑒核。」等情；相應函達，即請　查照為荷，此致

外交部

部長　朱家驊

1946 年 1 月 8 日，外交部函教育部，告知盟總曾於 1945 年 10 月 12

日起，規定「凡往來日本具有歷史文化及美術價值之進出口品，不論來自何地均予以禁止，不論其所有人為何，將給予完全保護。」因而中國政府如要取回日本於戰爭期間掠奪中國的文物，必需要有更明確的證據。

　　1946 年 1 月 31 日，教育部再致函外交部，以「關係國家文獻」為由，請求外交部協助調查國圖古籍下落，以及請外交部轉請香港軍政府提審竹籐峰治，以查出此書存放地點。依據 1946 年 1 月 31 日，「教育部令轉袁同禮關於存港圖書下落之報告」稱：（教育部，1946.01.31）

> 案據國立北平圖書館館長袁同禮報告略稱：太平洋事變以前，中央圖書館寄存於香港馮平山圖書館善本書 120 餘箱，原擬運美暫存，以變起倉卒而中止。1941 年 2 月間由日人竹籐峰治帶引日軍調查班宮本博少佐及肥田木近中尉，將此批善本書強行劫取，每箱上寫「東京參謀本部御中」字樣，當時以為全部藏書均已運往東京。前函香港友人詳加調查，近接復函內稱:日軍運輸困難，該書箱或被運至臺灣而中止。茲為追查其下落起見，擬請函托陳長官及外交部駐日聯絡員在臺北及東京分別追查，以便日後提取。又此案之主要人物宮本博及肥田木近已不在港，惟竹籐峰治現被拘留於香港日俘集中營，擬請逕函外交部轉請香港軍政府，迅將該犯提訊，並取據口供，以期明瞭此批書之現存地點。

臺灣省警備總部查詢

　　1946 年 2 月 18 日，蔣復璁致陳儀函：「本館前存香港善本書籍，有為日人劫赴臺北，盼飭調查以明真相。」

　　1946 年 4 月 8 日臺灣省警備總司令部「為飭查明繳還國立中央圖書館善本書籍一百箱具報由」致日本臺灣地區日本官兵善後連絡部代電（35 軍字第 234 號）（臺灣省警備總司令部，1946.04.08）

　　臺灣地區日本官兵善後連絡部安藤部長鑒：准中國國立中央圖書館函稱
「敝館於抗戰前，曾在上海購有善本書籍一百箱，寄存香港大學馮平山
圖書館，自太平洋戰爭起倉卒間未及遷藏，致為日方所取。現聞此一部
分存書，曾由日人竹籐峯治帶引日軍調查室宮本博少佐、肥田近中尉意
圖運東京參謀本部，嗣以運輸關係，聞止於臺北，此書諒仍在臺灣日軍
之手。以上書籍多為珍本，倘遭散失，殊與吾國文獻有關。請賜調查以
明真相」等由。仰即飭屬查明繳還具報為要。臺灣省警備總司令陸軍上
將陳儀。

　　1946 年 4 月 11 日臺灣地區日本官兵善後連絡部回覆（灣連涉第 442
號）：「（前略）日軍調查室宮本博少佐及肥田木中尉（肥田近是肥田木之錯
也）兩名共所屬第二十三軍司令部（在廣東）。當軍無關係而且曾無受依賴
保管如上善本書籍。察該書籍之移管於第二十三軍直接實施計畫，故由貴
軍改更對第二十三軍。仰照會茲謹具報查照辦理。」臺灣警備總司令部並
未提供具體的線索。另依 1946 年 4 月 27 日國立北平圖書館回覆中國陸軍
總司令部審判戰犯軍事法庭檢察官陳光虞：「該宮本博少佐原在廣州南支派
遣軍司令部特務機關任職，關係調來香港擔任搜索掠奪圖書事務，故於
1942 年 2 月中奪取圖書完畢後，仍返廣州原任。」（許京生）

博薩爾提供線索

　　日本投降後，陳君葆友人（英）少校博薩爾（Charles Ralph Boxer，1904
－2000）向他詢問其藏書下落。陳君葆「堅信博薩爾的書應當與中央圖書
館那 111 箱珍稀古籍一起，存在於日本某處」，建議博薩爾向日本文部省負
責接收香港圖書的關口（Sekiguchi）教授和田中（Tanaka）教授詢問。（吳
真）陳氏得知博薩爾將以英國派駐遠東委員會（Far Eastern Commission）
身份到日本，爰請他留意國圖那批善本古籍的下落。博薩爾於 1946 年 1
月 10 日抵東京。他從文部省獲得線索後，即前往上野帝國圖書館。1 月 21
日果然在地下室發現了整部他自己的藏書 627 冊，以及「自香港移來的中

國政府書籍」。博薩爾立即通知在東京的中國代表團。（陳君葆）1 月 25 日
帝國圖書館將書歸還了博薩爾（鞆谷純一）。依據《陳君葆日記全集》，1946
年 6 月 16 日記載，博薩爾給馬提太太的信寫道：

> 除了我自己的書外，我又在上野公園的帝國圖書館發現自香港移來的中
> 國政府的書籍。我立報告東京的中國大使館，把陳君葆信內對這事的紀
> 述告訴了他們，因此我希望中國政府不久將會得回那整部圖書。（中略）
> 那些書是先寄到東京的參謀本部，再從那裏移到文部省，更或由文部省
> 轉移至上野公園帝國圖書館，其時約為 1944 年夏季。文部省的 Sekiguchi
> 與 Tanaka 教授均知其事及書之所在。陳君可說我曾在東京目見此各批圖
> 書，能夠作證。

陳君葆日記寫道：「博氏 1 月 10 日隨遠東委員會到日本，2 月 1 號再
返美，發現書籍約在 1 月中至 20 日的期間。」長澤規矩也後來提到「中華
民國駐日代表團」團員根據英國人的通報，來信詢問我整理接收的圖書，
並且派人來到館中察看。（長澤規矩也）

外交部查明原委

外交部接到上開 1946 年 1 月 31 日教育部函，即於 2 月 15 日「准教育
部函中央圖書館寄存香港之善本書被日人劫去事」，本案有關之日人尚在
香港請向香港交涉；或已運來東京，爰分電外交部駐香港特派員郭德華向
香港政府交涉、專員劉增華在東京追查，並將辦理情形報部。（外交部，
1946.02.15）

值此之際，1946 年 2 月 23 日外交部亞東司科長張廷錚奉司長楊雲竹
便箋擬稿。該便箋係囑一科辦函稿發中央圖書館蔣館長及教育部，主要內
容為：（外交部亞東司一科朱世明、楊雲竹，1946.03.01）

貴館存香港四庫全書約 3 萬冊（內多吳興□堂所藏本），現存東京上野圖
書館。本人與朱將軍此次參加遠東委員會赴日本考察時，曾赴該館查明。
據云一部分目錄業經該館請專家整理，一部分圖書因避轟炸曾搬運往外
埠尚未搬回，大約 2 月底 3 月初可運回東京云。

朱世明

楊○○

張廷錚據以擬就「中央圖書館存香港之四庫全書約 3 萬冊現存東京上野圖
書館特函知查照」箋函稿，1946 年 3 月 1 日發文（東書字第 24 號），分別
致教育部和中央圖書館。發中央圖書館者，如下：（外交部亞東司一科朱世
明、楊雲竹，1946.03.01）

逕啟者：此次參加遠東委員會赴日本考察時，聞貴館存香港之四庫全書
被日軍劫運（約 3 萬冊），現存東京上野圖書館，曾轉赴該館查明原委。
據云該項圖書約 3 萬冊，一部分目錄業經該館專家整理編目，一部分為
避免轟炸運往外埠，尚未搬回。大約 2 月底 3 月初，可運返東京。特此
函達，即希　查照為荷。此致
中央圖書館

朱世明　楊雲竹啟

依據該便箋，「聞貴館存香港四庫全書約 3 萬冊（內多吳興□〔嘉業〕
堂所藏本），現存東京上野圖書館。」「曾赴該該館查明」，此應即為上
開（英）博薩爾向中國代表團所提供藏書下落的訊息。除《四庫全書》
乙節有誤，其餘與其後劉增華專員所查明事實情節均完全相符。可稱
朱世明、楊雲竹是中國最早確認日本劫奪國圖存港善本存放地點者。
按 1945 年 12 月 26 日蘇美英莫斯科三國外長會議閉幕，宣布成立設
在華盛頓的「遠東委員會」（Far Eastern Commission）和設在東京

的「盟國對日委員會」（Allied Council for Japan）。兩委員會分別於
1946 年 2 月 26 日和 4 月 5 日開始運作。前者國民政府派駐美大使顧
維鈞兼中華民國代表團團長。後者於 1946 年 3 月成立「盟國對日委
員會中華民國代表團」（王世杰，1946.03.04），1946 年 5 月 9 日改
稱「中華民國駐日代表團」。中將朱世明（1898－1965）時任國民政
府委員會參軍處參軍，被特派為首任團長（任期：1946.03－
1947.04）。該團接受外交部的指導，在日交涉的對象是盟軍總部。楊
雲竹（1901－1967）為外交部亞東司司長。兩人在東京駐日代表團成
立前，乘參加將於 1946 年 2 月 26 日在華盛頓召開的遠東委員會會議
之便，先往東京。上開博薩爾為遠東委員會英國代表團團員，赴美之
前先到日本找到他在香港被劫藏書。而當時東京上野帝國圖書館，即
今國會圖書館。

約在此同時，1946 年 2 月 25 日顧毓琇（1902－2002）抵日，公務之
餘，在參觀東京帝國圖書館，無意中也發現國圖的善本書若干，尚未打開。
（蔣復璁）

惟蔣氏文未成定論，隨著各種史料檔案的出現，各家有其不同的看法。

其間，1946 年 2 月 21 日陳君葆到中環匯豐銀行大廈 3 樓外交部駐廣
東廣西特派員公署香港辦事處找特派員郭德華（1901－1970），郭氏未返
任，由李宗周接見。始知關於國圖善本書事往還磋商函件已經多起，「有中
國教育部代表，有廣西特派員，更有廣東教育廳張特派員來信外交特派員
辦理。」（陳君葆）

1946 年 3 月 4 日，特派員郭德華，經連繫取得端納於 2 月 22 日所撰
寫書面報告（英文 3 頁）。依端納的尋訪，國圖善本書已深信被運往日本東
京帝國大學（The Imperial Japanese University in Tokio）圖書館，並在戰爭
期間運往鄉下疏散藏匿。另「查該書籍確數為 111 箱，另有 2 箱於香港戰
事爆發前已運往美國國會圖書館 Dr. HENRY 處寄存。」（外交部郭德華，

1946.03.04）

郭氏依端納的調查，善本書被運往東京帝大有誤；但稱香港戰事前先有兩箱已運抵美國會館，令人驚訝，惜記錄未詳。北圖 1941 年意將館藏善本書自上海運往美國，寄存美國國會圖書館。曾由美國領事館試寄 2 箱，經報關查驗手續，交商船運送，以風險太大，後來拒絕再寄。郭氏是否將北圖事誤植為國圖？

1946 年 3 月 15 日下午，外交部駐日盟軍最高統帥部聯絡參謀辦事處專員劉增華，在東京發電重慶外交部，呈報（外交部劉增華，1946.03.15）：

重慶外交部歐卅五 2295 號代電收悉。日人竹藤峯治等劫取香港馮平山圖書館善本書事，經詳加密查。本日在上野公園帝國圖書館查得該館所保管者約 2 萬 5 千冊，因空襲疏散在伊勢原者約 1 萬冊，業經該館司書官岡田溫立有承認字據，惟所裝木箱均被啓封，至詳細書目，周內送來，俟點收後，約一月內可設法運出。謹聞。

劉增華

外交部爰於 3 月 28 日致教育部「外交部辦理追還在香港被日劫取中央圖書館善本書籍經過致教育部代電（歐 35 四四九八號）」：（外交部 1946.03.28 及中國第二歷史檔案館）

教育部公鑒：前准 貴部 1946 年元月 31 日渝社第 6619 號公函，囑向有關方面追查在香港被日人劫取我中央圖書館善本書籍事，當經分電本部駐香港特派員辦事處及駐日盟軍最高統帥部聯絡參謀辦事處專員劉增華追查。去後，茲據劉增華電復，稱「日人竹藤峰治等劫取香港馮平山圖書館善本事，經詳加密查，本日在上野公園帝國圖書館查得該館所保管者約 2 萬 5 千冊，因空襲書疏散在伊勢原〔鄉下〕者約 1 萬冊。業經該

館司書官岡田溫立有承認字據，惟所裝木箱均被啓封。至詳細書目，周內送來，俟點收後，約一月內可設法運出」等由。特電請　查照為荷。

外交部

接著，1946 年 3 月 27 日教育部發國圖訓令，准軍事委員會軍令部代電：（「國圖舊檔〈搜購古籍〉檔案」）

案准國民政府軍事委員會軍令部（三五）寅巧令二宮代電內開：「據本部駐東京聯絡參謀王之，唐啓琨 3 月 14 日電稱：日本前在香港搶奪我國中央圖書館書籍壹百參拾箱，計參萬餘冊，存於帝國館內，經交涉結果，已允歸還。俟目錄編竣，即交我上海教育局長顧毓琇及外交部劉專員等設法接收運回等情，特電查照」等由。准此，除電復外，合亟令仰知照。此令。

部長　朱家驊

自是，國圖存港善本書被日劫運東京帝國圖書館事，真相大白。

1946 年 3 月 20 日國圖屈萬里致鄭振鐸信，談及日本發現被劫國圖前郵寄香港圖書事。提及朱世明赴日，將帶去鄭振鐸整理的書目查勘，以備收回。又託特藏組國圖楊全經赴滬複抄書目乙份。（屈萬里）（陳福康）

索還

日本投降，以美國為首的同盟國軍事佔領日本期間，主要的統治機關為盟總，設有由中美英法蘇等 11 個同盟國共同組成「遠東委員會」，作為盟總最高決策機構，及設有中美英蘇 4 國組成「盟國對日委員會」作為盟總的諮詢機構。實際上該兩委員會都無實權，真正決策權仍掌握在美國政府，大權獨攬。麥帥對盟國對日委員會態度冷淡。依盟總指示，日本關閉其駐外使領館，停止外交關係，剝奪其主權國家地位；1945 年 12 月 2 日盟總禁止日本政府與盟總以外的同盟國駐日代表直接交涉往來，與各外國

的交涉往來需透過盟總或盟總代為進行。因此，各國駐日代表團交涉往來的對象原則上是盟總，理論上與日本政府直接聯絡是不被允許的，但實務上駐日代表團與日本政府方面有一定的聯繫。直到 1948 年貿易相關交涉往來方被解禁，而一般的直接交涉往來要到 1951 年始被許可。

「索還掠奪物資與文物」係「凡日方在占領區內強徵、勒購、或劫奪資產均稱被劫資產，經所有國證明確屬原物時，得向『盟總』申請歸還。」依此，我國要索還被掠奪的古書籍及文物，就要有明確的事證，證明確為抗戰期間被掠奪或盜竊者；如屬被掠奪者，尚要列出索還物的原有人、原在何處、何時被劫、日軍番號等。盟總對於索歸文物的規定甚嚴，而國內各方對於被劫的證件多不具備，致交涉每成困難，這使得我國對日索還的構想與期待，不免受到挫折與委屈。

1945 年抗戰勝利，教育部以蔣復璁為京滬特派員，在上海設立辦事處，組織「京滬區教育復員輔導委員會」，研討有關教育復員問題，以備政府參考；但是對華東地區（以上海為中心）文化方面的敵產和偽產的接收與清理倒做了不少工作，負責搜集、建議和呈報；包括古籍文物從日本追歸方案。主任委員馬敘倫、蔣復璁；委員鄭振鐸、張鳳舉、徐鴻寶、許丙堃（潛夫）、葉風虎；列席專門委員王醒吾、周予同、厲家祥。會議地點在上海愚園路。1945 年 12 月 13 日舉行最後一次（第 27 次）會議。

1945 年 3 月 28 日教育部聘李濟、張鳳舉為我國出席盟國對日委員會代表團代表。1946 年 6 月，經中國駐日代表團〔1946 年 3 月在東京成立，原稱「盟國對日委員會中國代表團」，1946 年 6 月改稱〕第 4 組（教育文化）組長張鳳舉交涉 2 個月，總算可望將善本書運返國土。

張鳳舉係東京高師、京都帝大畢業，通日英法語。1946 年 4 月 1 日因奉教育部令派中國代表團抵東京，自上海江灣機場起飛，抵日本神奈川縣厚木飛行場，有梅汝璈、向哲俊、王之〔少將〕、顧毓琇等在場迎接；次日即晤談外交部所派劉增華，並在盟總談歸還日軍自香港掠來中央圖書館善本書與其他文物。很快地獲得盟總的支持。4 月 8 日在上野帝國圖書館地

下室目睹該批善本書，多為水漬污損。結果日方允：1.即日將各書遷至乾燥房間；2.散開外地之書一星期內運回該館；3.一月內交出全修目錄；4.下星期我方派人前往整理，日方予以一切便利；5.整理完畢後照運來時包裝運回。關於第 5 點日方表示無把握（張鳳舉）。

4 月 10 日與美軍下令日方 6 月 1 日歸還代表團處。4 月 12 日帝國圖書館岡田溫與長澤規矩也來訪張鳳舉談歸還中央圖書館善本書事。4 月 25 日早上張鳳舉赴盟國對日委員會祕書處拜會准將費勒斯（Bonner Frank Fellers，1896－1964；Military Deputy to MacArthur）及民間情報教育局（Civil Information & Education Section，GHQ/SCAP；CI&E）Donald R. Nugent。接著拜會該局局長 Kermit Reed Dyke。5 月 17 日和 18 日，張鳳舉赴民間財產管理局（The Office Civil Property Custodian，GHQ/SCAP；CPC）晤 Blake，談中央圖書館書事，當總目錄編輯後，最好一次交還，及商談收回第 1 批該館書事。6 月 1 日早上張鳳舉在上野帝國圖書館與代表 CPC 的 Weltz 和代表 CI&E 的 Stout，收回國圖第 1 批善本書 10 箱，書由 SCAP 派卡車運至代表團處。

1946 年 12 月 18 日故宮王世襄（1914－2009）由清損會派為中國駐日代表團第 4 組專員飛抵日本，進行為時 2 個月的清理文物工作。12 月 30 日前後，適中央航空公司專機送代表團人員及眷屬來到東京，回程幾無可裝載，乃先將留在代表團的 10 箱善本書，計 183 部 2,550 冊隨機空運，由團長中將朱世明順利攜返上海，由徐鴻寶接收；其餘部分教育部同意支付運書返國費用，「但善本必須船運，萬萬不可空運。」

1947 年 2 月 2 日帝國圖書館歸還了掠奪國圖善本。（鞆谷純一）

因王世襄感到美國刁難設阻，清理追償文物工作，「已感到處處碰壁，寸步難行，呆在此處，空耗時日」，有回北京之意，但回國申請遭杭立武的反對，只好寄望於代表團。經吳文藻（第 2 組－政治外交組長）、謝婉瑩（冰心）夫婦幫助說明情況，朱世明爰同意由王世襄借此機會押運善本書 107 箱回國，自橫濱航運。2 月 10 日抵滬（教育部在上海長寧路 37 號設有駐

滬圖書儀器接收清理處），由國圖編纂鄭振鐸指派謝辰生、上海交換處孫家晉，該館的潘〔世和〕前往碼頭接書，後由鄭振鐸再運返南京國圖，合計兩次運返者，凡 117 箱 3,286 部 34,970 冊。

由上列索還被掠奪善本經過，我方提出完全符合所謂盟總所規定的「明確的事證」，如馮平山圖書館陳君葆向教育部、盟總（吳真）通報他所掌握日軍掠奪的機關和經過，及國圖提供重新抄錄的書目（長澤規矩也稱國圖善本係無目錄接收），還有書上的館藏印證據，因而受到盟總的支持。經曾為文獻保存同志會主其事的張鳳舉交涉，終以竟全功。

（六）文獻保存會蒐購私家舊籍總數

文獻保存會蒐購了多少古籍，說法不一。除上開「所購所得數量質量」乙節，鄭振鐸的估算，「所得善本，大抵不出 2,000 種。再加劉氏書約 1,900 至 2,000 種，則總計約得善本 3,800 種左右，何況尚有清代善本及普通本無數乎 ？」繼之又得適園善本約 1,200 種，所購善本數達 5,000 種。

復依 1941 年 7 月 25 日國圖蘇精〈抗戰時秘密搜購淪陷區古籍始末〉乙文的統計：

> 勝利後，從 1946 年初起，這些藏匿上海的古籍陸續從法寶館等處起運入京，連同先前空運重慶的、自日本歸還的、和自香港尋回的一併計算，單是甲乙兩類的善本古籍就有 4,864 部，共有 48,000 多冊；普通本線裝書更多，有 11,000 多部。這些便是在蔣復璁主持下，滬港兩地文人志士冒險搶救古籍的結果。

蘇氏文，善本估算 4,864 部，應大致不差。

國圖張錦郎〈抗戰時期搶救陷區古籍諸說述評〉乙文，「根據上海文獻

保存同志會第 1 號至 9 號工作報告書，及 1941 年 6 月 2 日鄭振鐸致張壽鏞函，談到購書的部分，加以統計，計得藏書家 9,044 種，書肆 1,195 種，零星購買 314 種，其他 2 種，共 10,555 種，含善本書及普通本線裝書。上述藏書家尚不包括李氏〔書〕，不寫種，只寫 1 萬數千冊，130 餘箱。」

另據蔣復璁〈我與中央圖書館〉說道：「購獲之舊籍不下十餘萬冊，半屬善本。」南京圖書館徐憶農〈玄覽中區－海峽兩岸玄覽堂珍籍合璧展〉也稱：「秘密搜購淪陷區書肆私家舊籍 10 餘萬冊，其中半屬善本。」

（七）善本分三地

文獻保存會所購古籍，在存置、移存、裝運過程，在戰後確有一些成為下落不明，未被國圖重得而典藏者。

託人攜運及寄港轉美未及裝箱部分

文獻保存會移存香港部分，雖然運返國圖 117 箱（較 111 箱，多出 6 箱），但依「國圖舊檔」〈搜購古籍〉檔案，見〈日本所掠書目中本館裝箱書目所無之書（目錄）〉、〈本館裝箱目中所有日本目中所無之書（目錄）〉、〈日本尚未歸還之國立中央圖書館戰時被劫善本圖書目錄〉等；復依國圖盧錦堂自「國圖舊檔」裏，找得一份 1946 年 4 月 16 日抄錄，並經 1946 年 11 月 27 日校補的〈國立中央圖書館在香港遺失之善本圖書目錄〉，所列皆迄當時仍未發現之書，分為 1.香港淪陷前未及裝箱者有 12 部；2.葉恭綽在港所購不及裝入 111 箱中者 31 部；3.〔鄭振鐸〕託李寶棠〔堂〕自滬帶至港〔交馬鑑〕者（見「國圖舊檔」1946 年 3 月 28 日屈萬里抄呈〈李寶棠〔堂〕先生由滬帶港之 51 種圖書目錄〉〔619 冊〕；4.擬由港寄渝而未曾寄出的書〔葉恭綽經手〕者等 4 個部分。

1945 年 11 月 19 日陳君葆復蔣復璁函，說明 111 箱被移出經過並報告現留館內尚有 520 冊無恙。

1950 年 9 月 23 日鄭振鐸致陳君葆函、葉恭綽副署：「前國立中央圖書館（現改名為國立南京圖書館）在抗戰中，曾寄存一部分善本圖書在香港大學馮平山圖書館。李寶棠先生赴港時，又帶上了一批。這一部分的書籍（還有若干部存在馬季明教授家中），我們現在要運到北京來。希望 先生能夠清理出來，準備啓運。原來是許地山先生經手的。許先生故後，由先生保管多年，我們心裏非常的感謝！並請便中向季明先生致謝。」1950 年 11 月 4 日陳君葆「將所有中央圖書寄京，裝成 3 箱〔90 部〕交〔張鐵生〕、吳荻舟兄運去。這樣費了許多天工作才把事情弄妥，真是身上少了千鈞的擔子似的。」1951 年 1 月 16 日文化部致函陳君葆收到這批書。

據《南京圖書館志》記載，南京圖書館部分圖書於 1954 年後陸續選提入藏北京圖書館（楊殿珣經手）。另據周勛初和李致忠撰文稱：香港大學馮平山圖書館館長陳君葆將暫存香港古籍寄回南京，1959 年江蘇省文化局將書送到北京等待處理，1961 年文化部決定將其中 154 部撥交北京圖書館，99 部發還南京圖書館。1973 年陳君葆隨團返北京，7 月 28 日，將曾誤夾入港大藏書中的《宋劉後村居士殘存本》2 冊送回，因鄭振鐸遭空難逝世，乃交故宮博物院院長王冶秋。

由上述可知，「文獻保存會」所購上開第 1 部分託人攜運李寶堂部分及第 2 部分寄港轉美者，確有部分流往北京圖書館、南京圖書館。

藏匿上海部分

1947 年 2 月 10 日王世襄自日押運在香港被劫善本 107 箱回國。後來，王世襄曾詢問時甫任文物局長的鄭振鐸這批書，鄭說：「全國解放前夕，國民黨政府從京滬撤退時，又被他們運往臺灣了。」

1993 年謝辰生在《中國大百科全書 文物 博物館》撰「鄭振鐸」條目曾作不同的釋文，指「1948 年，鄭振鐸把曾被日本侵略軍從香港劫奪而由中國駐日代表團追回一大批珍貴圖書秘密轉移，（中略）直到上

海解放後交由中央工作團接收」的紀載，這真是難以置信的。理應係原藏匿上海部分，未完全歸還國圖。

復依謝辰生 1998 年 9 月撰〈紀念鄭振鐸先生誕辰一百周年──《鄭振鐸文博文集》代前言〉乙文，敘述：「這批書在解放前夕被悉數運往臺灣。還剩餘的幾百種則始終集中保管在上海愛文義路覺園的法寶館，由西諦先生委託孫家晉同志負責保管，遲遲未向南京移交，一直拖到上海解放。于 1950 年交由董必武同志率領的中央工作團華東分團接收，使這批珍貴圖書得以保存下來。」

香港被劫往日本善本，經押運回上海者，抵滬後，已全數回南京；而不及運港，藏匿上海者，始未能完全移交南京。

1949 年 10 月 1 日，中華人民共和國中央人民政府文化部成立，下設文物事業管理局，鄭振鐸、王冶秋任正副局長。10 月 21 日政務院成立。10 月 31 日國立北京圖書館由華北高等教育委員會移交文化部。1949 年 11 月 11 日中央人民政府正式成立「政務院指導接收工作委員會」，為一綜合性、臨時性議事協調機構，用補常規治理方式的不足；同日決議組織「華東區工作團」，由副總理董必武前往領導，統籌處理國內外有關前國民政府中央各機關、人員、檔案、圖書、財產、物資等的接收事宜。工作團分 5 個工作組及人事處理、運輸兩委員會，其中文教組組長為鄭振鐸。主要對象係寧滬杭軍事管制委員會已接收的機關（構）。12 月 10 日董必武率首批人員抵南京，12 月 10 日至 26 日來往寧滬兩地。主要工作方式以統籌指導，洽商處理為主。如 1949 年 12 月 17 日，北京圖書館趙萬里參加華東區工作團，1950 年 1 月 27 日回館。行前董必武指示，去滬主要任務是接收並結束北京圖書館上海辦事處及中央圖書館駐滬辦事處；將存震旦大學和中國科學社的圖書移交上海辦事處清點裝箱（共裝 208 箱），由李芳馥等 3 人安排北運。南京辦事處顧斗南等 3 人已將圖書（68 箱）報刊（5 箱）裝箱待運。董必武在各項工作布置就緒，於 12 月 26 日回北京。39 年 1 月底，工

作團基本結束，留 6 名幹部在南京，組成駐寧辦事處，繼續督促整理圖書、檔案及訓練人員等事宜。

　　上開保存在覺園的法寶館部分，由鄭振鐸委託孫家晉負責保管。1945 年 8 月 24 日〔鄭振鐸〕至法寶館。8 月 27 日「晚，〔鄭振鐸〕至法寶館，見藏書處已大為變動」，9 月下旬，鄭振鐸即帶領友人王以中和原暨南大學學生孫家晉〔復員後，國圖出版品國際交換處設在上海市乍浦路 471 號，由顧華負責；時因生活艱苦，鄭振鐸介紹孫家晉在該處兼職〕、徐微〔舒岱〕至法寶館，在那裏秘密地堆藏文獻保存會所購下來的大量圖書，馬上就開始整理、登記的工作。這樣差不多有一年光景。勝利復員，遲遲未向南京國圖移交，一直拖到上海淪陷，於 1950 年交由董必武率領的政務院指導接收工作委員會中央工作團華東分團接收。後經文化部撥交北京圖書館。

　　孫家晉於 1961 年 11 月以吳岩為名，在《文物》刊載〈憶西諦先生〉文，略以：「日本投降後，西諦介紹他到法寶館去整理圖書，這個屋裏從地上到天花板都叠的是書，簡直沒有插足的餘地。除善本圖書外，就是地方志多。當時怎樣從內地搞到款子怎樣在上海買書的經過，他不甚了了，只聽見西諦說，幸虧藏書之地是個佛教氣息濃厚的地方，終於憑這點煙幕瞞過了日本帝國主義的耳目，現在總算重見天日，重新歸于祖國了。我們整理的古書是歸于當時所謂「中央圖書館」的。西諦對國民黨政府是不滿的，但書總是從美日帝國主義的虎口裏搶救出來的書，總算是楚弓楚得了。解放後，我們保管那上百箱書，最後是由中央工作團來接收的，其中文教組方面的負責人正好是西諦。」

　　1946 年秋全國內戰起，鄭振鐸所辦《民主》刊物，自該年 8 月和 10 月先後被查禁和禁售；其後，又遭政府飭令不許聘他為教授，法寶館的工作放慢了，書也不再往南京送。「據說南京的圖書館當局對我們也有意見，因為處理的慢，理好的書也遲遲沒有運去。」吳岩在另一篇〈滄桑今已變——紀念西諦師百年誕辰〉載：「1948 年歲尾的一天，他和我感慨地環顧〔法寶館〕全室的書城（大概已運走了三分之一光景），他親手關緊窗子，

準備好親筆簽名的封條，親自鎖上鐵門，貼上封條，然後把鑰匙鄭重其事地交給我『拜托了！』我更感覺那個鑰匙的沈重的分量。」

王辛笛在〈憶西諦〉乙文，載「我家寓樓頂層也曾作為庋藏所之一，木箱凡數十只，直到抗戰勝利後，森丈〔徐鴻寶〕和西諦全部運出，妥交北京圖書館收藏，方告藏事。」

陳福康《鄭振鐸傳》載：「〔法寶館〕我們整理好也不寄去了〔南京〕！〔鄭振鐸〕慶幸，終算還保留下來這一大批書。這些珍本，後來全部入藏於北圖。」

在《鄭振鐸日記全編·寫在 1947 年臺曆上》曾記：1947 年 2 月 10 日鄭振鐸與徐鴻寶通電話，「知日本運回之圖書 107 箱，已到，喜甚！」2 月 11 日鄭振鐸「至中美探望蔣復璁。〔另〕晤徐鴻寶及王世襄。」2 月 15 日「飯後，午睡未成。至蔣復璁處，談至四時許。」「2 月 20 日屈萬里來。」「2 月 21 日屈萬里來。偕萬里同至蔥玉〔張珩〕處，取書數種回。」「2 月 22 日屈萬里來。」「2 月 23 日 10 時半，赴中美訪慰堂。」「3 月 7 日，至法寶館，候審計部人，不至，即歸。」

又《鄭振鐸年譜》（2008 年版）記：「1948 年 12 月 7 日（略）期間，存放在上海尚未運到南京的一部分書，在鄭振鐸等人的『拖延』下，留了下來。當時，徐森玉對故宮博物院的一部分文物，趙萬里對北平圖書館的善本書，也都是根據鄭振鐸的指示，采取隱瞞、分散、拖延等方法，盡量保留下來。」及「1949 年約 3 月，中共上海地下組織負責人章漢夫（其父謝仁炳〔冰〕是鄭振鐸在商務印書館的老同事）〔謝啟泰〕找到鄭振鐸的學生、助手孫家晉，了解法寶館藏書保管情況，並說『人民會感謝你們的』」。

曾任臺北國圖的編纂蘇瑩輝敘述勝利還都不久，3 度奉派搭「錢塘號」頭等特快車（行李、箱籠均可隨身攜帶）往來京滬區，提取鄭（振鐸）宅存書。蘇氏撰文：

勝利還都時，蔣慰老奉派為京滬區（含蘇、浙、皖三省）特派員，主持
區內接收事宜，關於戰前及抗戰期間托友在滬搜購之珍善本圖書，則集
中於徐森玉、鄭西諦二先生處，慰老因我與兩老為舊相識，送三次令派
我搭乘京滬線特快車（往返皆坐頭等車廂）往返上海、南京間，從事善
本古籍之洽取、押運等工作。

每次攜回的數量不多，有時每部書中，只能檢出一、二冊帶歸南京國圖。《鄭
振鐸年譜》也曾記「1948 年 3 月 17 日蘇先生來，已理好善本 3 箱托其帶
出，尚有 2 箱，只好下次帶上了。」（陳福康）

**文獻保存會抗戰時不及運往香港轉運重慶，屬第 3 部分藏匿上海的一
些書，1950 年歸政務院指導接收工作委員會華東區工作團接收。中央
圖書館理應知悉藏匿上海的館藏善本書，但在鄭振鐸「敷衍應付」下，
始終未能全然取回。**

1958 年 10 月 18 日凌晨，鄭振鐸率中國文化代表團一行 16 人，出訪
阿富汗王國、阿拉伯聯合共和國，從北京南苑機場飛往莫斯科，途經蘇聯
楚瓦什自治共和國卡納什上空時，因飛機突然爆炸起火，全部殉職。鄭去
世後，夫人高君箴及子女根據「我死後，這些書全部要獻給國家」，近 10
萬冊珍貴的古籍、他的手稿、日記全部捐獻給了北京圖書館，該館趙萬里
年 1963 編輯《西諦書目》乙書，收錄鄭遺書中外文共計 17,224 部、94,441
冊，於文物出版社印行　。

（八）玄覽堂叢書合璧展

1981 年，蔣復璁〈重印《玄覽堂叢書初集》後序〉敘述：「余需要道
及者，為《初集》中有 19 種、《續集》中有 4 種附 3 種，其原書已不在國
立中央圖書館現藏善本中。昔年滬上收購時，遇有可景印之孤本，隨即攝

照，以照片付之影印。在港收購及未運日者尚有若干仍存香港，國館遷運善本圖書來臺前，並未運返南京；再者尚有滬上所購運抵南京之普通舊籍十餘萬冊，亦未及開箱整理編目，蓋國圖在京中文舊籍尚有八十萬冊之多而無法運臺也。故此所佚之 20 餘種究係由滬寄港途中所失？或存香港未返？或為運至南京而雜置普通舊籍箱中？今皆已不得而矣。」可知該叢書底本（原書）有 23 種附 3 種已不在國圖矣。1981 年及 1985 年國圖曾分別重印出版初、續集，也只能各提供 12 及 11 種底本，共計 23 種。其已闕者，或據初印本翻印，或以其他同版別本取代，期復舊觀。

2012 年 10 月 18 至 19 日，「海峽兩岸玄覽堂珍集合璧展」在南京圖書館舉行。開幕式由江蘇省文化廳黨組成員、南京圖書館黨委書記方標軍主持，中國國家圖書館（原稱北京圖書館，經國務院批准，從 1999 年 2 月 10 日起，更名為國家圖書館，對外使用中國國家圖書館名稱）副館長張志清、臺北國圖館長曾淑賢、南京圖書館館長徐小躍、江蘇省人民政府臺灣事務辦公室副主任石細雲共同揭幕分別致辭。依中國國家圖書館古籍館善本組劉明敘述：「《玄覽堂叢書》初續三集 71 種底本，現存 63 種（含存疑 2 種），未查得下落者 8 種（中略）。現存底本中，北京國家圖書館藏 14 種，含存疑 2 種；臺北國家圖書館藏 25 種，南京圖書館藏 24 種。」本次參展，三館分別提供 11、23、21 部附 3 部。惟臺北國圖展出係仿真複製書（花費新臺幣 20 萬元），並贈送南京圖書館；同時，贈送該館 1213 年（宋嘉定 6）淮東倉司刊本《注東坡先生詩》複刻本 4 函 21 冊與 1341 年（元至正元）中興路資福寺刊朱墨印本《金剛般若波羅蜜經》複刻版。南京圖書館回贈 1948 年出版的《玄覽堂叢書三集》。

第三章 善本特藏的蒐藏（三）接收和代管

前　言

　　復員後的國圖，只有少量的採購善本書，但接收了汪偽陳羣私人所設圖書館的善本書。

零星採購

　　抗戰勝利後，委員長蔣中正應吳敬恆、張繼（溥泉）之請，手諭批准，國圖在上海書肆來青閣（楊壽祺）購得宋陳起編，南宋書棚本《江湖群賢小集》95 卷 60 冊，為國圖善本書鎮庫之寶。本書是宋著宋編、宋槧宋印。原為楊壽祺所藏，秘不示人。最後為了讓歸國家，楊壽祺於 1946 年 11 月特為此寫跋乙篇。跋文末云：

　　（前略）全書印工均甚精良者，是蓋當時宋人集腋而成，非一時一地之所有也。七百餘年來轉移隱見者，惟此一書耳！（中略）今者因張先生溥泉、蔣先生慰堂、徐先生森玉、鄭先生西諦之力，將由中央圖書館購而藏之，南渡以後群賢遺著得以登於金匱石室，蔚然巨帙永為國寶，誠盛事也！壽祺自先大父雲溪公以來，世業舊書，性質疏散，不識書畫碑帖，更不能詩，不足以比錢氏〔清初書商、藏書家錢時霽（景開）〕，所見宋元善本甚多，亦無記載可考，惟是志行純潔，八年〔抗戰八年〕之內，始終確認國家之永在，蟄居滬市，雖鄉土吳門瞬息可達，當珍物

委遺之際，倍蓰之利俯拾即是，立定腳跟，未嘗折腰一往，今跋此書，
可無愧怍矣！

　　繼之，1947 年秋，在南京購得一部元刻朱墨雙色刊本《金剛經般若波
羅蜜經》1 冊，姚秦鳩摩羅什譯，元釋思聰注解，經摺裝。經文大字，印
以丹朱，注釋雙行，印以墨色，每半頁 5 行，行大字 12，小字 24。據卷末
跋文，知此書為 1340 年（元惠宗至元 6 年）中興路資福寺刊雕，完成則在
1341 年（至正元年）。昌彼得以本書為實證，將中國套色技術的起始年代
又推前了 200 多年，即較舊說自 17 世紀的初期（萬曆末年）向前推了 200
多年。論及此經的印刷方式，昌彼得認為「實係一版而先墨後朱，分兩次
印成。」盧錦堂也持「本為兩色同版、分次印刷」的看法。唯沈津以為係
「為朱墨套印本，而並非一版雙色印本。」

　　其他零星買入的還有六朝及唐寫本佛經 40 件，敦煌寫經 34 卷（主要
為李盛鐸舊藏）。

　　國圖將館藏一部宋刊元明遞修補十行本（三朝本）《毛詩注疏》複本與
蘭州圖書館交換居延漢簡 30 枚。

　　其後，因惡性通貨膨脹，也就不能再購入珍善本。

　　1948 年 8 月，財政部長王雲五任內，推行幣制改革，政府廢除法幣，
發行金圓券，以舊幣 300 萬元，兌換新幣 1 元；金圓券 4 元兌 1 美元。1949
年 7 月，金圓券停止流通，祇使用了 10 個月，貶值卻超過 2 萬倍。所造成
惡性通貨膨脹，令人怵目心驚，經濟陷入混亂崩盤。其間，金圓券貶值太
厲害，政府要收縮通貨，又准百姓換回黃金。在上海容許一人以 2,000 元
金圓券換回 1 兩黃金。後來可能因為黃金不夠兌換，政府又規定可以用 20
元金圓券兌換 1 個銀元（「袁大頭」），每人限兌 100 銀元。在兌換市場上，
「袁大頭」行情略高於其他各種銀元，如龍洋、船洋。1949 年 6 月 15 日，
臺灣省行政長官公署財政處長嚴家淦（1905－1993），實施《臺灣省幣制改
革方案》、《新臺幣發行辦法》，與中國脫鉤，切斷臺灣與中國財政聯繫。發

行新臺幣，以舊臺幣 4 萬元兌換新臺幣 1 元，新臺幣 5 元兌 1 美元；並有效降低臺灣通貨膨脹及物價的混亂，對戰後初期的臺灣經濟，有其深遠的影響。

國圖遷臺後，經費有限，購得善本數種。以 1960 年與藏書家蔣祖詒（1902－1973）以中國大陸出版《中國版刻圖錄》交換林氏寶宋室藏《一切如來心秘密全身舍利寶篋印陀羅尼經》1 卷（卷子裝）。該經係 975 年（宋太祖開寶 8 年）吳越王錢俶（929－988）刊（乙亥本），藏於杭州雷峯塔，1924 年塔塌經現。屬五代吳越印刷佛經，為館藏最早刻本。該經有樓辛壺（1881－1950；名邨）手繪《雷峯夕照圖》（落款「乙丑仲夏」=1925 年作）（盧錦堂），美國會館所藏為樓氏 1924 年（「甲子冬日」辛壺寫景）作。美國會館該藏品為 1935 年向美國海軍中譯官藍爾生（Emanuel S. Larsen，1892－1963）購置，支美金 250 元（居蜜）。

1962 年奉行政院准撥新臺幣 20 萬元，購得滄縣張溥泉遺書一批較多，有善本 75 部、345 冊又 11 卷，其中包括唐人寫經、宋元明刊本、清代刊本的精善或罕見者、中國及日本舊鈔本、稿本及拓片等。

一、接收澤存書庫

（一）接收敵偽文教機構

1945 年 8 月 10 日，日本接受同盟國「波茲坦宣言」；14 日宣布無條件投降。同年 10 月國民政府任命蔣復璁為教育部京滬區特派員，轄南京、上海 2 市，蘇、浙、閩、贛、皖 5 省，接收敵偽文教機構，分別發還各原機關。因為祇有蔣復璁一個人，轄區範圍又太大，他爰自定了一些原則，專管京滬兩地的國立大學及中央級文化學術機構；除此之外，都授權相關機

關自行辦理接收，如交由省市政府教育廳局、中央研究院、教育部等。京
滬兩地的大學，各校都派人辦理接收，他乃據以派各校所派者接收；中央
大學太大，他組織一委員會，請中大主持，接收後交給中大。在南京地質
調查所敵偽成立一個圖書館，將南京各公私機構及家庭散出的圖書集中在
一處，尚未編目分類，總計在百萬冊以上。蔣復璁令中央圖書館已經到京
人員編一簡目。並在中央日報刊出：凡在書內有圖章及簽名者，請持章到
館簽名，經比照符合，將書領去。如有其他證件，證明圖書係某人所有，
亦可領去。江蘇國學圖書館的圖書，全部遺失，大體在此中找到而復館。
所有無主的書概遵部令，贈送新收回及新成立的大學。在上海接收到的圖
書，善本書則由國圖優先取走，其他的書均集中中央研究院，也分寄新成
立各校。

在國圖方面，1946 年 1 月開始接收敵偽文化機構圖書，如 1.東亞同文
書院中日文圖書 240,207 冊、西文圖書 20,821 冊、中文裝訂期刊 335 種 1,943
冊，西文期刊 94 種 609 冊；2.日本近代科學圖書館中日文圖書 28,901 冊
（日文書占 92%）；3.偽中央圖書館中日文圖書 50,456 冊、西文圖書 883
冊、中文期刊 103 種；4.澤存書庫中日文圖書 371,507 冊、西文圖書 866
冊；5.汪兆銘中日文圖書 5,400 冊、西文圖書 478 冊；6.中央宣傳部報紙
105 種；7.日本歸還中日文圖書 34,970 冊。此外，還有 8.收回國圖舊藏中
日文圖書 26,757 冊；9.教育部撥發西文期刊 197 種。其中以接收汪偽陳羣
在蘇州、上海所設圖書館中的善本書（其餘書亦集中中研院併分寄各校），
和在南京的澤存書庫圖書為最多。

（二）接收陳羣古籍書藏

陳羣（1890－1945）先後位居偽維新政權內務部部長；汪偽政權內務
部長及國史編纂委員會主任委員、江蘇省省長、考試院院長、監察院院長
等職，由國民政府明令通緝，日本戰敗，隨即服毒自殺。他的藏書來源，

一為家傳藏書；二為捐贈書籍；三為收藏古籍。陳羣任職偽政府後開始收藏大量古籍。一方面在北平、上海、蘇州、南京、杭州等地書肆高價購買善本書，以明版書為主；一方面淪陷區各公私藏家、文獻機構等，不及疏運後方，或無力保存而散落的圖書檔案，由各地方偽組織接收後轉送內政部。這是藏書最主要的來源。為收藏這些圖書，陳羣同時在滬寧兩地各建書庫一所。上海書庫 1942 年初落成，以收藏日文書為主，有 17 萬冊之多；南京書庫 1942 年 2 月竣工，為一 3 樓土木結構，閩西客家土樓狀的圍屋建築，建築面積 3,450 平方公尺（造價 230 萬），落成後請汪兆銘命名，因是陳羣為紀念他的雙親而建，汪便取《禮記・玉藻》「父歿而不能讀父之書，手澤存焉爾」之意，命為「澤存書庫」（書庫有汪所題「澤存」匾額）；收藏新舊圖書達 40 萬冊。蘇州還有藏書及史料檔案。合計三地所藏，約有 80 萬冊書。

　　在善本書方面，南京的澤存書庫就有 4,400 餘部 45,000 冊，宋元刊本及精鈔稿本很多；蘇州存藏善本書也有 293 部 3,342 冊，其中宋刊本 10 餘部、元刊本 70 餘部。1943 年善本書庫主任周子美（曾在嘉業堂藏書樓做過 8 年編目工作）出版《澤存書庫書目初編次編》2 冊，收普通本書約 7,600 部，又出《澤存書庫書目善本》2 冊，所收包括日韓刻本共 4,423 部。許多善本書標明舊藏之所，其中不乏江南藏書家散出者，如寧波范氏天一閣、嘉興沈氏海日樓（沈曾植）、平湖葛氏傳朴堂（葛嗣彬）等舊藏。依據復員而來到國圖特藏組工作的昌彼得在 2008 年 11 月〈病榻憶往〉乙文載：「陳羣聽說官聲還不錯。我從他藏書的情形來看，在文化上應是有貢獻的。真正的藏書家對善本很少收複本的，陳羣的藏書中，複本很多，有時重複的刻本多達 4、5 部，從這種收藏的情形來看，具有兩種意義，一是防止善本流散，另一種應是對書香世家為了生活不得已出售善本書的一種變相周濟。日本投降後，陳羣自知不免，乃臨終吩咐後事，囑咐澤存書庫的管事丁寧，務必盡一切心力保存澤存書庫，不讓流失。」丁寧（1902－1980）受陳羣臨終囑托，整理書目，並看守書庫。抗戰勝利徐鴻寶曾邀沈仲章（1904

－1987）一起去澤存書庫清查圖書。

丁寧於 1942 年進入澤存書庫任書庫管理及編目員。抗戰勝利後，丁寧參與了澤存書庫移交國立中央圖書館；1949 年又移交解放軍軍管處、江蘇省圖書館。1952 年丁寧在華東人民革命大學結業後，被分配到安徽省立圖書館，擔任第一任古籍部主任。1980 年去世將畢生所收藏的書籍和手稿捐於安徽省圖書館，遺留了大量澤存書庫、國立中央圖書館、江蘇省立國學圖書館的檔案資料，包括陳羣手抄入庫書單和便條（予以裝訂成 2 冊）、澤存書庫移交國立中央圖書館工作日記及清單、江蘇省立國學圖書館 1949 年與軍管會的交接清單和普查清單等史料。安徽省圖書館將所捐圖書文獻都以「丁寧遺書」鈐於首頁。丁寧保存了上開周子美出版書目之前的原始稿（抄本書目）多種，如：

　　　　《澤存書庫目錄初編叢書總目》，計初、二兩編共 568 部

　　　　《澤存書庫書目複本》，約 1,100 部

　　　　《長汀陳氏澤存書庫藏書未編書目》，5 冊，約記 9,240 部

　　　　《澤存書庫書目三編》，4 冊 98 頁

　　　　《南京中央圖書館古籍書目》，420 頁

在她 1946 年 4 月 17 日至 1947 年 1 月 18 日工作日記裏，很清楚記載澤存書庫移交的過程。日記之首頁記載：

> 南京澤存書庫自 1945 年 9 月 17 日經陸軍總司令部查封後，暫歸教育部戰區文物保存委員會保管。舊員留守者 2 人。11 月 17 日教育部京滬區特派員辦公處又行加封並派金君介入管理。1946 年 3 月，金君辭職。楊全經先生來。4 月奉行政院令，撥歸中央圖書館，改為北城閱覽室。

國圖北城閱覽室，專供閱覽中文舊籍及善本書，並作善本書庫及特藏組辦公之用。自 1946 年 4 月起，澤存文庫經特藏組費時半載，清點完畢。凡書上鈐有藏書章者，都予發還。至於無主的圖書，則分發給羅斯福紀念

圖書館及西安圖書館。1949 年國圖遷臺，澤存書庫的善本圖書，多數也運來臺灣。

　　特藏組主任屈萬里和昌彼得等從事善本書的考訂工作，於 1947 年完成《國立中央圖書館善本書目初稿》第 1 輯，以油印出版，分經、史、子、集、叢書 5 卷。這部書目是國圖第一部善本書目，不但可供該館善本書的閱覽與傳布所需，而且為近世善本書目的著錄範圍、項目、方法立下規範。

二、國圖運臺善本

　　國圖 1933 年 4 月開始籌備，稱得上善本，祇有明成祖仁孝徐皇后所編《勸善書》等數種。抗戰期中，民間藏書家的佳槧散出，如吳興張氏適園、劉氏嘉業堂、金陵鄧氏羣碧樓、和潘禺沈氏等多年所聚舊藏，分別適時購得，規模才漸具備。勝利還都，得澤存書庫圖書，併歸典藏。

　　復員後又採購些，數量累有增加。1948 年起，國圖自南京遷運來臺文物，3 批共 644 箱，其中包括善本書共 11,162 部 121,368 冊另 64 散葉，有關版本及部冊如下：

宋本	201 部	3,079 冊	金本			5 部	16 冊
元本	230 部	3,777 冊	明本		6,219 部		78,606 冊
嘉興藏經	1 部	2,241 冊	清代刊本			344 部	3,076 冊
稿本	483 部	4,537 冊	批校本			446 部	2,415 冊
鈔本	2,586 部	15,201 冊	高麗本			273 部	1,494 冊
日本刊本	230 部	2,281 冊	安南刊本			2 部	5 冊
敦煌寫經	153 卷						

其他，還有普通本線裝書約 20,196 冊、金石拓片 5,599 種、漢簡 30 枚（除 1 枚竹簡外，俱為木牘）、名賢手札墨蹟 8 冊又 45 軸、清末民初舊報 10 餘種等。另有甲骨殘片 747 塊、銅陶瓷器 29 件，於 1972 年奉教育部令，移

交國立歷史博物館典藏。此次運臺雖未能如數運出，但善本已全部運出，所缺者為一般圖書及期刊（運臺雜誌公報 2,068 冊、報紙 463 冊、圖 132 函、地圖 16 幅、藍圖 16 幅、西文書 1,410 冊、西文雜誌 44 種 3,886 卷又 258 冊）。

國圖運來善本之多，足見珍藏之富，是國家重要的文化財、中華文化的瑰寶。

三、公私移贈

國圖購書經費有限，新增善本以接受公私移贈為主。其中數量較多者，如下：

（一）政府機關古籍移贈

1968 年 7 月交通部移贈線裝舊籍。緣交通部於遷臺時，攜出新舊圖書頗多。其中方志部分移國防研究院，計 1,120 部，多北方各省者。國防研究院結束，該批方志初由國防部史政局代管，後移故宮圖書文獻處。其餘線裝舊籍，經部長孫運璿核定，「以國圖職司典藏國家圖書，遂舉以相贈。既省交部護理之勞，仍歸國有；復可由館公開閱覽，書盡其用。」國圖收到本批圖書後，曾擇其舊刊珍本若干種，於 1968 年 8 月 30 日起，在該館公開展覽 5 天。復經考訂編目，計得書 209 部、3,870 冊，又檔案 1 函、42 件；其中有明刊本、明清鈔本，約 27 部 400 冊。國圖編〈交通部移贈本館圖書目錄〉乙篇，載該館館刊新 3 卷 1 期。

1972 年 10 月，行政院大埔書庫普通本線裝書 8,033 冊，以方志 219 部及影印宋磧砂版《大藏經》冊數最多，原為寄存，後正式歸入國圖典藏。出版《行政院大埔書庫寄存國立中央圖書館線裝書書目》乙冊。

　　1982 年 4 月 26 日，外交部贈送國圖圖書 9,000 冊，其中法文圖書 6,000 冊，普通本線裝書 2,000 冊。

　　1993 年 9 月 23 日，國圖編纂黃淵泉奉派，自南美烏拉圭國家圖書館移回原李石曾等人於 1933 年 7 月 1 日在瑞士日內瓦所創中國國際圖書館所藏圖書約 10 萬冊，計 1,029 箱；包括舊籍線裝書、民國出版品、期刊、公報、西文圖書 5 類，運抵國圖。本批圖書充實了國圖清刊本、民國出版品與漢學研究西文圖書等方面的館藏。普通本線裝書有清順治至乾隆刊本計 85 部、2,903 冊，依現行國圖有關善本的定義，可提列為善本。

　　1999 年 3 月國防部軍事情報局捐贈舊籍及拓片。緣於 1998 年 11 月據該情報局表示，所屬雨農圖書館藏有線裝古籍乙批，為戴笠「在抗戰期間，因工作關係遍歷大陸各地，而用心蒐集所得的部分成果」，願意捐贈給國圖。同年 12 月運抵國圖整理，隔年 3 月 8 日即假國圖舉行捐贈儀式。本批所捐贈者，包含古籍 10,917 冊、拓本 384 幅（冊）、輿圖 42 幅。其中古籍多夾附「戴公圖書」書籤，輿圖則有「羣英圖書館藏書」書籤。可考見藏書印記有三，即「四一圖書館賜存　卅五年四一紀念日江蘇省政府調查統計室敬獻」藍文長方無框戳記、「『四一』十四週年紀念　周生祥集獻」橫式藍文長方戳記、「程印　國樑」朱文方印。碑帖拓本若干有署「民國二十二年秋　褚民誼題」的書籤，書口又鈐「褚民　誼印」朱文方印，但也有部分書籤的署名已被割去。可知本批圖書中有屬國民政府軍事委員會調查統計局（「軍統局」）所屬四一圖書館舊物，該館在重慶沙坪壩楊家山（「中美特種技術合作所」用地的範圍內）。軍統局雖是 1932 年 9 月成立，但戴笠以為該局的前身三民主義力行社特務處成立於 1932 年 4 月 1 日（力行社成立於 2 月 29 日），乃將該日視為「軍統局」創始日。1940 年 4 月 1 日首次舉行「軍統局」8 週年紀念大會，悼念死難者，包括殉難、殉職同人，兼及殉法者（顧及其遺族的顛連困苦）。自此之後，每年是日都會舉行「四一紀念大會」，並對「軍統局」內部一些下屬單位，分別冠以「四一」二字，以示紀念。

（二）私家古籍移贈

1996 年 5 月 4 日，嚴靈峯將他在 1987 年 5 月 4 日寄存國圖的「無求備齋諸子文庫」藏書 7,104 部、11,134 冊，全部正式捐贈。嚴靈峯「少小醉心先秦諸子之學兼治漢魏各家，費六十年之心力，從事蒐羅」，「為求搜集書本，耗時費力，遠涉重洋，歷盡艱難辛苦。」無求備齋收藏周秦漢魏諸子，以老列莊三子為主，兼及各家。諸子各家所收除中、日、朝鮮、安南版本外，還有歐美版本，如英、德、法、西、俄文、希伯來文、土耳其文、世界語等。

1982 年 5 月 1 日，立法委員王化民捐贈家藏王撫洲先生遺書（河南正陽王氏觀復齋藏書），計 36 部、253 冊，其中有明版書近 10 部，餘均為清代刊本。

1984 年，湖南湘潭袁孝俊捐贈家藏袁榮法先生玄冰室藏書 146 部，含元版 2 部、明版 57 部、明鈔本 4 部、清人稿本 2 部、舊鈔本 40 餘部（其家藏近代名人手書 800 件，捐贈中研院近史所）。

1986 年，葉學晢捐贈尊翁葉惟善先生在清末就讀南菁學堂的課業手稿。

1987 年 11 月 7 日齊熙捐贈尊翁齊如山先生（1875－1962）遺書手稿及國劇圖譜 53 種。

其他，1991 年，王東明捐贈尊翁王國維先生遺物；1992 年 9 月 4 日許議今捐贈尊翁許晏駢（高陽）先生藏書 1,350 冊、手稿、生活照片 24 幀、生前使用文物 13 件；1998 年 2 月 20 日屈萬里夫人費海瑾捐贈院士屈萬里手稿 6 種 8 冊；2003 年 3 月 18 日由蕭茲夫人吳漪曼捐贈蕭茲音樂手稿 10 箱；2003 年，魏子雲（1918－2005）捐贈所藏線裝書，計 108 部、約 344 冊；特藏組同人張子文撰〈魏子雲教授贈書追記〉，文後有〈附錄：魏子雲教授捐贈線裝書簡目〉，載該館館訊。

此外，也有以捐贈專門主題圖書，其中亦不乏罕見珍籍與絕版書者。

如 1990 年 8 月 10 日楊秀蓮捐贈尊翁楊白衣（顯祥，1924－1986）藏書，計中日韓文佛學書籍與其論著手稿等 1 萬餘冊。2006 年 2 月 6 日王海恩捐贈尊翁王仍宗先生藏書 4,500 冊。

（三）代管古籍

　　在代管古籍方面：國立東北大學運臺一批善本圖書，由教育部於 1950 年 4 月撥存臺灣省立師範學院（今國立臺灣師範大學）代管。計經部 1,625 冊、史部 4,286 冊、子部 2,573 冊、集部 3,390 冊、叢部 1,888 冊，總計 13,762 冊。1950 年 7 月 18 日師範學院圖書館移交國圖「國立東北大學明版、手抄本圖書」，計明版 37 部、342 冊，抄本 241 部、1,023 冊，共 278 部、1,365 冊。依移交清冊載，移交人師範學院圖書館主任潘成義，接收人聯管處中圖組主任顧華，監交人教育部孫愛棠（賴貴三）。

　　1955 年，前北平圖書館運臺內閣大庫輿圖 261 種 503 件交由國圖代管。1965 年冬，國圖奉教育部令，代管自美運回前國立北平圖書館所藏善本書 102 箱、20,738 冊。當以代管國立北平圖書館所藏善本及內閣大庫輿圖，最為重要。其後，故宮由秦孝儀主政，教育部部長李煥不顧國圖專業意見，指示北圖善本書和內閣大庫輿圖由故宮代管。1985 年 2 月 13 日國圖與故宮辦理點交手續。

四、代管自美運回善本

（一）北圖沿革

　　國立北平圖書館的前身是清京師圖書館。1909 年 9 月 9 日（清宣統

元.7.25）學部張之洞（1837－1909）奏准籌建京師圖書館，1910 年 1 月 27 日（宣統元年.12.17）奏訂頒行《京師及各省圖書館通行章程》（全 20 條）。1910 年 11 月 17 日（宣統 2 年.10.16）京師圖書館開辦，委繆荃孫（1844－1919）、徐坊（1864－1916）為正、副監督，分科辦事，暫借什剎海北岸廣化寺餘屋儲存書籍。

　　民國建元，1912 年 8 月 27 日京師圖書館在廣化寺正式開館，任江翰為館長。該館繼承了宋、元、明、清的皇家部分藏書。創辦之初，藏書來自：1.國子監、南學典籍；2.內閣大庫殘帙，即清內閣大庫所保存的歷代文牘、檔案的殘存部分，其中古地圖有 184 種；3.歸安姚覲元咫進齋和南陵徐乃昌積學齋的藏書；4.敦煌石室遺書，即唐人寫經 18 箱 8,000 卷；5.常熟瞿氏鐵琴銅劍樓進呈書；6.徵集金石拓片。清廷覆滅。1912 年 2 月 13 日袁世凱宣布組織中華民國臨時共和政府，令「內外大小文武各項官署人員，照舊供職，毋曠厥官，各官署公務，照常辦理」。京師圖書館由教育部接管直轄，仍用原館名；繼續采集前清奏准未及提取到館藏書：7.熱河避暑山莊文津閣《四庫全書》及其書架全副、《四庫全書簡明目錄》；8.翰林院《永樂大典》殘本；9.各省局刻官書。

　　1913 年 10 月，教育部以「京師圖書館地址太偏，往來非便，且房室過少，布置不敷，兼之潮溼甚重，于藏書尤不相宜」（莊俞），1913 年 10 月 29 日下令關閉，另覓適宜新址。1915 年 6 月，教育部在北京安定門內方家胡同的國子監南學舊址為館址，進行籌備。1915 年 10 月、11 月，教育部先後頒布《通俗圖書館規程》（全 11 條）、《圖書館規程》（全 11 條）。1917 年 1 月 26 日京師圖書館舉行開館儀式。惟此後政局不寧，京師圖書館困窘日甚，教育部經費一籌莫展，館長迭次更替，主任也頻頻換人，業務免能維持。

　　1924 年 5 月 21 日，美國國會通過將第 2 次退還庚子賠款用以發展中國教育文化事業議案；9 月 18 日，中美兩國政府會同組織「中華教育文化基金董事會（「中華基金會」），負責管理及處置此項退款事宜。第 1 任董事

為顏惠慶、張伯苓、郭秉文、蔣夢麟、范源濂、黃炎培、顧維鈞、周貽春、施肇基、丁文江、孟祿（P. Monroe）、杜威（J. Dewey）、貝克（J. E. Baker）、顧臨（R. S. Greene）、貝諾德（C. R. Bennett）。1925 年 6 月 2 日至 4 日中華基金會第 1 次年會決定該會將和北京政府合作建立一個大規模的圖書館，並且也將與教育部合辦國立京師圖書館。1925 年 10 月 22 日教育部與中華基金會訂立了《合組國立京師圖書館契約》（全 10 條）、《國立京師圖書館委員會章程》（全 13 條）。1925 年 11 月 5 日教育部任命范源濂（委員長）、陳任中（副委員長）、胡適（書記）、高步瀛（司庫）、周詒春、任鴻雋、徐鴻寶、翁文灝、馬君武等 9 人為京師圖書館委員會委員，推薦梁啓超、李四光為正副館長，以北海公園慶霄樓為籌備處。1926 年 1 月，教育部以政局及經濟關係，未能履行契約中的館址、經費、圖書完全移交等義務，乃於 3 月 4 日通函有關人員，暫緩合辦國立京師圖書館，該館委員會一切職務暫時中止，館務同時停止。

　　1926 年 10 月 1 日，教育部提國務會議，奉准將教育部直轄京師圖書館改定為國立京師圖書館，正式辦理接收。原有圖書及設備，因京師圖書館委員會停止職權，乃即直接移交國立京師圖書館，接收整理。至國立京師圖書館應辦事宜，尤賴積極籌劃，竭力進行。冀望與中華基金會可期早日履行契約，以舉合辦之實，而符原案。惟館務仍囿於經費，一時仍未能履行契約。

　　教育部暫緩實行合辦國立京師圖書館契約之後，中華基金會原定計畫中的圖書館仍繼續獨自進行，自行辦理，於 1926 年 3 月 1 日成立北京圖書館，館址設立於北海公園內的慶霄樓、悅心殿、靜憩軒、普安殿等處。由中華基金會成立北京圖書館委員會，初聘梁啓超、李四光為正、副館長，袁同禮（1895－1965）為圖書部主任。蔣復璁隨梁啓超轉職該館，負責中文圖書編目。1927 年 6 月正、副館長辭職，改聘范源濂、袁同禮為正、副館長。

　　1928 年 6 月 20 日北京改稱北平，同年 7 月 11 日大學院接收國立京師

圖書館，7月18日更名為國立北平圖書館，館舍自方家胡同遷中海居仁堂及其附近房屋。

　　1928年10月北京圖書館更名為北平北海圖書館。1929年6月29日至30日中華基金會第5屆年會，接受教育部部長蔣夢麟的提議，將國立北平圖書館和北平北海圖書館合組，仍稱國立北平圖書館，英文館名 National Library of Peking。7月間議定《國民政府教育部與中華教育文化基金會合組國立北平圖書館辦法》（全9條）、《圖書館委員會組織大綱》（全10條）。依《國立北平圖書館館務報告（1929年7月至1930年6月）》（全88頁，其中〈附錄〉佔47頁）載有〈現在組織〉，略以：

> 國立圖書館雖歸行政系統，但其事業實屬專門科學。既為學術機關，自應與政治脫離關係。此次本館改組，鑒於已往事實，特在館長之上組織一委員會，設委員9人，主持一切進行事宜。除正副館長均為當然委員外，其餘7人第1任由教育部聘任，嗣後委員缺出，即由委員會自行推補。而館長副館長之產生，則須由委員會推薦，經董事會同意再由教育部聘任。此項規定，原期圖書館行政避免政潮，在今日中國特殊情形下頗感其必要也。

1929年8月教育部依該《辦法》及《組織大綱》的規定，聘陳垣（委員長）、任鴻雋（副委員長）（1886－1961；叔永）、孫洪芬（會計）（1889－1953；洛）、馬敘倫、劉復（1891－1934；半農）、周詒春（1883－1958；寄梅）、傅斯年、蔡元培（1868－1940）、袁同禮（書記）9人為委員；並聘蔡元培、袁同禮為正副館長。8月30日圖書館委員會正式成立，翌日接收兩館。1930年1月教育部將該《辦法》及《組織大綱》呈請行政院鑒核備案，旋奉核另准予備案。

　　因為蔡元培時任中央研究院院長，不常在平，所以平日日常館務由袁同禮代理館長。依據《國立北平圖書館組織大綱》（全14條），館長、副館

長之下，依職分設總務、採訪、編纂（編目及索引）、閱覽、善本、金石、
輿圖、期刊等 8 部，及編纂委員會（主持出版事項），每部依事務的需要又
設若干組，共分設 16 組。另設購書委員會，委員為任鴻雋（委員長）、丁
文江、陳垣、陳寅恪、傅斯年、葉企孫（1898－1977；名鴻眷）、胡先驌（1894
－1968；步曾）。及建築委員會，委員有周貽春（委員長）、丁文江、戴志
騫、任鴻雋、劉復、孫洪芬、袁同禮。

　　1929 年，將北海西南牆外的御馬圈空地，與舊公府操場合一為建築新
館舍用地；另闢養蜂夾道。兩地面積合計 76 畝（東段 48 畝，西段 28 畝 8
分 7 厘 8 毫），建築費 137 萬元。為與北海環境稱，新館建築決定採傳統中
式宮廷外觀以及現代化圖書館內部功能，以可容納書 50 萬冊，閱覽室可容
200 餘人為目標，向國內外公開招標，徵求建築設計圖。另聘北平長老會
建築師丁恩（S.M. Dean）及北平協和醫學校第 2 期工程建築師安娜（C.W.
Anner）為榮譽建築顧問。所有參賽設計圖（17 件）送往波士頓美國建築
學會，經所推定的審查委員顧理治（Charles A. Coolidge；〔庫利奇〕）、亞
特里（William T. Aldrich）、伊墨遜（William Emerson）評選最佳方案（競
圖）；因伊氏有歐洲行，改由伊杰爾（G.H. Edgell）擔任。由歐洲人莫律蘭
（V.. Leth Moller）獲選為新館建築師。建築工程標有 26 家中外建築公司
參與競標，經建築委員會和中華基金會審核及考核，由天津復新建築公司
承建。新館所需其它工程，如鋼鐵書架、暖氣爐、通風機、衛生工程、電
氣工程設施等，委託協和醫院工程師繪圖，有英、美、德、中 8 家公司競
標，由天津美豐機器廠得標；書庫及地下室鋼架由美豐承作，善本書庫及
輿圖庫則由倫敦 Roneo 鋼廠承造。發電廠工程委託協和醫院工程師黎斐德
（E.E. Leavitt）繪圖，由（德）商喇特瑪哈（G. Rademacher）承作。中華
基金會攤撥的建築費總計為 137.4060 萬銀元。（北京圖書館業務研討委員
會）1929 年 3 月開工，工程進行順利。1931 年 4 月 10 日致函北平市公安
局，請求將館門前大街，定名「文津街」，名稱意取館藏《四庫全書》藏書
閣「文津」兩字；5 月 18 日公安局函復照准。6 月北平圖書館新館落成，

工期 2 年又 4 個月。

1931 年 4 月 29 日兩處舊館同時關閉，準備搬遷，合兩館所藏萃於一處。1931 年 6 月 25 日舉行文津街新館落成典禮，結束了 20 餘年館無定所的窘境，開始全面發展。該館主樓前矗立石碑，刻《國立北平圖書館記》，由蔡元培撰文，錢玄同書，略述該館沿革、館藏等等。茲錄有關館藏部分：

> 藏有文津閣《四庫全書》一部，唐人寫經 8,651 卷，又普通書 14 萬 8 千餘冊，善本書 2 萬 2 千餘冊，明清輿圖數百幅及金石墨本數千通，均希世之珍也。

追溯至 1894 年（光緒 20）中日甲午戰爭，日本宮廷顧問官兼帝國博物館總長九鬼隆一制定了《戰時清國寶物搜集方法》（全 9 條），將其直接送至日本政府和陸海軍高級將領，要求他們趁戰爭之機，掠奪中國寶物。略以：「搜集大陸鄰邦的遺存品乃屬學術上最大之要務」、「東洋寶物之菁華必能聚集完成於本邦，以此誇耀國力，以此作為東洋學術之根據地，以此雄進國家財產，這實在是發揚國光之舉」、「戰時搜集之便，比平時易得到名品」、「收買、汲取之辦法慎重，但戰時搜及毫不悖國際公法之通義」等，將搜刮鄰國文物、圖書稱為「大大發揚國威」之舉（小黑浩司引《齋藤實文書》，日國會書館憲政資料室藏）、（孟國祥，譯自松本剛，《掠奪した文化：戰爭と圖書）（東京都：岩波書店，1993.05））。公然叫囂在戰爭中掠奪中國的圖書文物。頒布了《敵產管理法》，要求「搜集」被占領國的圖書文物。

鑒於「九一八事變」，東北淪陷，日本竟以「保護」為名，派憲兵闖進瀋陽故宮，掠走清文溯閣《四庫全書》及其他東北大量古物古籍珍貴資料的教訓。當華北局勢日趨危急，為避免國家珍貴典籍遭損，善本古籍奉命裝箱南運，開始了另一段的艱苦播遷歷程。

（二）善本南運

　　「九一八事變」後，華北局勢動盪不安，日寇年年進逼，華北已成為國防前線，平津的安全是值得重視的問題。1933 年元旦，日軍開始進攻山海關，兩天後佔領了這一號稱「天下第一關」的衝要之地。8 日，日軍轟炸朝陽、阜新，並宣稱熱河屬於偽滿洲國的領土。9 日，日軍在秦皇島登陸，隨即要求中國軍隊撤離北寧鐵路 2 公里外，這顯示日本進逼，將進攻熱河和平津，華北正醞釀一場大戰。政府為着文物的安全，於 1933 年 1 月 17 日決議要故宮等機構的文物南遷。1 月 21 日中研院史語所的古籍古物開始南運；2 月 7 日故宮的首批文物也經由平漢鐵路託運南下。故宮文物南運，也曾遭遇到不算小的阻力，誣衊政府的動機，說是「不愛江山愛古物」。有所謂「北平各界救國聯合會」者，於 1 月 23 日通電反對故宮文物南遷，語辭激烈。1933 年 2 月 12 日故宮第 1 批南遷文物運抵浦口時，軍事委員會委員長蔣中正致電中央黨部祕書長葉楚傖，告以文物應即留在南京，並由中央黨部派員監督，以昭慎重。1933 年 5 月日軍直逼北平近郊，5 月 3 日教育部電令國立北平圖書館（「北圖」）將善本書裝箱南運，以防不虞為要。北圖考慮南方氣後潮濕，乃於 1933 年 1 月 13 日和 5 月 6 日、16 日、23 日將古籍善本 233 箱分 4 批運抵北平德華銀行保險庫（善本甲庫 86 箱、敦煌遺書 47 箱、金石拓片 3 箱）、天津大陸銀行貨棧（善本甲庫 30 箱、輿圖 13 箱、善本乙庫 38 箱）及北平華語學校（善本甲庫 16 箱）寄存，北圖編有《善本書裝箱清冊，1933 年 3 月 13 日》。及至 5 月 31 日簽訂塘沽協定，華北初安，秋間再運回北平館中。1933 年 8 月成立「善本乙庫」，將清初以來的精刻、精印、孤本、稿本、批校及罕傳書籍另外匯集一處。清代以前的善本仍然在原善本室，稱為「善本甲庫」。

善本書目

　　北圖成立以來，正式出版古籍善本書目者，有 1933 年趙萬里（1905

－1980）《北平圖書館善本書目（甲編）》4 卷，收宋元明刊本及精校、名鈔、稿本總計 3,796 種；其中經部 200 種，史部 1,256 種，子部 707 種，集部 1,633 種。包括明刻方志 500 餘種，明刻明人別集 780 餘種，舊本元明劇曲 200 餘種。1935 年及 1937 年趙錄綽編，《北平圖書館善本書目乙編》及《國立北平圖書館善本書目乙編續目》各 4 卷。前者著錄清代刻本、鈔本 2,666 種、30,356 卷；後者為 1935 年 1 月以後善本乙庫補充藏書，著錄 1,241 種、20,848 卷。

趙萬里於 1925 年 8 月入北京清華學校國學研究所任助教，受業於王國維，1928 年到北平北海圖書館善本部任職，就教於徐鴻寶，在北圖一輩子，終成版本目錄學者，對北圖善本書庫的建立與發展，居功至偉。當時，徐鴻寶、趙萬里（當時 25 歲）和（日）倉石武四郎（1897－1965；當時 32 歲），3 人交情甚好。1929 年倉石拍攝北圖等圖書館所藏宋元善本書書影照片，以張宗祥（1882－1965；冷僧）「京師圖書館善本書目」稿本為主要依據，1930 年 3 月 18 日《舊京書影》告成，計 294 種，照片 716 幅，少量洗印，未出版，東京大學東洋文化研究所藏有；1931 年至 1933 年趙氏大規模整理北圖甲庫善本書。依據《國立北平圖書館館務報告（1931.7－1932.6）》載：

> 館藏善本書籍，合前京師圖書館、前北海圖書館所藏已不下 2 千餘種，更益以普通書庫提入及歷年新購諸書，約得 5 千餘種。（中略）茲由趙萬里君重加甄別，嚴定去取。（中略）仍以四部分類，詳注卷數、撰人、版刻，釐為 4 卷，總得 4,500 餘種，前後歷 5 閱月，始克成書。其最大特點有三：一曰明刻志乘，共得 500 餘種；二曰明刻明代別集，共得 780 餘種；三曰舊本元明劇曲，只得 200 餘種。孤槧名刻萃於一編，開自來公私藏家未有之紀錄，覽者無不嘆為觀止。他如正史類之宋元本，唐別集類之活字本，傳紀類之宋抄本，皆今日最名貴之秘籍也。全書現已付諸木刻，預料出版後，定可博得海內外學術界之美譽也。

2011 年 1 月，人民出版社出版《舊京書影/（1933）北平圖書館善本書目》，將「書影」「書目」合刊，「『書影』『書目』仍然可以認為同一輩人之手，兩者自可珠聯璧合，形成一套。」（橋本秀美）

普通線裝書目錄

抗日戰爭爆發，袁同禮鑒於館中只有卡片式目錄，而無書本式目錄，萬一發生事故，就難以補救，於是動員人力來做。主要成員有譚新嘉（1874－1939；志賢）、譚其鑲、蕭璋、爨汝僖、梁啓雄（述任）、張秀民、王育伊、賈芳、王樹偉、王達文等，完成了《館藏普通線裝書目錄》約 30 冊，這大堆原稿後存參考組。包括譚其鑲（1911－1992）的《國立北平圖書館方志目錄》1 函 4 冊（北平：北圖，1933.05，線裝），蕭璋（1909－2001）《國立北平圖書館書目目錄類》4 冊（北平：北圖，1934），張秀民（1908－2006）負責編寫《史乘類》及部分《集部》目錄。

方志目錄

繆荃孫於 1912 年出版《清學部圖書館方志目》載於《古學滙刊》，著錄所清點內閣大庫移交京師圖書館方志 1,176 部。接着，譚其鑲的《國立北平圖書館方志目錄》，著錄 1933 年以前館藏方志 5,200 餘部、3,844 餘種（5,200 部去其重複者所得）、42,000 冊。1936 年譚新嘉（1874－1939；譚其鑲的伯父）編，《國立北平圖書館方志目錄二編》（北平：北圖，1936.06，線裝），著錄 1933-1936.06 該館入藏的方志 862 部。兩者均不含叢書內的方志。及至 1957 年 11 月北圖再出版《國立北平圖書館方志目錄三編》，著錄抗戰期間於西南等地區及新中國成立之後入藏者 2,537 種。

但是，華北局勢日趨嚴峻，出乎北圖的預料。1935 年 11 月 24 日，教育部密電北圖委員會委員長蔣夢麟、副委員長傅斯年、副館長袁同禮，鑒於華北局勢更趨緊張，囑「國立北平圖書館貴重書籍，希以極機密方法，擇要移存南方，以策安全」。次日北圖委員會函覆教育部，「已由同人商決，擇其重要者，於日前運出 130 箱，此後仍當陸續南移，以期安全」。北圖揀

選庫藏珍本，分成 14 次裝箱，運離北平。北圖委員會選定的安全寄存地點
為上海和南京。鑒於「一二八事變」後，上海雖無中國軍隊駐防，但外國
租界林立，日軍不敢輕易進攻，較為安全，故決定大部分善本書籍運往上
海。南京是國民政府所在地，各種學術科學研究機構眾多，因此少部分書
籍運往南京。依據 1935 年 12 月 6 日北圖密呈教育部解決善本圖書南運經
費辦法（文稿），所附南運珍貴古籍「裝箱數表」：「善本甲庫 197 箱、善本
乙庫 107 箱、唐人寫經 49 箱、內閣大庫輿圖 15 箱、漢石經、楚器及金石
拓本 8 箱、西文整部科學雜誌 116 箱、西文東方學善本書籍 30 箱、梁啓超
寄存書 64 箱，共計 586 箱」。

　　案 1930 年 2 月 24 日梁氏親屬會遵梁啓超口頭遺囑，委託律師黃宗法
將梁啓超藏書永遠寄存北圖，以供眾覽。經北圖派員赴天津點收運送來館。
經點收，「除飲冰室全部藏書 2,831 種約 41,474 冊，新書 109 種 145 冊外，
尚有墨迹、未刊稿本及私人信札，均為重要史料，至可寶貴。」（上開《國
立北平圖書館館務報告》）1933 年 10 月北圖編印《梁氏飲冰室藏書目錄》
乙種 4 冊 1 函，本書序前冠〈梁氏飲冰室藏書寄存本館經過〉乙文，記述：
「飲冰室全部藏書刻本、抄本共 3,470 種，41,819 冊，此外尚有金石墨本
及手稿、私人信札等。」1954 年 4 月 16 日梁啓超長女梁令嫻致北圖贈書
函，略以：（李際寧）

　　先父手迹，得 貴館負責保存，十分欣興。文稿 3 大箱在西單手帕胡同甲
　　33 號梁宅，請于下星期一──4 月 19 日上午前來搬取。我處有目錄一
　　份，其他墨迹願一并奉贈。

　　圖書南遷後，分設上海辦事處在法租界亞爾培路中國科學社（今陝西
南路，1936 年 9 月成立），南京辦事處在中央地質調查所珠江路新址內（辦
事處對外稱工程參考圖書館，1936 年 9 月成立），以典守之。運往上海者，
有甲、乙庫善本；唐人寫經；石經、楚器及金石拓片；梁啓超寄存書，交

由北平中國旅行社分 4 批運出，前後共 246 箱，由上海商業儲備銀行寄存於公共租界該行第一倉庫內，並代館方向寶豐保險公司投保火險國幣 5 萬元。其後，又幾經遷徙，為了安全起見，甲、乙庫善本移至法租界內的震旦大學和李宗侗住宅保存。另有西文科學、東方學全份期刊 226 箱，則寄存於中國科學社暨明復圖書館。因為日本和法國維琪政府（Regime de Vichy，1940-1945）維持邦交，對於法國在上海的財產未加干涉，寄存法國人在上海所設的震旦大學，可以避免日偽方面的干擾。到後來上海辦事處也設在震旦大學。

　　搬運往南京者，有西文參考書、外國官書、全份西文及日文工程期刊，主要寄存地質調查所。另有部分書籍則寄存國立中研究院工程研究所 50 箱，後移中研院會議廳；中央大學圖書館 15 箱；中英文化協會（1933 年成立，位山西路，中英庚款董事會）英國美術印刷珍本圖書一百餘十種（太平洋戰事起，為日憲兵隊所刼取；勝利後雖經 3 年各方追索，但最終未果）及中央研究院心理研究所等處。另 1936 年冬隨故宮文物南下，存放故宮南京分院內閣大庫輿圖 15 箱。時包括文津閣《四庫全書》在內的部分珍貴文獻，以及普通中外書籍等均未南運。北平淪陷，北圖副館長袁同禮率部分館員南下，先後在長沙、昆明、重慶、香港等地設立辦事處。北圖則由總務部主任王訪漁、善本部主任張允亮和編纂顧子剛組成行政委員會，負責留守北圖館內事務。北圖對外由中華基金會董事、燕京大學校務長司徒雷登（1876－1962）出面負責。由於美日尚未開戰，日本佔領軍還不敢公然接收北圖。

　　北平甫陷，日本在北平先後建立了傀儡政權。「先是北平治安維持會，派有日人橋川石雄為北圖顧問。橋川曾到館察看，以北圖乃美庚款所創辦，背景複雜，情形特殊，旋即未再到館。」（中華協會會報）其後成立了偽「新民會」（所謂民眾團體）。華北日偽當局在各文化機構大肆查禁有關抗日和共產主義、社會主義、馬克思主義書籍。1938 年 5 月 31 日偽新民會藉「禁書」名義，刼掠了普通圖書（關於黨義及國家法令以及俄文書籍）4,473

冊、30 箱（中華協會會報）。還有靜生生物調查所（1928 年 1 月成立，以范源濂字靜生命名）所借不及歸還的生物書籍 460 餘種，隨該所被日軍盤踞，此項書籍間一部分被移存偽理學院。當偽新民會將再次前來提取雜誌時，北圖行政委員會報告司徒雷登，希望其設法從中斡旋，追討被刧圖書，並阻止日偽再次來館提書。經司徒與偽中華民國臨時政府議政委員長兼偽教育部總長湯爾和（1878－1940）交涉，雖並未追回被刧書籍，但此後日偽也不復有強行提取「禁書」事。太平洋戰爭爆發，1942 年 1 月，偽華北政務委員會教育總署即宣布接收北圖，並將其改名「國立北京圖書館」，先後以周作人（該署督辦兼任）、張心沛（1943 年 2 月 3 日周氏辭兼，由該署署長兼代）、俞家驥等為館長，王鍾麟為祕書主任；北圖 15 位留守人員與日偽虛與尾蛇，謀求維護館藏的完整，「慎重典藏，愛護圖籍」，屢次追討該批圖書。

抗戰勝利，1945 年 10 月 17 日，教育部派沈兼士（1887－1947）接收偽國立北京圖書館，藏書大體無礙，館舍設備損失稍巨。偽新民會所奪圖書在北平者，被北平市黨部接收，北圖自中南海瀛臺偽新民會舊址領回圖書 972 種、1,035 冊；部分被運往日本者，1949 年 11 月 23 日，北圖駐上海辦事處自上海市人民政府高等教育處接管教育部駐滬圖書儀器接運清理處，就接管日本歸還書籍中，收回書籍 383 種，雜誌 9 冊。

依 1948 年 4 月 26 日中華民國駐日代表團代電教育部稱：「查北平偽新民會有書籍 6,071 冊、雜誌報章 14,734 本，在日經盟總予以歸還，經裝就木箱 117 件，由本團接收交海浙輪運滬，該輪於本月 25 日由橫須賀出發，提單書明由教育部駐滬圖書儀器接運清理處查收。（中華民國駐日代表團，1948.04.26）。1948 年 9 月 1 日外交部轉知，歸還偽新民會書籍，由中央信託局會同教育部清理處照單點收後，即交清理處接管。（外交部，1948.09.01）案清理處在上海長甯路 37B。

善本運美

1940 年 3 月，北圖館長蔡元培逝世，袁同禮繼任館長。1940 年 6 月，

法國在二戰中戰敗，上海法租界已有日憲兵隨意往來搜查，已攫取我政府寄存物不少，形勢日漸險惡，於是在後方的袁同禮與當時駐美大使胡適，透過美國國務院、國會圖書館（「國會館」）的聯繫，擬將存滬的善本書運往美國保管，俟和平後再運回國內，物歸原主；並同意美方將這批藏書攝製顯微影片（縮影微捲，microfilm），以便流傳。可是當時在上海所存善本很多，無法全運。在 1941 年 1 月，胡適由個人供給資斧，請北圖時正在應美國會館東方部主任恒慕義（Arthur W. Hummel，1884－1975）邀請，從事鑒定整理該館館藏中文古籍的王重民（1903－1975）到滬（王重民自 1939 年至 1947 年在該館整理古籍，其成果彙編《美國國會圖書館藏中國善本書錄》2 冊，收善本共 1,777 部，於 1957 年由該館在華盛頓出版），協同徐鴻寶挑書。王重民 2 月 8 日在舊金山登舟，2 月 28 日抵香港，謁袁同禮，於 3 月 4 日兩人同赴上海。袁同禮、徐鴻寶、王重民經過 3 週的努力，而告完成。略以：於 3 月 12、13 日，用卡車將甲、乙兩庫書 300 箱（1941 年 5 月下旬王重民致胡適函稱：「國立北平圖書館所有善本書，甲庫 180 箱，乙庫 120 箱，久於蘆溝橋事變前運滬保存」）運至公共租界英人所主辦的美術工藝品公司（Arts and Crafts Co.）棧房，決定先從甲庫 180 箱開箱，逐箱啓視，選出最善最精者，共計 2,720 部，約 2 萬餘冊，裝成 102 箱。並編制了一份中文和兩份英文裝箱目錄備查，惟該目錄僅著錄 100 箱的書目。這些書大部是宋元明清歷朝內閣大庫的舊藏，〔理應〕是當時北圖所藏善本的菁華。同年 5 月 8 日，王重民返美。時日軍已包圍租界，江海關多在日人監視之下，百箱之數，如何矇住海關，上船前獲有海關出口許可證，是一大困難。曾由美國領事館試寄 2 箱，經報關查驗手續，交商船運送；以風險太大，後來拒絕再寄。一直到 9、10 月間，書箱如何由滬運美，仍然束手無策，一籌莫展。其後，在經北圖上海辦事處錢存訓透過海關任外勤（檢查員）張先生（錢夫人許文錦在蘇州景海女子師範學校讀書時好友同學張芝靜的大哥）的協助；張先生值班時，將書箱送到海關，由他擔任檢查簽字放行。這樣，錢存訓將善本書「從 1941 年 10 月開始，每隔幾

天，當張君值班時，錢存訓便親自用手推的大板車押送一批去海關報關。」
經過兩個月，分成 10 批，裝運出國。最後一批便於 1941 年 12 月 5 日由上
海駛美的「哈里遜總統號」（President Harrison）輪運出。兩天後「珍珠港
事件」爆發，上海報紙報導，「哈里遜總統號」在航行馬尼拉時為日軍俘獲。

　　1941 年 10 月 30 日袁同禮致胡適函：「北圖善本書籍 100 箱以分數批
運美，因海關不肯負責，不得不特別慎重，收件之人必須時常更換，以免
引人注意。故內中 25 箱寄國會圖書館，75 箱寄加省大學〔加州大學〕。」
每批用「中國書報社」的名義開具發票報關，作為代表國會館購買的新書，
發票上開具的是《四部叢刊》、《四部備要》、《圖書集成》等大部頭新書，
以逃避日本人的注意。

　　1942 年 6 月美國國會館宣布北圖的善本書 102 箱已全部到達華盛頓，
即將開始攝製顯微影片。據錢存訓在二次大戰後的瞭解：「哈里遜總統號」
於 1941 年 12 月 4 日奉命由馬尼拉赴秦皇島撤僑，在經過上海吳淞口外時
為日本海軍俘虜，改名「鄧公丸」，供軍事運輸，1944 年被美國潛艇所擊
沈。錢氏推測最後一批善本大概是由其他商船所裝運，但是由什麼船運美，
總統輪船公司的檔案中並沒有紀錄。

> 依此，當時「北京猿人」（「中國猿人北京種」）化石裝箱，也計畫於
> 12 月 11 日由秦皇島上該「哈里遜總統號」輪，運送美國紐約自然歷
> 史博物館（American Museum of National History）寄存，顯然並未
> 登輪。可能在秦皇島遺失，下落不明，成為歷史上一個謎團。這也是
> 中國在抗戰期中重要損失之一。

　　胡述兆稱北平善本「這批書於 1941 年 5 月 26 日至 12 月 8 日，分別從
上海運抵加州，暫時存放柏克萊加州大學圖書館中，而於 1942 年 3 月 16
日全部運到國會圖書館。根據國會圖書館的檔案的記載，這批寄存的珍貴
中國文物，共有 2,700 多種，其中有宋版 150 種，元版 100 種，明版及清
版約 2,000 種，另有 300 多卷明朝皇帝的起居注手稿，餘為其他重要文物。」

1941 年 12 月 8 日，日軍偷襲珍珠港，太平洋戰爭發生，日美正式宣戰，同時日軍進駐各租界。因美國會館上開報導，引起日本華北興亞院的注意，隨即指令偽北京圖書館徹查此事。於是在 1942 年 9 月，日偽接管的北京圖書館祕書主任王鍾麟（古魯），與華北興亞院華北聯絡部調查官水川清一、華北政務委員會日本專員臼井亨一、上海軍部崗田到上海查訪存書。王鍾麟要錢存訓引導視察存滬藏書。因而被日偽方查獲者，為存放法租界汶林路民房善本書籍 149 箱，爰於 1942 年 11 月 3 日及 12 月 16 日分兩批運回北京，及中國科學社內西文科學雜誌、學報，不足萬冊，則於 1943 年 8 月運回。依據俞涵青編，《國立北平圖書館由滬運回中文書籍金石拓本興圖分類清冊》（北京：該館，1943，40 頁），〈傅增湘序〉載：

> 時忽傳里斯本電訊，言南遷之書，大半離滬他往。（中略）於是殘存滬地者，凡中文書 136 箱，西文書 142 箱，均得捆載北還。綜計中文書 2,485 部、31,314 冊，西文書 335 部、9,530 冊，敦煌寫經 14 卷。其餘古今興圖、金石拓片又各數十百種。

黃裳提及「這本清冊與北圖乙目相較，除增列敦煌寫經、佛像外，更有金石拓片、銅器、新會梁氏寄存碑帖、閩侯何氏寄存古器物等。書籍方面，多出明以上善本頗多。溢出原北圖乙目兩種的舊版書，包括宋元明本、明銅活字、明鈔、清人抄校本，多不勝數。」

其餘北圖運滬未被查獲的存書，經上海辦事處人員將藏書化整為零，租用民房，分散藏匿各處，避免注意，直到抗戰勝利，都沒有被發現。1945 年日本投降，才將存在上海各處的殘留的善本，以及新購的圖書等集中移存到一所政府接收分配的上海寶慶路 17 號住宅，作為北圖上海辦事處。

北圖和中華圖書館協會寄存香港馮平山圖書館 1 樓的圖書 300 箱，於 1942 年 2 月隨國圖在該館 3 樓存放的善本書 111 箱，悉數掠奪運往日本。另北圖藏西文圖書雜誌 20 箱，通過英國輪船，自香港運往上海，因時局緊

張未能抵達，折還香港後，於 1941 年 12 月 5 日搬入香港西環永安貨倉第
2 號倉庫，也於 1942 年間被日本掠走。這兩批圖書於勝利後，經北圖追索，
1948 年經中華民國駐日代表團轉請由英國駐日代表處接收運港後，再由港
運滬教育部駐滬圖書儀器接運清理處。（中華民國駐日代表團，1947.09.11、
1948.01.23）。

　　運美這批書由在國會館工作的王重民開箱清點交該館縮影部門；歷時
5 年（1942－1946 年），將全部圖書 250 多萬頁，攝成顯微影片 1,070 捲，
長 101,920 呎。據說每套定價 6 萬多美元，售出 200 多套，顯微影片正片
現仍存國會館。依胡述兆上文續載：「Microfilm 的製作開始於 1942 年，1946
年 5 月全部完工。費時約 4 年，花費 37,000 美元。微縮影片共 1,072 捲（reels，
每捲 100 英呎），包含善本圖書 2,720 種，合計 20,500 冊（volumes），共約
2,500,000 頁（pages）。」兩者記載出入不大。

　　1948 年 6 月 8 日國會館贈送該顯微影片乙套，分別予國立北平圖書館
和中央圖書館，惟後者遺留在中國大陸，未及運臺。1959 年國會館復贈送
中研院圖書館乙套，現存臺北南港。

　　國民政府教育部以錢存訓，國寶運美，冒生命危險，完成使命，傳令
嘉獎並發給獎金 1 萬元，因當時情況特殊，未便通知，抗戰勝利後，特予
補頒發。出乎錢氏意料，事隔 50 多年，1999 年北京國家圖書館在建館 90
周年館慶，特派副館長孫蓓欣、研究部主任李致忠、國際交流處處長孫利
平專程來芝加哥為錢氏頒發「傑出服務獎」榮譽獎狀。頒獎儀式在芝大圖
書館五樓大廳舉行，由芝大圖書館館長容克爾（Martin Runkel）主持。謹
錄獎狀銘文：

感謝錢存訓

長者同仁，前輩先賢。道德文章，四海銘傳。未登石渠，天祿成員。典
籍南遷，守藏滬灘。為防不虞，裝箱載船。遠渡重洋，烽火連天。押運
盡責，躲兵避燹。勞苦功高，後人至感。特頒此狀，以資旌顯。

中國國家圖書館 1999 年 9 月 9 日

銘刻着錢氏搶救保存中華國寶於敵人炮火之中，避免中華文物遭受掠奪的
卓越貢獻，表現着後輩對錢氏的崇敬。孫蓓欣致詞說：「作為北京圖書館的
後來人，我們仍然銘記着前輩為維護國寶所做的貢獻」。錢氏在所著《留美
雜憶》提到這兩件頒贈獎狀的榮譽，他認為在他所接受的各種名譽職務和
榮譽獎狀中，特別值得一提。

（三）運回臺北

抗戰勝利，1946 年 12 月 10 日北圖發文（總字第 328 號、呈字第 27
號），「呈擬派本館編纂錢存訓赴美協助運回善本書籍事宜，請備案。並轉
咨外交部發給該員護照」（王祖彝辦稿）。一切出國手續都已辦妥，但因政
局變化，上海倉庫擁擠，平滬交通斷絕而未行。1948 年王重民回國，袁同
禮 1949 年赴美在國會圖書館工作兼為這批寄存善本的監護人。1964 年 2
月袁同禮故世。1965 年 2 月 10 日國圖密呈教育部，「呈請函我駐美大使館
洽將國立北平圖書館寄存美國國會圖書館善本圖書運回本館」（1965 發字
第 061 號）。美國會館因無人照管是批善本；當時國會館的新館尚未落成，
需要藏書空間；又正值「文革」時期，美方生恐中方指責美國鯨吞中國國
寶，因此對國圖的索回要求，立即許可。1965 年 6 月，駐美大使館文化參
事處（教育部駐外文化機構）文化參事張乃維「偕同本處同人鮑幼玉訪晤
美國國會圖書館交換部主任〔伍德〕，商洽運輸細節。承告是批圖書（包
括原存加州大學之 25 箱及該館之 77 箱）自 1942 年運存該館後，僅為複製

顯微影片，於 1943 年至 1946 年間，陸續開箱攝製，隨即復裝原箱，並襯入錫紙木些屑。自始至終，所有手續，均由當時北平圖書館代表王重民在場處理。目前如欲運返臺灣，隨時均可啓運等語，並導引檢視部份裝箱木箱。旋赴訪晤該館中文部吳光清、徐良兩先生，所述情形與上情相符。吳先生處尚存有是批圖書當年裝箱清冊副本一份，其中詳列書名，版本及冊數，其中少數書名冊數與裝箱清冊不盡相符者，均由王重民君開箱時在清冊上作眉批註明。」1965 年 10 月 21 日在美國會館內，由該館交換部主任伍德（Jennings Wood）將這批善本書箱 102 箱逐一點交，在場的還有中文部主任比爾（Edwin G. Beal）、已退休的前東方部主任恒慕義，而由國圖張東哲會同我駐美大使館、駐美文化參事處、紐約世界博覽會中國館等單位的代表點數簽收，加封大使館封條。隨即裝車，先陸運美國西岸奧克蘭，再連同 1964 年參加紐約世界博覽會的文物，由美國海軍部派運輸艦「蓋非將軍號」（General Hugh J. Gaffey）於 1965 年 11 月 3 日啓碇，11 月 23 日運抵基隆；同時運回的還有居延漢簡。

居延漢簡

簡牘是甲骨式微，紙張尚未興起之前，被廣泛使用的載體。從史書的紀載，如西漢武帝末年「孔壁竹書」（《漢書‧藝文志》），西晉武帝年間「汲冢竹書」（《晉書‧束皙傳》），都發現了戰國竹簡，獲得了古文《尚書》、《禮記》、《論語》、《孝經》等數十篇，及《紀年》、《易經》、《國語》等古書 75 篇。及至 20 世紀初至 30 年代，大量簡牘被發現。如新疆尼雅、樓蘭、羅布泊、吐魯番；內蒙及甘肅額濟納河流域；甘肅敦煌、居延等地，都有晉、漢簡牘出土。

1927 年 4 月 26 日，中國學術團體協會和瑞典的學者斯文赫定訂立《合作辦法》（全 19 條）組織「中國學術團體協會西北科學考察團（Sino-Swedish Expedition，1927－1933），計有團員中方 10 人、瑞典 5 人、丹麥 1 人、德國 11 人，共 27 人，由徐炳昶（旭生）（次年由袁復禮繼任）和斯文赫定任團長。考察任務概括地質、地磁、氣象、天文、植物、考古、人類、民俗

等科學。考察團於 1927 年 5 月 9 日自北京出發，到 1928 年間結束。第 2 次考察團規模較小，由陳宗器、貝格曼（Folke Bergman）帶領，旨在沿著額濟納河流域，調查漢代烽燧遺址。於 1929 年 10 月 1 日從北平出發，至 1931 年 5 月結束。1930 年 4 月至 5 月期間在漢代張掖郡居延縣和肩水縣發現為數 1 萬 1 千枚的木簡，這批簡牘總稱「居延漢簡」，是為出土古簡中最大的一批，大都為武帝至光武時的遺物，尤以昭、宣二帝為多。1931 年 5 月運交北平圖書館保存，推馬衡及北京大學教授劉復（半農；1891－1934）研究與整理，由中英庚款會補助整理經費；後來為研究及拍照方便移至北大紅樓。參加整理工作者，除劉、馬兩氏外，有貝格曼、高本漢、伯希和、蒙杰爾、生瑞恒、萊辛、陳宗器等；在這個整理基礎上，1934 年再進行文字考釋，參加者有馬衡、賀昌羣、勞榦、余遜、何達。

　　1937 年北平被日竊占，先是北京大學語言音律研究所助教、西北科學考察團幹事沈仲章（1904－1987）自北大將居延漢簡「偷」出，鎖在德國人所開德華銀行保險箱，繼之 11 月徐鴻寶（西北科學考察團理事會常務理事）潛行回平，徐沈兩人設法運出，經天津、青島，輾轉至香港大學馮平山圖書館。除木簡外，還有些原始文件，依邢義田按內容分：1.西北科學考察團的行政紀錄：如現金出納簿、理事會及木簡整理委員會會議記錄；2.居延漢簡整理初期的工作記錄；3.釋文簿和釋文簽原稿。漢簡因搬運輾轉數千里，出土又已日久，朽損堪虞，經中英庚款會再次資助，將由商務印書館攝影製版影印，以利保存。遂安排沈仲章（1938 年 2 月抵港）對其進行整理、攝影。沈仲章將漢簡拍照後，製作照片複本兩份，一份寄到昆明由勞榦作譯文；一份交香港商務印書館承印圖冊。因戰事為緊急處置，中英庚款會乃洽駐美大使轉商美國會圖書館寄存。經徐鴻寶、胡適、傅斯年等努力，1940 年 8 月 4 日「居延漢簡」封裝 14 箱離港，10 月中旬抵華府中國大使館，於 10 月 26 日存入美國會圖書館。商務製版過程中香港被日軍攻陷，印刷機器設備全落入日人之手，而告停頓。迄至 1957 年始由勞榦編，中研院史語所印行《居延漢簡考釋之部》1 冊、《居延漢簡版圖之部》，

分裝 3 冊。上開原始文件當時並未隨簡運往美國，至今仍收藏在香港大學，稱「『居延漢簡』整理文件」（索書號 特 796.7/10），由港大圖書館特藏部負責管理。

國圖所藏漢簡

1944 年秋，教育部購得裴善元（1890－1944）所藏漢簡 30 枚，歸該年 6 月 1 日甫成立的國立西北圖書館保存。館長劉國鈞（1899－1980；衡如）編，〈國立西北圖書館館藏漢簡簡目〉，載於：該館與蘭州西北日報社合作的該報副刊——《西北文化周刊》（1944.10.17 創刊，初為半月刊）。據劉館長稱，「是項漢簡，裴氏自言得諸回疆，然考簡上紀載（就中存年號者，有宣、元、成、哀、平諸朝之簡），其位居延附近所出，殆無疑義。」1945 年 7 月，西北圖書館停辦，勝利還都時，經蔣復璁的呈請，遂由教育部撥存中央圖書館。國圖蘇瑩輝稱：「本館所藏之漢簡 30 枚，即係西北科學考察團在居延所掘得者。每簡長度為漢尺 1 尺。此乃漢代之一般公牘，故與古代簡書之制異。」「有字者 28 簡，其中兩面有字者計 7 簡，且有 1 簡係竹質；另 2 簡則 1 無字，1 漫漶。」1975 年 10 月，馬先醒撰，〈裴善元舊藏漢簡之形制、內容及其有關諸問題〉，《簡牘學報》3（1975.10），頁 1－12。

北圖善本

善本書交由國立中央圖書館收藏，漢簡 11 箱 13,405 件由中研院史語所接管。中研院於 1966 年元月邀約有關單位在南港史語所啓箱點驗，由蘇瑩輝代表蔣館長參與。自 1 月 27 日起，共歷 3 天。善本書因為當時國圖新館尚無著落，這批善本即存放霧峯北溝。

由於張乃文建議「是批圖書自美國啓運前，恐不宜開箱查點。蓋開箱裝箱，所費頗多，需聘有專門知識者。且國會圖書館人員已明告除製顯微影片（microfilm） 外未曾啓箱，則當場查點，可能顯示不予信任，不如俟圖書運抵臺灣後，派專家按清冊查點。」國圖也以為「在呈請核准之初，

本擬於啓運前，一一開箱點驗，繼以時間場地人力皆不充裕，且當時經辦之人，或離或亡，即有訛誤，亦難究責任，遂奉准啓運回國後，再會同有關機關開箱，根據原有裝箱書目一一清點。美國國會圖書館既攝有膠卷，因編有膠卷目錄，頃經國立中央圖書館喬衍琯與裝箱書目互校，稍有不符，而裝箱目錄僅著錄 100 箱，餘 2 箱則無目錄，諸多參差，必待開箱清點始能明瞭也。」

　　1966 年 1 月 5 日開始開箱點驗，由教育部主持，函邀立法院、監察院、外交部（惟未派員）、經濟部、中央研究院等單位，各派代表，來國圖參與點驗工作，每日視其繁簡點驗 3 箱至 10 箱不等，迄 5 月 19 日全部點驗完竣，計 102 箱、20,738 部，「包括宋本書 75 部，金本 4 部，元本 131 部，明本近 2,000 部，鈔本 531 部，及清代和朝鮮、日本刻本木活字本。」（蔣復璁）點驗程序是俟點驗人員到齊後，察看確認我駐美大使館所加封條無損後，再啓封開箱。美國會館在交還善本書時，即將北圖於 1941 年 3 月所繕造的原始裝箱目錄，印成影本多份，隨同書箱移交。此次的點驗，即根據該裝箱目錄，並參考日本東洋文庫所編的《擬備中國書目》，該目錄係將美國國會館所攝製北平圖書館善本顯微影片，依其順序編寫成為書目。點驗的結果，「箱內所貯頗有與裝箱目錄未能契合的情形」。一是裝箱放置的錯誤，乃因「這批善本，當北平圖書館自北平南運時，原裝為 100 箱，由該館造具裝箱目錄。在上海貯放時期，因部分圖書加製書套，及木箱內加裝鐵皮套箱，原箱不敷裝貯，因此溢出 2 箱，成為 102 箱，然裝箱目錄則未另行繕造。」（蔣復璁）此外，還有與裝箱目錄不符的情形：「一是有書而裝箱目錄中未列載，59 部 397 冊；二是實際冊數或卷數與裝箱目錄不同符，16 部；三是裝箱目錄中已列載而書不見，11 部 49 冊。」（昌彼得）至於「這批書的保存情形，可以說是異常良好，毫未發現有受潮或遭受蟲蛀的現象。」（蔣復璁）。

　　這批善本書經有關機關會同點驗後，除造冊呈行政院核備外，由教育部撥交國圖代為保管，俟大陸光復後再歸還原館；並由該館於 1966 年 2

月 11-20 日舉辦了「國立北平圖書館寄存美國國會圖書館善本圖書歸國展覽」公開展出，將此 2 千多部善本，每部各展示 1 冊，共展出 2,917 冊，以公諸社會。4 月 3-6 日選送輿圖 6 種參加中央日報社主辦的輿圖展覽，接著國圖又花了半年多的時間將之整理考訂編目，載入《國立中央圖書館善本書目》增訂本，以供各界借閱研究。1968 年冬國圖接受美國東亞圖書館協會主席、芝加哥大學東亞圖書館館長錢存訓的建議，將這批自美運返的北圖善本編印單行本目錄，此即 1969 年昌彼得編《國立中央圖書館典藏國立北平圖書館善本書目》乙書的緣由，附載美國所攝製顯微影片的膠捲編號，並編製書名、著者索引，由國圖出版。昌彼得拿 1933 年北圖所編印善本書目錄去核對，發現有 573 部在 1942 年並沒選運到美國，抗戰勝利後也沒在未運美仍遺留在上海的存書運返北平，可稱下落不明，於是撰〈關於北平圖書館寄存美國的善本書〉及〈國立北平圖書館善本闕書目〉兩文，收錄在他的《蟫菴論著全集》2 冊（臺北：故宮、中國圖書館學會，2009.08）。詳細說明了這些情況，希望學者專家查察這批存世稀罕珍本的下落。2013 年 7 月，始有中國大陸學者林世田、劉波撰〈關於國立北平圖書館運美遷臺善本古籍的幾個問題〉乙文，提出「由於當時事情進行極為機密，原文件史料保存不多且甚少披露，因而學界在事件過程的某細節上有一些疑問，且長期沒有得到解決」，遂「試圖進一步發掘史料，並結合其他材料，進行辨析，藉以釐清部分問題。」

　　1965 年 1 月教育部長由閻振興繼任。1965 年 9 月 20 日蔣復璁改掌故宮博物院，仍兼任國圖館長。1966 年 3 月 10 日，國圖所存北溝的善本圖書，因故宮、中博北遷，不便單獨存放；乃悉予運行臺北與北圖善本一併存放。因館舍狹小，只能騰出一房堆放，如何開箱置架，便利典藏及閱覽是首要的任務。

　　1966 年 12 月，時任國圖館長屈萬里曾寫到國圖所藏善本書，除自南京遷臺和遷臺後所購者外，加上代管北圖及東北大學善本，「已達 14 萬 3 千多冊，其中有宋刻本 290 多部，金刻本 11 部，元刻本 360 多部，明刻本

在 8,000 部以上，稿本 487 部，舊鈔本 3,107 部，批校本 446 部，朝鮮、日本、安南等舊刻本，也都有相當多的數量。就學術價值說，這裏面有許多沒經過傳刻的稿本，有許多刻本已經失傳而僅存的舊鈔，有許多較一般刻本的內容多了很多資料的刻本、稿本和舊鈔本，這些都是從事研究工作者的絕好資料。在校勘方面的資料來說，更是取之不盡，用之不竭。中央圖書館雖然擁有這麼多的國寶，可是它還沒有一個盛放國寶的書庫。14 萬多冊善本書，裝在 500 多隻大木箱理，埋積在原本的展覽室中，真到了名符其實的『充棟』的程度。」

依劉兆祐 1966 年在國圖特藏組實習，回憶「那時候正在編輯國內公藏善本書聯合目錄，我從事校對的工作。校對時遇有疑問，要查各種書目。我也常和王國昭一起提書，那時候的善本書，都還庋藏放在南京運來的木箱裏，為了安全，書庫裏沒有電源。提書時從外頭把燈提進去，先找到箱子再找書，十分辛苦。時有昌彼得主任、編纂鄭毅庵、編輯喬衍琯。」

（四）貯藏故宮

因故宮正開始建築一規模較大的書庫，設備完善。蔣復璁既擔任故宮的院長，就將故宮的庫房借給國圖存放這批書。於是在這個時候，國圖與故宮簽訂了一份〈國立中央圖書館善本圖書貯放士林外雙溪國立故宮博物院圖書館集中管理辦法〉，等到該書庫造成之後，國圖的善本圖書，將移至故宮收藏，並在那裏開放閱覽。

1966 年 9 月 21 日屈萬里（1907－1979）就任國圖第 2 任館長，思考如何使善本能供人閱覽。1967 年 1 月 14 日行政院臺 56 教字第 0275 號令核定該上開〈辦法〉。依該辦法，國圖的善本書祇存時已在圖書館提供服務的複本 1 萬 6 千冊，仍繼續供讀者閱覽外，國圖其他的 10 萬 5 千冊善本書和代為保管的東北大學圖書館 5 箱、北平圖書館善本書 102 箱、北平圖書館內閣大庫輿圖 18 箱，全部寄存外雙溪故宮保管，供中外學界研究之

用，光復大陸後再歸還原館。但在臺期間，國圖有權得隨時將這些善本書提回運用。國圖派侯俊德（1984 年 5 月 1 日屆齡退休）駐故宮管理本批善本圖書。

　　屈萬里覺得讀者經常來國圖看書，如果將國圖和北圖的善本書全部移到故宮去存放，對讀者不太方便，所以就暫緩實施該辦法，並且陳報教育部獲得同意。時臺灣大學在椰林大道的盡頭左側，建造了一棟 4 層樓的研究圖書館，尚未啓用。屈萬里擬向臺大借用一層，供存放國圖善本 7 萬冊，公開閱覽，不僅供臺大師生，也供校外人士來閱覽。1967 年 8 月 1 日，〈國立臺灣大學、國立中央圖書館學術研究及推廣業務合作辦法〉在臺大第 836 次行政會議通過。9 月 5 日由校呈教育部，請鑒核備查。奉 1968 年 3 月 2 日教育部臺（57）社字第 07210 號令修正核定。此舉被蔣復璁議為某人拿國圖的善本向臺大投靠，引起蔣屈一度失和。惟本〈合作辦法〉，並未實行。

　　當時屈萬里館長也和故宮商量要將另一半約 7 萬冊放在故宮，國圖和故宮協商，根據行政院核定的上開〈管理辦法〉，合訂〈善本圖書集中管理施行細則〉。該細則規定北圖運臺的善本書和內閣大庫輿圖，運送到故宮保存；故宮提供隔離的庫房，其保管則由國圖派職員、技工各一人負責。國圖如因展覽或攝印，要提出存放的善本書，應事先徵得故宮的同意；故宮若需要利用存放的善本書做為展覽，也應徵得國圖的同意。1968 年 1 月 26 日國圖代保管北圖善本書 102 箱、內閣大庫輿圖 18 箱，合計 120 箱，移轉至故宮寄存。並派專人前往負責保管。1968 年 3 月 4 日教育部臺（57）社字第 07314 號令核定〈施行細則〉，即日起實施。1968 年 3 月 25 日包遵彭就任國圖第 3 任館長。1968 年 6 月，國圖寄存在故宮的北圖善本書和內閣大庫輿圖，配合成立善本書閱覽室，開放閱覽。1968 年 7 月 4 日故宮呈准修改〈組織法〉，該法第 8 條增設圖書文獻處，掌管圖書古籍的採編、典藏、閱覽、交換及考訂等事宜，將原隸書畫組的圖書館改隸圖書文獻處。

　　1968 年 10 月 19 日，臺大研究圖書館落成，在研圖 4 樓專闢一間善本圖書室，還特別裝修，待善本書搬入，包遵彭館長無意履行前議。1969 年

3 月 28 日，臺大專函國圖，請其履行合約，未果。1970 年 9 月 1 日臺大第 967 次行政會議，代校長沈剛伯根據館長蘇薌雨報告，取消該合作辦法，由校呈報教育部，並函達國圖。

嗣後，蔣復璁離開故宮，秦孝儀繼任，國圖要拿回這批書，秦孝儀卻不肯歸還。蔣復璁引以為憾，覺得對國圖為德不卒。

1977 年 4 月王振鵠繼任國圖第 6 任館長。國圖鑒於中山南路新館落成後，館內建有善本書庫，空調、書櫥及防火措施非常完備，具優質的典藏環境，並有足夠的空間容納北圖寄存的善本書，所以就建議教育部，希望將北圖寄存圖書從故宮移回國圖，便於集中管理與研究利用。1984 年 6 月 23 日上午 10 時故宮管理委員會召開第 9 屆第 8 次常務委員會討論這件事，參加的委員有嚴家淦（會議主席）、陳雪屏、謝東閔、林柏壽、李煥（教育部部長）、秦孝儀（故宮院長）、杭立武、蔣復璁、連震東、吳伯雄等。會中，蔣復璁提出當時寄存故宮庫房之初，即由故宮與國圖訂立《善本圖書集中管理辦法》，其中第 1 條即載明「中央圖書館得有權隨時將該批善本圖書提回運用」，希望依合約所訂，由國圖取回，但無人加以理睬。而李煥一再發言，略以：這批善本書及地圖目前在故宮保存得非常妥當，屬於何方財產目前不必爭論，都是國家文物，應該考慮的是如何善加維護不受損失；故宮可將善本書攝製一套微縮軟片，將軟片送交國圖利用，這樣對善本書保存的完整性更為妥當。當時秦孝儀亦對李煥意見表示贊同；參與會議的其他委員亦未對此提出異議。主席乃依李煥的意見作成決議，善本書和地圖仍由故宮保存典藏。行政院經徵詢教育部意見後覆文本批善本同意照故宮常會的意見辦理。

故宮立即行文給教育部和國圖，要求「迅速派員點交，俾便入庫收藏」，希望將這批書點交給故宮管理。雖國圖一再力爭，但李煥終不改其志。1984 年 12 月，故宮再度來文，希辦理點交，國圖簽請教育部裁示，李煥核定按正式手續辦理點交。1985 年 2 月 13 日國圖乃奉教育部指示將北圖善本書和內閣大庫輿圖點交故宮代管，現存故宮圖書文獻處的庫房。

1989 年 7 月 4 日國圖為了履行典藏維護善本圖書的職責,再次函請教育部發文給故宮將北圖善本移國圖保管,仍未有結果。

2014 年 1 月,中國國家圖書館編輯、國家圖書館出版社出版了《原國立北平圖書館甲庫善本叢書》,採上下雙欄影印,精裝大 16 開,全 1,000 冊,定價人民幣 560,000 元。收錄以美國國會圖書館上開所攝製縮影微捲為主,2,600 部;該館館藏原甲庫善本 20 部;存臺存館合璧者 1 部,共 2,621 部。

北圖自美運臺善本,先交由國圖代管。蔣復璁擔任故宮院長,就將新建故宮的庫房借給國圖存放這批善本。等到國圖新館舍落成啟用,要拿回這批書,故宮院長秦孝儀卻不肯,作為國圖上級機關的教育部部長李煥,竟主張還是給故宮。蔣復璁以為這是他一生中的一件憾事。當時有輿論認為善本書是國家的財產,站在如何提供學術界使用的高度來看,暫存故宮的善本書,自然應該歸國圖收藏。經過 40 年後,該批善本書在故宮,祇是增加了典藏量的數字,猶如古代藏書家與藏書樓,也確對學術界沒有太大的作為。另外可得一個啟示,如館藏中有珍善本者,萬萬不可因故移藏、外借、展覽而離館。茲再增一例,遼寧省瀋陽故宮文溯閣《四庫全書》、雍正年間所印銅活字《古今圖書集成》,中共國務院於 1966 年 10 月鑒於中蘇關係緊張,出於戰略的考慮,將兩書運抵甘肅省保存。1969 年珍寶島事件之後的局勢趨緩,遼省意欲索回,卻形成遼甘兩省之爭,歸屬未卜。2005 年 7 月 8 日在蘭州北山九州臺落成「文溯閣四庫全書藏書館」。兩書這一出宮也是 50 年不克回遼。

五、代管運臺輿圖

　　內閣大庫輿圖多係明清兩代所繪，或巨幅，或小冊：或綾絹質地，或高麗紙地；或墨繪、彩繪，或木刻。多自內閣大庫紅本中檢出。1929 年度北圖設輿圖部，將兩館舊有輿圖集中整理，共 602 種，逐一登錄編目。1932 年 4 月王庸出任北圖編纂委員兼輿圖部主任；他以原編的輿圖目錄（1918 年 4 月、1926 年 11 月），並不按圖的性質，分類編次，平日庋藏檢查，均感不便，爰進行輿圖第 3 度編目。1932 年 7 月、8 月編《國立北平圖書館藏清內閣大庫輿圖目錄》，文載《國立北平圖書館館刊》第 6 卷第 4 號。他將由內閣大庫入藏京師圖書館的明清輿圖分成甲乙兩大類，甲類為「類圖」，凡河流、海岸、驛鋪、邊防皆入甲類；乙類屬「區域圖」，凡總圖、各省分圖，納入乙類，總計 184 種 295 件。1934 年該目錄正式出版。

　　溯自 1937 年 12 月 8 日，日本在上海成立「中支（華中）占領地區圖書文獻接收委員會」，全稱「軍特務部占領地區圖書文獻接收委員會」，這是負責蒐集中國圖書工作的正式機構，其任務是蒐集上海、南京、杭州等地圖書，限定在華中地區，以日本上海自然科學研究所所長新城新藏為委員長；此外，還有以上海自然科學研究所為中心所組成「學術資料接收委員會」負責對南京、杭州等地學術標本的接收和保管的工作。1938 年 8 月 25 日上述機構解散，於 9 月新成立「中支文化關係處理委員會」，並在其監督指導下設立了「中支圖書標本整理事務所」。因此，原來的「中支占領地區圖書文獻接收委員會」的工作，即由「中支文化關係處理委員會」承擔；圖書整理等實務工作由「中支圖書標本整理事務所」辦理。1939 年 3 月興亞院華中聯絡部設置「中支建設資料整理委員會」，由「中支文化關係處理委員會」改稱，接受陸軍、海軍的指導，委員長是興亞院的及川源七，副委員長是興亞院華中聯絡部文化局局長伊東隆治。「中支建設資料整理委

員會」設立「中支建設資料整理事務所」，所址在南京雞鳴寺路（原中央研究院），主要從事圖書的收集和標本的整理，下分設圖書整理部、標本整理部、編譯部、復興部等，而圖書整理部就有來自東京、京都、九州等地大學 22 人。

北圖善本南遷，運往南京部分，1937 年 12 月，日軍攻佔南京，存地質調查所全部藏書被「中支圖書標本整理事務所」接收。存中英文化協會特藏英國印刷珍本圖書，被日憲兵隊劫取。故宮南京分院內閣大庫輿圖也淪日敵之手。1938 年 3 月 6 日至 4 月 10 日，連同故宮古物及南京 25 個公私機關圖書文物一併劫持，依日軍《軍特務部占領地區圖書文獻接收委員會報告》第 5 部分〈圖書整理報告〉統計約 60 餘萬冊（據當時曾參與者，青木實認為有 88 萬冊），專設「中支建設資料整理委員會」，用卡車運往會址，即其所占用的中央研究院及經濟部中央地質調查所房屋為主。調集有圖書整理經驗者（專家）：上海自然科學研究所 7 人，南滿鐵道株式會社 10 人，東亞同文書院 6 人，再加上東亞同文書院的 5 名學生、臨時參加者 1 人，共 29 人，來南京工作 2 個月，選擇精善者運走，次者移交汪偽政府，1941 年 4 月，新設（偽）「行政院文物保管委員會」，下設圖書、博物、天文氣象 3 個專門委員會，安插了為數不少的日本顧問和重要的職員。另學術標本部分，掠奪約 10 多萬件和 1,500 多箱考古標本，集中放置在標本整理部。

勝利復員，北圖隨即展開日寇掠奪館藏的清點與追查。北圖留守在北平者，在王訪漁、顧子剛帶領留守職員的守護下，順利度過了難關。1945 年 10 月教育部派員接收北圖，委託王、顧兩氏暫時行使管理之責。同年 11 月，館長袁同禮回平主持館務，經視察，藏書大體無失，留平的善本圖籍、《四庫全書》及普通中西文圖書均幸無殘佚燬損。館舍器物亦尚完好。

內閣大庫輿圖 15 箱，被日軍劫持，置於偽圖書專門委員會圖書館的地圖庫中。教育部特派員接管並封存。1946 年 1 月，教育部組設南京區清點接收封存文物委員會，通函各機關，派員參加工作。北圖派錢存訓、顧斗

南參與清點。自 1946 年 3 月 20 日開始清點，根據 1934 年上開王庸所編目錄點校，經過初次清點、二次復查等程序，費時 6 個多月，確認為暫存南京的內閣大庫輿圖有 277 種，共 18 箱。清點結束後，編成《國立北平圖書館特藏清內閣大庫輿圖目錄》。1946 年 5 月 25 日該批輿圖由北圖南京辦事處領回，移運金陵大學暫存。依 1946 年 4 月 5 日北圖備忘錄「查此項輿圖，有巨幅、有手卷、有冊頁。巨幅幾全部生霉，但有輕重之分，輕者經整理後可恢復舊觀，重者須專門技師整理，太損者則無法補救。手卷尚完好，惟內有一軸全部霉濕。冊頁蛀損者甚多，舊傷新創，百孔千瘡，若經良工整理，亦多可用。」

1948 年 11 月 26 日，袁同禮致函教育部，商請將暫存南京的內閣大庫輿圖移運到一安全地點存放；同時致函故宮，商請將該藏品移存該院南京分院暫存。1948 年 12 月 8 日，袁同禮致函杭立武，同意將暫存南京的內閣大庫輿圖與故宮文物一併遷往臺灣。1949 年 1 月，北圖運臺存北溝 18 箱內閣大庫輿圖，計 261 種 503 件，於 1954 年奉教育部准交由國圖代為保管。1968 年 1 月 26 日又由國圖隨上述北圖善本，寄存故宮。

六、古籍整理與維護

（一）善本書目

中國目錄學，萌芽於先秦，形成於漢代，歷史悠久，源遠流長，直至清代編纂《四庫全書總目》而集大成。鼎革以還，館藏善本書目，進一步作為提供古籍的檢索工具，並便利館方增補書目資料。

1940 年屈萬里（翼鵬）任職國圖，先是擔任編纂（1940-1943；1945-1946），其後（1947-1949）擔任特藏組主任，都在負責善本書的編訂

工作。1941 年編定《善本圖書編目規則：通則》，除確定「善本書」的範
圍外，訂定中國善本書的編目規則 34 則，其中特別重視版本項的著錄。並
致力於善本書目的編訂，「俾善本圖書得以保存流傳；方便學者的考訂取
資」，完成《國立中央圖書館善本書目初稿》，分別於 1947 年、1948 年由
國圖油印出版第 1、2 輯，各著錄 3,000 多部。這部書目共分經、史、子、
集、叢部等 5 卷。這不僅奠定了國圖善本書目的基礎，也是現代善本書目
的一個範例，在撰人及版本兩項的著錄，均較前人所編為詳備。依劉兆祐
〈屈翼鵬先生與國立中央圖書館〉乙文（略以）：

> 抗戰勝利後，翼鵬師正擔任特藏組主任，並負責設在南京頤和路的北城
> 閱覽室。北城閱覽室是專供閱覽中文舊籍及善本書的。屈師和當時也在
> 特藏組任職的昌瑞卿（彼得）先生昕夕從事善本書的考訂工作。要把那
> 麼多的善本書，一一考訂編目，不是一件簡單的事情；除了要有淵博的
> 學識外，還要有不畏艱辛的毅力。

1952 年 3 月；屈萬里在《大陸雜誌》（4：6）撰〈中文舊籍目錄版本
項著錄舉例〉，同年 6 月，昌彼得也在《大陸雜誌》（4：11）撰〈中文舊籍
目錄版本項著錄舉例補訂〉乙文補訂數則。屈萬里匯合兩文，略加修改，
成〈善本書目版本項著錄略例〉，載入屈、昌合著《圖書版本學要略》（臺
北：中華文化出版事業委員會，1953.06）。1959 年 7 月國圖印行《國立中
央圖書館中文圖書編目規則》，其中乙編之一〈善本圖書編目規則〉第 2
章〈書目〉部分，即據此增訂，成為全世界編纂中文古籍書目的編目規則。
1954 年 4 月 13 日《中華日報》6 版載屈萬里著《擬拓片編目規則》。

1954 年 9 月，國圖在臺復館，整理改編運臺善本書 120,000 餘冊，輯
為《善本書目甲編》《乙編》，各 5 卷，「本目所錄，係本館運來臺灣之善本
圖書，分為甲乙兩編：凡明以前刻本之佳者、及清代刻本極珍秘者，與夫
稿本、鈔本、名家批校題跋本之精者，皆入甲編；其次者則入乙編。」於

1957 年 8 月、1958 年 1 月、2 月，委由中華叢書委員會分別印行《國立中央圖書館善本書目》上、中、下冊。蔣復璁為本書目提序：「前年復館，由昌瑞卿先生依據原有清冊，重加編輯，又得屈翼鵬先生校訂，編成目錄 10 卷，今教育部部長張曉峯先生令交由中華叢書委員會印行，以廣流傳。（中略）此目之善，約有兩端；一則版本考訂精詳，足資參稽；一則體例雖承襲四部，而子目則分析較細，尤便即目求書。」

另出版館藏善本圖錄，如《國立中央圖書館宋本圖錄》、《國立中央圖書館金元本圖錄》，分於 1958 年 7 月、1961 年 7 月，由中華叢書委員會印行。每書各攝印書影 1-2 幀，後附說明，凡板匡尺寸、行款、刻工、題跋、各家藏書志著錄情形，及收藏印記，均有記述。

經過 10 年，國圖因奉令代管前東北大學善本圖書、自美國運回北圖甲庫珍籍，館藏善本已超過 140,000 冊。復因為舊目編印倉促，編目時取書不便，多據原編目草籤編定，未遑覆審，經勘對原書，迭有改正。

1966 年冬，中研院中美人文社會科學合作委員會委請國圖主持編印臺灣地區公藏中文人文社會科學聯合目錄，1966 年 12 月成立該聯合目錄編輯委員會，由國圖館長屈萬里、編目組主任林愛芳（後由閱覽組主任劉崇仁接替）、特藏組主任昌彼得及中研院史語所傅斯年圖書館主任藍乾章、國防研究院圖書館館長呂秋文、臺大圖書館學系主任賴永祥、臺師大教授兼圖書館主任王振鵠、政大教授兼資料室主任趙來龍、東海大學教授兼圖書館館長沈寶環、故宮書畫組主任那志良、省立臺北圖書館館長劉效騫（後由館長韓寶鑑接替）等 11 人組成，經開會決定，第 1 年（1967 年）先編印中文書善本聯合目錄。其工作程序，大要為各機關先就所藏依四庫分類法分別編為書本式分類目錄；再由國圖彙編成綜合性書名索引及著者索引各乙種。

國圖乃於 1967 年 12 月出版《國立中央圖書館善本書目》（增訂本）5 卷 4 冊，由昌彼得、喬衍琯編。全書約收書 143,000 冊，包括國圖自南京運臺舊藏（合舊目甲、乙兩編為一帙）及在臺新購善本、教育部撥交國圖

保管北圖與東北大學舊藏善本等，分經史子集叢 5 部彙編成冊。1971 年 6 月、1972 年 8 月分別出版《臺灣公藏善本書目書名索引》（2 冊）、《臺灣公藏善本書人名索引》。

由於 1978 年臺大普通本線裝書始完成編務，臺灣公藏普通本線裝書書名人名索引的編製開始著手進行。由特藏組主任封思毅策畫，張棣華、甘漢銓總其成，李莉茜、黃翠薇、王道明、陳麗玲襄助。先後於 1980 年 1 月、1982 年 1 月分別出版《臺灣公藏普通本線裝書目人名索引》、《臺灣公藏普通本線裝書目書名索引》。

1969 年 12 月又因美國芝加哥大學東亞語言文化系兼圖書館學研究所教授、遠東圖書館館長錢存訓建議，另單行出版《國立中央圖書館典藏國立北平圖書館善本書目》乙冊。

1986 年 12 月再編印《國立中央圖書館善本書目》（增訂 2 版）4 冊。由特藏組主任策畫，李清志編輯，王文英、林霏娟協同鈔錄核校。全書目有修訂及新增者，共 1,280 餘條。修訂的重點為敦煌寫經、宋金元版及明清版和寫本，並新編入前交通部移贈及正陽王化民、湘潭袁孝俊兩家捐贈的善本書。（王振鵠）

（二）善本書志

善本書志和善本書目都是書目，但著錄內容有詳略之分。前者可稱「詳載式書目」，後者即「簡略式書目」。善本書目著錄簡單，不能顯現各書的特點，而書志能提供較多的學術及參考價值的資訊。國圖對善本書的整理工作，始於善本書志。依據劉兆祐編《屈萬里先生年譜》，約於 1942 年至 1944 年，屈萬里在重慶國圖編印的《圖書月刊》上先後發表了 20 多篇善本書志。依 1946 年屈萬里所編《善本圖書編目規則》，分〈通則〉、〈書目〉、〈書志〉等 3 章，可知書志的撰寫，亦為整理善本的一部分。在〈書志〉章規範了書志的體例，分總記、版本行款（附木記書耳等）、紙墨裝訂、考

證校勘、餘記 5 部分，全 35 則。除了書志一般的著錄要求如版式行款、刻工、避諱字、序跋題記、收藏印記、紙墨裝訂外，尤其強調版刻源流、考證校勘的作用。

此後，到 1967 年屈萬里接長國圖，在復刊的《國立中央圖書館館刊》上，開闢〈善本書志〉專欄。1967 年 3 月屈館長在〈國立中央圖書館計劃中的幾件工作〉乙文提到：「過去的善本書志，多注重欣賞或文字的校勘。本館《館刊》中的善本書志，將注重各書傳本的源流，以及此本與他本的比較，以明各本的優劣，好讓讀者擇善而從。」1967 年 7 月《館刊》〈復刊詞〉稱：「本館的善本書志，是著重在每一書的傳刻源流，以明各本的衍變；並與他本互勘，以見其優劣的所在。」本善本書志的編寫方法，係參考各家藏書志的體例，並按書敘述，將所有屬於該書的版本，系統的敘述，如此考辨真偽、校訂異同、條別源流，勝於前人所作。也就是將每一種書編寫成一個版本考。在撰寫某一書的書志時，將國圖所藏該書的各種版本併述，說明其版式行款、遞藏源流，然後再考訂國圖未入藏的本子若干，及各版間的淵源與優秀異同，以便於學術界人士運用館藏善本書。

該〈善本書志〉專欄，每期由國圖特藏組同人撰寫書志數篇，期聚沙成塔。執筆者從 1967 年 7 月新 1 卷 1 期起，有昌彼得、喬衍琯、劉兆祐、張棣華、沈崑寰、江菊元、俞寶華、張璉等，到 1995 年 12 月新 28 卷 2 期起有「古籍整編計畫」同人郭啓傳、鄭方宜、張子文、應廣輝、吳慧萍、林素芬、楊憶湘、林偉洲、黃月梅、柯淑惠等。依盧啓聰統計，「共總刊登過 342 篇書志」。

（三）金石拓片

國圖所藏金石拓片均予以繕就編目卡，含編目號、登錄號、名稱及數量、製作人及字體、時代、地域、版本、校釋及題跋者、殘缺情形等。每件銘文在 50 字以上者，記其行格，不足 50 字則錄全文。其中墓誌銘部分

共有 2,661 種,於 1972 年 10 月由中華叢書委員會印行《國圖墓誌拓片目錄》乙種;1982 年增訂再版,附有索引。1990 年國圖出版《國圖拓片目錄——墓誌部份》,除改正舊編外,並於每目末標明尺寸。

1983 年國圖編印《國圖金石拓片簡目》;1990 年又編印《國圖拓片目錄——金石部份》,對舊目編次略有調整,補入闕遺,並收編新購四川漢代畫像磚拓片(漢代貴族墓室出土畫像磚拓片)。

(四)藝文總志

1974 年旅美學者嚴文郁鑒於中國歷代史志及補志甚多,缺乏有系統的整理,遂提出編纂「中國歷代藝文總志」計畫,希望就歷代史志編成一份總目,可以顯示古書存佚狀況,及歷代典藏情形。陳立夫甚表贊成,向中華文化復興委員會提出編書計畫。該會請教育部專案辦理。部長蔣彥士批准執行。「計畫由嚴文郁任主持人,借國圖為工作地點,另在臺大增設一教授名額在臺大支薪,旅費及房屋津貼由國科會負責。不料國圖館長諸家駿轉託中國圖書館學會組織編纂委員會來進行,「以先生為委員之一,並在臺大每週排 8 小時課程。如此一來改成以教書為主,編書為副,與先生原意不同,返國之事因此停頓。」(藍文欽)經屈萬里、楊家駱、毛子水、昌彼得等委員研議,認為這項工作需要有一個單位來承辦,才能在人事經費方面有所支援,以專責成,所以這項工作於 1976 年又從學會轉由國圖特藏組辦理(王振鵠)。1977 年國圖王館長主政,組織專門編纂委員會進行,以王館長為召集人,昌彼得任總編輯,喬衍琯協助編務,特藏組主任盧錦堂撰編初稿。本書範圍將以歷代正史史志及諸家補志為主,兼錄《千頃堂書目》、《四庫全書總目》、《續修四庫全書提要》、《販書偶記》、《販書偶記續編》等書目。著錄書名,卷數,編撰注釋者姓名,著錄此書的書目,注明書的殘、佚或未見,有輯本者則著錄其輯本,其他書志不同記載;間附考證。這部鉅製自 1976 年起至 1989 止着手編印,「經緯萬端,頭緒紛繁,諸

如書志採錄，條例釐訂，資料編排，疑難考證等」（王振鵠），「實屬殫精竭慮，煞費苦心」（嚴文郁）。先於 1982 年 2 月，試編《中國歷代藝文總志（經部易類書類初稿本）》，就正於方家，作為修訂的南針。其後，分別編印《中國歷代藝文總志》經部（1984.12）、史部、子部（1989.12）、集部（1987.05）。

（五）古籍整編計畫

1984 年，蔣復璁已卸故宮博物院院長乙職，向中華文化復興運動推行委員會提出「復興中華文化出版計畫草案」，包括：1.編印標準本四部叢刊；2.編撰續修四庫全書提要；3.編譯新書；4.拍攝四庫全書顯微影片。建議由該會策畫，國圖及國立編譯館合作。之後，教育部就該草案「四庫全書續修計畫」，指示國圖研究可行性。1986 年 6 月，國圖館長王振鵠簽報「四庫全書續修計畫」和「教育部四庫全書續修委員會設置要點」，經教育部研議，先編「四庫全書續修目錄」。因此，1986 年蔣復璁、喬衍琯、吳哲夫、王國昭編成《四庫全書續修目錄初稿》（未刊本，計 1、2 兩集共 6 冊）。

其後，計畫名稱又改為「古籍整編計畫」，包括標點善本序跋、題跋、編輯古籍提要索引、選印善本古籍，列為國圖經常業務來辦理，自 1989 年 7 月起至 1994 年 6 月止，為期 5 年。完成的計畫成果，如標校館藏善本的刻書序跋 14,000 篇；藏書題識 900 家；出版品共 31 冊，如《國立中央圖書館善本序跋集錄》16 冊（經部 1 冊、史部 4 冊、子部 4 冊、集部 7 冊）（1992.06－1994）、《標點善本題跋集錄》2 冊（1992.05）、《國立中央圖書館善本題跋真跡》4 冊（1982.12）、《四庫經籍提要索引》2 冊（1994.06）、《善本書志初稿》、《梁啓超知交手札》（1995.06），並就典藏宋元版珍籍中精選出版《國立中央圖書館善本叢刊》7 種 11 冊（1991.12），即《大易粹言》、《尚書》、《尚書表注》、《東都事略》、《新大成醫方》、《楚辭集注》、《箋注陶淵明集》。

第 2 階段「古籍整編計畫」自 1994 年 7 月至 1999 年 6 月止，主要工

作是編印《國家圖書館善本書志初稿》，著錄經部善本 1,128 部（1 冊，1996.04 出版）、史部 2,774 部（2 冊，1997.06 出版）、子部 3,414 部（4 冊，2000.05 出版）、集部 4,867 部（4 冊，1999.06 出版）、叢部 186 部（1 冊，2000.05 出版），共 12 冊。

第 3 階段「古籍整編計畫」1999 年 7 月至 2004 年 6 月止，主要是從館藏豐富的明人文集中摘出學術文若干篇，加以分類點校，彙印出版，以考證有明一代學術主張。

（六）輯印古籍叢書

隨著政府播遷來臺的圖書館，雖藏有大量的善本書和線裝書，但都為原件單本，學者利用不便，於是 1945 年以來臺灣地區輯印叢書很多，初較偏重古籍的整理和輯印。國圖先是接續將 1934 年影印的《四庫全書珍本初集》221 種、1,960 冊，於 1964 年至 1970 年，再由臺灣商務印書館承印《四庫全書珍本初集》（第 2 版），計 25 開，400 冊。接着 1968 年 9 月自行編印《明代藝術家文集刊》14 冊，輯印國圖館藏 7 種，由昌彼得主其事，喬衍琯、陳萬鼐襄其事及 1971 年 6-10 月編印《明代藝術家文集刊續集》15 冊，輯印國圖館藏 6 種。1970 年 5 月，復編印《元人珍本文集彙刊》14 冊，輯印國圖館藏 10 種。同年 12 月，編印《藝術賞鑒選珍》17 冊，輯印國圖館藏 9 種。

自 1960 至 1970 年代，中研院史語所刊印《明清史料》10 編（每編 10 冊）、《明清檔案存珍選輯》3 輯、《明實錄》133 冊等大部頭書後，臺灣各大出版社編印明代史籍，蔚為風氣。1967 年，國圖曾選明清史料相關善本書 10 種傳印《國圖秘籍叢刊》，因囿於經費，爰與正中書局合作，惟出版社亦吝於投資，僅出版《萬曆邸鈔》、《夷事眘》兩種。1969 年 12 月，屈萬里主編，《明代史籍彙刊初輯》，由臺北學生書局印行。選輯國圖所藏明代史籍善本書 11 種。1971 年 5 月，屈萬里主編，《雜著秘笈叢刊》36 冊，

由學生書局印行。選輯國圖所藏雜家類善本書 17 種。1976 年 7 月，屈萬里、劉兆祐主編，《明清未刊稿彙編初輯》106 冊，由聯經出版事業公司印行。選輯國圖所藏明清兩朝未刊稿本 10 種；及 1979 年，《明清未刊稿彙編二輯》選輯 1 種，即《全唐詩稿本》71 冊。1971 年 10 月，輯印《歷史通俗演義》精裝 6 冊、平裝 11 冊，選輯國圖所藏歷史平話和演義 7 種。其他，1970 年、1971 年分別編印《頖宮禮樂疏》、《李賀歌詩篇》。

　　1981 年 8 月及 1985 年 12 月再輯印《玄覽堂叢書初輯》31 種 24 冊；及《玄覽堂叢書續輯》26 冊，收錄以國圖所存原 31 年在上海印行底本 13 種及 36 年國圖影印本影印為主。

　　1988 年國圖初步編就《善本藏書印章選粹》，所收逾 700 家藏書章。

（七）「認識中國古書」多媒體光碟系統

　　1995 年 12 月開始開發，分 6 大單元。1.探源。描述中國圖書的起源，並舉例說明歷代主要出版地區的代表作，兼及刻書特色。2.集錦。試就鈔寫、版刻、活字印刷、套印、石印以及插圖諸項介紹珍貴古籍。3.賞鑑。例釋版本作偽情況，並簡介寫本、刻本、活字本、石印本等鑑定方法。4.釋名。以圖文對照方式解說有關版本種類、版面格式、外行結構等方面的專門術語。5.觀影。分 4 段影片、配上旁白及音樂。即「琳瑯滿目」，展開國圖各時期所藏珍貴古籍；「別有洞天」，引導參觀善本書庫及其各項相關設備；「妙手回春」，拍攝善本書修復過程；「古為今用」，呈現國圖古籍整理概況。6.拾芥。包括釋名索引、珍籍索引等，便於查尋。本系統大抵引用國圖珍貴古籍 260 種左右，包含文字逾 83,000 字、圖片 1,000 幅以上、影畫約 13 分鐘。本系統並得掛上網際網路。

附錄：中國大陸古籍整理

（一）高校古委會

　　1981 年 7 月陳雲（1905－1995）重視古籍整理工作，9 月 17 日中共中央書記處下達《中共中央關於整理我國古籍的指示》（中發〔1981〕37 號），略以：

> 1. 整理古籍，把祖國寶貴的文化遺產繼承下來，是一項十分重要的關係到子孫後代的工作。2. 整理古籍，為了讓更多的人看的懂，僅作標點、注釋、校勘、訓詁還不夠，要有今釋，爭取做到能讀報紙的人都能看得懂。3. 需要有一個幾十年陸續不斷的領導班子，保持連續的核心力量。4. 要由規劃小組提出一個為期 30 年的古籍出版規劃，第 1 個 10 年，先把基礎打好，把願意搞古籍的人組織起來，以後再逐步壯大隊伍。5. 現在有些古籍的孤本、善本，要採取保護和搶救的措施；散失在國外的古籍資料，也要通過各種辦法爭取弄回來，或複製回來，同時要有系統地翻印一批孤本、善本。6. 可以依托於高等學校。有基礎、有條件的某些大學，可以成立古籍研究所。有的大學文科中的古籍專業（如北京大學中文系的古典文獻專業）要適當擴大規模。7. 為辦好整理古籍這件事，盡管國家現有困難，也要花點錢，並編造一個經費概算，以支持這項事業。

1982 年初，國務院古籍整理出版規劃小組（1958 年設立）恢復工作，由李一氓（1907－1990）主持這項工作。他於同年 1 月 20 日在《人民日報》披

載〈論古籍和古籍整理〉，文中提出：對於少數民族語言古籍，自亦為中國古籍，都應加以整理。該規劃小組制訂了「九年規劃」（1982－1990），決定將人才培養工作和全國高等院校的古籍整理工作，由教育部主持。

　　1983 年 9 月教育部成立了「全國高等院校古籍整理研究工作委員會」（「高校古委會」），由周林擔任主任，1996 年改由安平秋任主任。古委會的工作任務是接受教育部的委託，負責組織、協調全國高校的古籍整理研究和人才的培養工作，分配財政部指撥的高校的古籍整理研究人才培養和科研項目專款，並監督檢查該項專款的使用狀況。設祕書處於北京大學，工作人員由北大教師兼任；其下設科研項目評審工作小組、人才培養工作小組和對外交流工作小組，均由高校教授組成。

　　10 年間（1983－1993）在高校陸續建立由高校古委會直接聯繫的（國家教委直屬）28 所大學院校及地方性 86 所大學院校的古籍整理研究所、古典文獻研究所、古典文獻專業，集中了專、兼職的科研、教學人員約 1,200 名。

　　高校古委會的科研規劃項目有三：

1. 高校古委會資助的重點項目（11 類 100 項）：（1）中國古文獻研究，如《古文獻研究叢書》（金開誠主持）；（2）斷代詩文總滙，如《全唐五代詩》（初盛唐部分）11 冊（蘇州大學、河南大學；周勛初、吳企明、佟培基）、《全宋詩》72 冊（北京大學古文獻研究所；傅璇琮、孫欽善、倪其心）、《全宋文》360 冊（四川大學古籍整理研究所；曾棗莊、劉琳）、《金元戲曲》（中山大學古文獻研究所；王季思、黃天驥）、《全元文》60 冊、第 61 冊索引（北京師範大學古籍整理研究所、李修生）、《全明詩》（復旦大學古籍整理研究所；章培恒）、《全明文》（錢伯誠、魏同賢、馬樟根）、《清文海》106 冊（南開大學古籍與文化研究所；鄭克晟）；（3）文史哲大家集及其他，如《康有為全集》（姜義華）；（4）語言文字文獻整理與研究，如《甲骨刻辭類纂》、《甲骨刻辭摹釋總集》（吉林大學古籍整理研究所；姚孝遂）、《古今全漢字信息處理系統工程》（包括甲骨

文、金文在內的古今全部漢字字庫）（中科院計算機研究所；裘錫圭）；
（5）普及讀物，如《古代文史名著選譯叢書》（章培恒、馬樟根、安平
秋），先秦至明清的名著 165 種，譯成白話文；（6）資料滙編、研究及
其他，如《清詩紀事》22 冊（蘇州大學大學古籍整理研究所、錢仲聯）、
《中國古代教育文獻叢書》（王炳照）；（7）古小說叢編，如《古本小說
集成》（徐朔方、魏同賢）；（8）國情研究，如《近現代中國國情叢書》；
（9）國際中國學研究；（10）古典文獻專業基礎教材；（11）當前古籍
整理情報與研究。

2. 高校古委會資助的一般項目（200 餘項）。

3. 各研究所、各地方所屬院校自己的重點項目（約 2,000 餘項），如《長白
叢書》（吉林師院古籍整理研究所、李澍田）、《嶺南叢書》。

　　高校古委會創辦《中國典籍與文化》期刊（原係 1985 年創刊《古籍整
理與研究》，1992 年 6 月改稱現名)乙種；設立「中國古文獻學獎學金」（1990
年起實施，每 2 年評乙次）；並開展對外交流。這些成果紮下了古籍整理的
基礎。

　　這些項目的進行也得到出版社、圖書館界的支持，如巴蜀書社、江蘇
古籍出版社（現稱鳳凰出版社）、中華書局、中國國家圖書館（北京圖書館）、
上海圖書館、浙江省圖書館等。

　　關於要求「散見於國外的古籍資料，爭取弄回來，或複製回來」部分，
例示：中國北京大學校長助理郝平和日本東京經營文化研究所所長長島要
市的策劃與推動下，得到日本共立女子學園理事長石橋義夫的支持和中國
教育部高校古委會的贊同，將複製宮內廳書陵部所藏宋元版漢籍工作列為
高校古委會與共立女子大學、宮內廳書陵部共同合作項目。1997 年 12 月，
共同議定將書陵部所藏宋刊本 75 部、元刊本 69 部計 144 部漢籍，全數複
製乙份給古委會。長島要市表示將籌措在日本複製該批漢籍所需經費，無
償提供中國收藏。而有關其他費用，包括複製後在中國的整理、研究及影
印費用，由高校古委會承擔。高校古委會先將 2000 年 3 月時所陸續收到的

55 部宋元漢籍複製物，經比較研究，從中選出最具出版價值者影印出版，各書撰寫「影印說明」。爰委託北京線裝書局影印出版線裝《日本宮內廳書陵部藏宋元版漢籍影印叢書》，第 1 輯 14 部，2012 年 12 月出版，全 188 冊。第 2 輯 7 部，2003 年出版，全 73 冊。另上海古籍出版社，於 2013 年 3 月出版《日本宮內廳書陵部藏宋元版漢籍選刊》乙種，全 170 冊，係自上開 144 部宋元舊版漢籍中精選 66 部，其中有 21 部與線裝書局所出版者同。安平秋曾指出：中國古籍流傳到海外的 8 種渠道與途徑，其中有正常的流傳和不正常的流失，正常的交流和強行的掠奪，他說到：

> 存藏在海外的中國古籍，不管當年它們通過什麼渠道，怎麼流傳到海外的，事實上今天都已經成為國外眾多圖書館的重要存藏了，中國的文化財富成為世界的文化寶藏，恰恰彰顯了中國文化在世界上的影響。我們完全不必籠統地、簡單地強調古籍必須回歸，更不必牽強地把古籍回歸與愛國、政治乃至民族尊嚴聯繫起來。我們雖然也有像蘇聯存藏之《永樂大典》、翁萬戈私藏、陳國琅私藏、日本大倉文庫等原書回歸成功的案例，但放眼未來，古籍回歸更多時候還應該立足於「複製」，根本目的在於為國內學術界提供更多的基礎性的文獻支撐。

可見當代古籍整理工作，乃是以圖書館為主的典藏與維護、以大學為主的整理與研究、以出版社為主的出版與規劃等 3 部分構成，賴圖書館、大學、出版社三者的結合，提供學術界研究所需為鵠的。

《日藏漢籍善本書錄》

上開科研項目國際中國學研究類中與文獻學較直接相關者，如嚴紹璗編著《日藏漢籍善本書錄》3 冊（2,336 頁）（北京：中華書局，2007.03），著錄 10,800 種善本，所蒐羅的典籍較前人更形完備。「著錄自上古以來傳入日本而現今仍然保存於彼地各藏書機構及個人蒐儲的明代與明代之前的

各種寫本與刊本為主；兼及若干留存在日本的清人手稿本，但不著錄存量浩瀚的清人著作的刊印本。」任繼愈為本書作序：

> 作者用力之勤，功力之深，超過前人。他歷時 14 年，往返中日兩國 10 餘回，利用一切的機會，遍訪日本公私藏書機構，廣泛接觸日方的漢學家。以他在學術上的成就，博得日本漢學家們的欽重，因而能夠接觸到一般讀者難以接觸的善本珍本。有利的外緣再加上他為探索文化交流現象的宏願，鍥而不捨的毅力，達到了文獻整理的新天地。

編著者在「自序」裏說到以一個中國人在異國進行「日藏漢籍」的調查整理和研究編纂有 4 難：1.需要對日本文化史、中日文獻學史、中日文化關係史有一個整體及深入的了解；2.需要在日本有相當長的停留時間；3.需要熟悉日本近百個漢籍收藏機構；4.需要有足夠的經費，「但是，當一個人有了一種明確的理念與目標之後，往往會有連自己都難以釋然的精力去面對困難。」在「凡例」中提到「本《書錄》是編著者近 20 餘年來在日本國調查千餘年流傳於彼方的漢籍的記錄稿，編著者無意以一人之力為日本全國目前所藏的漢籍編輯全國性的『藏書總目』或『善本總目』。」而是「描述一部漢籍進入日本而形成的文化氛圍，由此而提示東傳漢籍在日本文明進程中的地位和作用。」

（二）中華古籍保護計畫

　　中國國務院辦公廳發布《關於進一步加強古籍保護工作的意見》（國辦發〔2007〕6 號），提出在「十一五」期間，大力實施「中華古籍保護計畫」，這是中國第一次由中央級政府直接展開的國家級古籍保護工程。案該計畫的主要內容有五，略以：1.統一部署，對全國公共書館、博物館和教育、宗教、民族、文物等系統的古籍收藏和保護狀況進行全面普查，建立中華

古籍聯合目錄和古籍數字資源庫；2.建立《國家珍貴古籍名錄》，實現對古籍的分級管理和保護；3.命名「全國古籍重點保護單位」，完成一批古籍書庫的標準化建設，改善古籍的存藏環境；4.培養一批古籍保護專業人員，加強古籍修護工作，和基礎實驗和研究工作，逐步形成完善古籍保護工作體系；5.進一步加強古籍的整理、出版和研究利用。應用現代科技加強古籍數位化和縮微工作，開展「《中華再造善本》二期工程」。

　　國務院十部委組成「全國古籍保護工作部際聯席會議」，為「中華古籍保護計畫」領導機關。隨即文化部辦公廳成立「國家古籍保護工作專家委員會」，祕書處設於文化部社會文化圖書館司。以李致忠（研究館員、國家圖書館發展研究院院長）為主任，安平秋、史金波為副主任；祕書長陳洪彥（國家古籍保護中心辦公室主任）。設委員 60 餘人（任期 3 年）。該委員會作為文化部古籍保護工作的諮詢機構。2007 年國家圖書館報奉核准設立「國家古籍保護中心」，主任韓永進，副主任張志清。該中心負責 1.全國古籍普查工作，滙總普查成果，建立中華古籍綜合信息數據庫，形成全國統一的中華古籍目錄；2.全國古籍保護培訓工作；3.推動全國古籍保護研究工作。

　　各省、自治區、直轄市按此模式各自建立古籍保護廳級聯席會議、專家委員會和省級古籍保護中心（各省圖書館）。「國家古籍保護中心」統合各省、市、縣 3 級文化系統暨省內教育、出版、中醫等行業古籍收藏單位，行成全國古籍保護工作體系。

　　文化部（文社文發〔2011〕12 號）《文化部關於進一步加強古籍保護工作的通知》。其中列有「加快《中國古籍總目》分省卷編纂。各省在編纂《總目》分省卷時，可以根據古籍普查進度，分卷編輯出版，盡早形成階段性的成果。」「開展特色古籍的保護，積極開展中華醫藥典藏，清代昇平署戲曲文獻特色，編纂《中華醫藏》、《民國文獻總目》。」「加速海外古籍普查，開展國際合作，調查中華古籍在世界各地的存藏狀況，促進海外的中華古籍以數字化形式回歸。」

古籍普查登記

　　《國務院關於開展第一次全國可移動文物普查的通知》（國發〔2012〕54 號），第 1 次普查由國務委員劉延東為領導小組組長，副組長蔡武（文化部部長）、江小涓（國務院副秘書長）、勵小捷（文物局局長），成員 15 人，領導小組辦公室主任勵小捷。全面普查定於 2012.10-2016.12，分三階段進行。2013.12.31 為普查標準日，透過「全國古籍普查登記平臺」或普查登記表格進行；由國家古籍保護中心和省級古籍保護中心負責分別協調國家和地方各收藏單位開展古籍普查登記工作。截止 2016 年年底的成果如下：

1. 已完成 1,218 所古籍收藏單位的普查登記工作，普查資料達 200 萬餘條，經由《全國古籍普查登記基本資料庫》公開發布資料 431,756 條、4,133,584 冊，手機版業已上線。

2. 出版 119 所古籍收藏單位《全國古籍善本普查登記目錄》30 部 57 冊，如《天津圖書館古籍普查登記目錄》3 冊、《南開大學圖書館古籍普查登記目錄》、《中國中醫科學院圖書館古籍普查登記目錄》、《國家圖書館古籍普查登記目錄》13 冊、《重慶市三十三家收藏單位古籍普查登記目錄》等。

3. 啓動《中華古籍總目》編纂工作。

4. 西藏、新疆等邊疆民族地區的古籍普查獲有進展。

5. 宗教廟宇也啓動古籍普查，如河南嵩山少林寺、重慶華嚴寺、西藏布達拉宮、哲蚌寺、羅布林卡、薩伽寺等。

6. 國務院先後批准頒布 4 批國家珍貴古籍名錄共計 11,380 部（其後，第 1-5 批共計 12,274 部）。

7. 命名「全國古籍重點保護單位」166 家。

8. 在全國建立 12 家「國家級古籍修護中心」。

9. 編印國家珍貴古籍名錄圖錄，如國家圖書館國家古籍保護中心編印，《第一批國家珍貴古籍名錄圖錄》8 冊（2008.12 出版），收錄國務院（2008.3.1）

公布古籍 2,392 部，其中漢文古籍 2,282 部、民族文字（包括 14 種）古籍 110 部及簡帛、敦煌文書、碑帖等；《第二批》（2010.09 出版），收錄國務院（2009.6）公布 280 家文獻收藏機構古籍 4,447 部；《第三批》8 冊（2012.05 出版），收錄國務院（2016.6）公布古籍 2,989 部中的 2,392 部；《第四批》6 冊（2014.04 出版），收錄國務院（2013.3.）公布古籍 1,516 部。其中，北京國圖在第一至第四批入選《名錄》的古籍達到 900 部。

又如：西藏自治區文化廳編印，《雪域寶典－西藏自治區入選第一、二、三批國家珍貴古籍名錄圖錄》（2012.01 出版），收錄藏文 34 部。湖北省圖書館編印，《湖北省國家珍貴古籍名錄圖錄》（2012.11 出版），收錄第一、二、三批 177 部。

數字化和整理再造方面：

1. 2008 年 9 月啓動「中華再造善本續編」編纂工作，接續正編。案 2002 年 5 月，文化部、財政部實施「中華再造善本工程」，旨在將珍稀善本的「再造」，使之化身千百，分藏於各地，促進古籍善本的傳播和利用，弘揚優秀傳統文化。2008 年初，《中華再造善本》一期，唐宋編、金元編，共收唐宋金元時期善本 758 種 1,394 函 8,990 冊；並另予以數位化。「續編」編纂明代編、清代編；選目以明清珍稀古籍為主，其中大部分屬國家一、二級古籍及入選第一、第二批《國家珍貴古籍名錄》。

2. 2011 年國家圖書館出版社啓動《中國古籍珍本叢刊》編纂。

3. 2012 年啓動了「國家圖書館館藏善本縮微膠片數字化」項目，採原樣數位化（原貌原樣掃描或攝影），應用於《中華古籍資源庫》。

建立古籍書庫的建築標準方面：國家古籍保護中心以文化行業標準《圖書館古籍特藏書庫基本要求》（WH/T24-2006）為藍本，參考了國內外相關最新研究成果，於 2015 年共同制定，發布實施中國國家標準《圖書館古籍書庫基本要求》（GB/T30227－2013）。茲摘錄圖書館古籍書庫環境溫濕度的規定：善本書庫環境溫濕度的控制，溫度 16°C-20°C，濕度 50%-60%。

普通古籍視地區而定，北方地區 14°C-22°C，45%-60%；南方地區
16°C-22°C，45%-60%；西北、青藏地區 14°C-24°C，40%-60%。有條件的
圖書館，可以採用更嚴格的溫度標準，如 1°C-4°C、8°C-12°C 等，但最低
溫度不宜低於 0°C。

中共中央辦公廳國務院辦公廳印發了《關於實施中華優秀傳統文化傳
承發展工程的意見》的通知（中辦發〔2017〕5 號），要求各地區各部門結
合實際認真貫徹落實。同年 8 月 7 日文化部公共文化司（文公共發〔2017〕
24 號）關於印發《「十三五」時期全國古籍保護工作規劃》的通知，提出
到「2020 年基本摸清全國古籍資源和保存狀況」，基本完成全國古籍普查
登記工作。2017 年 5 月 25 日國家圖書館「國家古籍保護中心成立十周年
座談會」，主任韓永進宣稱：今後要落實上開兩辦《意見》要求，繼續組織
實施好「中華古籍保護計畫」。

國家圖書館古籍普查

北京國圖完成了古籍普查登記工作；編印《國家圖書館古籍普查登記
目錄》13 冊（北京：北京圖書館出版社，2015.12）。經普查後，國圖現藏
古籍 133,354 部。1.依總量分：善本古籍 30,766 部、普通古籍 102,588 部；
2.依版本時間分：宋元以前 1,703 部、明本 16,892 部、清本 114,759 部；3.
依版本類型分：稿本 1,852 部、抄本 16,051 部、寫本（含繪本）756 部、
刻本 98,618 部、活字本 2,714 部、鉛印本 7,732 部、石印本 4,433 部、影印
本 892 部、油印本 87 部、鈐印本 163 部、拓本 56 部。

中國古籍總目

《中國古籍總目》，收錄主要對象是 1912 年以前成書的漢文古籍。國
家古籍保護中心製《中華古籍總目編目規則》，作為著錄標準。編纂工作流
程：採「分卷主編館編定初稿、編委會組織專家審訂、分卷主編館參照專
家意見修改以形成定稿、編委會委託專人統一定稿、編委會委託專人及出
版社審讀定稿。」依地區、機構、類型、文種等先予分卷進行編纂。依地

區、機構分卷者，指漢籍收藏豐富的省分和機構，如天津市、湖南、安徽、浙江、江蘇、遼寧等省分卷；及收藏古籍 100 萬冊以上的單位，獨立成卷，如國家圖書館、上海圖書館、南京圖書館、北京大學圖書館等機構卷。依文獻類型特殊分卷者，如簡帛古籍、敦煌遺書、碑帖拓片、古舊地圖等類型卷。依文種分卷者，指少數民族古文字古籍。

　　中國古籍總目編纂委員會編，《中國古籍總目》26 冊（北京：中華書局；上海古籍出版社，2009-2012）。分經（2 冊）、史（8 冊）、子（7 冊）、集（7 冊）、叢書（2 冊）5 部、57 類，收錄古籍 177,107 種。在不少古籍版本後注明收藏單位，包括港澳、臺灣、日本、韓國、北美、歐洲等地若干圖書館收藏的中國古籍稀見品種在內，使該書具有聯合目錄的性質。另復旦大學圖書館編《索引》（4 冊；2013）。依照編纂分工，經部：北京大學圖書館；史部：上海圖書館；子部：南京圖書館；集部：國家圖書館；叢書部：湖北省圖書館；子部新學類（指在 1840-1912 間在中國大陸出版的中外新學書籍，單獨制定著錄規則和分類表）：天津圖書館；彙總統稿：復旦大學圖書館。出版分工，中華書局：經部、集部、叢書部；上海古籍出版社：史部、子部、索引。

（三）海外中文古籍總目

　　中宣部、國家新聞出版廣電總局、中國出版集團公司等協調一些國內主要出版單位加強與海外古籍存藏機構交流合作，推動散失海外中文古籍的整理出版工作。爰實施《海外中文古籍總目》的編撰出版項目，期盡快摸清散失海外中文古籍的總體情況，並系統影印出版散失海外的珍稀古籍文獻。該項目是「十二五」國家重點圖書出版規劃、《2011-2020 國家古籍整理出版規劃》的重點項目，已被列入「十三五」古籍整理出版工作的重點之一。

　　北京中華書局主持和推動「海外中文古籍總目」項目，努力於聯合海

外各大圖書館，搜尋、發現、整理、出版流散在世界各地的中文古籍。2015
年 5 月 28 日中華書局在美國紐約國際圖書展覽會（美國書展；BookExpo
American）「中國國家主題館」（「中國主賓國展區」）正式啓動該項目，舉
行了「《海外中文古籍總目》（*Overseas Chinese Ancients Catalogue Program*）
簽約式，由中華書局與美國柏克萊加州大學東亞圖書館、加拿大多倫多大
學鄭裕彤東亞圖書館就館藏中文古籍目錄的出版進行現場簽約。

　　2017 年 3 月 15 日加拿大多倫多市（Toronto）美國亞洲研究學會
（Association for Asian Studues, AAS）東亞圖書館協會（Council of East
Asian Libraries）年會，中華書局主辦「海外中文古籍總目」首批成果——
海外 5 個圖書館 3 部目錄的發表會。中華書局總編輯顧青介紹「總目」最
新實施的進展，並說明「總目」的編纂與出版是中華書局落實《關於實施
中華優秀傳統文化傳承發展工程的意見》的一個重大的舉措。3 部目錄如
下：

1. （美）李國慶編，《美國俄亥俄州立大學圖書館中文古籍目錄》（海外中
   文古籍總目）（北京：中華書局，2017.03）。著錄 Ohio State University
   Library 中文古籍條目 250 餘條。

2. （美）周珞、（美）黃熹珠、朱潤曉編，《美國杜克大學圖書館中文古籍
   目錄》《美國北卡羅萊納大學教堂山分校圖書館中文古籍目錄》《美國灣
   莊艾龍圖書館中文古籍目錄》（海外中文古籍總目）（北京：中華書局，
   2016.12）。著錄美國 Duke University Libraries、University of North
   Carolina at Chapel Hill、Elling O. Eide Library（在佛州 Sarasota 灣的私人
   小型漢學研究圖書館，Elling Oliver Eide（1935－2012）的蒐藏）中文古
   籍條目各為 60、50、20 餘條，合刊一冊。

3. 孔健、林海青編，《新西蘭奧克蘭大學中文古籍目錄》（海外中文古籍總
   目）（北京：中華書局，2017.03）。著錄 University of Auckland 中文古籍
   條目 239 條。

　　各目錄都與中國大陸現行的全國古籍普查登記接軌，體例、分類體系

和著錄規範都相同，收錄古籍也是以 1912 年為下限，分經、史、子、集、叢書 5 部分類排列。

目前還包括（美國）Binghamton University-The State University of New York、Pennsylvania State University、Dartmouth College、University of Illinois at Urbana Champaidg、University of California，Irvine、Kansas State University、（加拿大）University of Victoria、Mcgill University、（美國）University of Hawaii、Oberlin College、Claremont Mckenna College、University of Virginia、University of California，San Diego、The George Washington University、University of Colorado、Freer and Sackler Galleries（The Smithsonian's Museum of Asian Art）、University of Minnesota、Michigan State University、Indiana University、University of Oregon、Seton Hall University、（新加坡）National University of Singapore、Nanyang Polytechnic、（英國）Bodleian Library, University of Oxford 等在內的 20 餘所海外大學圖書館參加該項目。

隨着編纂工作的展開，將設總目工作、專家、編纂委員會。編纂委員會委員如下：

哈佛大學哈佛燕京圖書館館長	鄭炯文
柏克萊加州大學圖書館副館長兼　東亞圖書館館長	周欣平
芝加哥大學東亞圖書館館長	周　原
哥侖比亞大學東亞圖書館館長	程　健
康奈爾大學亞洲圖書館館長	鄭力人
史丹福大學東亞圖書館館長	楊繼東
華盛頓大學東亞圖書館館長	沈志佳
普林斯頓大學東亞圖書館　暨葛斯德文庫館長	何義壯（Martinus Johannes Heijdra）
俄亥俄州立大學圖書館東亞圖書館館長	李國慶

洛杉磯加州大學東亞圖書館館長	陳　蕭
耶魯大學東亞圖書館中文研究館員	孟振華
加拿大多倫多大學東亞圖書館中文研究館員	喬曉勤
不列顛哥侖比亞大學亞洲圖書館中文研究館員	劉　靜

　　「總目」採「分館編纂，最終統合」的編纂模式進行。針對各藏書機構的不同情況，目前採取 3 種方式組織書目編寫工作。1.由館方獨立完成書目的整理編纂工作，如柏克萊加州大學東亞圖書館；2.藏書量較大的圖書館，由館方提供編目數據，由中華書局委託國內編目專家協助編纂，如哈佛大學哈佛燕京圖書館；3.對於藏書量較少，自身編目實力不足的中小型館，委任海外專家組織協助編纂。如上開美國南部三館合刊的中文古籍目錄，即是由李國慶（原任職天津圖書館歷史文獻部主任）負責組織完成編纂。

（四）促進海外中華古籍回歸

　　2014 年起，國家古籍保護中心推動「海外中國古籍調查暨數字化合作項目」，策畫「海外中華古籍書志書目叢刊」、「海外中華古籍珍本叢刊」兩大海外中華古籍回歸工程。各省級古籍保護中心和有關高校、科研院所、出版機構等，也展開海外中華古籍回歸工作。

善本、方志

　　哈佛大學哈佛燕京圖書館作為首個入選此項目的重要海外藏書機構。北京國圖爰將該館館藏古籍分經、史兩編陸續出版。根據「中國古籍珍本叢刊」文獻標準著錄；《中華再造善本》正、續編及近年來大型古籍影印本已收錄相同版本者，不再收錄。經部收錄 12 種、史部 62 種，另就舊方志選「稀見」者重製影印出版。所謂「稀見」是指在中國大陸藏本數量在 3 部（含）以內，且具重要歷史文獻價值者。本書收錄明清本 30 種。如下列：

1. 李堅、劉波、呂淑賢編，《哈佛燕京圖書館藏古籍珍本叢刊・經部》12
   冊（哈佛燕京圖書館文獻叢刊；17）（海外中華古籍珍本叢刊）（北京：
   國家圖書館出版社，2016.12）。

2. 李堅、劉波編，《哈佛燕京圖書館藏古籍珍本叢刊・史部》50 冊（海外
   中華古籍珍本叢刊）（北京：國家圖書館出版社，2017.11）。

3. 劉波主編，《美國哈佛大學哈佛燕京圖書館藏稀見方志叢刊》40 冊（哈
   佛燕京圖書館文獻叢刊；14）（著名圖書館藏稀見方志叢刊；22）（北京：
   國家圖書館出版社，2015.12）。

永樂大典

　　哈佛燕京圖書館藏中國類書約 400 種。時文甲編，《美國哈佛大學哈佛
燕京圖書館藏稀見類書彙刊》46 冊（哈佛燕京圖書館文獻叢刊；23）（桂
林：廣西師範大學出版社，2017.08），收 34 種，計中國刻本 30 種、日本
刻本 3 種、朝鮮刻本 1 種。

　　國家圖書館出版社仿真影印海外圖書館所藏《永樂大典》。例示：（美
國）哈佛燕京圖書館 3 冊 6 卷（2012.12 出版）；普林斯頓大學東亞圖書館
葛思德圖書館 2 冊 2 卷（2015.04）；美國漢庭頓圖書館 1 冊 2 卷（2016.05）；

　　（德國）德國柏林圖書館 1 冊 3 卷（2015.12）；德國柏林民族學博物
館 4 冊 7 卷（2017.10）；

　　（英國）牛津大學博德利圖書館 19 冊 31 卷（2015）；大英圖書館 24
冊 49 卷（2016.10）；英國阿拉丁大學圖書館 1 冊 1 卷（2016.10）；英國劍
橋大學 2 冊 5 卷（2017.10）。

廣西師範大學出版社

　　近 20 年廣西師範大學出版社一直致力於將部分珍稀文獻逐一回歸。以
為「弘揚中華傳統文化，離不開典籍，而光大中華文化經典，又離不開海
外典籍」，乃透過出版以及數位化方式，讓文獻回歸。例示：

1. 哈佛燕京圖書館編，《美國哈佛大學哈佛燕京圖書館藏中文善本彙刊》

　　37 冊，（北京：商務印書館；桂林：廣西師範大學出版社，2010.09）。

2. 樂怡整理，《美國哈佛大學哈佛燕京圖書館藏稿鈔校本彙刊》123 冊（哈佛燕京圖書館文獻叢刊；13）（桂林：廣西師範大學出版社，）。經部 6 冊，收書 7 部、其中稿本 3 部；史部 61 冊，收書 57 部、其中稿本 18 部；子部 35 冊，收書 20 部、其中稿本 4 部；集部 21 冊，收書 34 部、其中稿本 21 部，計 123 冊。計收入稿鈔校本 118 部，其中稿本 46 部。

3. 徐永明、樂怡編，《美國哈佛大學哈佛燕京圖書館藏明代善本別集叢刊》40 冊，（哈佛燕京圖書館文獻叢刊；20）（桂林：廣西師範大學出版社，2017.06）。

4. 徐永明、樂怡編，《美國哈佛大學哈佛燕京圖書館藏清代善本別集叢刊》68 冊，（哈佛燕京圖書館文獻叢刊；21）（桂林：廣西師範大學出版社，2017.08）。

5. 龍向洋編，《美國哈佛大學哈佛燕京圖書館藏民國文獻叢刊》（哈佛燕京圖書館文獻叢刊；5）83 冊（桂林：廣西師範大學出版社，2011－2012）。究其內容：冊 1-5 宗教；6-25 政治；26-32 法律；33-49 經濟；50-56 文化教育；57-58 文學藝術；59-82 史地、軍事；83-科學技術。收錄紙本圖書及縮微資料。仍在繼續出版中。

6. 霍建瑜編，《美國哈佛大學哈佛燕京圖書館藏寶卷彙刊》（哈佛燕京圖書館叢刊；8）7 冊（桂林：廣西師範大學出版社，2013.11）。

　　2017 年 8 月 1 日，哈佛燕京圖書館在「臉書」（Facebook）宣布：館藏 4,200 部、53,000 卷中文善本特藏數位化工程已經完成，經由 HOLLIS 系統（Harvard On-Line Library Information System，紀念該校圖書館因 18 世紀火焚重建，最早的捐贈者，來自英國 Thomas Hollis），提供免費線上瀏覽或下載。本工程費時 10 年，合作的機構，包括中研院史語所傅斯年圖書館（中文善本特藏稿、鈔、孤本）（蔣經國基金會資助）、中國國圖（中文善本經部、史部）、廣西師範大學出版社、中國社科院中國地方志指導小組、浙江大學 CADAL（大學數字圖書館國際合作計畫）圖書館。

（五）全球漢籍合璧與漢學聯盟

　　2010 年全國哲學社會科學規劃辦公室批准山東大學（「山大」）實施「《子海》整理與研究」重大委託項目，山大作為「全球漢籍合璧工程與國際漢學合作」的施行機構。「子海」即「子書淵海」的簡稱，意指子部典籍的滙萃、中華文化傳統的底蘊。山大成立了《子海》編纂中心。

　　「全球漢籍合璧工程」方面，是在「《子海》整理與研究」、「俄藏中文古籍的調查編目」、「珍本複製與整理研究」等項目的基礎上，實施全球中文古籍的數位再生性回歸工程。「《子海》整理與研究」計畫係將子部精華典籍予以整理，對傳統子學進行研究，為中華文化事業的發展提供文獻的依據。子計畫之一，為出版《子海珍本編》，先分大陸卷、臺灣卷、海外卷（日本）進行。臺灣卷包括臺北國圖 630 種、故宮 337 種、中研院史語所 73 種的珍本珍藏。日本分卷包括內閣文庫、蓬左文庫、宮內廳書陵部、靜嘉堂文庫、國會圖書館、東京大學東洋文化研究所及綜合圖書館、早稻田大學圖書館等 8 所藏書機構所藏 150 種子部珍稀漢籍。

　　2011 年，山大聯繫臺灣收藏機構有關《子海珍本編》合作授權可能性，4 月臺北國圖特召開「兩岸古籍文獻授權出版座談會」，進行意見交流。山大透過臺灣商務印書館推動合作案。2013 年《子海珍本編》第 1 輯 174 冊，分由江蘇鳳凰出版社出版《大陸卷》124 冊，臺灣商務印書館出版《臺灣卷》50 冊；計影印子部重要古籍 540 餘種，其中珍稀本 503 種（占 92.6％）。臺北國圖首批授權 20 種，以明版為大宗，來自上海文獻保存同志會搶救古籍者 9 種、接收澤存文庫者 11 種。《本編》將繼續出版多輯。2017 年《子海珍本編‧海外卷（日本）》第 1 輯出版，收上開日本 8 個圖書館館藏 150種 32 冊。山大有意將合作編纂古籍的範圍，擴大到經史子集四部；協同合作的對象，由臺灣擴展到日韓，繼而到歐美，集中分散在世界各地的中國珍善本古籍；並啓動建置全球漢籍合璧數據庫，以此而實施國際漢學合作研究，供學界使用，使成為具有世界影響的漢學研究中心。

　　「國際漢學合作」方面， 2016 年 11 月 25 日至 26 日，由山大主辦，山大儒學高等研究院、山大國際漢學研究中心承辦的「全球漢籍合璧與國際合作研究」研討會在山大舉行，會中倡議組織「全球漢學聯盟」，在實施「全球漢籍合璧工程」的基礎上，聯合全球漢學研究的力量，推動全球漢學研究。已有臺灣大學人文社會高等研究院、香港大學饒宗頤學術館、日本東京大學人文學部、法國巴黎索邦大學遠東研究中心、韓國成均館大學東亞研究院、比利時魯汶大學地區研究學系、耶魯大學東亞語言與文學系等研究機構應邀參加。

　　中國社會科學院、中國留學人才發展基金會、北大國際競爭力研究院、中國華夏文化遺產基金會於 2017 年 6 月 23 日假人民大會堂，舉行「十三五」階段「一帶一路」漢學國際傳播課題研究「中華文化萬里行」全球大型文化傳播活動啓動儀式，最重要的課題是中華文化海外傳播的「漢學」概念的界定和商業模式研究，將出現以「漢學」為概念的中華文化傳播新體系。

（六）國家典籍博物館

　　2012 年 7 月國家典籍博物館在中國國家圖書館正式成立，憑藉着中國國圖豐富的館藏，以「展示中國典籍，弘揚中華文化」為旨，是展示中國傳統典籍為主的國家級博物館，於 2014 年 9 月 9 日起正式對公眾免費開放。該博物館位於中國國圖總館南區東大門，2011 年 5 月閉館改建，2014 年 8 月竣工，建築總面積 11,549 平方公尺（約 3,500 坪），共 10 個展覽廳，是集中典籍收藏、展示、研究、維護、公共教育、文化傳承、文化休閒於一體的綜合性博物館，是中國國圖社會教育功能的新拓展。

　　博物館展品包括甲骨、金石拓片、敦煌遺書、樣式雷圖檔（清皇家宮廷園囿建築匠師雷氏家族、世襲 8 代約 200 年，所設計、繪製和寫作的建築圖樣與文字檔案，已入選《世界記憶名錄》）、輿圖、善本古籍、中國少

數民族文學古籍、西文善本書、名家手稿等。

「歷年來業已舉辦了 150 多場精品展覽，展出包括珍貴典籍、非物質文化遺產、地方歷史文化、名人書畫、中外文化交流等多主題，採用『文物+場景還原』方式，利用類比搭建、現代化聲光電技術，還原歷史場景，設立多媒體互動，以增強觀眾參與度和身臨其境的感受，喚醒典籍中的民族記憶。」（張志清）除此之外，配合展覽主題、青少年學習進度，還舉辦上千次教育活動，包括講座、學術論壇、典籍課堂、研學遊等，讓青少年瞭解傳統文化。

博物館提供文創服務，以中國國圖館藏為基礎，從中華傳統文化典籍中擷取元素，設計出系列特色文創產品。藝術衍生品主要分辦公用品、複製品、服飾、郵品、生活用品、禮品 6 大類。博物館特組織「全國圖書館文化創意產品開發聯盟」，成員超過 100 家，舉辦「創新論壇暨優秀校企對接會」、聯盟文化精品聯展、聯盟年會等活動，及開設聯盟天貓旗艦店，建立「全國圖書館文化創意產品開發一體化平臺」等方式，提高圖書館文創研發整體水準。（張志清）

第四章　館藏整理自動化

前　言

　　1960 年是中美兩國學術交流活動發展的分水嶺。在 1960 年以前，以「美援」為主，中美學術的交流，大多屬美方對學術機構或個人的援助或補助。到了 1965 年 6 月 30 日美國在華「美援」機構——美國國際開發總署駐華美援分署（Agency for International Development, U.S. Aid Mission to China）結束，終止了美援。就在 1960 年，中美雙方代表於西雅圖華盛頓大學召開「中美學術合作會議（Sino-American Conference on Intellectual Cooperation），開啓了中美學術合作的先河。可是因中研院院長胡適驟逝，未見有很大的成果。1962 年 5 月 25 日王士杰（1891-1981）就職中研院院長，又接掌國家長期發展科學委員會，即另闢中美學術合作的新途徑，開展中美間的學術合作。

　　1963 年美國國家科學院（National Academy of Sciences；NAS。在 1863 年創立，係半官方機構。在法律上是民間組織，非政府機構）負責國際事務的白朗（Harrison Brown，Foreign Secretary）認為與其推動區域性的國際學術合作，不如兩國之間的合作來得有效率，並以臺灣作為一個嘗試性合作的發端。該年 4 月 25 日，NAS 主動接觸中研院。1963 年 5 月 4 日中研院與 NAS 共同組織了「中研院中美科學合作委員會」（主任委員王士杰，副主任委員錢思亮、李國鼎）。1966 年中研院又與美國學術團體聯合會（the American Council of Learned Societies；ACLS）及社會科學研究會（the Social

Sciences Research Council；SSRC）聯合成立了「中美人文社會科學合作委員會」。該委員會曾經提議就臺灣公藏中文人文社會科學圖書予以編製聯合目錄，委由國圖主其事，贊助編印經費。經國圖於 1967 年 12 月 30 日召開第 1 次編輯會議議決，所編聯合目錄包括善本書、官書、期刊、普通本線裝書等。1978 年 7 月 25 日上開兩委員會合併改稱「中研院中美科學學術合作委員會」（「中研院中美會」）主任委員為李國鼎（行政院政務委員），副主任委員由蔣彥士（總統府祕書長）、陳奇祿（行政院政務委員、中央研究院院士）擔任，執行祕書為王紀五（行政院國科會國際科學暨發展合作組組長）。每年經費由中研院撥付。

值臺灣經濟由穩定而發展之際，外交、政治上卻發生兩件大事。一為 1971 年 10 月 25 日聯合國第 26 屆大會通過第 2758 號決議案「恢復中華人民共和國在聯合國的一切合法權利」，中華民國駐聯合國代表周書楷向大會提出嚴重的抗議後，立即宣布退出聯合國；一為 1978 年 12 月 16 日，美國總統卡特宣布，美國將於 1979 年 1 月 1 日與中華人民共和國建交。美國將中斷與中華民國的正式外交關係。使得國家處境困難。

一、編訂中文資訊交換碼

1977 年 3 月 31 日王振鵠教授接任國立中央圖書館館長，正逢國際圖書館界圖書分類編目範式（paradigm）革命。

溯及近代美國東亞圖書館的發展，是伴隨著二次大戰後北美東亞研究項目的擴展而告開始。太平洋戰爭（Pacific War）、中國共產主義革命、韓戰都使北美越來越重視東亞在世界變局中的重要性，從而需要對他們的歷史和文明有更好地瞭解。1949 年 8 月 5 日杜魯門政府發表了《美國與中國之關係——特別著重 1944-1949 年之一時期》（*United States Relations with*

China, with Special Reference to the Period 1944 -1949）（即《艾奇遜白皮書》），敘述了自《中美望廈條約》至 1949 年凡 105 年的中美關係，特別著重 1944 至 1949 年，全文 8 章，共 1,054 頁 100 多萬字。這是國務院的專家 80 餘人，由翟世普（Philip C. Jessup）領銜集體編寫，根據近代史及國務院檔案來解答「為什麼失去中國」。在這樣的政治氛圍，激勵美國許多第一流大學在 20 世紀 50 年代蠭起向現代中國研究的領域發展。因此擁有充分的基金和政府支持的各大學擴大增加了東亞教學和研究項目。隨著這場學術開拓的就是大學中新的東亞圖書館的建立，都面臨有關採購、編目和人員在職訓練的課題。

（一）緣起

美國學術團體聯合會（ACLS）分別於 1977 年及 1981 年出版了《東亞圖書館：問題與展望》（*East Asian Libraries：Problems and Prospects；a Report and Recommendations*）及《自動化、合作和學術成就：東亞圖書館的 20 世紀 80 年代》（*Automation, Cooperation and Scholarship：East Asian Libraries in the 1980's*）兩篇報告，敦促美國國會圖書館（Library of Congress；LC）「發展並維持將東亞語文的書目資料包括在《美國國家聯合目錄》（National Union Catalog；NUC）中，不僅以現在的格式，還要以未來自動化的格式」；國會圖書館還必須「克服技術上的困難，將東亞語文以本國語文方式加入 NUC」，且要求國會圖書館擴充其「全國採購及編目計畫」（National Program for Acquisition and Cataloging）使包括中文及韓文，及使國會圖書館成為東亞語文期刊中心。這些報告引起美國研究圖書館組織（Research Library Group；RLG）的興趣，RLG 所經營的「研究圖書館資訊網」（the Research Libraries Information Network；RLIN）正負責設計線上編目、採購、館際互借、參考服務等，且具有高度的興趣要將中日韓文處理電腦化。

緣起於 1965 年，美國國會圖書館（LC）提出「標準化機讀編目格式建議書」（A Proposed Format for a Standarized Machine-Readable Catalog Record）。機讀編目（Machine-Readable Cataloging； MARC）成了 LC 所有作業自動化中第一個重要計畫，開始探討使用自動化技術於圖書館業務。1968 年，該館宣稱其「機讀編目格式」（LC MARC）測試成功，其《美國國家聯合目錄》（NUC）即以 MARC 編印，並發行卡片及書本式目錄。在艾芙蘭（Henriette Davidson Avram，1919－2006）領導下，「機讀編目格式」（MARC Format）已成為美國全國性編目標準（standard），採用電腦編製目錄；1973 年又成為國際標準。英語系國家如英、加、澳紛紛採用 MARC，予以修訂成各國的機讀格式。1977 年國際圖書館協會聯盟（International Federation of Library Association and Institutions；IFLA）發表了《國際機讀編目格式》（UNIMARC）第 1 版，1980 年修訂出版第 2 版，成為 MARC 格式的國際版本。一時 MARC 已成為圖書館業務自動化潮流的主流。

1978 年美國國會圖書館為了整理東亞文字圖書，決定仿效西書的辦法，利用電腦代替人工編目及製作目錄卡片。1979 年，因而 LC 與 RLG 合作，尋求一種可以處理東亞語文圖書資料的自動化作業系統。RLG 與 LC 協定，兩者盡力「合作發展輸入、儲存、維護、檢索、顯示、輸出全部或部分的東方語文書目資料」。在該協定下，RLG 得到美隆（Andrew Mellon Foundation）及福特（Ford Foundation）兩基金會超過 100 萬美元的支助，進行了 3 年發展計畫，預期在 1983 年 RLG 會員及 LC 都能在 RLIN 線上編目中日韓文出版品。面臨待克服的主要問題有三：1.製訂標準的文字交換碼；2.發展一種終端機，在單一鍵盤上，具處理中日韓文及一般拼音字母的能力；3.發展處理中文拼音分字的規則。由 RLG 東亞圖書館計畫（East Asian Library Program）負責人赫格（John W. Haeger）負責本項工作。

艾芙蘭曾說：「國會圖書館對於非羅馬字資料的自動化覺得相當棘手，

最迫切需要的是符合國際標準各種文字的資訊交換碼，這是圖書館自動化最基本的工具。」

　　1979 年 6 月，赫格受美國學術團體聯合會（ACLS）的委託，訪問我國與日本，調查有關處理漢字體的電腦技術。當時國際間只有日本作了一套漢字字碼，而日本有意協助美國進行開發漢字字碼，以便日本的「漢字」能成為國際標準。赫格抵臺，與王世榕（美國亞洲協會＝Asia Foundation臺灣辦事處執行祕書）、黃克東（銘傳商專電子計算機科主任）、館長王振鵠等交換了一些意見，雙方都了解到運用電腦處理中文資料的現況、展望及複雜性。1979 年 11 月 11 日，ACLS 和 RLG 在史丹福大學舉行「東亞文字自動化作業會議」，邀請包括我國及美日韓在內的代表 30 餘人與會。當時由中研院中美會執行祕書王紀五指派謝清俊（國立臺灣工業技術學院電子計算機系主任）代表我國出席。本次會議的重要議題是商討美國在推動中日韓文圖書資料自動化計畫時，如何制定中日韓文獻的字碼標準問題。時日本已發展出《日本情報交換用漢字符號表》（*Code of Japanese Graphic Character Set for Information Interchange*）（*JIS C 6226*），會議中討論是否採用此日本漢字字碼作為中文標準字碼。這個議題實具有政治和文化意涵，自遭我方注意並竭力防止。該會乃決議本議題延至次年 3 月美國亞洲學會（Association for Asia Studies；AAS）年會中再作決定，期待臺灣屆時能提出所編訂的中文資訊交換碼，俾與日本該字集作一比較。這是我國發展「中文資訊交換碼」的原由。

（二）制定中文資訊交換碼

　　謝清俊回國後立即報告，經王紀五轉陳中研院中美會主任委員李國鼎，奉指示立刻著手編訂「中文資訊交換碼」，並代籌措經費 300 萬元，由財團法人徐元智先生紀念基金會（董事長黃少谷，李國鼎為董事）與明德基金會（董事長張研田，蔣彥士為董事）贊助。鑑於制定「中文資訊交換

碼」的急迫性,為「負起在國際間維護我國正統文字與文化的責任,並應付國際局勢之需」,立即於同年 12 月 25 日在臺灣工業技術學院電子計算機系辦公室開會,決議聯合圖書館界、文字界、電腦界來共同研究,分成下列 3 組進行。

1. 國字整理組　由謝清俊召集,負責國字整理、加碼,及建立計算機檔案等工作;
2. 國際關係組　由張鼎鍾召集,推動國際資訊標準的審查、認可、宣傳,並收集有關資料及聯繫人士;
3. 圖書館自動化作業組　由館長王振鵠召集。

本項資訊交換碼的編訂,在中研院中美會的支持,及財團法人資訊工業策進會(「資策會」;於 1979 年 7 月 24 日成立,第 1 任董事長李國鼎,1982 年起第 2 任董事長王昭明)、國立臺灣工業技術學院與國立中央圖書館的贊助下,成立「中文資訊處理用字研究小組」(「研究小組」),大致的分工情形如下:

關於碼的編定,由謝清俊、楊鍵樵、張仲陶、黃克東負責;

關於文字的審查,由潘重規、周駿富、周何、何佑森、金祥恆負責,請陳立夫、趙友培為顧問;

關於電腦字形、字碼及印刷事宜,由張仲陶、黃克東總其事。

「研究小組」工作十分緊湊,經過 3 個月的努力,並經中國圖書館學會(「學會」)常務理事王振鵠召集,代表學會擔任資訊交換碼審查小組的成員包括王振鵠(召集人)、藍乾章、方同生、胡歐蘭、張鼎鍾、李德竹、林孟真、黃鴻珠,會同國字整理組連日數次會議,1980 年 3 月 18 日終於完成初稿,定名為《中文資訊交換碼》(*Chinese Character Code for Information Interchange*;*CCCII*)。依謝清俊〈國字小組初期工作回憶〉載:本資訊交換碼「共蒐集教育部頒的標準常用字 4,808 字,完全採用 ISO 646 及 ISO 2022 標準編碼,這些標準由張鼎鍾所提供,若無這些標準作基礎,實無法在如此短期間完成此艱鉅的任務。」同日謝清俊、張鼎鍾在中研院

中美會資助下，即前往華府，出席 AAS 第 32 屆年會，分別發表了〈中華民國圖書自動化作業〉、〈中文資訊交換碼〉，後者並以中國圖書館學會名義向國際標準組織（International Organization for Standardization；ISO）申請國際標準。美國國會圖書館特別安排了 CCCII 發表會議，計有該館、美國國家標準協會（American National Standards Institute；ANSI）及 RLG 的編碼專家約 20 餘人與會，經過 3 小時討論後，認為 CCCII 架構甚佳，是值得美國採用來處理中日韓文的標準，可是字數太少，若能擴充字集，則可為美國採用；並應允考慮代為申請 ISO 的手續。

這次為了維護中華文化，號召了文字學、圖書館學、電腦學的學者在一起趕工編製乙套新的中文碼，實在是史無前例的盛事。美方很快地就接受了《中文資訊交換碼》（CCCII）的架構，但要求擴大字及字碼。這項工作一直延續了多年。

《中文資訊交換碼》分常用字、次常用字、異體字（指字音與字義相同而字形結構不同的各字）、罕用字等 4 種字集。早在 1979 年，行政院曾召集主管科技及文教有關機關，籌劃電腦用中文字形字體的整理與制訂工作事宜，會中決定制訂電腦用中文字形字體，要依據教育部所頒訂的「國字標準字體表」，俾正統的中國文字在國際間免與中國大陸的簡體字及日本漢字混淆與誤解。1980 年 3 月 21 日學會會同上開國字整理組通過《中文資訊交換碼》初稿，1980 年 4 月 26 日，以學會名義出版《中文資訊交換碼，第 1 冊》（CCCII），分中、英文兩種版本印行，表達了圖書館界對 CCCII 的專業認可。本書編碼的字形符號，4,807 個常用字（依教育部 1978 年 5 月公布「常用國字標準字體表」）、214 個（《康熙字典》）部首、35 個中文標點符號、41 個中文數字符號、37 個注音符號及 4 個調號等。1980 年 6 月 28 日至 7 月 4 日美國圖書館協會（American Library Association；ALA）第 99 屆年會於紐約市舉行，該協會「文字編碼小組（Z 39 Character Set Group）」邀請我國派代表出席討論中文資訊交換碼的問題，在行政院中美

會資助下，我國請資策會系統組主任楊鍵樵為代表出席，於會中就 CCCII 作說明。1982 年 11 月，國字整理組編、國圖印行《中文資訊交換碼，第 2 冊》，本字集的字形符號，包括 4,808 個常用字、17,077 個次常用字、11,660 個異體字、214 個部首、35 個中文標題符號、41 個中文數字符號、37 個注音符號及 4 個聲調號。1982 年 12 月，還出版《中文資訊交換碼異體字表》，收錄 CCCII 中正體字衍生的異體字形，包括中國大陸簡體字。

本項制定資訊交換碼的工作，獲中研院中美會王紀五、李國鼎、蔣彥士、陳奇祿等的支持；由於李國鼎的爭取，行政院（院長孫運璿）曾撥予部分第二預備金支應，使制定我國資訊碼的工作能及時進行，繼而獲得國際人士採用，成為國際認可的漢字字集，成功地維護我國文化與文字。

1981 年 11 月 11 日行政院文化建設委員會成立。1985 年 1 月 15 日行政院文建會聘館長王振鵠為該會語文圖書委員會召集人。1985 年 7 月 1 日，國字整理組由中美會轉移行政院文建會，由該會語文圖書委員會「資訊應用國字整理小組」來研究，實際負責中文字的整理、編碼及維護等工作。該「整理小組」的組織架構如下：

1. 形體組　由周駿富主持，負責國字字形及海外漢字的研究整理；
2. 結構組　由周何主持，負責中國文字的源流與文字結構的研究；
3. 異體組　由潘重規主持，負責異體字的整理研究；
4. 電腦檔案組　由謝清俊、楊鍵樵、張仲陶、黃克東共同主持，負責制定。

「中文資訊交換碼」及根據前述各組研究成果，建立「中國文字資料庫」。1986 年 3 月行政院國家科學委員會宣布 CCCII 為標準交換碼，作為圖書館界及文字學界使用；3 月 31 日行政院文建會會議通過公開發布參考。國圖於 1987 年起採用，作為機讀編目磁帶的傳輸交換碼。

1987 年又發表了《中文資訊交換碼第 3 冊罕用字集》。自 1979 年至 1989 年，國字整理組 10 年來對文字蒐集和整理，共集有我國文字 75,684 字，其中正體字 44,167 字、異體字 31,517 字（其中含中國大陸簡體字 6,763 字）；韓文 2,028 字；日本漢字 6,349 字、假名 171 字。機讀字形方面，有

仿宋體、細明體、明體為 64x64 字型，楷書體、宋體 32x32 機讀字型。為了方便電腦上的文字處理，編制了「國字資料庫全集」（有稱中國文字資料庫=Chinese Character Datebase，簡稱 CCDB），其中列出每個字的屬性，如部首、筆畫、讀音以及各種對應碼和輸入碼。

（三）各方的回應

RLG

　　在國外部分，1981 年 7 月 28 日 RLG 來函正式購買我國字整理組所編的「國字交互資料庫」。1983 年 3 月 23 日 RLG 洽以購或以技術交換取得「國字資料庫全集」（CCDB），為其東西語文資料處理系統的基礎。1983 年 7 月 1 日與 RLG 正式簽訂協議，交換 CCCII 及國字整理組相關圖書資訊技術有關資料，授權 RLG 在其網路上使用 CCCII。另 RLG 與美國波士頓傳技電腦公司（Transtech International Corp., Boston）簽約，就 RLG 所發展的「研究圖書館資訊網」（RLIN），以處理中日韓文圖書資料的需求，進行中日韓文系統發展計畫（CJK Project），1983 年起由傳技公司（Transtech International Corp.）發展出中日韓文終端機（CJK Terminal），乃就傳技 1979 年的 Sinoterm 改良而來。1983 年，RLG、LC 線上編目開始實驗階段，在 1986 年 7 月 31 日時，RLIN 已有 188,494 筆中日韓文書目及 4,498 筆期刊資料，LC 為最主要的編目來源。

　　RLG 製訂《東亞字碼》（RLIN East Asian Character Code，簡稱 REACC）。REACC 基本上是根據 CCCII。RLG 採用 CCCII 結構與部分文字，並併入日、韓、中國大陸等 3 套字集。如下：

1. 臺灣「中文資訊交換碼」（Symbol Tables of CCCII），包括 CCCII 第 1 冊全部 4,807 個常用字，第 2 冊 17,077 次常用字裏的 5,000 字，連接 11,660 個異體字裏的 3,000 字；也納入了中國大陸使用的簡體字和其他異體字；其中還有一些也經現代日本所採用。

2. 中國大陸「信息交換用漢字編碼字集基本集標準編碼」（GB 2312-80）
   （1981 年版）（PRC National Standard Code of Chinese Graphic Character
   Set for Information Exchange），全部文字 6,763 字。不論正體字或簡體字，
   都以 CCCII 編碼。

3. 「日本情報交換用漢字符號表」（JIS C 6226）（1983 年版），全部文字
   6,349 字。

4. 「韓文資訊處理系統」（KIPS），全部 2,392 個中國字和 2,058 個韓文拼
   音符號拼綴字（Hangul）。

    REACC 併入了 4 套東亞國家字集所列入的全部圖形文字，又鏈結了
從中國傳統文字衍生出來的異體字。REACC 與 CCCCII 完全相容。

OCLC

    1984 年 4 月 27 日行政院文建會根據行政院 1983 年 9 月 2 日函，有關
國字整理組成果的推廣，正式委託資策會進行。1984 年 3 月 14 日「美國
線上電腦圖書館中心」（Online Computer Library Center, Inc.；OCLC）自動
化系統部門經理王行仁（Andrew H. Wang）來臺洽商採用 CCCII 及與國圖
合作事宜；4 月 17 日由資策會代表我國與 OCLC 簽訂合作計畫。

LC

    1986 年 8 月 24 日 IFLA 第 52 屆年會在東京舉行。美國國會圖書館艾
芙蘭主持一場會外會，邀請我國及日、韓、中國大陸代表商討以 CCCII 為
標準中日韓資訊交換碼的問題。我國張鼎鍾自費前往，韓國無人出席，日
本不作決定，但美國態度堅定。1986 年 11 月 13 日美國會圖書館網路發展
與機讀編目標準辦公室（Network Development and MARC Standards
Office）出版 *US MARC Character Set：Chinese, Japanese, Korean* 是為全
美中日韓文字集資訊交換碼標準；該標準來自 REACC 。1987 年 5 月 17
日《世界日報》大幅報導美國宣布業於 4 月 20 日起向全世界發售
REACC/CCCII 版本。1989 年，REACE 經美國國會圖書館更名為《東亞文

字碼》(*East Asian Character Code for Bibliographic Use*；*EACC*)，定為圖書資訊網路東亞文字標準碼，向美國標準局申請，獲美國國家標準（ANSI/NISO）Z39.64－1989。

他如 OCLC、A－G Canada Ltd（原 UTLAS）的中日韓（CJK）系統也都採用 CCCII 碼。依國字整理小組統計，截止 1988 年止，國外使用 CCCII 者，美國有 RLIN、OCLC 兩圖書網路和 100 個單位及英、加各 1 個單位使用。使用 RLIN CCCII/REACE/EACC 者，共 28 個單位；使用 OCLC CJK350 者，截止 1989 年 11 月，美國有 72 個單位及澳洲 1 個。

1990 年 4 月 8 日，行政院文建會以「資訊應用國字整理小組」名義，與美加州大學聖地牙哥分校簽約，贈送該小組研究成果。依契約文建會仍有著作權，惟該校可使用文建會所贈資料，以推廣 CCCII。

國內

CCCII 在國內，儘管那時候還沒有適合電腦用的中文碼，它卻遭遇到強大的阻力。主管全國電腦的單位，亟力反對它，而去另編一套二位元組的碼。後編的碼有很多缺點，但仍然成為國家標準。所以 CCCII 只在圖書館界使用。由於使用者少的緣故，價格就很高，成為 CCCII 的缺點。（宋玉）

1991 年 7 月 26 日教育部函請國立大專校院及國圖以 CCCII 從事書目交換。1993 年 2 月 26 日行政院文建會函教育部，將 CCCII 相關資料，置於教育部學術網站。1994 年 1 月國圖成立「書目共享字集字碼工作小組」，宋玉為召集人持續進行字集字碼的維護工作。國圖曾委託鼎盛/昌泰公司將 CCCII 所整理出的缺字、錯字予以改正的結果實作出來。合約採購 200 套「三合一」，即適用於 Urica、Dynix、Innovative 3 種系統，供國圖及全國圖書資訊網路合作館使用。2009 年宋玉赴美。

（四）韋傑士拼音系統

關於「中文羅馬化的工具」仍採「韋傑士（Wade-Giles）音系統」。雖然 1979 年 6 月美國國會圖書館發表聲明，該館暫定自 1881 年元月改用「漢語拼音」（Pinyin）來編所有中文圖書資料，因為這一決定影響極大，國會圖書館歡迎其他收藏中文資料的圖書館提供意見。經調查及討論，分由 1979 年 10 月美國東亞圖書館委員會（Committee on East Asian Libraries of the Association for Asian Studies；CEAL）主席耶魯大學東亞圖書館館長金子英生（Hideo Kaneko）代表 CEAL 函復，及 1980 年 3 月美國圖書館協會亞非資料編目委員會（Committee on Cataloging Asian and African Materials）作出正式（official）反應，都有不同的看法。1980 年 5 月國會圖書館發表聲明，決定繼續使用「韋傑士」系統作為羅馬拼音來中文資料編目，而不用「漢語拼音」。1990 年 3 月 30 日美國會圖書館編目部主任（Director of Cataloging Collections Services）賴德（Lucia J. Rather）提出「拼音：編目和自動化可能採取的步驟」（Pinyin：Possible Approaches for Cataloging and Automation）乙文件，備供在 4 月 5 日東亞圖書館委員會芝加哥年會討論，7 月 20 日經該委員會主席李學博（Thomas H. Lee）依據多數會員的意見函覆賴德，「重申東亞圖書館委員會不贊成馬上改換拼音的理由和立場，現已有加州大學聖地牙哥分校國際關係和太平洋研究圖書館館長（Director of the IR/PS Library at UC-San Diego）盧國邦（Karl Lo）正在作韋氏音標和漢語拼音互換的試驗，籲請國會圖書館暫時繼續採用韋氏音標，把拼音轉換問題等到技術發展成熟時再求解決。」1991 年元月 3 日國會圖書館副館長艾芙蘭發布聲明，「說明國會圖書館相信拼音的轉換無可避免，但也了解必須先解決兩個問題才能進行其事。」本項論題，直到圖書館電腦作業技術的發展，可以用機器自動將「韋傑士」轉成「漢語拼音」，音標互換變得容易，例如 1997 年澳洲國家圖書館運用軟體，將 50 多萬中文目錄卡片成功的自韋氏音標轉成漢語拼音，使東亞圖書館將不再擔心更

換音標的困難；加上「漢語拼音」更加流行，應用範圍日廣，漢語拼音的音節連結（Word Division，一般詞語拼音後字母分開或連寫在一起的問題）也有了一定的法則，於是在 1997 年年底，國會圖書館正式宣布，將在 2000 年開始時，使用「漢語拼音」為新的羅馬化音標來處理館內中文資料；並在 1999 年公布了《漢字羅馬化指導方案》（*Chinese Romanization Guidelines*）作為全面推行「漢語拼音」的指南，也為美國眾多的圖書館採取「漢語拼音」回溯建檔的標準。該《指導方案》也將指導美國許多學術圖書館，包括 RLIN 和 OCLC 用他們自己設計的計算機程式進行「韋傑士」音標向「漢語拼音」的回溯轉換。原則上遵從中國全國人代會所頒布《漢語拼音方案》，但在使用方面作了一些修改和規定，以便西方讀者用「漢語拼音」檢索圖書資料資料庫。

二、研訂自動化作業計畫

　　1980 年 4 月，國立中央圖書館與中國圖書館學會為改進圖書資料管理作業，提高資訊服務品質；並基於國內圖書館自動化作業整體性發展的需要，以及因應國外資訊、文化交流的新趨勢，合作組織「全國圖書館自動化作業規劃委員會」，全面規劃圖書館自動化作業，研訂「全國圖書館自動化作業計畫」，報請教育部轉呈行政院鑒核。8 月 7 日本計畫經行政院核定實施，啓動了我國圖書館自動化作業，是臺灣圖館事業發展史上重要的里程碑。

　　「圖書館自動化作業計畫」的主要目標：1.發展中文機讀編目格式，以收書目控制的效果，並作為國內外圖書館電腦處理圖書資料的規範；2.統一規劃圖書資料自動化作業系統，以改進圖書資料處理程序及圖書館服務型態，兼具合作統籌的功效；3.建立中文資料庫並引進國外資料庫，以應各方資料查詢的需要；4.成立全國資訊服務中心，建立全國資訊網，以

配合國家建設的需求,並促進學術的研究與發展。本項計畫分 3 年 3 階段 4 大項循序進行。其主要項目如下:

(一)第一階段計畫(至 1981 年 6 月)

■中文圖書資料自動化作業
 (一) 研訂中文圖書資料機讀編目(Chinese Machine Readable Cataloging;Chinese MARC)
  1. 中文圖書資料著錄規則的研訂
  2. 國際標準圖書號碼(International Standard Book Number; ISBN)與國際標準叢書號碼(International Standard Serial Number;ISSN)的申請與採用
  3. 中文圖書資料標題總目的研訂
  4. 中文圖書資料機讀編目格式(Chinese MARC Format)的編製

(二)第二階段計畫(1981 年 7 月－1982 年 6 月)

 (二)建立中文圖書資料庫
  1. 中文圖書資料機讀式目錄的建立。包括建立以下各項完整檔:
   (1) 全國中文圖書聯合目錄檔
   (2) 全國中文期刊聯合目錄檔
   (3) 其他資料,如官書、技術報告及學術論文等目錄檔
   (4) 中文圖書資料檢索系統
  2. 中文各專科資料庫的建立。其方式包括:
   (1) 索引典(Thesaurus)的編訂
   (2) 各科索引、摘要的編輯

(3) 中文各專科資料檢索系統及資料庫的建立

3. 資訊服務人員的訓練

■ 西文圖書資料自動化作業

(一) 建立西文圖書資料機讀式目錄。其執行方式如下：

1. 引進美國國會圖書館機讀式目錄檔（LC MARC），並採用
國外資訊網，如 OCLC、RLIN 或 WLN 等

2. 凡在上述目錄檔及資料網中無法查得的資料，自行編目建檔

3. 建立全國西文圖書聯合目錄檔

4. 採用國外資訊網系統，建立西文圖書資料書目檔

(二)建立西文各專科圖書資料庫

1. 由國外引進各專科資料庫

2. 由各單位分工負責，建立各專科資料庫

3. 建立西文各專科資料檢索系統

（三）第三階段計畫（1981 年 7 月－1983 年 6 月）

■圖書館管理系統的引進與建立。其範圍包括：

1. 圖書資料採訪業務

2. 圖書資料出納業務

3. 圖書館行政管理業務

■全國資訊網的規劃：

各館或資料單位以電腦終端機進行下列作業系統及服務

1. 線上作業系統的實施（先由合作編目開始）

2. 專題選粹諮詢服務（SDI 服務）

換言之，第 1 階段的圖書館自動化作業計畫，是先行訂定標準和規範。運
用中文資訊交換碼，發展電腦能辨識的中文新型目錄——機讀式目錄，以
收圖書目錄的效果，並作為國外東亞圖書館中文圖書目錄作業的規範；第

2 階段在所訂定的標準和規範的基礎上，進而建立中文圖書資料庫，並開始建立西文圖書資料庫；第 3 階段是建立圖書館管理系統，包括採訪、編目、出納、行政等各方面，最後完成成全國圖書館資訊網的建立，以配合國家建設和學術研究的需要。

2004 年 7 月，王館長回顧在國圖服務，曾寫到：「（略以）今天檢討這三個階段的計畫，確實擬訂得非常及時，經過這麼多年的努力，在中央圖書館編目組、採訪組、閱覽組和電腦室的同人齊心努力，再加上圖書館學會和各圖書館的支持合作下，這些計畫都能一一實現。可以說已經達到全面自動化作業的要求。」

本計畫的實現，帶領我國圖書館作業，由人工轉換為自動化，使得傳統圖書館服務邁向自動化時期，為日後複合式、數位化圖書館服務奠定永固的基礎，也為國內外圖書館間開創合作和資源共享的契機。在這一波引進電腦及通訊科技，運用到圖書館作業的浪潮，在王館長運籌帷幄下，迎頭趕上，帶來我國圖書館完全嶄新的服務。

三、訂定作業標準和規範

推行本項計畫第 1 階段計畫，自以研訂和建立圖書資料自動化作業的標準和規範，謀求書目資訊系統統一化為要務；圖書館「自動化作業規劃委員會」下分 3 個工作小組：1.中文機讀編目格式工作小組（1982 年 9 月改稱中國機讀編目格式工作小組）；2.中國編目規則（中文圖書資料著錄規則）研訂小組；3.中文圖書標題總目工作小組。各小組以置主持人 1 人，工作人員 7－10 人為原則，分別聘請圖書館界及電腦界學者專家擔任，進行實務工作。各小組委員如下：

中文機讀編目格式工作小組（1981 年 9 月因李德竹、黃鴻珠出國，略

作調整）

　　李德竹（主持人）張鼎鍾 胡歐蘭 黃克東 黃鴻珠 吳明德

　　胡歐蘭（主持人）張鼎鍾 黃克東 吳明德 吳瑠璃 江綉瑛

中國編目規則（中文圖書資料著錄規則）研訂小組

　　藍乾章（主持人）盧荷生 吳明德 鄭恒雄 高錦雪 陳和琴 江綉瑛

　　陸毓興

中文標題總目小組

　　劉崇仁（主持人）藍乾章 林愛芳 黃淵泉（1983.04 李莉茜自規則

　　小組接替）梁津南

為達到「資訊傳輸」與「資源共享」的目的，研訂各項中文圖書資料建檔
標準規格工作可視為制訂「國家標準」規範。自 1980 年以來的主要成果，
列舉如下：

（一）中文機讀編目格式（Chinese MARC）

　　1980 年 5 月，成立「中文機讀編目格式工作小組」（1982 年 8 月起，
易名為「中國機讀編目工作小組」），經費先由學會提撥新臺幣 6 萬元支應，
俟行政院核定計畫專款撥到後歸墊，以爭時效。因為要研訂乙項符合國際
標準的中文機讀編目格式，以適合電腦處理中文圖書資料的需要，並便於
國際間圖書資料的交流與分享。所以該小組設計的原則，如下：

　　1.格式結構　　以國際圖書館協會聯盟的《國際機讀編目格式》
（Universal MARC；UNIMARC，1980 年版）為藍本，並參考《美國國會
圖書館書目機讀編目格式》即《美國機讀編目格式》（MARC Formats for
Bibliographic Data，即 US MARC，1980 年版）的結構發展而成。

　　2.磁帶上的書目著錄　　採用《國際標準組織第 2709 號標準》（ISO 2709）
格式，同時利用《中文資訊交換碼》（Chinese Character Code for Information
Interchange；CCCII）的中文字集為基準。至於書目著錄格式則根據「中國

編目規則研訂小組」所編訂《中國編目規則》與美國圖書館協會（ALA）
等 5 個機構所編《英美編目規則（第 2 版）》（Anglo-American Cataloguing
Rules，2nd. Edition；AACR 2）為著錄中、西文圖書資料的依據。

　　3.中文拼音方法　採用韋傑士羅馬拼音系統（Wade－Giles System of
Romanization）為主。

　　學會經由中研院中美會的資助，邀請美國國會圖書館電腦技術專家艾
傑民（James E. Agenbroad）於 1980 年 6 月 13 日來臺作為期 6 天的訪問。
訪華期間，艾氏在國圖一連主持 5 場專題演講及討論會。講述 MARC 的
基本概念與其結構、UK MARC、LC MARC、Japan MARC 及 UNIMARC 與
各國圖書館自動化及其未來發展趨勢等問題。並與國內圖書館資訊界人士
實際討論和交換意見，如 Chinese MARC Format、Chinese MARC 設計問
題等。艾氏認為自動化作業規劃委員會中文機讀編目格式工作小組所制定
的 Chinese MARC Format，及國字整理小組的中文資訊交換碼設計週密與
完善。1980 年 7 月 30 日學會函請張鼎鍾為代表，前往國際圖書館協會聯
盟 UNIMARC 辦公室洽商、審查、登記我國所發展的中文機讀編目格式。
1981 年 2 月學會和國圖出版了第 1 版《中文圖書機讀編目格式》和英文版
Chinese MARC Format for Books。1981 年 7 月修訂出版第 2 版，同時編印
《中文圖書機讀編目格式使用手冊》。

　　隨之研訂非書資料部分，包括連續性出版品、地圖、音樂、視聽資料
等機讀編目格式。在研訂的過程，工作小組參考主要國家所設計完成的編
目格式，如 US MARC、UK MARC、Canadian MARC、Australia MARC、
Inter-MARC 等，以求設計符合國際標準，並容納我國特有的各類型資料。
另參考美國俄亥俄州圖書館線上電腦作業服務中心（OCLC On-line
Systems）各型資料格式，以求中文機讀編目格式對於全國資訊網的適用
性。並邀請國內各科專家審稿，如朱莉、方同生（1925－1982）、李文瑞、
簡又新、郭瑞芳、卜孔書、Harold M. Otness 等。

　　中文非書資料編目格式完稿後，以國圖館藏中文期刊、視聽資料及部

分西文、日韓文加以測試，結果效果良好。1982 年 8 月全部完成，予以定稿，並與上開《中文圖書機讀編目格式》第 2 版彙總修訂，在每一欄及分欄儘量以文字詳細說明其用法與功能，併及中英文實例，1982 年 9 月《中國機讀編目格式》出版第 1 版中、英文兩種版本。

　　1983 年工作小組進一步研訂我國善本書及拓片的機讀格式，並依據《國際機讀編目手冊》（*UNIMARC Handbook*，1983 年版）修訂《中國機讀編目格式》第 1 版，於 1984 年 7 月出版第 2 版，分裝 2 冊。接著是 1989 年第 3 版、1994 年第 4 版、2001 年修訂版，先後問世。2001 年版同時改採網路刊布，以適時更新。

權威控制

　　鑒於「權威控制」（MARC Authority Format）對自動化書目資訊系統品質良窳的重要性，工作小組自 1984 年 9 月起，就《美國國會圖書館機讀編目權威記錄格式》（*Authorities：A MARC Format*）及國際圖書館協會聯盟《國際機讀編目權威記錄格式》（1984 年稿）（*Universal MARC Format for Authorities：Draft*）進行分析研究，於 1986 年 2 月出版《中國機讀編目權威記錄格式初稿》。1991 年 6 月教育部將本格式列為「國立大學校院圖書館自動化系統整合暫行規範」。

C MARC 與 US MARC 對照表

　　1991 年 10 月國圖建立「全國圖書資訊網路線上合作編目系統」也採用本格式為標準。因為國內外許多圖書館使用美國機讀格式（US MARC）建檔發展其自身的資料庫，所以 C MARC 與 US MARC 的轉進轉出便十分重要。1992 年 9 月組成小組研訂兩種格式對照表，經政大圖書館館長胡歐蘭、中大圖書館主任黃大偉主持，於 1993 年 6 月編印出版《美國機讀格式轉至第三版中國機讀編目格式對照表》，另在 IBM PC/AT 相容的電腦開發一個原型（Prototype）系統。1993 年 12 月編、教育部出版《中國機讀編目格式第三版轉至美國機讀格式對照表》。

國圖於 1994 年 12 月又根據國際圖書館協會聯盟新訂出版《國際機讀編目權威記錄格式》（*UNIMARC/Authorities：Universal Format for Authorities*，1991）修訂並出版《中國機讀權威記錄格式》（*Chinese MARC Format for Authority Records*）乙書。1996 年 6 月國圖再編訂出版《中美機讀權威記錄格式對照表》，用以提供 C MARC 與 US MARC 紀錄轉換的參考。

（二）中國編目規則

1980 年 4 月 25 日王振鵠館長特出席學會分類編目委員會報告 2 件事。一為基於國內外中文圖書資料處理工作的需要，圖書館界正與電腦界聯合努力，進行各項有關的電腦化作業的基本工作，包括中文資訊碼的制定、中文機讀式目錄的設計等；一為中文機讀式目錄的設計，與編目方面直接有關者，包括中文編目規則的修訂、中文標題的編製、國際圖書標準號碼的申請等。

1980 年 5 月成立「中國編目規則研訂小組」，乃根據《國立中央圖書館中文圖書編目規則》、國際圖書館協會聯盟《國際標準書目著錄》（*International Standard Bibliographic Description*；*ISBD*）、《英美編目規則（第 2 版）》（*AACR 2*）第 1、2 章及《日本目錄規則（1977 年版）》為藍本，並依據我國的實際需要，研訂適合電腦作業的編目規則。自 1980 年 5 月起，就「總則」、「圖書著錄」等開始修訂，1982 年 8 月出版《中國編目規則（總則、圖書、連續性出版品）》及完成善本書編目規則初稿。

該研訂小組於 1981 年 7 月開始研編非書資料部分的編目規則，1983 年 8 月完成，出版《中國編目規則》。計分甲編「基本著錄」，包括總則、圖書、連續性出版品、善本圖書、地圖資料、樂譜、錄音資料、電影片及錄影資料、靜畫資料、立體資料、相片、縮影資料、機讀資料檔、分析等 14 章。乙編「標目」，含檢索款目之擇定、人名標目、地名、團體標目、

劃一題名、參照等 6 章。1985 年 4 月又出版《中國編目規則簡編》小冊子，採用簡略目錄的著錄層次，惟求書目資料的完整，以適應小型圖書館編目的需要，及學習的參考。

　　1990 年冬，學會分類編目委員會基於使用者認為若干條文有重新檢討的必要，爰開始著手修訂《中國編目規則》，由主任委員吳瑠璃主持，參與研討工作委員包括盧荷生、吳明德、鄭恒雄、江綉瑛、李莉茜、陳和琴、陳昭珍等，於 1995 年 6 月出版修訂版，改由學會出版。及至 1998 年 9 月，由於新媒體不斷的出現，網路資源充斥，部分條文已不合實際應用，分類編目委員會再次針對修訂版逐條討論。除「善本圖書」及「拓片」兩章外，全部檢視，同時進行研訂使用手冊。本次修訂，由陳和琴主持，邀吳瑠璃為顧問，參與修訂者為王純瑾、江綉瑛、林淑芬、吳慧中、姜又梅、俞小明、陳昭珍、陳國瓊、曾秋香、張慧銖、鄭美珠、錢月蓮及陳友民。2000 年出版《中國編目規則修訂 2 版》、《中國編目規則修訂 2 版使用手冊》。2005 年 10 月又出版增修第 3 版，由學會第 47、48 屆分類編目委員會主任委員陳和琴、鄭恒雄暨全體委員參與修訂。

（三）中文圖書標題總目

　　本「工作小組」於 1981 年 1 月成立，主要由國圖同人組成，開始研訂適合一般圖書館使用的綜合性標題表。實際編訂工作由國圖黃淵泉、梁津南擔任。該小組依據 1979 年 12 月國圖編印的《中國圖書分類法（試用本）》的類目擬訂，參考《美國國會圖書館標題表》（*Library of Congress Subject Headings*）、《契爾斯標題表》（*Sears List of Subject Headings*）、日本圖書館協會《基本件名標目表改訂版》（*Basic Subject Headings*）編訂。自 1981 年 6 月至 1983 年 6 月，共完成 27 類，及一般複分標準，於 1984 年 3 月編印出版《中文圖書標題總目初稿》，並於 1985 年起開始使用。

　　1987 年 1 月起，國圖決意研究發展一套線上中文主題用語表，組成研

究小組，由雷叔雲為主持人，研究員為吳碧娟、林淑芬、許淑美、莊健國、
劉雅姿、繆慈玲、羅禮曼，經 8 個月的研究、規劃及制訂的工作，完成「中
文主題用語表系統」。系統可供「中文主題用語」、「英譯主題用語」、「類屬
代號」、賴永祥及國圖「中國圖書分類法」5 種款目，具有交集組合，左中
右截字等查尋功能，並可線上列印。

　　1992 年 10 月編目組同人着手進行標題表修訂，參酌賴永祥《中國圖
書分類法（新訂 2 版）》及國圖《中國圖書分類法（試用本）》的類目，予
以增編，由編纂黃淵泉總其事。1993 年 4 月編印出版《中文圖書標題表》。
其後，編目組、國際標準書號中心將歷年累積增加調整的標題 300 餘則，
予以彙集，於 1995 年再刊行修訂版。

（四）中文主題詞表

　　1998 年 11 月 26 日，國圖召開「主題分析諮詢委員會」，決議優先成
立「中文標題表建置小組」；1999 年 7 月 1 日召開第 2 次「主題分析諮詢
委員會」，決議更改詞表名稱為「中文主題詞表」。1999 年 10 月 14 日國圖
組成「中文主題詞表編訂小組」，並於 10 月 25 日召開第 1 次會議，開始規
劃、進行各項編訂事宜。從此展開長達 6 年的詞表編訂工作，由研究組負
責本業務。

　　主持人國圖館長莊芳榮、協同主持人輔仁大學圖書資訊學系副教授鄭
恒雄、國圖研究組主任黃淵泉。國圖爰邀請館內外圖書館同道、編目專家、
各學科學者專家共同參與編訂，計小組委員先後有 19 人，編訂委員 83 人。
2001 年 3 月國圖函請教育部提撥經費補助「中文主題詞表：人文社會科學
類」編訂工作。2001 年 3-12 月為加速進行，國圖特邀集臺大吳明德、政
大林呈潢、臺師大梁恆正、中研院文哲所劉春銀 4 位圖書館館長及其同人
協助進行。先完成人文社會科學部分 25 個學科，於 2002 年 9 月編印《中
文主題詞表：人文社會科學類（試用版）》；2003 年 12 月再行編印《中文

主題詞表：人文社會科學類》。

　　2004 年 12 月在這個基礎上，增入醫學、生命科學、人類學、農業學及其餘的自然科學、應用科學等學科的主題詞，經鄭恒雄、吳瑠璃、盧秀菊、陳和琴、阮明淑、劉春銀、高秋芳擔任編定審查等工作，國圖編目組主任李莉茜、研究組主任江綉瑛召集黃莉玲、陳友民、簡秀娟、錢月蓮、嚴鼎忠、賴珍蘭進行全書逐頁討論，完成編印出版了《中文主題詞表‧2005年版》。2005 年 10 月又出版了《中文主題詞表‧2005 年修訂版》。2005 年12 月 16 日在國圖 188 會議室舉行出版茶會，宣告編訂完成及啓用。

　　本《中文主題詞表》（List of Chinese Subject Terms）係以上開《中文圖書標題表》為基礎，大幅度增加新詞目。取消各式複分，採用單一概念的詞彙。詞目來源包括各種關鍵詞庫、專業詞典、主題詞表、索引典及各種專業參考工具書等。選詞原則：1.以單義詞（單一概念詞）為準，酌收部分「複合詞」；2.以習用詞（國內通用且見於文獻者）為主；3.採「文獻保證原則」（考量國內文獻出版情況及多寡為立目標準）；4.同義詞則選其最常用者為「正式主題詞」，其餘為「非正式主題詞」。全篇共收主題詞 23,162筆，依「筆劃－部首」順序排列。每一主題詞條目，視其性質及需要，包括「標目詞」、「參考類號」（賴永祥《中國圖書分類法》增訂 7 及 8 版的分類號）、「注釋文字」（包括「釋義」、「用法」、「原文（加注外文原文）」、「一般注釋」4 種）和「參照說明」4 部分。該書出版後，主題詞持續增加，都披載於國圖網站「編目園地」裏的「增修《中文主題詞表》」，供各界參考。

（五）中文圖書分類法

　　《中國圖書分類法》係由劉國鈞於 1929 年仿美國《杜威十進分類法》編訂。政府播遷臺灣後，臺大圖書館學系教授賴永祥自 1964 年首次編訂自行刊印以來，至 2001 年出版增訂 8 版，已通行於臺灣及香港、澳門等華文地區；國內各級圖書館據以作為整理圖書重要分類的依據。2001 年 9 月 21

日賴永祥將該分類法著作權無償捐贈國圖,「交由國圖後續編訂與維護」,「同意增訂9版以及後續各版著作權無償交由國圖全權處理。」

2001年11月國圖邀王振鵠、胡歐蘭、吳明德、盧秀菊、黃鴻珠、陳昭珍、鄭恒雄、陳和琴、黃淵泉、林光美、吳瑠璃等,組成「中國圖書分類法修訂諮詢委員會」,由國圖編目組擔任總執行(執行主編先後為編目組主任俞小明、李莉茜、吳英美),正式啟動第9版修訂工程。爰根據分類表10大類的基礎,邀國內圖書資訊界及各學科專家198人參與類表修訂工作。至2005年12月底,各種會議召開次數共近500次,耗時4年,始完成10大類初稿彙整。其中有關臺灣類目的修訂,主要是將臺灣史地、臺灣傳記、臺灣文學、臺語4類予以詳編,其類號自中國類下析出,編列於亞洲史地、亞洲傳記、東方文學、東方語言相關項下。初稿並同步公告「編目園地」網站,以供各界指正。

2006年下半年邀盧秀菊、黃淵泉、林光美進行全表總審查,期間有一次諮詢委員會賴永祥應邀親臨主持。2007年1月起,又經多人多次審閱校對,及「國圖技術規範諮詢委員會」討論後決定將《中國圖書分類法》修訂第9版,易名為《中文圖書分類法》(2007年版)。為求慎重起見,國圖再請專家增補英文類目,進一步統一體制,校定訛誤,增補相關資料。經編目組陳友民、阮靜玲、任永禎進行3次全表查核及校對,全表於2007年6月修訂完成,將分類法全部內容建置於「中文主題編目規範系統」,供各界檢閱利用。

2007年12月國圖出版《中文圖書分類法》(2007年版)2冊,包括類表及索引兩編。該《分類法》係以賴永祥《中國圖書分類法》增訂7版、8版為主要藍本,參考《杜威十進分類法》、《美國國會圖書館分類法》以及國內吳明德教授編訂《現代圖書分類法》、中國大陸《中國圖書分類法》等分類規範,同時根據當前學術文化及社經背景,斟酌圖書館分類實務經驗修訂而成。修訂的目的,主要作為圖書標引、組織、檢索之用。

2016年3月,國圖編印《中文圖書分類法 2007年版類表編(修訂

版）》，就國圖館藏發展及書目管理組（前身為採訪組、編目組）使用該分
類表 8 年所累積訂正和增補資料共約 700 條，及配合 2012 年臺灣行政區調
整，更新了「附表 8　臺灣縣市表」、「附表 9　臺灣鄉鎮表」。

四、發展自動化作業系統和建立書目資料庫

　　完成訂定標準和規範的基礎工作後，開始進行本計畫的第 2 及 3 階段
計畫。1981 年 2 月國圖奉行政院主計處電算中心核准購置電腦；同月出版
《中文圖書機讀編目格式》，國圖即展開中文書刊的建檔工作，圖書方面，
3 月 19 日國圖召開了「中文圖書目錄電腦建檔規劃會議」，邀請臺灣大學、
臺灣師範大學、政治大學、輔仁大學、淡江大學等圖書館及國立中央圖書
館臺灣分館派員參加，會中同意進行中文圖書的建檔測試工作。決議有 4：
1.自 1981 年 4 月份開始實施建檔作業，範圍暫以各館新購 1981 年以後出
版新書為限；2.暫先由國圖集中統一填寫資料輸入表；3.俟有成效時，可
將範圍擴及各專題資料檔，如善本書、臺灣文獻等；4.俟《中國編目規則》、
《中文機讀編目格式》及其「資料輸入表」正式完成後，舉辦工作研習會，
全面推行。於是 1981 年 7 月起，國圖與榮電公司合作中文書刊建檔工作，
先以離線作業方式聯合上開圖書館，將 1981 年起在我國出版的中文圖書進
行合作編目集中以機讀編目建檔。期刊方面，即聯合臺灣地區 171 所圖書
館，共收藏中文期刊 7,410 種，將其館藏資料建檔。1983 年起，為加速建
立國家書目資料庫，凡進館圖書，不論其出版年代，一律以機讀編目格式
編目入檔。惜 1984 年因人力有限，暫停本項合作。

（一）國圖自動化作業

　　1982 年 8 月 1 日胡歐蘭擔任國圖採訪組主任，並負責推動國圖自動化

作業。

1982 年 12 月國圖引進一套電腦設備,其中包括 1 部王安 VS100－16F 型主機(記憶體容量 512K)、2 部磁碟機(每部容量 288MB)、1 部磁帶機,1 部中文字型產生器、2 部中英文列表機及 11 部中英的文終端機,分別置於採訪組及其期刊股、官書股;編目組;閱覽組參考室;及新成立的電腦室(同人范偉敏、吳真真);並自英國購置最新式的電子切卡機,以提供快速的印刷卡片服務。1983 年 3 月 10 日國圖宣布啓用王安 VS100 機型電腦設備,開始積極規劃全館自動化作業。

(二)開發系統

國圖與榮電公司再度合作,由採訪組主任胡歐蘭領軍,開始自行開發整合性圖書館自動化系統。「到了 1983 年時,電腦系統使用上已沒有什麼問題,就開始推行自動化作業計畫第 3 階段,開發中央圖書館的管理系統」為發展國圖館內自動化作業系統,由館內各業務單位推選代表組織「自動化作業小組」。該小組的主要任務在溝通館內自動化作業觀念、策劃各項自動化作業的範圍及內容、分析各項作業的流程與需求、評估各項作業的效益;同時就實際上的需要,參與建檔工作。

1983 年 5 月 9 日國圖根據業務需求,成立了 13 個作業系統小組,由全館同人參加,共同研發。各作業系統及其負責人如下:中文圖書編目(江繡瑛)、西文圖書編目(梁津南)、公用目錄查詢(胡歐蘭)、圖書採訪(胡歐蘭)、期刊控制(辜瑞蘭)、期刊論文索引和政府公報索引(吳碧娟、雷叔雲)、全國圖書館統計(雷叔雲)、漢學研究人才檔(蘇精)、中華民國學術機構錄檔(顧敏)、出版品國際交換機構檔(顧敏)、全國圖書館人才檔(雷叔雲)、善本圖書檔(封思毅)以及圖書出納系統(何秀薇)等。其後,還有閱覽管制(閱覽證)系統(簡家幸)、日韓文作業系統(鄭玉玲)、物品物料庫存管理系統(陳月桂、楊士林)、會計自動化系統(朱寶珠)。

　　1984 年 2 月國圖編目自動化作業正式實施。1986 年 9 月，為配合新館中、西文資料處理需求，擴充王安 VS100 系統電腦設備，增設主記憶體 1.5MB 及 2265V-2288MB 磁碟機各一部。可以說國圖全面進入圖書館自動化時期，整體規劃，分段發展，全館各業務單位同人，羣策羣力，共同發展屬於自己的作業系統。

　　國圖根據《中國機讀編目格式》的架構，以 ISO 2709 為依據，發展出《國立中央圖書館文獻分析機讀格式》，於 1983 年 12 月出版，以便於電子計算機處理中文及其他語文時能分析資料。本格式適用於單行本（如專著中的各章節）、連續性出版品（如期刊中文章、報紙中社論、新聞事件、論述及文藝作品）、檔案性質的文件（如清代及民國以後各機關的舊檔、官報、政府公報中的案件）。書末附有《中華民國期刊論文索引》及《中華民國政府公報索引》建檔格式。

統一事權

　　館長王振鵠在《書緣──圖書館生涯五十年》乙書提及「在自動化的開創階段，不管是硬體軟體，還是在職人員的訓練、觀念的改變，甚至作業程序，都需要重新規劃。中央圖書館遷到新館之後，我曾經將採訪組、編目組的業務都請胡歐蘭主任負責。當時我覺得推動自動化作業的這兩各單位，有很多紀錄是共同的，所以我在推動自動化的階段，試行將兩單位的業務暫時整合，並不是合併，如此在單位與單位之間的作業配合上，可以減少一各自為政的問題。」

　　國圖根據上開標準與規範最早實施的是中、西文圖書編目系統及將國圖所編《中華民國期刊論文索引》（1983 年 4 月開始）、《中華民國政府公報索引》（1984 年元月起）、《中華民國行政機關出版品目錄》（1984 年元月起），以電腦建檔。1983 年月 7 又將館藏善本書目資料輸入電腦建檔。1984 年已開發完成編目、線上書目查詢、採訪、期刊管理等 4 項子系統，爰將此開發的系統定名為「國立中央圖書館資訊服務系統」（National Central Library Automated Information Service；NCLAIS）。自 1981 年 7 月至 1987

年 6 月，國圖書目資料庫已有 245,046 筆書目資料，按圖書資料的類型分，
以期刊論文索引為最多，共有 98,123 筆（占 40%），其次為中文書刊 75,578
筆（30.8%），西文書刊 31,018 筆（12.8%），政府公報索引 30,256 筆
（12.3%），善本書 10,071 筆（4.1%）。由於前 5 年仍在人工與電腦化雙軌
並行作業，成效有限。遷入新館後，實施全面自動化建檔，尤其從 1987
年 1 月起，引進美國圖書館公司（Library Corporation）製作發行的西文書
目資料光碟系統（BiblioFile CD-ROM），提供了美國國會圖書館豐富而完
整的書目資料庫，可進行西文圖書書目抄錄編目（copy cataloging）並轉錄
書目資料，加速了西文圖書編目建檔工作，建檔量急速增長。「國圖資訊服
務系統」提供線上書目檢索服務，電腦印行《中華民國出版圖書目錄》月
刊及年彙編本、《中華民國期刊論文索引》季刊及年彙編本、《中華民國政
府公報索引》等，電腦印製卡片目錄服務等。

　　胡歐蘭在《第二次中華民國圖書館年鑑》曾撰文稱：「由中國機讀編目
格式之訂立到中國機讀書目資料庫之建立，『國圖』 一直都把持一個基本
原則，即一個機讀格式兩種著錄規則——中文以《中國編目規則》，西文以
《英美編目規則（第 2 版）》建檔，並循序漸長，以實事求是的態度進行，
踏成一步再行一步，開始雖然進度較慢，但在越走越順暢的情境下，往後
之推展，在政府全力支持下，當可全面改觀。」

　　國圖的自動化作業系統係以一個書目主檔為中心。各作業系統與這個
書目主檔有密切的關聯，資料的儲存與檢索都是依賴這個書目主檔。與這
個書目主檔有關聯的作業系統有圖書採訪、中西文圖書編目、期刊管理、
書目查詢、期刊論文和政府公報索引資料檔、善本書目檔等。由於初期所
開發的作業系統係在王安 VS 二位元（2－byte）（每個中文字占用 2 個 byte）
系統上運作，且作業著重於提供簡單的查詢項目、書目維護（含新增、修
改）、固定報表列印等項，經多年使用，早已無法滿足作業的需要。1987
年底「國圖自動化作業小組」開始針對館內各作業系統加以檢討評估，經
過一段時間的分析與研究後，決定分段逐步將各項作業系統由二位元轉換

為三位元（3－byte）。編目組（江綉瑛、林淑芬、雷叔雲、鄭玉玲、劉雅姿、繆慈玲、羅禮曼）乃適時提出新系統的規劃需求，除參酌國內外編目作業系統功能的設計，並根據國圖使用二位元系統 5 年的經驗及需求予以規劃，應用軟體系統的設計仍委託榮電公司負責。設計的重點，包括相關作業的串連執行、系統功能的加強、作業內容的細部設計等。經過 2 年多的設計、討論、測試、訓練及修改，編目新系統自 1989 年 11 月 1 日起正式上線。新系統共分為線上編目作業、權威紀錄作業、編目行政作業等 3 大子系統。國圖爰擴充主機為 VS 300，將各子系統重新改寫轉換。1991 年 4 月底又向王安承租 VS 8640 主機 1 部主記憶體 16MB 及其他磁碟機、磁帶機等設備，對國家書目資料庫的建立，奠定了良好基礎。

五、進行國際使用的推廣

「國字整理組」及「圖書館自動化作業組」在中文資訊交換碼及機讀編目格式、編目著錄規則等編目技術規範先後完成之後，面臨如何推廣到國際上使用的問題。「國際關係組」先後從事下列各項工作：

1. 收集國際間有關標準碼和圖書館自動化作業的資料，以增進我國成品的國際可用性；
2. 進行向國際標準組織（ISO）申請技術審查工作，以促進《中文資訊交換碼》的權威性，成為國際上處理中文資料的依據，爭取國際間的認可而註冊為國際標準；
3. 協調國內外中文圖書館作業的需求與供應；
4. 洽請專家來華技術指導；
5. 召開及出席國際會議，促進國際合作，爭取認可，展示我國各項處理中文資訊的成品與學術研究的成果

在召開及出席國際會議方面，首先，1980 年 8 月 18 日至 23 日在菲律

賓馬尼拉舉行第 46 屆 IFLA 大會。王振鵠、張鼎鍾、黃世雄、李德竹、黃
克東、楊鍵樵出席。會中張鼎鍾在資訊技術組發表論文，報告我國自動化
作業發展現況，並放映成果幻燈片；黃克東、楊鍵樵說明我國發展中文資
訊交換碼的狀況。本次利用參加年會的機會，第一次介紹中文資訊交換碼
製訂的情形，並就我國正在發展的《中文資訊交換碼》、機讀編目格式，與
一些與會的專家請教一些技術性問題，如美國國會圖書館主持 MARC
Format 計畫的艾芙蘭，讓她了解臺灣的發展，並給我們一些意見和幫助。
並對我國即將在臺北召開的中文圖書資料自動化研討會，多國代表反應熱
烈。

（一）中文圖書資料自動化國際研討會

　　1981 年 2 月 14 日至 19 日學會與中研院中美會、美國學術團體聯合會
（ACLS）等單位，在臺灣工業技術學院視聽館合辦「中文圖書資料自動
化 國 際 研 討 會」（ The International Workshop on Chinese Library
Automation）。邀請國內外圖書館自動化的專家學者 224 位參加，其中國外
38 人，包括美國國會圖書館艾芙蘭、艾傑士（James E. Agenbroad）、Barbara
Roland、Deborah Sham，西部圖書館資訊網（Western Library Network；
WLN，原稱 Washington Library Network）Raymond DeBuse，美國研究圖
書館組織（RLG）Helena Wong Gin、John W. Haeger。大會敦請前總統嚴
家淦發表專題演講。本研討會有「中文資訊交換碼的理論、結構與應用」、
「中國文字與電腦」、「中文圖書編目規則與中文機讀編目格式」、「中文圖
書自動化作業個案研究」、「圖書館自動化系統的國際合作」5 項討論主題，
共發表論文 30 篇。本次研討會主要目的在展示我國中文電腦化研究的成
果，及建立國際合作關係。特別是宣布「中文圖書機讀編目規範」以及第
2 輯中文資訊交換碼，兩輯一共包括 31,799 個字，足夠今日圖書館、企業
界以及人口普查之用。我國代表宣讀的相關論文如下：

The Design and Application of the Chinese Character Code for Information Inter-Change（CCCII）（謝清俊　黃克東　張仲陶　楊鍵樵）

The Design of a Cross-reference Data Base for Chinese Character Indexing（張仲陶　黃克東　楊鍵樵　謝清俊）

中文輸入方式的檢討和拼形符號的建立 *Study of the Chinese Input Systems and The Esablishment of Chinese Character Composing Signs（CCCS）*（江德曜　程道和）

中文電腦用字聲系研究報告 *Study on the Phonetic Components of Characters Used in Computer*（周何　林仍乾）

從我國文字之演進來談形母 *On the Development of the Ideographic Element in Chinese Characters*（Discussion on Hsing－Mu in Chinese Computers）（金祥恆）

中文字根與資訊處理 *On the Application of the Basic Component Set of Chinese Characters*（林　樹）

從中國文字的結構和演變過程談中文電腦用字的整理 *Discussion on the Arrangement of Characters Used in Computer from the View Point of Chinese Character Structure and Evolutionary Changes*（李孝定　周駿富）

異體字與中文電腦（潘重規）

Chinese MARC：Its Present Status and Future Development（李德竹　胡歐蘭　黃鴻珠　黃克東　吳明德）

中國編目規則擬訂經過（圖書館自動化作業規劃委員會編目規則工作小組）

The Shaping of "Chinese Cataloging Rules" 中國編目規則草案（圖書館自動化作業規劃委員會編目工作小組）

中華民國中文期刊聯合目錄 *The Union List of Chinese Serials in the*

Republic of China：A Case Report（辜瑞蘭）

中華民國期刊論文索引 *The Preliminary Plan for the Index to Chinese*

Periodical Literature：A Case Report（辜瑞蘭）

（二）中文書目自動化國際合作會議

　　1982 年 8 月 29 日至 9 月 1 日在澳洲坎培拉舉行「中文書目自動化國
際合作會議」（ Conference on International Cooperation in Chinese
Bibliographical Automation ），由澳洲國立大學（ Australian National
University）主辦、澳洲國家圖書館（National Library of Australia）和香港
大學協辦。會議主題為「國際中文資訊交換碼」、「中文書目資料庫處理技
術展望」、「中文機讀編目格式的展望」、「中文書目自動化的未來發展」4
項。學會應邀組團前往參加會議。我國代表有沈寶環、藍乾章、胡歐蘭、
謝清俊、黃克東、楊鍵樵。參加會議者有 65 人，分別來自我國、澳、紐、
美、英、日、港、星、馬、中國大陸。這是兩岸在海外第一次相遇的學術
會議。我國代表分別報告中文資訊交換碼、中文機讀編目格式、中文編目
規則以及圖書館自動化發展等相關議題。如下：

Chinese Cataloging Rules & Views from Automation

Future Development of Chinese Bibliographical Automation

Chinese MARC；a Report Resulting in the Chinese MARC Format for

Books and Non-books

Information Processing of Chinese Characters

The CCCII and Its Feasibility for International Adoption

（三）ASIS 中文資訊專題討論會

　　1982 年 10 月 17 日至 21 日，美國資訊科學學會（ASIS）第 45 屆年會

在俄亥俄州哥倫布市舉行。經張鼎鍾洽商，在 19 日議程中（10：30-16：30）由學會、中研院中美會及資策會等共同舉辦「中文資訊專題討論會（中文資訊的處理與電腦輔助華文教學研討會）」（Symposium on Computer Processing of Chinese Library Materials and Computer－Assisted Chinese Language Instruction）。我國由王振鵠（團長）、沈寶環、藍乾章（2 位副團長）、張鼎鍾、謝清俊、楊鍵樵、黃克東、胡歐蘭、李德竹、周何、吳瑠璃、吳明德、徐美珠、江綉瑛等 14 人組代表團參加。在 Hyatt Regency 大會堂 Union B 廳召開，由張鼎鍾、李華偉、謝清俊主持，王振鵠致開幕詞，隨後由學者專家發表論文，如下：

> *Chinese Library Automation －An Overview*（王振鵠　沈寶環）
>
> *East Asian Project of the Research Libraries Group*（Alan Tucker）
>
> *Chinese Computer Technology in Taiwan －An Overview*（楊鍵樵　謝清俊）
>
> *New Chinese Cataloging Rules as the Foundation of Chinese MARC*（藍乾章　吳明德）
>
> *Chinese MARC Format and Bibliographic Databases*（圖書館自動化作業規劃委員會中文機讀編目格式工作小組）
>
> *Agri －Thesaurus of Agricultural Information System*（吳萬鈞　高秋芳　徐美珠）
>
> *Chinese Character Database：Its Design, Implementation and Application*（謝清俊　張仲陶　曾士熊）
>
> *A Study of the Phonetic and Ideographic Elements of the Chinese Characters*（周何）
>
> *Chinese Computer Assisted Instruction*（黃克東）
>
> *The Establishment and Use of Information System on Science and Technology In R.O.C*（方同生）

在本研討會宣揚我國近年來中文圖書資料自動化的處理技術及研究成

果，以推廣中文圖書機讀編目格式、中文資訊交換碼及中文電腦教學原理
等。ASIS 大會當局於 10 月 19 日晚邀約我國代表團參加大會會長戴維斯
（Charles H. Davis）酒會，當場通過在我國成立美國資訊科學學會臺北分
會（ASIS Taipei Chapter），團長王振鵠並代表臺北分會致贈大會紀念牌。

（四）亞太地區第一屆圖書館學研討會

1983 年 3 月 14 日至 17 日「亞太地區第一屆圖書館學研討會」（The First
Asian-Pacific Conference on Library Science）在臺北市國立臺灣師範大學綜
合大樓會議廳舉行。由國圖與亞太理事會亞太地區文化社會中心（Cultural
and Social Centre for the Asian and Pacific Region）舉辦，學會協辦。本次會
議主題是「圖書館自動化與資源分享」，子題有 5，各子題及我國的主持人
分別為圖書館資源與服務（沈寶環）、圖書館自動化與資訊網（謝清俊）、
各國語文資料之處理技術（楊鍵樵）、圖書館教育（藍乾章、何光國、陳興
夏）、圖書館合作與資訊分享（張鼎鍾）。會議由國圖館長王振鵠與亞太文
社中心主任鄭度淳主持，前總統嚴家淦在會中致詞、美國資訊科學學會會
長戴維斯以「現代科技之衝擊」為題發表專題演講（keynote Speech），有
來自澳、斐濟、法、港、印度、日、韓、澳門、紐、菲、星、馬、泰、美
及我國代表 150 多人參加。大會所發表的論文全都以英文為限，共有 45
篇。閉幕典禮由教育部部長朱匯森致詞。我國相關論文如下：

> *Library and Information Services in Taiwan, Republic of China*（王振
> 鵠）
>
> *A Bibliography of Selected Works on Automated Library and
> Information Services In the Republic of China 1973-1983*（張鼎鍾）
>
> *Chinese Rare Books MARC Format-A Pilot Project*（圖書館自動化作
> 業規劃委員會中國機讀編目格式工作小組）
>
> *Experiments on the Search and Recognition of Words from a Chinese*

Text（謝清俊　梅廣等）

Considerations Prior to Designing the Three Corner Coding Method
　　(TCCM)（黃克東）

The Orgin of the Fundamental Symbols of the TCCM（黃克東）

A Bibliography on Chinese Computer Techology（楊鍵樵等）

The Design of a Chinese Database Language（楊鍵樵）

在會議期間，國圖邀請各國代表分批參觀中文圖書期刊檔及測試中的
善本圖書查詢系統。

國圖和學會同道基於使命感，很快地完成各項標準和技術規範。隨即
國圖開發了「國立中央圖書館資訊服務系統」（NCLIS），建置國家書
目資料庫，這是全球華文世界第一個圖書館自動化作業成功的範例，
贏得國際間的讚譽，提升了我國圖書館界的形象。

六、推動全國圖書資訊網路

1980 年的「全國圖書館自動化作業計畫」，先後完成建立中文資料自
動化作業的標準規範、建立中文圖書書目資料庫、引進國外西文資料庫 3
大項目標。國圖進行了中西文圖書資料的鍵檔及轉檔工作，以書目主檔建
立了「國立中央圖書館資訊服務系統」（NCLAIS），提供國內外資訊服務。
惟第 4 項目標「全國資訊網的規畫」，涉及硬體軟體和其他網路系統連線作
業，問題較為複雜，需再行整體規劃與發展。

（一）整體規劃全國書目資訊中心

1985 年 9 月 23 日國圖奉行政院研究發展考核委員會指示應「整體規

劃全國圖書資訊網路」，積極推展資訊服務。1987 年 9 月 10 日報奉行政院
核定「發展圖書資訊網路系統計畫書」。本計畫的重點在國家書目資訊網的
建立，由館內網路推展至國內館際網路，而至國際網路，以期達成方便互
通訊息及相互存取資料的功能。計畫的目標在於建立全國書目中心及推行
中文圖書資訊系統與國外資訊網連線作業，以便資訊交流，開創中文資訊
國際性服務的先機。

　　1987 年 1 月 10 日國圖為早日實現「集中鍵檔，資源分享」的目標，
邀請國內 15 所國立大學及學院圖書館派員，就《學術圖書館合作編目鍵檔
暫行辦法》交換意見，初步決議本項計畫先予試行一年。1 月 21 日舉辦合
作單位作業人員講習後，隨即正式作業。參加的單位包括臺大、臺師大、
政大、政大社資中心、政大公企中心、陽明、藝術學院、海洋、中央、清
華、交大、中興、臺灣教育學院、成大、中山。本項合作計畫進行 9 個多
月，西文圖書編目因使用 BiblioFile（抄錄編目），完成率 98.66%，中文（多
為原始編目）僅 37.33%。發現本項合作編目，仍有人力、財力、技術、設
備等限制。國圖現有人力，無法應付如此龐大的工作；目前的設備，也無
法支應線上作業的需求。但國圖獲得處理合作編目作業的經驗，日後如改
採離線的合作編目，網路系統的建立、硬體設備及容量的及時擴增等，都
十分重要，各合作單位如能利用線上傳送或檢索資料，將可維持合作管道
的暢通，達到真正的「資源分享」。

　　1987 年 11 月國圖復奉行政院核定發展「全國圖書資訊網路計畫」第 1
期計畫，自 1989 會計年度起分 3 年進行。1988 年 4 月 29 日至 7 月 15 日
國圖編目組江琇瑛、林淑芬、邱婉容、許錦珠、黃莉玲、黃端儀、鄭玉玲、
歐陽芬、劉雅姿、繆慈玲、羅禮曼等 11 位自願參加的同人，在主任胡歐蘭
指導下，完成「書目資訊中心研究報告」。報告名稱是「向成立國家資源書
目中心邁進」。該報告首先選定國外較負盛名的書目資訊中心——
BLAISE、OCLC、RLIN、UTLAS、WLN 分組蒐集及研讀資料，再根據國
圖的性能來確定該館未來書目中心所應扮演的角色及承擔的任務。全編分

「書目資訊中心」　宗旨、目標、組織、功能、服務型態，7 月 21 日向王館長及有關的同人提出簡報後修正定稿。

　　國圖規劃發展本網路系統的目的，在經由網路及合作館共同建立較為齊全的全國出版物書目資料庫，進而發展為全國書目中心。其具體目標如下：

1. 經由合作編目共同建立國家書目及聯合目錄資料庫
2. 達成一館編目多館分享，共享資源的目標
3. 促進書目資訊著錄的標準化
4. 提供學術研究查詢利用
5. 提供各圖書館書目轉錄

UTLAS 系統

　　國圖於 1988 年購置天登公司（Tandem Computer Incorporated）電腦作為未來發展網路的主機，由凌臺電腦公司負責配合國圖的需求，進行本網路系統的軟體規劃作業。1990 年 3 月引進了加拿大 UTLAS（University of Toronto Library Antomated System）系統，包括「線上合作編目系統」（CATSS－Catalogue Support System）、「權威控制系統」、「編目批次作業系統」、「參考諮詢系統」（Ref CATSS）等。凌臺公司參照國內的需求，將相關系統加以修改以適應我國環境的需要。其中「線上合作編目系統」，修改成「中文合作編目系統」（Chinese CATSS），係為採用分散式資料庫架構的現成套裝軟體（其後改為集中式的聯合目錄與分散式並存的架構），由參與合作編目的圖書館共同負責書目及權威紀錄的品質。依據國圖訂定的「線上合作編目辦法」，書目建檔標準採用《中國機讀編目格式》（C MARC）符合 ISO 2709 標準，字集以《中文資訊交換碼》（CCCII）為準，亦可接受及轉出 BIG 5 碼的資料。書目著錄方面，中文用《中國編目規則》，西文用《英美編目規則第 2 版》（AACR 2）。

　　1990 年 7 月國圖成立「書目資訊中心」（奉行政院核准以任務編組方式，於編目組之下成立）推動「全國圖書資訊網路系統」（National

Bibliographic Information Network；NBINet），每年召開合作館館長會議，訂定線上合作編目辦法，作為網路營運的主要依據；發行《全國圖書館資訊網路通訊》季刊（1991 年 10 月創刊；1997 年 5 月停刊）。

1990 年下半年館長楊崇森分別進行組織調整及人事變動。先是於 9 月 17 日起，為強化行政組織與工作效率，將期刊、官書兩部門業務涉及讀者服務部分及閱覽室，自採訪組改隸閱覽組，這是 1954 年復館以來，行政組織上最大的調整。1990 年 10 月 1 日因主任胡歐蘭赴政大擔任教授兼圖書館館長，國圖乃發布人事命令，由閱覽組主任宋建成擔任自動化作業小組召集人、編目組（包括書目資訊中心）主任由鄭恒雄擔任、採訪組主任由交換處主任汪雁秋兼任，11 月 1 日採訪組主任廖又生到職。

1991 年 10 月 30 日舉行「全國圖書資訊網路——線上合作編目系統啓用典禮暨發表會」，是日與 16 所大學院校圖書館，包括臺大、政大、臺師大、中興、交大、清華、中正、成大、中山、中央、高師大、彰師大、海洋、陽明、臺灣工技院、藝術學院，與國圖完成簽約連線，進行連線合作編目，共同建立書目資料庫。從此我國的圖書館資訊系統進入了網路合作時代。啓用典禮及簽約儀式由館長楊崇森主持，教育部次長楊朝祥、立法委員吳梓、洪冬桂莅會觀禮致詞。

1992 年 5 月 5 日曾濟羣接任館長，即成立「自動化規劃諮議委員會」及「工作小組」。前者敦聘陳文生（教育部電算中心副主任）、游張松（臺大電子計算機中心主任）、李德竹、胡歐蘭、黃鴻珠、宋玉為諮議委員；後者由國圖各單位主管與專業同人組成，以實際執行任務，兩者皆由曾館長擔任召集人。

1992 年 12 月，UTLAS 公司與在加拿大中南部 Manitobz 省 Winnipeg 的 Information Systems Management Corporation（ISM）合併，成為該公司所屬的圖書資訊部門（Library Information Services），是以簡稱 ISM/LIS 公司。國圖與凌羣公司（協理黃建興）簽有維護合約，要求 ISM 公司（副總裁古谷夏子＝Natsuko Furuya）派員前來維護及從事相關訓練。

　　1993 年 4 月 20 日至 28 日，國圖舉辦「國立中央圖書館六十周年館慶資訊網路展」，展出「全國圖書資訊網路」、「ISBN/CIP 作業系統」、「中華民國行政機關出版品目錄系統」、「中華民國政府公報索引系統」、「中華民國期刊論文索引系統」、「中華民國期刊論文索引光碟系統」、「國立中央圖書館善本編目系統」。在館慶記者會中展示「全國圖書資訊網路」連接教育部「臺灣學術網路」（Taiwan Academic Network；TANet）正式開放連線使用。本次展覽顯示國圖已朝整合、開放網路連線的方向大步邁進，特別以乙太網路（Ethernet）為基礎，一般以最通用的個人電腦及 BIG 5 中文碼即可連線使用國圖所有應用系統。

　　NBINet 雖然是主要提供各合作館進行線上查詢或線上編目之外，但還可提供一般使用者透過「臺灣學術網路」查詢國家聯合書目資料庫。

　　1993 年 12 月又增加省立臺中圖書館（1999 年 7 月因精省改制為國立）、臺北市、高雄市立圖書館 3 個合作館，使合作編目的對象擴及至公共圖書館。

　　因為本時期各國立大學正積極規劃各校圖書館自動化作業整合系統，所以初期 NBINet 的書目，大部分由國圖提供，進行較為遲緩。1991 年 6 月中研院決標選定 INNOPAC 整合性圖書館自動化系統，受到各大學重視。到了 1994 年 6 月底已有臺大、政大、臺師大、中正、彰師大、中山、高師大、陽明、屏師、中原、高雄工商專等 11 個圖書館採用 INNOPAC。教育部電子計算機中心（奉行政院核定成立於 1982 年 8 月）積極協助推動「全國圖書資訊網路」，採取下列措施：1.1991 及 1992 年委託臺大進行「中文書目合作轉換計畫」，發展「書目轉換及查核軟體」；1993 年 3 月 9 日召開「研商加速推動圖書館自動化，促進書目共享會議」，並決議成立「書目共享工作小組」，以解決書目交換時所產生的技術相關問題，自 1993 年 3 月 9 日至 1994 年 6 月共召開 14 次會議，經各圖書館努力，圖書館間資訊交換的介面，已趨整合。使得 NBINet 自 1993 年 3 月至 1993 年 6 月的書目資料成長 2.67 倍，約增加 449,532 筆，貢獻資料較多的單位是清華、省

中圖、交大、臺大。2. 1993、1994 會計年度委託圖書館學會、由政大圖書館館長胡歐蘭主持研訂「US MARC 轉至 C MARC 第 3 版對照表」及「CMARC 第 3 版轉至 US MARC 對照表」，並有廠商利用本研究成果，開發轉換程式，以利圖書館間書目資料交換；3. 1993 年 11 月「書目共享工作小組第 9 次會議暨中文字集字碼座談會」，建議國圖成立「字集字碼工作小組」。1994 年 1 月國圖成立全國圖書資訊網系統「書目共享字集字碼工作小組」，謀求解決書目網路遭遇的各種字碼相關問題。1994 年 7 月以後，「書目共享工作小組」，移轉國圖繼續推動，並改名「全國圖書資訊網路系統書目共享小組」。

　　為了加速促進各圖書館間透過網路進行資訊交換，發揮自動化整合效益，教育部圖書館事業委員會於 1994 年 5 月 18 日第 17 次委員會中決議，由教育部電算中心組織「圖書館自動化及網路系統整合小組」，已因應圖書館事業的發展。該小組自 1994 年 8 月至 1995 年 2 月止，共召開 6 次會議。其中有「TALIN 計畫書建議初稿」和國圖「國家書目中心服務項目及系統功能報告」兩討論案。前者係 1993 年由 INNOPAC 圖書館自動化系統聯盟之一的臺大圖書館在由臺大所舉辦的「全國大學院校圖書館自動化規劃第 9 次研討會」中提出「TALIN」計畫，擬議採用 Ohio LINK 模式，設立同質系統網路，並為了推動館際互借計畫，設立書目中心於中研院。教育部電算中心認為；

　　這兩個計畫在功能方面有重複，在角色定位方面也可能造成衝突，且均涉及經費問題。就國家整體資源運用而言，仍應避免浪費。此外，目前各自動化系統的使用者聯盟，如 URICA、TOTALS（傳技）等，亦積極規劃同質系統的館際合作等事宜，為了有效解決這些問題，在該「整合小組」成立以技術導向的「圖書館系統連結需求研定小組」，就各圖書館所提的需求，研擬可行的方案。

幾經討論，達成「圖書館系統連結需求規劃書綱要」的共識。教育部電算中心在「網路建置」方面，建議「國家圖書館應另建立全國書目資料蒐集的作業組織，協調各主要圖書館共同合作，建立全國書目資料庫」。

教育部此項決策，適時地避免了各種同質系統聯盟的書目資訊中心成立。

INNOPAC 系統

1992 年 7 月國圖接續教育部上開研議結果，提報「全國圖書資訊網路新系統規劃計畫」。1995 年 7 月 7 日教育部社教司副司長聶廣裕與電算中心副主任劉金和來到國圖，與館長曾濟羣談及自動化與書目網路業務，達成初步結論，即有關全國圖書資訊網路新系統的採購，第 1 期經費由教育部與國圖分別負擔一半，各為 600 萬元，第 2、3 期由國圖負擔部分，則由國圖分年納入預算中。1995 年 9 月間獲得教育部同意本案並給予部分經費。

1995 年 10 月 20 日，國圖提交「新系統需求書計畫」，於「全國圖資訊網路合作館館長會議」討論通過，並組成「全國圖書資訊網路新系統需求研訂小組」，由出席代表公推 7 所圖書館——臺大、政大、清華、交大、中央、北市圖、省中圖，連同教育部電算中心與國圖書目資訊中心相關人員共同組成。自 1995 年 11 月起至 1996 年 2 月止，經過 18 次會議討論，完成新系統需求書。新系統的發展目標包括如下：

1. 建立完整的我國「國家書目」資料庫；
2. 建立全國中外文圖書資料聯合目錄資料庫；
3. 提供國內外新書資訊；
4. 提供學術研究及一般參考查詢利用；
5. 提供館際合作與互借；
6. 促進書目資訊著錄的標準化；
7. 提供各圖書館發展的全文影像及索引摘要服務；

8. 進行與國際間書目資料的聯繫與利用。

在功能上，新系統要達成 3 項基本目標：1.必須具備合作編目、權威控制、聯合目錄、讀者查詢、館際合作互借等功能，並有簡易便利的操作；2.應有開放性的架構，俾將來可陸續增加新功能及修改已有功能；3.應能滿足國內圖書館及圖書館使用者的需求。

時編目組主任鄭恒雄稱：「新系統的主要功能與特色有以下幾項：1.具備主從模式（Client/Server）採用 Z39.50 協定；2.單一記錄（master record）的聯合目錄；3.提供中美兩種 MARC 機讀建檔格式；4.方便編目作業與上下載；5.公共目錄檢索與館際合作。」

國圖經各項招標及行政作業，新系統由大同公司得標簽訂合約。大同公司結合 Digital 電腦及美商 Innovative Interfaces 公司共同合作，參與新系統的建立。主機採用 Digital Alpha Serve 2100 5/250 System，作業系統為 UNIX 3.3D 版，無限制使用人數；並採用 INNOPAC 系統。自 1996 年 6 月起至 1997 年 12 月底，各模組功能逐步上線，也逐漸取代原 CATSS 系統；及至 1998 年 4 月「全國圖書資訊網路」已進入第 2 代系統──從 UTLAS 系統進入 INNOPAC 系統。

（二）編目園地

1997 年 8 月起，編目組主任鄭恒雄策畫下，編目組與資訊組共同研發建立國圖《編目園地全球資訊網路》，主要在 1.網羅各項編目規範，彙集了國圖及圖書資訊界所定訂各項編目規範，提供參考使用；2.提供最新編目動信息；3.便利編目的教學與研究；4.探索國內外編目相關網站。（鄭恒雄）期望成為國內從事編目技術服務者研討參考的園地。

（三）中文名稱權威資料庫

　　國圖自 1991 年啓用全國圖書資訊網路（NBINet）以來，各合作館曾多次期望建立權威資料檔，供各合作館編目使用。1998 年由國圖和臺大圖書館共同組成「中文權威參考資料庫建置小組」，先以中文名稱和中文團體名稱為限，包括訂定權威紀錄整理規則、規劃作業流程、資料庫系統建置等項目。

　　1999 年開發「中文名稱權威資料庫」，隨即國圖與臺大合作，根據兩館權威紀錄為基礎，逐年進行整編，以形成完整的權威紀錄參考檔。標目彙整方式與原則：中文標目整理以人名及團體名稱為優先，建檔格式依據《中國機讀權威紀錄格式》（CMARC），中文編目依據《中國編目規則》，西文依據《英美編目規則第 2 版》。中國人名主編目以中文繁體著錄，簡體人名置於反見標目，外國人名主標目採用外文。建置集中式權威資料庫，將國圖已存在的權威紀錄分批轉入，並將臺大以 US MARC 建檔的人名權威轉換為 CMARC 後，轉入資料庫。持續進行相同權威名稱的整併，如為同一人應彙總所有相關標目，建立一筆完整紀錄。

　　2005 年國圖編目組開始規劃整合團體名稱權威紀錄，有來自編目組 51,000 筆、政府資訊室 3,000 筆、書號中心 13,540 筆、採訪組 23,442 筆、漢學中心 8,333 筆及臺大等 6 個來源所提供 11 萬筆，將分數個年度整合並增修完成。依 2011 年資料，「收到兩館產生的權威紀錄將近 50 萬筆，已整併完成人名權威超過 26 萬筆，團體名稱權威 3 萬多筆。」（林巧敏、林淑芬）提供合作館下載，及相關教學研究之用。

（四）擴充書目資料庫

　　「全國圖書資訊網路系統為基礎，繼續擴充書目資料庫，而朝向建置『華文書目資料庫』的方向努力。」（鄭恒雄）書目資訊中心除持續充實

NBInet 書目資料庫，擴增合作單位外，更積極推動下列計畫：

1. 與香港 JULCA 交換書目計畫。1997 年 8 月起，書目中心與香港大學圖書館進行 JULAC（Joint University Libraries Advisory Committee）中央資料庫書目資訊交換工作。書目中心定期將新編圖書書目電子檔提供港大圖書館，以交換港方 JULAC 書目網中的 Source File 中文書目及馮平山圖書館中文書目。這些書目主要是大陸出版品，將書目轉入 NBINet，提供使用。

2. 大陸研究圖書聯合書目建檔計畫。1997 年 10 月與行政院大陸委員會合作，推動國內「大陸研究圖書聯合目錄建檔計畫」，即陸委會以往建立的《大陸研究圖書聯合目錄》書目將陸續轉入 NBINet，以整合臺灣地區大陸書目資源，擴大書目資源的共建共享。

3. 民國時期回溯書目計畫。蒐集民初至 1949 年國內出版圖書目錄（如《中國戰時出版圖書選目》）或資料庫，逐年進行回溯書目建檔。

4.建立中文權威參考檔計畫。國圖與臺大圖書館合作，建立權威參考資料庫，逐年進行中文人名及團體權威檔的整理、開發相關程式，以提供圖書館轉錄及供各界查詢利用。

（五）華文書目國際化

1984 年 3 月 14 日美國圖書館計算機線上中心（OCLC）自動化系統部門經理王行仁應國圖館長王振鵠函請來臺商談雙方合作的可能性。王行仁曾在一次國際會議上提到「當時並沒有 Internet，因此王館長計畫要從臺灣拉一條電訊專線到 OCLC，使臺灣圖書館的資訊服務，和國際打成一片。當時王館長、胡歐蘭、王行仁同意雙方的合作。先從交換書目做起。當時亞太地區沒有一個圖書館使用 OCLC 的資訊服務，王館長提出與 OCLC 合作的想法，實在是高瞻遠矚，開風氣之先。」「在亞太地區，臺北的國圖於 1984 年最早提出與 OCLC 合作的構想，雙方並簽了合約。可惜的是，這個

合約因臺灣方面的人事更替，一直沒有執行。」（王行仁）據記載「國圖將以中文機讀書目記錄轉換成 LC 機讀格式磁帶傳輸給 OCLC。供美國及其他國家使用與參考。國圖也可以使用並著錄 OCLC 書目記錄，使用 OCLC 線上作業系統及線上聯合目錄，並可加入 OCLC 合作圖書館組織。如此，有助於解決國內西文圖書編目問題，節省西書編目人力。」

OCLC 自 1986 年開始中日韓自動化服務，在推動的 13 年來，一直都面臨 1.中日韓文權威檔；2.中日韓文 MARC；3. 中日韓文內碼等三大問題。

2006 年 12 月中旬，國圖將首批館藏 6,000 筆中文原編書目紀錄成功的上傳 OCLC 書目資料庫，其後絡續投入人力進行轉換修改。國圖編目組完成了 CMARC 與 MARC21 對照表及轉換程式；並於 2007 年起先行提供國圖所分類編目約 30 萬筆新近臺灣出版中文圖書書目檔（暫不包括兒童書和學位論文）匯入 OCLC 的 WorldCat 系統，以利美國及其他國家各大學東亞圖書館對我國出版圖書的採訪及編目作業，朝向華文書目國際化發展。自 2010 / 2011 年度以來國圖每年度上傳 OCLC 原編書目紀錄量均高居全球前 3 名。

此外，國圖自《全國圖書書目資訊系統》篩選 67 所成員館編製的書目，批次上傳 OCLC 的 WorldCat，至 2012-2013 年底止，總計上傳 300 萬餘筆書目。（曾淑賢）

虛擬國際權威檔案

2003 年 IFLA 會期間，美國國會館、德國國家圖書館及 OCLC 簽訂「虛擬國際權威資料檔」聯盟合作會議（Virtual International Authority File；VIAF），採用虛擬方式將各地區名稱權威檔合併為單一名稱權威檔，參加單位主要為各國國家圖書館及圖書資訊單位。2007 年法國國家圖書館加入，成為 VIAF 四大主要推動單位。VIAF 打破各地區紀錄建檔格式、語文的差異，建立同一人物的不同來源紀錄之間的關聯，不但連結權威紀錄也

連結相關的 WorldCat 書目紀錄。2015 年時，VIAF 已收有 30 國的 35 所國家圖書館的權威紀錄檔，其中個人名稱權威紀錄超過 3 億 5 千萬筆。國圖為將正體中文權威資料推廣至國際平臺，並進行連結與應用，自 2014 年起即進行加入 VIAF 的評估、討論及檔案測試，2015 年 1 月 5 日完成申請程序，4 月 14 日完成協議書簽訂。（許靜芬）

國圖將國內圖書館合作編製的中文權威資料，包括國圖、臺大、臺師大、政大、淡江、輔仁、中研院圖書館等，上傳至 VIAF 平臺。截至 2016 年 12 月上傳 59,259 筆中文權威紀錄。原先 VIAF 成員館中，並無以提供正體中文資料為主的圖書館及單位，國內中文權威資料的加入，可豐富其中文權威資料庫的內容，也提升了正體中文國際能見度。（曾淑賢）

（六）中文文獻資源共建共享合作會議

緣起於 1998 年 6 月 17-19 日，由香港嶺南學院圖書館和廣州中山大學信息管理系舉辦「區域合作新紀元——海峽兩岸圖書館與資訊服務研討會」（Joint Symposium on Library & Information Services）假嶺南學院舉行。在由臺北學會理事長張鼎鍾、嶺南學院圖書館館長冼麗環和廣州中山大學信息管理系主任程煥文共同主持「綜合座談」，通過決議成立「華文資源共享工作小組」，以發展名稱規範數據庫、孫中山先生多媒體資料庫、中文古籍資料庫。

1999 年 8 月 30 日-9 月 1 日臺北國圖召開「華文書目資料庫合作發展會議」，與會者在「綜合討論」中建議，將上開「小組」名稱，改為「兩岸五地華文書目資料庫合作計畫工作小組」。

1999 年 11 月 4-5 日香港中文大學新亞書院與香港大學圖書館系統合辦「二十一世紀中文圖書館學術會議」。會後在香港中文大學圖書館舉行「兩岸五地華文書目資料庫合作計畫會議」，會中建議成立更具規模的「兩岸五地中文文獻資料共建共享協調委員會」，暫行每半年召開一次工作會

議，由各地輪流承辦，及上開 3 個「工作小組」繼續運作，其中「古籍善本工作小組」召集人為臺北國圖特藏組盧錦堂。

2000 年 6 月 7-9 日在北京國家圖書館舉辦了第 1 次「中文文獻資源共建共享合作會議」。選定了 8 個合作項目及負責單位（其後略有變動，以新近者著錄）：

1. 中文名稱規範數據庫（中文名稱規範聯合協調委員會）
2. 圖書信息術語規範數據庫（中科院科學圖書館）
3. 中國古代版印圖錄（北京　國家圖書館）
4. 中國石刻拓片資源庫（北京　國家圖書館）
5. 中國家譜總目（上海圖書館）
6. 古籍聯合目錄資料庫（臺北　國家圖書館）
7. 孫中山數字圖書館（廣州　中山大學圖書館）
8. 中國科技史數字圖書館（北京　清華大學）

及決議推動中文 Metadata 標準格式的研究與制定（北京大學圖書館、臺灣師範大學圖書館）。第 2 次合作會議在 2001 年 4 月 23-24 日假臺北國圖舉行後，改為每兩年舉辦乙次為原則。持續迄今已舉辦 12 屆，分別假兩岸四地舉行，如北京、臺北、澳門、南京、敦煌、蘭州。

該「合作會議」設有「理事會」，負責管理及監督合作會議的進行，確認會議的主題及承辦單位，審查合作項目的立項、進展與結項，審議資金的使用，以及研究其他相關重大問題。每年開會乙次。陸續增加的合作項目及負責單位：

9. 中國元數據標準研究及其示範數據庫（北京大學圖書館）
10. 中國近代文獻圖像數據庫（南京圖書館）
11. 西北地方資源數據庫（甘肅省圖書館）
12. 中華尋根網（北京　國家圖書館）
13. 中文學術機構典藏聯合共享平臺建構計畫（臺灣大學圖書館）

14.華人音樂文獻集藏計畫（臺北 漢學研究中心、國立臺灣傳統藝術總
　　處臺灣音樂中心、臺灣師範大學音樂數位典藏中心、上海音樂學院數
　　字圖書館）

　　此後，國圖與大陸地區國家、公共、大學圖書館人員互訪，書刊交換
等交流互動，也隨着日趨頻繁。

中文古籍聯合目錄資料庫

　　國圖於 1983 年開始建置善本古籍書目資料庫。依 1980 年所訂《中國
機讀編目格式》為基礎，在原架構上，再針對中國古籍善本的特殊性，添
加欄位，設計了《中國善本圖書機讀編目格式》。它加添了有關善本書的批
校題跋、殘缺卷葉、印記、版式行款、序跋、紙墨裝訂、考證校勘等。此
外，另增設善本輔助檢索項（欄位 608），可依版本、刻書地、刻工、刻書
年、裝訂形式、藏印者等作為檢索相關資料。最初採用王安電腦公司「善
本書編目系統」，1992 年起改用 URiCA 系統編目模組。

　　國圖於 1998 年開始以臺灣地區公藏善本古籍及普通線裝古籍為基
礎，編製「臺灣地區善本古籍聯合目錄」。包括國圖、故宮、中研院史語所、
中研院文哲所、臺大、臺師大、東海、中央圖書館臺灣分館（今國立臺灣
圖書館）等館藏古籍書目資料 116,034 筆，著錄書名、卷數、冊數、編著
者、版本、題跋者、批校者及藏地等基本項目；其中國圖善本書目並附加
各書卷端書影。置於「全國圖書書目網路」。2004 年 8 月，茲為擴大古籍
書目資源，邀請大中國大陸及港澳地區加入，國圖並採購中國國家圖書館
普通古籍書目資料 30 萬筆，擴增為「中文古籍書目資料庫」。

　　2000 年 6 月北京將舉辦的第 1 次「中文文獻資料共建共享合作會議」，
國圖受邀出席，將就「古籍聯合目錄資料庫」的合作計畫提出報告。國圖
為慎重計，特於 2000 年 5 月 31 日假國圖舉行「古籍聯合目錄暨相關工作
研討會」。邀請大陸地區北京國家圖書館發展研究委員會主任李致忠、遼寧
省圖書館副館長韓錫鐸、北大圖書館古籍特藏部主任張玉範、南京圖書館
副館長宮愛東、上海圖書館古籍部主任陳先行、四川大學圖書館館長陳力

等 6 位來臺參訪及出席本項會議；連同臺灣地區故宮、中研院史語所、臺
大、政大、中央圖書館臺灣分館及國圖代表與學者專家，共 28 人，採小型
會議方式進行。會議首先由各古籍收藏單位代表簡介館藏古籍的蒐集與整
理概況，隨即進行議題論。議題計有：1.古籍數位聯合目錄的合作建置；
2.其他有關資料庫的合作建置；3.現存古籍的合作調查；4.善本古籍複製品
的製作與交換；5.古籍文獻修補維護的實務支援；6.其他古籍文獻整理計
畫討論；7.有關訊息的互通；8.有關專業人員的互訪。

　　「中文文獻資源共建共享合作會議」選定合作項目，「古籍聯合目錄
資料庫」由臺北國圖負責，旨在配合華文書目資料庫的建置，提供中文古
籍書目資料，開放給一般讀者在網際網路上查詢使用。

　　2001 年 4 月 19-20 日國圖為將「臺灣地區古籍聯合目錄資料庫」擴充
為全球性，乃假國圖舉行「古籍聯合目錄資料庫合作建置研討會」。出席者
除臺灣地區相關合作館代表及學者專家外，還邀請北京國家圖書館、北大
圖書館、天津圖書館、山東圖書館、遼寧圖書館、上海圖書館、復旦大學
圖書館、南京圖書館、浙江圖書館、香港馮平山圖書館、澳門中央圖書館、
美國哈佛燕京圖書館代表。議題計有：1. 古籍聯合目錄的收藏範圍；2.古
籍的分類法和主題詞；3.古籍聯合目錄的著錄範圍；4.古籍著錄過程中若
干問題處理方式；5.古籍著錄規範；6.相關標準、格式及轉換；7.資料庫建
立的執行流程；8.合作單位的邀約等。

　　國圖為利合作，定期召開「古籍聯合目錄資料庫合作建置研討會」，除
了邀請臺灣相關合作館及大陸、港澳地區古籍收藏單位代表外，也陸續邀
請北美、東亞、歐洲地區重要古籍收藏單位加入，以擴充「全球中文古籍
聯合目錄」收錄資料範圍和數量。近年來「中文古籍聯合目錄資料庫」國
圖自行經營，且在過去的基礎上，邀請各國學術圖書館加入，以豐富資料
庫的內容。截止 2016 年 12 月，合作單位共 76 個，計來自中國大陸（含港
澳）20 個、歐洲 20 個、臺灣 15 個、美洲 11 個、亞洲 8 個及大洋洲 2 個
圖書館。著錄書目資料超過 66 萬筆。（曾淑賢）

中文名稱規範數據庫

2000 年第 1 次「中文文獻資源共建共享合作會議」在北京舉行，選定了「中文名稱規範數據庫」的合作項目。2003 年，北京國家圖書館、中國高等教育文獻保障系統（CALIS）管理中心聯機合作編目中心及香港 JULAC 香港中文名稱規範工作小組（HKCAN）成立「中文名稱規範聯合協調委員會」，2004 年臺北國圖應邀加入，始每年皆派員與會。該「協調委員會」為虛擬機構，採取聯席會議（Joint Meeting），設輪值主席。協調委員會的決議需經聯席會議討論通過。聯席會議每年開會乙次。2008 年舉行第 6 次會議，議決建立「中文名稱規範共享庫」，伺服器設在香港中文大學，系統需求提綱由香港提出，系統開發由 CALIS 承擔，建置了「中文名稱規範聯合數據庫檢索系統」（Chinese Name Authority Search System；CNASS）。4 館分工進行 CMARC、CNMARC、MARC21 等權威機讀格式對照表的編製工作。2016 年澳門地區圖書館加入。本系統旨在促進各地區標準的兼容，實現兩岸 5 地〔大陸地區、臺灣地區、香港地區、澳門地區、海外地區〕圖書館中文名稱規範數據庫的共建共享，並與國際名稱規範接軌。（許靜芬）

七、啓用國圖資訊網路系統

（一）圖書館作業自動化網路化

1989 年 2 月國圖舉辦「全國圖書館會議」；有一項決議為「建請教育部籌設專責機構，統一規劃全國圖書館事宜」，11 月教育部隨即設立「教育部圖書館事業委員會」，邀請圖書館專家學者、教育行政主管及圖書館界代表等，共同來規劃全國圖書館事業的興革事宜。為迎接圖書館自動化網

路化時代的來到，特委託圖書資訊領域的專家學者進行各項專題研究，先後出版下列專題研究報告（主持人，出版年月）：

1. 大專暨獨立學院、專科學校圖書館標準研究計畫報告書（張鼎鍾　陳興夏，1991.4）
2. 圖書館與資訊教育之改進研究報告（胡述兆　盧荷生，1991.4）
3. 建立全國圖書館合作服務制度促進資源共享政策（王振鵠　沈寶環，1991.6）
4. 整體規劃全國圖書館資訊網路系統（李德竹　黃世雄，1991.6）
5. 推行出版品預行編目制度（楊崇森，1991.6）
6. 釐訂全國圖書館組織體系（楊崇森，1992.6）
7. 各級圖書館業務統計基本量標（楊美華 1992.10）
8. 著作權法與圖書館經營（宋建成，1994）
9. 全國圖書館館際合作綱領（曾濟羣，1995.6）
10. 推動全國圖書館館藏發展計畫（曾濟羣，1995.6）
11. 規劃圖書館事業輔導體系（曾濟羣，1995.12）
12. 圖書館自動化系統軟硬體共通規範研究報告（胡歐蘭，1997.9）
13. 「全國圖書館館際互借規則」擬定之研究（王振鵠，1997.12）
14. 現代圖書分類法（中國圖書分類標準化問題研究小組，2001.6）

　　1987 年 4 月教育部引進「國際學術網路」（BITNET），1990 年 7 月「臺灣學術網路」（TANet）成立，1991 年 2 月 TANet 連上「網際網路」（Internet），圖書館莫不朝向自動化、網路化發展，步入了自動化圖書館階段。

　　教育部對全國圖書館自動化發展非常重視，除上開成立「圖書館自動化及網路系統整合小組」輔導資訊業務及整合各級圖書館資訊資源外，教育部社教司及電子計算機中心提供專案經費補助國圖更新圖書館自動化系統，與建立「全國圖書資訊網路」，並委託國立中央圖書館臺灣分館（館長林文睿）研擬規劃、報奉行政院核定執行「加強公共圖書館建設五年計畫」

（1996－2001 年度），輔導全國公共圖書館自動化系統的建置。高教司、技職司、中教司亦補助各級學校建置或更新圖書館自動化系統。

（二）架設「國圖區域網路系統」

1993 年 6 月，完成架設「國圖區域網路系統」。該區域網路主幹部分（Backbone）使用 2 對（24 蕊）光纖，採 Redundancy 方式運作。整個主幹線部分，設置 3 個中繼站（Note），分列於 1、3、6 樓。涵蓋國圖各閱覽室、行政單位、文教區會議廳、討論教室、展覽廳等，共 307 個結點。可執行 TCP/IP、DECENT、IPX、NETBIOS 等通訊協定。透過該區域網路，將個人電腦與國圖天登系統（Tandem）及王安系統（Wang）連結，不再用直接從主機拉線，使任何一部個人電腦都可經該區域網路與任何一部主電腦連線，而存取到其中的資料。「區域網路」連接「臺灣學術網路」（TANet）及「網際網路」（Internet），使國圖任何一部個人電腦都可以查詢國圖任何電腦系統上的各種資料庫，也可以與 TANet 上任何連線單位上電腦系統連線取用國內及世界各地大學及學術機構的各種資訊。（宋建成）

國圖已朝開放式架構發展，使用者查詢國內任何資料時，已不再需要專門的終端機或設備，也不一定要用 CCCII 中文碼的設備，而是只要使用一般通用的個人電腦及 Big-5 中文碼即可。

（三）啓用「國圖資訊網路」

1994 年 10 月 1 日舉行「國立中央圖書館資訊網路系統啓用儀式」，由資策會董事長王昭明、教育部次長李建興、學會理事長王振鵠、國圖館長曾濟羣共同剪綵，並請王董事長主持按鈕儀式。開啓了國圖網路服務的新時代。將國圖近 10 年所建「索引目錄資料庫」，全部完成為線上檢索的系統，免費提供民眾查詢我國各種圖書文獻出處，為國內外最大的中文索引

書目性資料庫。啓用當日國圖所鍵各種資料，已超過 150 萬筆（每月鍵檔資料量將以 2 萬筆成長），主要內容為：

1. 國立中央圖書館館藏目錄查詢系統；2.中華民國期刊論文索引線上系統（主要業務負責同人吳碧娟、宋美珍）；3.中華民國政府公報索引線上系統；4.中華民國政府出版品目錄線上系統（劉春銀）；5.當代文學史料影像全文系統（王錫璋、莊健國）；6.當代藝術作家系統；7.行政院所屬機關因公出國報告書光碟影像系統。民眾在家中以個人電腦、數據機等設備，撥接代表號（02）381-2333 或透過「臺灣學術網路」等進入本網路系統（使用者帳號及密碼都是 ncl），取讀上開各種資訊，也能透過國際網路傳輸海外，備供研究中華文化。

1995 年國圖將「資訊網路系統」置於全球資訊網（World Wid Web），提供的服務除上開以外，又增加了下列幾項：1.遠距圖書館服務系統；2.國際標準書號中心書目查詢系統；3.全國博碩士論文摘要檢索系統；4.認識中國古書多媒體系統；5.漢學研究中心全球資訊網；6.新到期刊目次服務系統；7.中華民國出版期刊指南（吳碧娟　宋美珍）；8.當代藝術作家系統等。

縣市鄉鎮市圖書館自動化網路化

1997 年 5 月臺灣省政府教育廳為整體規劃公共圖書館自動化事宜，成立「臺灣省公共圖書館資訊網路輔導諮詢委員會」，擬訂「臺灣省公共圖書館自動化與網路系統建置要點」，公共圖書館自動化與網路建置目標如下：

1. 配合國家資訊基礎建設（NII）的發展，建立臺灣省公共圖書館資訊網路；
2. 建立全省鄉鎮及縣市立文化中心圖書館自動化及網路資訊系統，以有效經營圖書館業務，便利民眾取用資訊；
3. 使全省各級公共圖書館皆成為網際網路資訊站，各地民眾得由此進入全球資訊網；
4. 使全省圖書資訊館藏得以被有效的查詢利用，並能進行各種館際合作；
5. 各縣市文化中心得以利用電腦及網路設備建立特設電子文獻。

隨著公共圖書館業務移撥臺灣省政府文化處、行政院文建會，2000 年

8 月該委員會更名為「公共圖書館資訊網路輔導諮詢委會」。由於臺灣省政府教育廳、文化處（科長賴文權）對於圖書館業務的重視，大力地給予經費補助，加上國立臺中圖書館的行政支援；及上開教育部「五年計畫」，中央及省縣市政府，齊心齊力，使全國公共圖書館得以發展圖書館自動化及網路連線，自 2002 年起都已進入圖書館資訊系統網路化服務時期。

2003 年政府推出《公共圖書館強化計畫》，計 5 個子計畫：1.公共圖書館空間及營運改善計畫；2. 公共圖書館自動化與網路系統架設計畫：3.建立網路內容資源中心（共用資料庫計畫）；4.建置公共圖書館線上採購機制計畫；5.充實公共圖書館館藏計畫，核定經費 1,549,070 千元（約 15.5 億元），第 1、2 子計畫由行政院文建會、國立臺中圖書館（今國立公共資訊圖書館）執行；第 3、4 子計畫由教育部、國圖執行；第 5 子計畫由教育部執行。在各個單位分頭並進，共同努力下，啟動了新時代的公共圖書館。

《公共圖書館強化計畫》的成果使臺灣公共圖書館體質蛻變，特別是建立了全國縣市立文化中心、鄉鎮公共圖書館的自動化系統與網路資訊系統，有效整合各縣市及鄉鎮圖書館自動化作業，以便利民眾取用網路資源。國圖的各項資料庫資源都可以經資訊高速公路，抵達全國各縣市鄉鎮，使全國民眾都能享用豐富的圖書館資源。

八、開發書目索引光碟系統

（一）書目索引光碟系統

鑒於 1980 年間光碟技術成功地利用到公文檔案處理及儲存大量文獻資料，在圖書館作業中已逐漸替代縮影片及傳統書本式目錄。國圖於 1986

年引進上開美國書目光碟系統（BiblioFile），以協助加速西文圖書的編目
建檔工作。由於使用成效極佳，因而衍生製作中文書目光碟系統的構想。
適新竹工業技術研究院機械工業研究所成功地開發了國內第一套光碟系統
——《大陸有聲英漢字典》，國圖遂於 1987 年 2 月與該所合作發展「中央
圖書館中文書目、期刊文獻索引光碟先導系統」。參加同人為採訪組吳碧
娟、李瑞音，編目組江綉瑛、林淑芬、羅禮曼。1988 年 10 月完成先導系
統；1989 年 10 月正式委託機械所製作。

　　1991 年 5 月正式完成「國立中央圖書館中文書目光碟系統」與「國立
中央圖書館期刊論文索引光碟系統」兩種。惟本光碟雖因開發時間較早，
但 ISO 9660 檔案系統（File System）格式標準公布在後，及中文字碼介面
價格昂貴，國圖經評估後，並未公開發行問世。前者，提供參與「全國圖
書資訊網路」合作館申請測試使用，計政大、中央、中正、中山、高師大
等大學圖書館；省中圖、宜蘭文化中心和臺師大社教系共 8 個單位進行測
試。後者，期刊閱覽室於 1992 年 6 月 1 日起推出供民眾免費檢索利用；
並舉辦「讀者電腦利用講座」。兩光碟系統都為開發下一版光碟廣徵意見，
吸收經驗。兩光碟系統在 1991 年 5 月 9 日至 11 日及 10 月 16 日至 12 月 1
日，先後在國圖舉行的「圖書館與資訊服務新境界國際研討會」及科技大
樓舉行的「建國 80 年科技資訊特展」上公開展示，深受各界矚目，主要新
聞媒體都有報導，引起熱烈迴響，國圖也藉此機會而獲得許多建議。

（二）中華民國期刊論文索引光碟系統

成立光碟研究小組

　　經由先導系統、測試版的開發，國圖同人累積了經驗，為使期刊論文
索引光碟能廣為各界利用，因而在測試版驗收前，於 1991 年 12 月閱覽組
期刊股簽呈館長曾濟羣核定，成立「期刊論文索引光碟研究小組」，擬以集
思廣益的方式為正式出版一符合國際標準規格（即 1988 年始公布的 ISO

9660 標準）的新版光碟準備。該「研究小組」由閱覽組主任宋建成擔任召集人，成員包括期刊股吳碧娟、宋美珍；參考室王錫璋、莊健國、蔣嘉寧；官書股劉春銀；電腦室范偉敏、楊智晶、劉邦光；另請宋玉擔任顧問。

了解國內開發環境

籌劃期間訪視國內各相關資料庫開發情形，如「中央通訊社剪報系統」（凱壹公司）、「中國詩樂之旅」（皇統資訊公司）、「中國時報全版報紙影像光碟系統」（時報資訊）、「故宮文物：國之重寶光碟檢索系統」和「故宮文獻影像管理系統」（工研院電腦與通訊工業研究所）。在參觀過程中，除實地了解國內資料庫技術與光碟產品發展外，亦在與各開發廠商的座談中，初步了解各公司開發的技術能力與產品特色，作為日後選擇合作廠商的參考。

擬定需求書

1992 年 3 月期刊股就新版光碟系統的目標、功能、操作特徵、軟硬體功能等項目，草擬《中華民國期刊論文索引光碟系統需求書》（Request of Proposal）初稿；經「光碟研究小組」10 多次討論並反覆修正，4 月 16 日終告定稿，以作為廠商提出系統高階設計計畫書的依據。

完成委託開發程序

在評估廠商能力方面，工研院電腦與通訊工業研究所（「工研院電通所」）以其 1.軟體專業人才充裕、具光碟開發技術的經驗與能力；2.擁有「處理中文斷詞」、「壓縮詞典記憶系統」兩項專利；3.所提「雛型軟體」（Prototype）、開發時程表等，都能符合本光碟的需求，爰簽呈曾館長核准，由工研院電通所（公設財團法人）與國圖合作進行正式版光碟系統的開發，並開始與該所進行草約議定事宜。由於適逢新《著作權法》於 1992 年 6 月 10 日修正公布，本契約恰為新法通過後，國圖對外簽署的第 1 份，因此對於契約的內容格外慎重，期間密切連繫國圖法律顧問陳怡勝外，並就教電腦著作權專家，經與工研院電通所 10 餘次討論後始得以定案，於 1992

年 11 月 11 日完成簽約手續。依契約，將於簽約後 10 個月內完成第 1 版光碟的開發與產品驗收，其系統程式（除工研院電通所已登記專利權者外）及軟體資料的著作權、專利權及其他智慧財產權皆歸國圖所有。

字碼整理

由於前工研院機械所開發測試版採用 CCCII 為內碼，雖然有其字數較多的優點，但時僅有卡版而價格偏高，且在個人電腦使用市場普及率不及 BIG 5 等情形，致有使產品有不易普遍流通之虞。經期刊股商請電腦室同人協助撰寫程式，實際統計「期刊論文索引資料庫」的用字頻率，完成 3 項統計表：1.本資料庫所用 WANG 字型檔全部字數及各字使用頻率；2.對照 CCCII table，本資料庫超用字及未用字目錄；3.對照 BIG 5 table，本資料庫超用字及未用字目錄。經這 3 表，由人工比對，發現國圖原在 WANG 系統上新造的字多為罕用字或異體字；符號則多是科學文獻或金文、甲骨文研究論文所用，即使擁有 5 萬字的 CCCII 中文碼也沒法完全涵括，所以無論是 CCCII 或是 BIG 5 都有相同的空字問題，需以造字方法來解決。

資料庫轉檔

期刊股採用將原始資料由 WANG 碼轉成 CCCII 碼的 ISO 2709 格式磁帶，再交由工研院電通所利用電通中文環境轉換為 BIG 5 碼。因為國圖已有 WANG 碼轉 CCCII 碼對照表，且曾經數次轉檔查核，誤失率較低，適用於本索引資料庫的變長欄特性，轉檔後資料較易判讀。再因 WANG 碼轉換 BIG 5 對照表係由榮電公司提供，尚未經國圖任何資料轉檔測試，而國圖就無法對該對照表進行訂正維護，所以不能即以 WANG 碼直接轉換為 BIG 5 碼，俾免資料漏失、訛誤等情況，增加人工逐一查核資料的時間。

期刊股即進行 WANG 碼轉換 CCCII 碼對照表，再次核驗工作。首將 1989 年以來期刊論文索引待造的文字符號，利用下班時間造字，並參考「國字整理小組」編印的 CCCII 對照表，核查有問題的字碼，整理出 WANG－CCCII Table 更正表、WANG－CCCI TableI 缺漏字表、CCCII 缺漏字等

表，提供國圖電腦室將 WANG－CCCII 對照字典檔予以補正。至於 CCCII
缺漏字表，則提供工研院電通所參考，先予編碼，再交由國圖補入 WANG
碼轉換 CCCII 碼對照表中，以便進行資料轉檔工作。

BIG 5 碼補造字

當原始資料以 CCCII 碼轉出後，隨即交由工研院電通所的電通中文環
境轉換為 BIG 5，以便製作光碟資料庫。轉碼後缺碼的字，亦即於 BIG 5
中無對應字型者，則抄錄其原於 CCCII 的字型，連同原前整理的 CCCII
缺漏字表，實際查核後，即交由工研院電通所於 BIG 5 上加碼造字，所編
的碼並抄回對照表，再重新轉檔。其間的反覆檢核、轉檔與驗証，以求資
料的完整與正確。

關鍵詞庫的建立

由於本光碟資料庫第 1 版製作時，原始資料來源的國圖《期刊論文索
引線上資料庫系統》的資料分析是以分類為主，並未包含標題、關鍵字等
主題分析項。工研院電通所持有「處理中文斷詞」及「壓縮詞典記憶系統」
兩項專利，本光碟利用該所該專利及期刊股所建立的「中國圖書分類法」
檔、人名標題檔的 12 萬餘條詞目的詞庫，對 21 萬餘筆原始資料的篇名、
並列篇名、附錄註及內容註等欄位資料，進行詞庫比對的自動斷詞處理，
這是在國內屬首次進行大規模的中文資料庫斷詞處理，所使用的樣本詞
庫，也不曾測試於如此大量且不同學科的資料。為慎重計，再由期刊股同
人，日夜加班，盯著電腦螢幕，兩眼充滿血絲，全力以赴，將已斷詞的 21
萬筆篇目與關鍵詞資料，以瀏覽方式逐筆予以線上檢核、修正，力求精確。
自 1992 年 1 月開始，凡原期刊論文已附中英文關鍵詞者，本光碟即予採用，
不再重複進行自動斷詞工作。

測試與驗收

經反覆資料查核、斷詞處理、字碼整理、軟體細部功能的討論、畫面
逐一調整等溝通，軟體程式初稿與光碟母片大底完成，進入測試階段。測

試項目包括資料內容偵錯抽測、索引檔驗證查核、各項檢所功能測試、網路版功能測試及整體效能測試等，每一細節與查詢速度反應等都要符合契約規格書所規定的要求。除了國圖專業館員與工研院電通所專職人員投入測試外，也利用驗收前舉行的幾次參展活動，如 1993 年 4 月 20 日至 28 日「國立中央圖書館 60 周年館慶資訊網路展」、6 月 16 日至 20 日教育部「臺灣學術網路暨電腦輔助教學應用展」，開放一般社會大眾與專家學者參觀使用，以蒐集大家使用的意見。

在國圖與工研院電通所密切合作下，歷時 9 個月，1993 年 6 月 15 日國圖曾館長與工研院電通所副所長林寶樹共同主持「中華民國期刊論文索引光碟系統」首次成果記者會，將國際上第 1 片「中文」期刊論文索引光碟片問世的消息傳布於大眾媒體。「國圖 10 年來心血建檔結果，將普及應用於各圖書資料單位，期刊上豐碩研究成果與社會大眾共享。」（吳碧娟）

1993 年 7 月 29 日完成全案功能與產品的驗收後，8 月 1 日起就在國圖期刊閱覽室推出提供讀者檢索服務，舉行第 2 期「讀者電腦利用講座」為讀者介紹本光碟操作使用方法。自 1993 年 8 月 15 日起正式對外發行，採每半年更新，並逐步增進軟體功能，編印使用手冊。迄 1994 年 5 月訂閱戶已逾 100 餘個單位（限對圖書資料服務單位公開發行）。本光碟以具彩色畫面、親和便利檢索功能，與豐富的資料量，榮獲中華民國資訊月活動執行委員會所頒「1993 年全國十大傑出中文資訊產品獎」。

期刊索引光碟團隊

本光碟系統國圖閱覽組期刊股是推動的主力，吳碧娟、宋美珍率領期刊論文索引編輯同人劉美鴻、羅金梅、牛鳳侶、黃翠娟、林珊如、蘇美智、林淑華、張新儒、李玲玲等全力以赴；及電腦室顧問宋玉、同人歐陽崇榮、范偉敏、謝美玲、劉邦光、應明誠、黃玉真等出力甚殷。而本系統的合作開發單位工研院電通所所長鄭瑞雨、副所長林寶樹、總計畫主持人金嘉琪鼎力支持，在該所電腦軟體技術組組長劉沅率領賴洋助、陳冠州、王良志、聶素芬、陳存良投入本系統的開發；電腦企畫推廣部林恆正、張建忠、張

曉梅、陳英俊、莊宏遠等企劃與執行推廣發行事宜。在國內圖書資訊最大
典藏的國圖與最大的電腦與通訊研發的公設財團法人工研院電通所，雙方
通力合作，完成本光碟系統。這是完全由國人自行設計、開發、製作、發
行，並符合國際標準規格，為國際上第一套開發成功、全面推廣應用的中
文綜合性索引目錄類光碟系統，將我國文化研究的具體成果，送上最新資
訊科技列車。

本光碟系統對外發行，每半年至少更新乙次，資料量越來越多，系統
功能也不斷地增加。以自 1993 年 7 月至 1998 年 6 月為例，5 年間發行了
11 次光碟片。第 1 次光碟片（V.1.0）收錄 1983 年 3 月至 1992 年 6 月發行
期刊 1,190 種 218,706 篇論文，到第 11 次光碟片（V.3.4）收錄 1970 年 1
月至 1997 年 12 月發行期刊 2,636 種 709,308 篇論文。光碟片由 1 片，擴
充為 3 片，先後推出 DOS、Win95、WWW：INTRANET 版。後者係為便
利各圖書資料單位利用內部網路，可以快速檢索國圖發行的本系統，並直
接連線進行線上期刊文線傳遞服務申請，於 1998 年 6 月發行。乃將本系統
資料庫建置於各圖書資料單位的 Intranet 主機上，提供內部網域讀者檢索
利用。提供每 3 個月更新資料乙次。

（三）中華民國出版圖書目錄光碟系統

1992 年 6 月，國圖成立「國家書目光碟研發小組」，由館長曾濟羣召
集，成員包括編目組、閱覽組、電腦室同人鄭恒雄、宋建成、江綉瑛、黃
莉玲、林淑芬、羅禮曼、吳碧娟、莊健國、蔣嘉寧、范偉敏、楊智晶。館
外還有空中大學教學資料中心主任薛理桂、中央大學圖書館編目組主任黃
大偉。該小組共召開過 7 次會議研議新光碟系統開發相關事宜。期間亦經
常邀請國圖顧問宋玉與人事室蘇義泰與會提供電腦和法律意見。請益國圖
法律顧問陳怡勝、臺大教授李德竹、凌識公司（DYNIX）駱英豐、律師陳
家駿、公平交易委員會等，訂定了系統需求書、系統開發辦法、契約草案

等文件。1992 年 9 月 15 日國圖與飛資得資訊公司簽訂合約，進行系統開發。簽約以來，雙方進行了密切的合作，編目組江綉瑛、黃莉玲及電腦室周月娟等同人投入心力勞力頗多，主要工作為測試、轉檔與查核、字的整理、光碟資料庫質量的提升，1994 年 9 月 14 日完成開發上市，定名為「中華民國出版圖書目錄光碟系統」（SinoCat，該合作廠商負責人劉淑德取英文名），11 月 1 日 4 榮獲中華民國資訊月活動執行委員會所頒「1994 年全國十大傑出中文資訊產品獎」。（鄭恒雄）本系統至 2003 年 9 月止，1 年更新發行 3 次。在功能上可供拷貝編目及書目資料編輯，為協助編目並支援採購的工具。1997 年 5 月至 2003 年 5 月，曾發行「中華民國出版圖書目錄彙編電子書光碟系統（SinoBook）」，每年發行 1 次。

其間，1997 年 1 月至 1998 年發行「中華民國預行編目書目光碟系統（SinoCIP）」，1 年更新發行 6 次；1998 年 6 月改稱「全國新書資訊光碟系統（NewBooks）」，發行至 2003 年 9 月。

（四）中華民國政府公報索引光碟系統

1996 年 3 月起，國圖與工研院電通所進行開發本光碟系統。收錄有總統府、行政院、立法院、司法院、監察院、考試院、內政部、外交部、財政部、教育部、法務部、經濟部、交通部、退輔會、衛生署、農委會、環保署、公平會、陸委會、新聞局、省政府、北市府、高市府等 23 個機關發行的公報。凡公報內刊載的公告、法規、政令、演講、會議紀錄、外交協定、大法官會議解釋等，均分別予以分析彙輯鍵檔成索引資料庫。1996 年 12 月，開始將 1984 年以來的索引篇目與全文影像連結，使用者可調閱或列印已完成掃描的全文影像。本光碟系統每半年更新一次。（蔡佩玲）

（五）中華民國政府資訊目錄光碟系統

本系統係由國圖與行政院研考會合作，雙方於 1996 年 5 月 14 日協商，決定共同開發，整合《中華民國政府出版品目錄》、《行政院所屬機關因公出國報告書目錄》及《政府施政新聞剪輯目錄》3 項資料庫合一的光碟系統。前者收錄 1984 年以來有關各政府機關的出版品書目資訊 30,000 餘筆；中者收錄 1970 年公務員撰寫的出國報告書 50,000 餘筆；後者剪輯 1990 年以來國內外報紙 20 種，包括與政府施正相關的新聞、社論、專論、民意調查、正副總統及行政院長重要談話與致詞、研討會紀實約 85,000 餘筆。1996 年 9 月委託工研院電通所製作，12 月即告完成。（蔡佩玲）

第五章 館藏整理數位化

前　言

　　1993 年 2 月，美國總統柯林頓（President Bill Clington）在矽谷宣布新產業政策──「國家資訊基礎建設」（National Information Infrastructure；NII），作為美國公元 2000 年資訊產業政策的全盤性指南針。根據該計畫，美國政府準備在 9 年內投資 1.建立全國性高速網路架構；2.發展區域技術中心，推動高科技政策（High-Tech Initatives）。NII 是一個國家為創造未來競爭優勢，為資訊社會奠定基礎而推動的基礎建設，目的在結合政府與民間的力量，建立全國資訊網路（Information Highway），有如高速公路，以利資訊化社會的生活與便利。正如同工業社會時代，電力開發極為重要，處於資訊化社會的時代，通信的建設至為重要。NII 通常包括的主要工作有 6 項：1.建立四通八達無遠弗屆的高速資訊網，或稱「資訊高速公路」，這些網路連結圖書館、辦公室、商店、工廠、學校、家庭和醫院的資訊設備；2.發展新型資訊設備、介面等，透過這些設備，使用者得以遠端交換資訊、溝通訊息或擷取資料；3.建設資訊資源，即資訊本身（Content），包括國家資料庫、知識庫、圖書館資料庫、科學和商用資料庫、教材和娛樂性節目等；4.研發資訊技術，包括硬體、軟體與通訊網；5.制定網路標準和傳輸協定，使網路間暢通並確保網路安全及可靠性；6.人才的參與和培訓，人員負責創造資訊，開發應用系統，建購各種設施及教育訓練工作。NII 這一名詞，迅即傳遍全球，成為世界先進國家迎向 21 世紀，建設人們

未來生活模式的新設施，各國莫不積極推動全國性資訊基礎建設，有蔚成
「世界性資訊基礎建設」（Global Information Infranstructure；GII）之勢。
這個「資訊高速公路」將是跨越世界藩籬的國際資訊高速公路，是整合各
種通訊網路的資訊流通網路，它可允許每個人、企業、政府等個體自由公
平地存取所有可能的資訊。

　　1994 年 2 月行政院院長連戰，鑒於推動國家資訊基礎建設對國家整體
經濟社會發展舉足輕重，指示推動「國家資訊通信基本建設」（NII）；1994
年 8 月正式成立「國家資訊基本建設計畫專案小組」，及民間諮詢委員會，
積極推動我國 NII 的各項相關工作。由於國圖自動化的工作原即積極進
行，而且正朝建立國家電子圖書館方向邁進，乃受邀出席於 1994 年 11 月
召開的小組委員會第 2 次會議，正式擔負起推動「遠距圖書服務」的任務。
時為教育部督導的國家資訊基礎建設有 3 項，即遠距教學、E-mail 到中學、
遠距圖書，冀由網路的連結，而達到「遠距學習」（Distance Learning）的
目的。

一、遠距圖書服務

　　「遠距圖書服務」由國圖主導，負責提供遠距讀者，透過網路連線，
可即時查詢我國各類圖書文獻研究資訊，及取得全文的服務。這項服務所
顯示的意義有：1.如果把圖書館內典藏的書刊「數位化」（digitized），人們
便可在家中或辦公室及時且迅速的選讀全球各圖書館的典籍；2.圖書館將
「數位化資料」，儲存於伺服電腦，可經由資訊高速公路連結網路資源，向
使用者提供資訊與服務；3.提供電子圖書館服務；4.提供任何地方的研究
者，以及一般要利用網路來吸取知識的民眾，一個 24 小時開放的圖書館；
5.圖書館加強了現有館藏的利用，並擴大館藏收錄的範圍，實現資源共享，
促進國際館際合作。

　　國圖為進行「遠距圖書服務系統」規劃工作，特成立工作小組，成員有閱覽組主任宋建成（召集人）、莊健國（參考）、吳碧娟、宋美珍（期刊）、蔡佩玲（官書）及歐陽崇榮、范偉敏、謝美玲（電腦室）。並邀工研院電通所進行系統製作。「遠距圖書」雖是應行政院指示辦理，但完全以國圖的預算進行。時因國圖全力發展「全國圖書資訊網路系統」新系統，「遠距圖書服務系統」的開發費用，支應困難，真有其苦處。

　　國圖參酌各種文獻及國內圖書館界文獻傳遞情況，規劃進行。第 1 階段目標列舉如下：

1. 以自動化技術彙整我國各類圖書文獻資源，建立完整國家書目與索引電子資料庫體系，提升我國書目索引資訊服務。
2. 進行國家文獻原文電子化儲存，妥善保存我國各類學術研究成果。
3. 以迅速便捷的遠距電子文獻傳遞服務，提供各地方研究人員即時獲取所需研究資訊，促進學術研究發展。
4. 與國內外各圖書館連線，迅速提供我國各類圖書文獻資訊檢索與原文影像服務，促進國內外研究資源交流，加強我中華文化輸出。
5. 國內自行開發，系統維護便捷，提升國人資訊技術。

　　為達到上開系統目標，依下列步驟實施：

1. 持續進行線上國家索引目錄資料庫建檔與查詢服務。例如館藏目錄查詢系統（OPAC）、國際標準書號與預行編目系統（ISBN/CIP）、期刊論文索引系統、政府公報索引系統、政府出版品目錄系統、當代文學作家史料影像全文系統等，持續進行資料新增與軟體維護，提供線上即時檢索服務。
2. 建立整合性分散式資料庫系統架構，結合目前各類型索引目錄資料庫，以配合各類型資料庫大幅增長，讀者上線查詢利用頻率大增的需求。
3. 進行館藏圖書文獻數位化掃描。例如中華民國期刊論文原文影像掃描、政府公報原文影像掃描，以妥善典藏國家文化資訊。

4. 提供線上文獻傳遞服務，開發原文影像自動傳真子系統，自動訂購計費會計子系統、高速網路影像傳輸子系統等，便利使用者可直接取得所需資料的原文。

5. 提供多媒體互動視訊服務。

國圖爰依上開規劃，逐步啓用下列措施，朝向文獻傳遞目標推進。

（一）遠距圖書服務先導系統

1. 開發「國立中央圖書館遠距圖書服務先導系統」。國圖為提供讀者文獻全文資訊服務，計畫性的將書刊內容全文逐步加以電子化處理，將紙本內文，予以逐頁掃描，建置全文影像資料庫，採全（原）文影像方式，妥善儲存於光碟片。依據上開「國圖資訊網路」為基礎，將各種圖書文獻索引目錄，在「全球資訊網」（World Wide Web；WWW）上與全文影像予以連線及線上顯示，透過網路可將全文影像輸出——螢幕影像輸出、自動影像傳真、影像列印，達到文獻傳遞的目標，成功地完成「遠距圖書服務先導系統」（Prototype），並於 1995 年 7 月 12 日舉行「國立中央圖書館邁向電子圖書館新紀元 遠距圖書服務測試成功」記者會，由館長曾濟羣主持，公開展示。民眾祇要在個人電腦 WWW 環境中鍵入 URL 位置 http：//192.83.186.7/即可上本系統。本系統提供國圖所建以下各系統的全文影像服務：

(1) 中華文化

國立中央圖書館珍藏古籍

當代文學史料（當代文學史料影像全文系統）

當代藝術作家（當代藝術作家系統）

(2) 政府文獻

政府出版品（中華民國政府出版品目錄線上系統）

政府公報（中華民國政府公報索引線上系統）

　　行政院所屬人員出國報告（行政院所屬人員因公出國報告書光碟影
　　像系統）

(3) 研究資源

期刊論文（中華民國期刊論文索引線上系統）

館藏目錄

　　1995 年 12 月 1 日至 1996 年 1 月 7 日，應資策會邀請，參加 1995 年
資訊月「加速國家資訊基礎建設──推廣資料庫應用」主題館展示，國圖
爰以「圖書文獻──遠距圖書服務資料庫」為展出名稱，呈現國圖透過「全
球資訊網」，提供圖書文獻索引書目的查詢及全文影像服務。這項展示活
動，分別在臺北世貿中心、臺中世貿中心、高雄大高雄世貿廣場展出。本
次展覽最重要的事，厥為網路連線，為避免網路連線的中斷，由電腦室協
助錄製各子系統自動撥放說明內容介紹，及另備 Server 工作站和 HUB，以
備必要時離線使用。另備彩色液晶投影機，隨時撥放「國圖遠距圖書服務
電腦多媒體簡介」，本簡介係特邀電腦室同人自行研製的大型電腦多媒體簡
介。本次展覽，國圖投入人力多，共計 47 位同人輪值展場，以閱覽組（包
括閱覽、參考、期刊、官書股）、電腦室同人為主。本次展出，副總統李元
簇、經濟部部長江丙坤、資政李國鼎、教育部次長楊國賜、資策會執行長
果芸均蒞臨國圖展場，參觀人潮洶湧，逾 20 萬人。1996 年 2 月 9 日「NII
高速寬頻主幹網路應用展暨 Internet 世界博覽會」於臺北國際會議中心開
幕，國圖參加「中華民國館──教育館」「數位圖書館」展出。由於本系統
推出，各界反應相當良好，1996 年 3 月獲行政院人事行政局編入《革新楷
模》第 2 期，列為「便民」類殊榮。本次獲選，係由 158 件各主管機關提
送資料中，經遴選小組歷初審、複審二階段的審查，選出較具代表性的團
體 8 篇，國圖能在如此競爭中脫穎而出，備受肯定。1996 年 4 月 21 至 23
日在國圖舉行「兩岸古籍整理學術研討會」，與會的中國大陸圖書館界人士
包括杜克、朱慶祚、盧子博、金恩輝、李致忠等，國圖特展示本系統，除
文獻傳遞外，並展示本系統「資料庫整合查詢系統」，為一透過 Z39.50 開

發的跨資料庫整合檢索系統，也是我國中文資料庫開發應用成功的首例。

　　1996 年 4 月 21 日，教育部次長楊國賜和館長曾濟羣共同主持「國立中央圖書館易名國家圖書館典禮」並揭牌。

　　2. 完成「國圖遠距圖書服務系統」，提供資料庫整合查詢及文獻傳遞服務。1997 年 6 月完成「國家圖書館遠距圖書服務系統」（Remote Electronic Access/Delivery of National Central Library；READncl）。

（二）遠距圖書服務系統

　　「國家圖書館遠距圖書服務系統」，係以國圖多年鍵檔，頗具規模的各項索引目錄資料庫為基礎，進一步建立全文影像系統，將館藏資料予以數位化，建立電子資料庫，藉網路傳輸給民眾，提供線上索引目錄資料庫的查詢及全文影像服務，推動圖書館界邁向「電子圖書館」經營。連線 READncl 的方法，基本上使用環境必須具備個人電腦、網路卡或數據機、網路環境、中文 Windows 軟體、網路連線通訊軟體、WWW 連線軟體。以 WWW 進入本系統網路位址（http：//read.ncl.edu.tw），完成連線後，請依選單目錄輸入代號或以滑鼠點選或以滑鼠進入各子系統或服務項目。本系統提供 24 小時查詢及文獻傳遞服務，提供遠距閱覽者文獻本身的全文影像輸出傳送──螢幕影像輸出、自動影像傳真、影像列印的功能。READncl 的特點，簡略說明如下：

　　1. 豐富的資料庫內涵，可分為「期刊資源」、「政府文獻」及「文學藝術」3 大類型，包括 9 個系統。如下：

　　(1)　中華民國期刊論文索引影像系統；

　　(2)　國家圖書館新到期刊目次服務系統；

　　(3)　中華民國出版期刊指南系統；

　　(4)　中華民國政府公報全文影像查詢系統；

　　(5)　新到公報目次服務系統；

(6)　中華民國政府出版品目錄系統；

(7)　行政院所屬各機關因公出國報告書光碟影像系統；

(8)　當代文學史料影像全文系統；

(9)　當代藝術作家系統。

(10)　資料庫整合查詢（Z39.50）

2. 資料庫內容及格式多元化。「遠距圖書服務系統」中除了包括書目、索引、全文影像外，還有如期刊系統的「聯合館藏顯示」，出版者資料等；文學作家與藝術作家系統包含作家基本資料、評論文獻、翻譯文獻、文學獎資料、名句等文字型的記錄格式以及手稿、照片的影像檔，記錄格式可以說相當多元。

3. 結合 WWW 與 CGI（Common Gateway Interface）的查詢介面。本系統提供 Web Server 以連接查詢者的 Web Browser。Web Server 與國圖內部資料庫系統的 Gateway 連接，提供查詢系統的 Query Forms。而該 Gateway 與國圖各資料庫系統連接，提供資料庫系統的查詢與資料的讀取。

4. 提供跨平臺與跨系統整合查詢服務。透過「開放系統互連資訊檢索應用協定」（Z39.50），將上開 9 個資料庫系統及行政院新聞局「書香網」等系統整合，提供篇名、作者、關鍵詞、出版日期等 4 個欄位的交集（and）、聯集（or）組合查詢功能。使用者可自行複選所擬查詢的資料庫系統，或由系統設定為全選查詢。本系統將各資料庫查詢結果首於查詢畫面呈現後，再由使用者自行選擇進入任一查詢結果的資料庫，參考利用其相關資訊。對使用者而言，可一次查詢動作中查得各資料庫所有資訊，而不必分別逐一進行查詢，相當親和便捷。

5. 全自動的影像掃描及索引連接。

6. 有效的全文影像管理使用光碟（CD ROM）為全文影像的儲存媒體，而光碟配備在光碟伺服站上。光碟伺服站利用光碟櫃（Juke Box）的方式儲存及自動擷取全文影像。並輔以陣列式磁碟機（Disk Array）。

7. 提供全方位超連結（Hyperlink）——欄位再查詢的功能。作者、書名、刊名、關鍵詞、類號等檢索點，都在螢幕上以超連結的方式提供再查詢的功能，可以直接作欄位再查詢。

8. 獲讀電子全文——應用 856 欄位。 由於許多的期刊將電子文本放上網路讓讀者自由取用。國圖以人工的方式上網搜尋，並將直接指向該篇文獻的網路位址，輸入期刊論文索引系統的 856 欄位中，藉由此連結功能，提供使用者另一種閱讀原文的選擇。

9. 開發「遠距系統影像瀏覽軟體」（READ Viewer）。

10. 多元化文獻傳遞服務。

國圖鑒於若將館藏圖書文獻「數位化」（Digitalized）處理，藉網路傳輸予使用者，可使其在典藏全國圖書文獻的重大職責外，兼及服務讀者，解決典藏與利用，兩者孰輕孰重的困擾。乃進行「國圖文化資源數位化計畫」，利用電子影像掃描技術，逐步將館藏加以數位化保存，建立「國圖文化資源數位化資料庫」，以便國家文化資產的保存與維護，避免我國重要文化成果散佚毀壞，並藉「遠距圖書服務系統」，進行文獻傳遞，以網路傳播，俾便利用。茲簡述國圖所規劃建置的主要系統如下：

（三）建置各種系統

中華民國期刊論文影像索引系統

溯自國圖館長包遵彭於 1969 年 4 月 14 日指示「希計畫按月編印『全國期刊論文索引』。」8 月 12 日復指示「全國期刊論文索引編印計畫，應即速確定，按月發行。此項索引亦可考慮包括官書法規及工作報告。」該索引自 1970 年元月創刊，定名為《中華民國期刊論文索引》，主編先後有鄭恒雄、李秀娥、吳碧娟、李瑞音、林淑芬等；曾參與本索引工作者有牛鳳侶、羅金梅、孫秀莉、徐瓊玉、林貴珠、黃翠珠等同人。創刊號收錄國內及部分港澳出版的中西文期刊 476 種，1983 年 5 月改用電腦鍵檔編印時

增至 735 種，1987 年 9 月收 876 種，其後收錄期刊、學報約 2,500 種，提供論文篇目。依編輯及服務方式分，可劃分為下列階段：

一、人工編輯時期。由 1970 年元月至 1983 年 4 月，採人工方式依著錄內容格式，抄錄卡片，進行分類（按賴永祥編《中國圖書分類法》新訂 4 版分類）、排卡、付印、校訂等工作。曾在 1970 年 9 月至 1971 年 12 月，分為「人文社會科學」和「科學技術」兩部刊行；至 1972 年元月又恢復原式按月發行。1977 年 3 月又仿美國威爾遜（H. W. Wilson）公司之例，創編《中華民國期刊論文索引彙編》，依年刊印，計出版 1977 至 1982 年各年度彙編本，凡 6 大冊。所有人工抄錄論文 301,157 張卡片，豎立於 225 盒卡片抽屜內。

二、電腦鍵檔時期。1982 年 12 月，國圖出版了《國立中央圖書館文獻分析機讀格式》，同時電腦室也裝置了電腦設備。並與電腦公司合作進行系統規劃與分析、程式設計、輸出報表、查詢螢幕設計等工作。經十餘次的反覆討論修訂、測試，終於自 1983 年 5 月開始轉為電腦鍵檔作業，採線上即時（on-line real time）鍵檔方式輸入與更新，充分掌握資訊的時效。以電腦編輯出版的 14 卷 5 期，是本索引第 1 本電腦版出版品。電腦鍵檔較人工編輯，著錄項目更為詳盡，使得日後檢索及統計的效用提升。分類法改用國圖出版的《中國圖書分類法（試用本）》，醫學類採用學會醫學圖書館委員會編訂的「醫學類類號表」，用符論文研究主題新穎性的需求。自 14 卷 12 期（1984 年 2 月號）起改為季刊發行，第 1 至第 3 季各出版 1 冊，第 4 季則以年彙編本發行。

三、提供線上查檢服務時期。1986 年 9 月 28 日新館啓用，國圖參考室參考諮詢臺設置終端機乙部，開始由館員協助讀者線上查檢。1988 年 9 月 16 日國圖資訊圖書館開館啓用，與國圖連線，提供本索引資料庫第二個檢索站的查檢服務。資料庫的查詢功能更見效能。本時期利用國圖王安電腦由 2 byte 轉為 3 byte 的機會，以多年來鍵檔與查檢的經驗，進行系統軟體評估。1991 年 3 月 27 日新系統完成，較原 2 byte 系統增加許多作業功

能，奠定本系統的基石。

1. 資料鍵檔方面，新增拷貝 MARC DATA 的功用，便利期刊連載文章線上即時處理，以省略重複填寫論文輸入表，與鍵入、校對的時間與人力。擴大刊名檔的鍵檔項目，增加各收錄期的英文刊名、刊期、出版單位、地址、電話、郵撥帳號等資料，便利各圖書館訂閱的參考。新增「中國圖書分類法」檔，將全本「中國圖書分類法」（試用本）、「醫學類類號表」、期刊股同人以實際分類經驗所收集的主題詞語試編的「中華民國期刊資料庫新收詞語、類號對照表」的類名、詞語一一收錄於該檔之中，提供線上查詢、瀏覽、新增、修改功能，以便讀者能由類名與詞語方向查得最新資料。

2. 線上查詢方面，新增功能頗多，較重要者為增加線上查詢項目為 16 種，包括篇名、著者、標題、類名/類號、系統識別號、書評/文評、專輯、刊名，以及作為限制條件的出版日期、語文、特種資料、插圖代碼、資料類型、內容性質、文學體裁、傳記代碼等。加強各檢索項的切截功能與邏輯組合能力，新增公用目錄查詢功能並提供線上即時列印、自動查核等功能。

3. 列印功能方面，新增專題索引列印、專刊索引列印、中國圖書分類法列印、論文資料查核列印並可選擇輸出排印的順序與列印的範疇。此外，還提供各種行政統計維護、行政查詢列印功能，便於行政管理作業上進行人員資料維護、工作進度控制，以及鍵檔資料分析、讀者查詢統計工作。國圖電腦主機予以更換，原 2 byte 系統上的期刊論文索引鍵檔資料 185,000 筆將逐一轉換至 3 byte，新系統即展開正式運作。此時期，1993 年 7 月開創推出《中華民國期論文索引光碟系統》分單機版及網路版兩種（這是全球發行中文索引目錄類光碟的首例），1994 年 10 月，配合「國圖資訊網路」的啟用，又推出「中華民國期刊論文索引線上系統」，網路與光碟相輔相成，兩相得宜。

本光碟系統，新增關鍵詞檢索。國圖期刊資料庫系統，是採取詞庫比

對自動斷詞方式建立關鍵詞索引；並自 1996 年起，也優先採用原著作所列的關鍵詞，1997 年時中文詞庫已累積 374,507 個詞。但因各著作人使用詞彙並不一致等緣故，將影響索引檢索文獻的再現率（Recall）與精確率（Precision），有賴詞庫的整理。國圖閱覽組期刊股乃針對主題詞、人名、機關團體名、期刊名等建立「參照詞庫」，就主題詞中同義詞與相關詞、人名的本名與筆名別名、機關團體的詳簡名稱、新舊刊名等，進行資料整理工作，並配合檢索軟體參照查詢功能，擴大檢索的再現率。初期各參照詞庫的詞目數量為主題詞 1,297 個、人名 1,241 個、機關團體名 347 個、期刊名 338 個。本項工作費時費力，有賴與各專題資料庫合作發展，例如 1997 年與元智大學合作建立唐宋文學研究資料庫，其中包括唐宋文學主題的關鍵詞、參照詞整理專案。

　　四、遠距圖書服務時期。1997 年 6 月國圖推出「遠距圖書服務」，本系統連結「國圖數位化期刊影像資料庫」以及網路電子期刊全文，提供期刊論文原文顯示與傳遞服務。本時期的主要 5 大項工作：

　　1. 進行核心期刊徵補典藏　建構期刊資訊服務系統的首要工作是充實館藏期刊資源。蒐藏豐富、完整且新穎的期刊資料是圖書館期刊服務的基礎。

　　2. 建立各種期刊資訊資料庫

　　(1) 中華民國期刊論文索引資料庫。收錄期刊上發表的學術論文篇目，自 1970 年 1 月迄今；並自 1997 年 1 月起新增期刊論文中英文摘要鍵檔。

　　(2) 國家圖書館新到期刊目次資料庫。　自 1996 年 1 月起，蒐集我國所出版各類期刊中資料新穎度高、學科代表性強或讀者利用頻繁的期刊約 300 種，兼收中國大陸所出版圖書館學與資訊科學類核心期刊近 20 種，將其目次及目次上的摘要逐條輸入電腦，用以提供讀者瀏覽查詢。同時也提供「期刊專題選粹服務」（Online SDI），採傳真或電郵（e-mail）方式自動定期傳給讀者。

(3) 中華民國出版期刊指南資料庫。以我國目前仍刊行的期刊、學報、報紙，予以機讀格式資料鍵檔。除一般原始編目項目外，還詳載其出版訂購資訊、內容簡介、歷次得獎資料以及電子期刊的網址等；並將上開期刊目次系統掃描彩色封面及稿約、發刊詞、版權頁、評論報導等上網。1997年6月底推出服務。

(4) 中國文化研究論文目錄資料庫。本資料庫根據《中國文化研究論文目錄》各冊為本，並進行增補，回溯鍵檔，輸入電腦，總筆數為125,954筆。案1980年3月中華文化復興運動推行委員會發函國圖，主旨為「本會擬編印 『中國文化研究論著目錄』，請 貴館擔任編輯，並由張錦郎先生負責。」是項目錄收錄1946年至1979年我國期刊、報紙、論文集、學位論文、行政院國家科學委員會研究報告中，有關中國文化研究的單篇論文篇目，採人工卡片式編輯。編輯者為張錦郎（召集人）、王錫璋、吳碧娟、王國昭、錢月蓮。助理編輯有俞寶華、施希孟、劉美鴻。校訂者為喬衍琯、劉兆祐、王國良、林慶彰。自1980年3月16日開始編輯工作，1981年8月起，陸續由臺灣商務印書館出版發行。

(5) 其他回溯期刊資料庫。包括發表於中文報紙及論文集上的圖書館學文獻篇目，及國圖同人著作目錄所收集的各文獻篇目。後者係根據國圖甲子之慶，於1993年4月所出版的《國立中央圖書館同人著作目錄》，由閱覽組期刊股吳碧娟負責籌劃、編輯，參與同人宋美珍、羅金梅、林珊如、李玉玫、楊大瑀、王莉萍。全書共蒐集國圖歷任及現職同人共179人（含館長第1任至第8任計8人）。

以上各資料庫皆由國圖同人鍵檔，其過程包括：卷期登錄或催補、資料篩選、整理分析（如各機讀欄位資料分析、類號、關鍵詞、參照詞整理）、篇目逐筆鍵檔（線上或離線輸入、校對、修正）、批次自動查核校正、缺字及符號造字等。截止於1997年12月1日的鍵檔資料量統計，已達944,323筆，每月續以近2萬筆的數量成長。

3. 建立「核心期刊」影像資料庫。遠距圖書服務系統上的期刊原文提供，包括 3 種作業方式。

(1) 第 1 種為批次影像掃描作業。國圖館藏期刊數位化工程，基於人力與經費不足的現實狀況下，決定先採影像掃描方式（Scan Image）進行。影像掃描品質為 300dpi，影像格式為 Tif 檔。將館藏全本期刊委請廠商進行逐頁掃描，製作為光碟片（CD-ROM）保存，並可提供網路上單篇文章複印服務。截至 1997 年 12 月止，閱覽組期刊股已完成圖書館學與資訊科學類、人文社會科學類期刊及近 5 年出版的學報等期刊 228 種、計 401,725 頁的掃描，儲存於 39 片光碟片中。

(2) 第 2 種為網路期刊超連結（Hyperlink）顯示服務。我國出版期刊中有不少已電子化、網路化，並且在 WWW、Gopher、BBS 等網路系統中開放，提供各界免費參閱其電子全文或圖形。期刊股針對此類網路期刊，每日由館員進行搜尋工作，將各期期刊各篇文章的電子全文、中英文摘要、期刊目次，甚至有關的電子參考資料等網址（URL），利用於 1996 年修訂《國圖文獻分析機讀格式》所增加的欄號 856 段「電子資源位置及取得方法」（Tag 856：Electronic Location and Access）進行逐一記錄與連結顯示（這是國內書目資料庫以機讀格式記錄網路資源位置的首例）。讀者透過READncl，即可免費的串連參閱到上網期刊的電子全文資料，並可利用網路軟體的列印功能作個人的列印參考。迄 1997 年 12 月 1 日國圖期刊論文影像系統所連結的網路電子期刊計 135 種、4,507 篇，新到期刊目次服務系統也連結了 45 種、1,442 篇，出版期刊指南連結各期刊網路首頁（Homepage）及電子郵箱（E-mail）達 408 種期刊。

(3) 第 3 種為即時手動掃描作業。國圖成立期刊影印掃描室，對於既尚未進行批次掃描，又還未上網的期刊，如有圖書館或讀者提出文獻傳遞的需求，國圖可利用期刊影像手動掃描，立即連結傳送的功能，作單篇文獻的掃描保存與傳遞。即時手動掃描的影像檔當累積到一定數量時，可隨時以光碟複製機（CD Recorder） 複製到光碟上保存。

　　因為上開第 1 種批次掃描作業，待掃描期刊數量相當龐大，需有一定的預算編列且長期規劃進行；第 2 種網路電子期刊超連結顯示，時我國網路電子期刊在出版期刊中所占比率仍不算高，所以第 3 種即時手動掃描的需求，在 READncl 推出文獻傳遞服務的初期，勢必占絕大多數，1996 年 10 月爰完成設置期刊影像掃描室以應付所需。該室占地 12.5 坪，內置 5 層 7 節式期刊架 1 座、期刊掃描工作站 6 個、影印機 1 部、工作整理桌 1 個，可同時容納 10 位工作人員進行各項掃描前置整理與即時掃描作業。

　　1997 年 12 月吳碧娟撰〈國家圖書館電子化期刊資訊服務的現況與展望〉乙文，提到上開資料庫系統的共同特色為：（1）界面親和，查詢瀏覽功能完備；（2）資料內涵豐富新穎，每日不斷更新；（3）再查詢及跨系統查詢，擴大檢索；（4）影像掃描資料顯示，提供更具深度的期刊資訊服務；（5）網路資源超連結，可發揮全方位主動採訪與參考服務功效；（6）提供整合查詢功能的設計，可一次檢索期刊、其單篇論文及各逐期目次，甚至其他系統的資料內涵；（7）照顧視覺障礙人士需求，協助辨識網頁訊息。「國圖」在各系統網頁的原始檔案中在「圖形檔名」之後，再加上「圖形說明字串」；如果圖形檔上沒有文字，可用簡短的圖形說明或以某特定符號表示，以便視覺障礙者與明眼人同步得知圖形所呈現的意義。

　　4. 進行電子文獻傳遞服務（Document Delivery Services）。本項服務功能，設計整合於「國圖遠距圖書服務系統」，提供期刊論文原文與傳遞服務。主要設計包括服務對象、服務項目、傳遞方式、收費方式、服務流程等。

　　5. 辦理網路期刊資訊服務與著作權相關事宜。

　　2005 年將「中華民國期刊論文索引影像系統」與「國家圖書館新到期刊目次服務系統」合併更名為「中文期刊篇目索引系統」。

　　2010 年奉館長顧敏指示，「中文期刊篇目索引系統」更名為「臺灣期刊論文索引系統」。國圖期刊遠距讀者服務方式竟退回原點，改為「遠端使用者可利用當地圖書館或透過館際合作代表人向相關館合單位申請複印服務。」（羅金梅、林珊如）

中華民國政府資訊查詢系統

1. 建立各種政府資訊資料庫

(1) 中華民國政府公報索引資料庫。國圖於 1972 年 1 月創刊《中華民國政府公報索引》月刊乙種，採人工編輯。每期收錄總統府、立法院、司法院、監察院、經濟部、財政部、衛生署、國軍退除役官兵輔導委員會、臺灣省政府、臺北市政府等機關政府公報，及外交部週報、司法專刊、交通法令彙刊。每一款目著錄案由、原發文號、公報名稱、卷期及頁次。依性質分為法規、政令、公告、會議紀錄、判決、訴願、糾正、懲戒、文告及論著、其他等 10 大類排列。1974 年 12 月停刊。

1981 年 2 月，《中文圖書機讀編目格式》（圖書部分）編印出版後，國圖即展開中文書刊的鍵檔工作。國圖為應資訊發展的需要，便於電腦處理中文等語文能分析資料，1983 年 12 月又編印《國立中央圖書館文獻分析機讀格式》。該書並附「中華民國期刊論文索引」及「中華民國政府公報索引」鍵檔格式。

自 1984 年元月起，國圖即收錄臺灣地區 19 種中央及地方政府公報，以該「文獻分析格式」將公報的各項資料鍵檔輸入電腦，為「國立中央圖書館資訊服務系統」（NCLAIS）的組成部分。由書目主檔出版了《中華民國政府公報索引》季刊本及年彙編本，亦可提供多元化公報線上查詢服務。如公報資料庫因是以「案由」 為主標目，但「案由」可能是法令規章名、會議紀錄名等，實難以望「名」而知其內涵，所以「主題語」的檢索，就顯得十分重要。本索引附以〈主題組合索引〉，以國圖編訂的《中華民國政府公報索引主題用語典》（含主題語詞 15,000 餘個）為準，將主題用語與篇號互相對照，以助檢索。

(2) 中華民國政府公報目次資料庫。收錄 1996 年 4 月以來的各期公報目次，除公報索引資料庫所收錄者外，另增讀者推介的公報和法規類期刊《福建省政府公報》、《金融業務參考資料》、《金融法規通函彙編》。

　　(3) 中華民國政府統計調查目次資料庫。收錄 1996 年以來，各中央政府出版統計調查類年報書刊近 200 種的目次篇目，含統計提要（分析）、統計圖、統計表格名稱、附錄、調查問卷表單、統計用語解釋及編訂過程等，逐一鍵檔。

　　(4) 中華民國政府出版品目錄資料庫。本資料庫原係 1984 年 4 月所輸出電腦排版的《中華民國行政機關出版品目錄》，收錄行政院所屬各部、會、行、處、局、署、省（市）、縣（市）及其所屬機關學校及事業機構的最新出版品的書目資訊。依 1983 年 9 月 23 日行政院研考會奉行政院發布的《行政機關出版品管理要點》第 3 點規定，「行政機關應於出版品印製前編定『出版品統一編號』」，復依第 4 點「國立中央圖書館應依行政機關出版品統一編號，定期編印出版品目錄，分送各行政機關」。自 1993 年 10 月起，增收包括行政院以外的所有全國的政府機關在內，改稱《中華民國政府出版品目錄》。國圖多年來統一彙集各機關填寄的「政府出版品統一編號申請單」鍵檔上線，提供對外資訊檢索。各筆資料除載相關基本書目外，還包括內容大要。1997 年行政院研考會將「圖書及出版室」改制成立「政府出版品管理處」，1998 年 11 月 4 日訂定《政府出版品管理辦法》，並且同時停止適用上開《要點》。行政院研考會改變原有的作業模式，推動由各機關自行上網鍵檔。該《辦法》第 4 條第 1 項規定：「各機關應依出版品基本形制注意事項、統一編號作業規定及相關國際標準編號規定編印出版品」。換句話說，依該規定，各機關在出版品印製前，應先申請各項標準編號，即「政府出版品統一編號」（Government Publications Number；以 GPN 標示）及「國際標準書號」（International Standard Book Number；以 ISBN 標示）、「出版品預行編目」（Cataloging in Publication；以 CIP 標示）、「國際標準期刊號」（International Standard Serial Number；以 ISSN 標示）、或國際標準錄音/錄音資料代碼號（International Standard Recording Code；以 ISRC 標示）。1988 年 7 月 27 日行政院核定國圖是我國 ISBN 核發與管理的權責單位。國圖於 1989 年 7 月 1 日起正式為我國出版品編配國際標準書號，1990 年 2

月 1 日特設「中華民國國際標準書號中心」為主辦單位，1990 年 7 月起採用電腦線上作業。其後「書號中心」推出 CIP 服務、協助申請 ISSN 服務，1999 年 4 月 3 日又奉教育部核定辦理 ISRC 相關國際標準編號業務。該中心在國圖網站置「全國新書資訊網」（ISBNnet）「書目資料庫」，可查詢民間出版品和政府出版品出版資訊。還置「ISRC 資料代碼查詢系統」，備供搜尋。 1999 年 9 月行政院研考會開發建管的「政府出版品網」（Government Publications Net；GPNet），提供政府出版資訊查詢。其後，又設置政府出版品整合性入口網——政府出版品資訊網（Official Publications Echo Network；OPEN），國圖網站在「政府資訊」「中華民國政府出版品」項鏈接 OPEN 首頁。

　　(5)　行政院所屬各機關因公出國報告書目錄資料庫。本資料庫由國圖與行政院研考會合作建置。內容係收錄 1970 年以來行政院所屬各機關人員因公出國後，依《行政院所屬各機關因公出國報告書提出及繳交處理要點》所繳交報告書目錄。各筆資料列報告書名稱、類號、類名、計畫主辦機關、報告人、服務機關、職稱、出國地區、出國類別、出國期間、報告日期、報告書內容摘要等。

　2.　建立影像和全文資料庫

　　(1)　中華民國政府公報全文影像查詢系統。

　　(2)　新到公報目次及統計調查目次系統。

　　(3)　行政院所屬各機關因公出國報告書光碟影像系統。

　　(4)　中華民國政府公報電子全文查詢。本資料庫原係 1998 年建置於上開「政府公報目次系統」，1999 年 3 月完成開發建置為一獨立系統與資料庫。本資料庫所建置的每一筆全文原始檔案，均由各公報發行機關提供，經國圖閱覽組官書股同人將純電子全文部分（打字鍵檔者），進行逐筆檔案的切割、排比處理等加工後轉入。可提供跨公報別、跨出版日期別的公報電子全文檢索。收錄於本資料庫的公報，有總統府、行政院、司法院、監

察院、考試院、內政部、經濟部、教育部、行政院農委會、行政院環保署、
行政院新聞局、福建省政府等機關所發行的公報。

3. 進行政府電子文獻傳遞服務

國圖推出「遠距圖書服務系統」，閱覽組官書股已完成掃描和轉入的政
府公報、出國報告書、政府出版品年報（包括封面、目次、前言、部分內
容）等項政府文獻影像和全文，可透過該文獻傳遞服務，提供對外服務。

當代文學史料影像全文系統

為協助學術界與藝文界研究臺灣當代文學發展的軌跡，參考部門於
1992 年開發了本系統。收錄臺灣地區當代文學作家的生平、傳記、手稿及
名句、相片、著作年表、作品書目、評論文獻、翻譯文獻、歷屆文學得獎
紀錄等，利用影像掃描機輸入電腦，以中文 OCR 技術，將其轉換為中文
文字檔。輸入文字檔並與系統的索引資料庫自動結合，提供查詢時影像及
全文顯示功能。開放於全球資訊網路，方便各界人士自由查詢。本系統榮
獲「1994 年全國十大傑出中文資訊產品獎」。1998 年 6 月時，本系統收錄
文學作家 1,387 位的基本資料及各種作品、評論文獻、傳記文獻等的全文
影像資料。

王鼎鈞所著回憶錄四部曲之四《文學江湖・代自序》，回答姚家詢問所
寫回憶錄，資料從何來？他說：

> 我自己記憶猶新，也有一點筆記，一點簡報，也可以在紐約就地查找，
> 各大圖書館之外，還可以上網搜索。臺北國家圖書館的「當代文學史料」
> 網站尤其詳盡可靠。

王鼎鈞在他的回憶錄四部曲之二《怒目少年・代自序》提及「寫回憶錄需
要回憶和反省，需要資料幫助回憶和激發反省。」因此需要找到「某人」
和「某事」，可是要找的是普通人一般事。在「1982 年，他對中國大陸展
開連續 4 年的通訊，尋找舊識」，他找到一個有效的管道，就是中國大陸各

地的僑務辦公室（僑辦）。在哥倫比亞大學東方圖書館，發現了有用的刊物，就是中國大陸各省各縣市刊行的《文史資料》，除了查閱內容外，還依據其中所揭示的書目性資料，訪購書刊延伸閱讀。可知查找資料，要先掌握資料的來源（線索）。

　　國圖針對讀者的需求，廣尋散在書刊各處的作家資料，輸入電腦，期該系統就是查詢有關某作家的資料來源。

當代藝術作家系統

　　1995 年推出本系統，建立線上藝術作家資料庫。收錄西元 1900 以後出生，在臺灣地區從事藝術創作，曾有公開展演記錄者，包含 675 位藝術作家的個人基本資料，如生平、學經歷、創作媒材、材料、尺寸、藝術風格、展歷、創作自述、各界評析資料等。在網路上提供便捷查詢瀏覽功能，以便利國內外人士了解我國當代藝術工作者的創作風格與作品表現，並可作為國際間藝術交流的參考資訊。收錄的藝術資料種類包括二度及三度空間的藝術作品，繪畫、書法、雕塑、陶瓷、裝置、觀念、攝影、編織等。

（四）「遠距圖書服務系統」正式營運

　　1997 年 10 月 30 日館長曾濟羣退休，由閱覽組主任宋建成代理館長職務。1998 年 2 月 19 日「遠距圖書服務系統」正式營運，提供文獻傳遞服務。時閱覽組莊健國在 2000 年國圖出版的《圖書館年鑑》撰文：「國家圖書館排除萬難，毅然試辦『遠距圖書服務系統』，使遠地讀者可以藉由網路的連線，取得期刊文獻、政府公報、文學史料等全文資料，對於國內圖書館界而言，此一創舉，可說是邁向網路資訊服務先鋒，深獲海內外讀者讚賞。」賴文智在〈政府出版品納入線上期刊文獻傳遞服務的著作權議題〉乙文，也讚譽該系統：

全國民眾只要透過網路連線，在家中即可取得期刊文獻內容、政府公報、
出國報告書、當代文學史料等全文或目次資料，廣受全國民眾好評。對
於平衡城鄉在圖書資訊獲取（Access）權利的落差上，尤有卓著的貢獻。
其中「線上期刊文獻傳遞服務」，透過網路提供使用者線上瀏覽、列印服
務，深受大專院校學生及研究人員倚重，大幅降低研究資訊檢索及取得
之時間成本。

國立中央大學圖書館陳茁瑛撰文說：「不用到圖書館就可以查到我要的資
料，而且可馬上拿到全文內容？這是未來的夢想嗎？事實上，這個未來絕
非夢想，國家圖書館的遠距圖書服務系統已經為所有讀者完成這個夢想。」

　　本項服務與工研院電腦與通訊研究所合作，在國圖閱覽區 2 樓設「遠
距圖書服務中心」，以服務圖書館、機關團體及個人使用者。因本系統建置
在 WWW 上，聯結國圖多項資料庫查詢系統，讀者只要申請成為遠距圖書
服務的閱覽人，連線後即可查詢國內出版期刊論文、期刊目次、期刊指南、
政府公報、公報目次、政府出版品目錄、行政院出國報告、當代文學史料、
當代藝術作家等資料庫；同時也可透過 Z39.50 做整合性的資料庫查詢。此
外，還可申請文獻傳遞及目次傳遞服務。傳遞服務的方式有線上閱讀、線
上複印、自動傳真、電子郵遞及一般郵寄等多種選擇。1999 年 3 月，本系
統開始推出館際合作代表人線上文獻傳遞功能，透過 WWW 介面，提供圖
書館館際合作代表人直接上網，利用國圖數位化館藏資料庫，進行館際複
印的服務。

　　2002 年 7 月 9 日我國《著作權法》增訂第 26 條之 1，「著作人專有公
開傳輸其著作之權利」。爰遵照我國《著作權法》及其相關法令的規定，並
參酌歐盟、美國、澳洲、南韓、日本立法例，「在合理範圍內」，服務讀者。
凡享有我國《著作權法》保護的著作，都必須獲得其權利人同意，始得在
網路上傳輸。國圖對受《著作權法》保護，但仍未徵得著作權利人同意授
權利用的數位化重製著作，讀者一律限在館內利用。採取提供館內閱覽的

電腦，不附有重製、傳輸所顯示著作的功能，使不能藉網路傳遞到館外；也不以數位方式提供讀者，不允許傳檔，只提供紙本等措施。國圖爰採取與個人、學術期刊的出版者合作等方式，爭取權利人授權，使有更多的著作，獲得可在網路上傳輸，提供服務。

　　國圖提供文獻傳遞服務，所進行爭取著作權利人授權工作，事倍功半。殷切期望語文著作「著作權集體管理團體」的成立及運作，但 2012 年 9 月 26 日著作權業務專責機關將其於 2006 年 8 月 8 日所許可登記的語文著作集管團體，以其「不能有效執行著作權集體管理業務」，予以「廢除設立許可，同時命令解散」。迄今尚無新許可登記成立者。也期望有能代表著作權利人的團體與利用人的團體之間協商一個「合理使用」的範圍，並達成協議。使著作利用人能享用數位及網路科技的便利，站在巨人的肩上，從事創作，以促進國家文化的發展。

（五）成立「全國期刊文獻中心」

　　隨著網路時代的來臨，國圖期刊業務迎接更多的挑戰。除了完整典藏國家期刊文獻資源外，還要提供傳統紙本式期刊服務，並兼顧電子期刊資源利用。國圖鑒於期刊資源的重要，為有效整合國內期刊資源，於 1998 年底，陳報教育部成立「全國期刊文獻中心」，1999 年初奉核定採任務編組方式運作，逐步規劃與推展相關業務。

　　2000 年初，國圖初步完成規劃「全國期刊文獻中心」發展目標，分為 4 個方向，有賴與各界積極合作，分年分項邁進。

　　1. 資源的掌握（Resources）：（1）掌握國內中西文期刊資源；（2）掌握網路電子期刊；（3）掌握國內外期刊館際互借暨文獻傳遞資源；（4）典藏中西文紙本期刊；（5）中文期刊全面數位化。

　　2. 服務的提供（Services）：（1）館藏中西文期刊的館際互借與文獻傳遞服務；（2）與國外圖書館交換文獻傳遞服務；（3）遠距圖書館於國外設

鏡站（mirror sites）；（4）全國中西文期刊的交換贈送資訊服務；（5）期刊
文獻使用的推廣及遠距教學。

　　3. 合作的推廣與參與（Cooperation）：（1）與圖書館合作採訪；（2）
與圖書館合作典藏；（3）與出版單位及圖書館合作數位化。

　　4. 研究與發展（Research and Development）：（1）著作權授權事宜；（2）
電子資源長期保存問題；（3）期刊的引用暨影響因數（impact factor）分析；
（4）電子期刊未來發展趨勢。

二、政府推動圖書館館藏數位化

（一）國圖資訊系統中長期發展計畫

　　為建立電子化政府促進政府再造，加強國家資訊通信基本建設，政府
各部門皆紛紛建置資訊網路系統。1997 年 9 月 22 日，國圖「資訊系統中
長期發展計畫」報奉行政院主計處同意，國圖乃於 1999 年度（1999 年 7
月起）開始編列預算執行。該計畫係以國圖資訊系統為基礎，進一步發展
「遠距圖書服務系統」，同時建立「全國圖書資訊網路」與「漢學研究資訊
服務系統」新系統。有效整合國內外各相關資料，可作為使用國內外重要
資訊及圖書館資源的「窗口」。具體目標如下：

　　1. 建立一整合性資訊與服務系統，以提升工作效能；

　　2. 建立國家圖書及文獻資料庫，製作國家書目、本國政府出版品目錄、
期刊目錄、聯合目錄等，以達成書目控制的目的；

　　3. 提供書目檢索及相關服務，以增進館際間合作編目與互借的功能；

　　4. 加強網路建設，提供遠距及國際服務，以利資源共享；

5. 彙整保存圖書文獻資源，採用原文電子化儲存，並建立索引檔，以提升服務；

6. 開發漢學研究資訊服務系統，以利國內外漢學的研究。

（二）NII 中程計畫—電子圖書館計畫

「NII 中程計畫——電子圖書館計畫」（1999 年至 2001 年度）是該發展計畫的一環。其重點工作項目如下：

1. 持續發展「遠距圖書服務系統」、「全國圖書資訊網路系統」，整合國內外各項資料，作為使用國內外重要資訊及圖書館資源的窗口。

2. 建立國家圖書及文獻資料庫，製作國家書目，本國政府出版品目錄、期刊目錄等彙整保存圖書文獻資源，採用原文電子化儲存，並提供擷取服務，充實華文資源資訊與終身學習網路資源。

3. 開發漢學研究資訊服務系統，提供國內外漢學研究單位及學者利用。

4. 建置全國博碩士論文摘要及全文系統，展現學術研究及學習成果。

5. 加強館內資訊架構基礎建設，提高網路頻寬，更新資訊設備，提升系統效能。

（三）圖書館事業發展三年計畫

「第三次全國圖書館會議」於 2000 年 12 月 1 日至 2 日假國圖舉行。圓滿落幕後，2001 年　總統公布實施《圖書館法》；「圖書館事業發展三年計畫」也通過行政院經建會的審議。

2001 年 9 月 27 日「圖書館事業發展三年計畫：知識資源基礎建設」，報奉行政院同意辦理。由教育部主辦、國圖承辦。自 2001 年起分年實施，為期 3 年（2002-2004 會計年度），唯經費經教育部調整為 3 億元（299,968

仟元），以合作蒐藏、數位華文、資訊利用、全民閱讀、專業規範、專才養
成、健全發展為計畫 7 大目標。主要計畫內容分：1.圖書館館藏資源的合
作發展；2.圖書館資訊系統的建立與運作；3.圖書館利用與資訊素養教育；
4.倡導社會閱讀風氣；5.制定國家圖書館專業規範；6.圖書館專業教育的規
劃；及 7.加強圖書館業務輔導等 7 大項。各大項之下，再依性質規劃數量
不等的子計畫。其中，「圖書館資訊系統的建立與運作」的執行內容分：

1. 全國大專院校圖書館自動化規劃研討會；
2. 全國圖書館合作參考服務系統；
3. 建立華文書目資訊網；
4. 建立華文知識入口網站；
5. 建立古籍資源共建共享系統；
6. 建立臺灣概覽（Taiwan Info）系統；
7. 建立臺灣記憶（Taiwan Memory）系統；
8. 博碩士論文數位化；
9. 中文期刊報紙數位化；
10. 建立兒童知識銀行。

都與充實數位化典藏，透過網際網路提供服務有關。

「第三次全國圖書館會議」的具體成果：《圖書館法》完成立法程序及
教育部指示國家圖書館擬訂的「圖書館事業發展三年計畫」能獲得實
施，奠定了國圖體質改變的基礎。

（四）國家型科技計畫

溯自 1996 年第 5 次全國科技會議，決議設置「國家型科技計畫」的新
制度，以因應知識經濟時代的來臨。行政院國家科學委員會（「行政院國科
會」），在社會民生領域，也推動了數位典藏、數位學習兩項國家型科技計
畫。

　　首先，為了加強人文社會科學的研發以及科學教育工作，從 1998 年 5 月開始推動「迎向新千禧——以人文關懷為主軸之跨世紀科技發展」方案。「數位博物館」專案即為其中的計畫之一。其主要目標為：整合建置一個適合國情並具有本土特色的「數位博物館」，以發展教育性網際網路內涵。藉由無遠弗屆的網際網路建立並推動文化、藝術、科技等教育性網站內涵的典範，使一般大眾得以不受時空限制，隨時上網檢索或瀏覽並利用其資訊，進而豐富人民生活的內涵與享受終身學習的樂趣。本計畫期程自 1998 年 9 月至 2000 年 12 月。

　　2000 年成立「國際數位圖書館合作計畫」（2000－2002），推動數位典藏內容的國際合作。本計畫的成員是中研院、臺大、清華。緣起於美國波士頓西蒙斯學院圖書館與資訊科學研究所（Simmons College，Boston）榮譽教授陳劉欽智（Ching-chih Chen）向美國國家科學基金會（NSF）「國際數位圖書館計畫」（International Digital Library Program）項下，提出 Chinese Memory Net（CMNet）計畫（2000－2005），旨在整合美國、臺灣、中國大陸的學術及研究機構，合作發展一個效能效率兼具的全球華文數位網。參與成員還包含美國康乃爾大學、匹茲堡大學、加州大學柏克萊分校，及中國大陸北大、清華、上海交大。2003 年，陳劉欽智將 CMNet 改稱 Global Memory Net；期滿之後，NSF 再繼續支持該計畫 5 年（2005－2010）。

　　1999 年 7 月，為充實網際網路資訊內容，加強保存我國豐富的文化資產，行政院第 9 次「電子、資訊與通信策略（SRB）會議」，針對國內文物數位化所面臨的問題，提出初步的解決構想，包括：1.政府於初期提供經費支援；2.各執行單位採分散式建置，並建立共同的數位典藏的入口網站；3.建立數位化技術的合作與規範。並建議成立「國家典藏數位化推動委員會」負責計畫的決策、督導與審議；及「工作小組」負責相關技術與服務的協調與推動。其後，行政院國科會委託中央研究院進行籌備與規劃事宜。

「數位典藏國家型科技計畫」第 1 期計畫

　　2001 年，行政院國科會考量國家計畫的整體性與全面性，期望能並重

人文與科技發展，爰將上開 3 項計畫整併為「數位典藏國家型科技計畫」（National Digital Archives Program），第 1 期計畫自 2002 年至 2006 年。本計畫的目標，主要是將我國重要的文物典藏數位化，建立國家數位典藏，以保存文化資產，建構公共資訊系統，促使精緻文化普及化、大眾化，資訊科技和人文融合，並推動產業和經濟發展。本計畫的典藏內容主要來自我國最重要的典藏機構，包括博物館、檔案館、圖書館、研究機構；也透過公開徵選計畫，納入其他公藏機構或民間具特色的藏品。參與機構有故宮博物院、國家圖書館、國立歷史博物館、國史館、國史館臺灣文獻館、自然科學博物館、臺灣大學、中央研究院和臺灣省諮議會等 9 個單位。在中研院設置「計畫辦公室」，負責計畫的推動，並建立各種協調、支援、訓練機制。

2002 年 1 月 15 日行政院國科會通過「數位學習國家型科技計畫」的構想，預計 5 年（2003-2007）內進行本項跨部會計畫，目的為了建立我國數位學習產業，以數位學習加強我國競爭力，及增進社會福祉。依據本目標，本計畫分別針對數位學習「佈建」、「產業與應用」、「研發」3 個大方向規畫，分 7 個分項：1.全民數位學習；2.縮短數位落差；3.行動學習載具與輔具；4.數位學習網路科學園區；5.前瞻數位學習技術研發；6.數位學習基礎研究；7.政策引導與人才培育。參加本計畫的中央部會署和縣市政府共有 12 個。結合產官學界及全民力量共同推動數位學習產業。

2003 年行政院提出「挑戰 2008 國家發展重點計畫」，其中「兩兆雙星」頗受矚目，「雙星」即生物科技、數位內容，要將這兩個產業的年產值各能突破 1 兆元臺幣。根據經濟部工業局數位內容產業推動辦公室所稱，「數位內容」（digital content）「係指將圖像、文字、影像、語言等，運用資訊科技加以數位化，並整合運用之產品或服務。」整個數位內容範疇的核心就是「內容」（content）部分。政府投入大筆資金，將臺灣的文物典藏進行數位化的工作，使成為數位內容產業的素材庫，可提供創新加值運用。

「數位典藏國家型科技計畫」第 2 期計畫

　　「數位典藏國家型科技計畫」第 2 期計畫，自 2008 年至 2012 年。其目標在呈現臺灣文化與自然多樣性，促成典藏內容與技術融入產業、教育、研究與社會發展，推動典藏成果國際化，建立國際合作網路。在該計畫第 1 期計畫結束後，鑑於本計畫雖已累積可觀的數位化媒材和數位教材，但典藏文物的數位化工作，祇是數位內容產業的第一步。為落實數位典藏與數位學習的知識化與社會化，朝向知識社會的發展與建構，進而達成提升國家競爭力的效益，2008 年起，將「數位典藏」與「數位學習」兩國家型科技計畫整合為「數位典藏與數位學習國家型科技計畫」，為期 5 年（2008－2012）以「典藏多樣臺灣，深化數位學習」為總目標。直到 2013 年 2 月 1 日起，行政院國科會（科技部的前身）另委託中研院執行國家型計畫退場機制輔助的「臺灣數位成果永續維運計畫」（3 年期），假該院人文社會科學館北棟，設「中研院數位文化中心」，除賡續拓展數位典藏內容、研發數位技術，推動數位人文學研究，及維運數位文化成果外，未來承接國家型計畫成果的永續經營。

「數位典藏國家型科技計畫」國圖部分

　　國圖應邀參加了「數位典藏國家型科技計畫」第 1 期計畫。因為國圖是全國出版品法定的送存機關，館藏的中文圖書資訊應永久典藏；且國圖已推出「遠距圖書館服務」，以參加館際合作組織的圖書館與資料單位，為「試營運」的服務對象，所以數位典藏的標的物，重保存兼及服務，使數位典藏與數位學習相結合。「國家圖書館國家典藏數位化計畫」，內容主要涵蓋有 4：

　　1. 國家圖書館古籍文獻典藏數位化：包括善本古籍典藏數位化、金石拓片典藏數位化、附圖古籍典藏數位化 3 部分。

2. 臺灣地區地方文獻典藏數位化：數位典藏館藏地方文獻，如方志、鄉土文獻及地方出版品（包括政府公報、統計、小冊子等），並擴及縣市文化中心圖書館、文獻委員會、特色館及個人文史工作室所藏地方文獻等。

3. 國家圖書館期刊報紙典藏數位化：將館藏臺灣地區發行的期刊及報紙予以數位化。俾保存國家文獻，充實遠距圖書服務各項資料庫，提供數位典藏及文獻傳遞服務。

4. 建置國家圖書館數位典藏資訊系統軟硬體設備：「數位典藏國家型科技計畫」第 2 期計畫，國圖提出「臺灣研究核心資源數位化計畫」，承「計畫辦公室」採行，分別辦理兩個項目，一為「臺灣研究主題資料庫建置」，一為「臺灣鄉土文獻資源數位化」。

三、國圖推動典藏數位化

隨著網際網路的快速發展，興起數位圖書館和數位博物館的建置與研究，各先進國家莫不支持各種相關計畫。如 1990 年至 1994 年美國國家科學基金會（National Science Fundation；NSF）數位圖書館先導計畫（Digital Library Initiative & Phase 2）、1995 年起美國啓動「國家數位圖書館計畫」（National Digital Library Program）之一的國會圖書館的「美國記憶」。他如梵諦岡教廷圖書館（The Vatican Apostolic Library）手稿數位化、法國羅浮宮繪畫數位化、澳洲線上博物館和美術館計畫（Australian Museums & Galleries Online）、澳洲文化資訊網（Australia Cultural Network）、日本政府貿工部（Ministry of International Trade and Industry）支持一項為期 5 年的「次世代數位典藏系統研究與發展專案」（Generation Digital Library System Research and Development Project）、日本 IBM 東京研究所與日本民族學博物館合作的「全球數位博物館計畫」（Global Digital Museum）等。值此之際，1997 年 6 月國圖也完成「遠距圖書服務系統」，朝向「典藏數

位化、傳播網路化」的圖書館複合式經營。

（一）布署國圖區域網路

　　資訊組甫告成立，隨即開始執行「國圖資訊架構中長期發展計畫」。資訊組推動主要業務，如「增加網路頻寬，加強資訊架構基礎建設」；

　　1.進行館內網路提升工程，採用高速光纖區域網路，館內布署網路節點。（1）1999 年度加租一條 T1 數據專線，2000 年 2 月 22 日改租 T3 數據專線連接 TANet，以增加網路頻寬。建置網路管理系統及網路防火牆，強化網路安全與效能；（2）向中華電信增租 24 門（23B+D）ISDN 線路，於 1999 年 11 月 1 日開放國圖網際網路撥接線路 23 線，供讀者使用，以 (02)21912015 為代表號。

　　2.「購置及汰換資訊系統軟硬體設備，積極引進國外資料庫」：（1）購置及擴充圖書館自動化系統（URiCA）、遠距圖書服務系統、漢學研究中心圖書館系統（Dynix）等資訊系統主機、個人電腦及週邊設備；（2）引進光碟網路資料庫管理系統（Flylink），將館內 Novell、單機光碟資料庫、自建資料庫，以及陸續引進中外電子資料庫，整合於館內網路（Intranet）環境。

（二）研擬圖書資訊相關技術規範

　　為執行國家型科技計畫，亟需嚴謹的規範與標準。這些標準除了須植基於目前的科技發展外，也需考慮到與世界接軌。如詮釋資料標準（Metadata Format）、數位檔案格式、檔案命名原則、分散檢索協定等。

　　1. 詮釋資料。國圖鑒於「詮釋資料」議題的重要性，於 2000 年成立「Metadata 研究小組」，成員為莊芳榮（召集人）、陳昭珍（副召集人）、胡歐蘭、吳哲夫、陳雪華、陳和琴、吳政上、陳亞寧、賴麗香、王宛華、葉

晉華、彭慰、盧錦堂、江綉瑛、李莉茜、李瑞音、林淑芬、顧力仁、羅金梅（研究助理）。該研究小組的任務：探討國內外詮釋資料發展現況；積極加入國內外詮釋資料研究組織及相關計畫，如 DC 會議及 CORC 計畫；發展各主題領域或資料類型的詮釋資料；研究 MARC 與詮釋資料轉化的語法、語意等相關標準；發展詮釋資料管理系統；詮釋資料首頁的維護與公告；善本古籍詮釋資料的設計；MARC DTD 的設計；CMARC DTD 轉成DC-qualifier 的設計等。以凝聚臺灣地區對詮釋資料有興趣的單位與學者專家，整合國內已發展的詮釋資料為旨趣。

　　該小組於 2000 年 8 月 17 日召開第 1 次會議，決議由國圖設計一個詮釋資料首頁，提供國內發展詮釋資料的單位一個公告的園地，同時也藉此讓各界有針對該詮釋資料提出建議的機會，作為修訂的參考。並將修訂完成的詮釋資料，由國圖加以彙整印製，供國內各界使用時的參考。國內發展的詮釋資料，應積極在 DCMI（Dublin Core Metadata Initiative）登記，以取得國際的認同。

　　2000 年 12 月，由陳昭珍主編，國圖出版《中文詮釋資料（Metadata）格式彙編》，收集了臺灣地區各單位已發展出來的詮釋資料格式約有 26種，所包括的資料類型相當多元，如古籍善本、古文書、書畫、文獻、拓片、古照片、雕塑、器物、戲曲唱片、皮偶劇本、客家文物、平埔文化、蝴蝶、生物、人文與自然資源地圖、國土資訊系統、權威檔（人名、主題、地名、時代）、參考書目、展覽等。

　　2. 圖書資訊技術服務規範。《圖書館法》第 6 條明定：「圖書資訊分類、編目、建檔及檢索等技術規範，由中央主管機關指定國家圖書館、專業法人或團體定之。」2001 年 3 月 26 日教育部委託國圖研究辦理圖書資訊相關技術規範的研擬，國圖於 2001 年 4 月提出「研擬圖書資訊相關技術規範」計畫，分別成立「中國機讀編目格式」、「文獻分析機讀格式」、「資料數位化標準」、「詮釋資料格式標準」、「分散檢索標準 （XML、XSL）」及「資料檢索服務與協定標準」等 6 個研訂小組。各組聘請國內相關的學者專家

10 至 15 人為委員，定期研討。共計完成：

　　（1）中國機讀編目格式；（2）文獻分析機讀格式；（3）資料數位化與命名原則；（4）詮釋資料格式規範；（5）數位圖書館分散式檢索協定；（6）資料檢索服務與協定。經 2002 年 1 月 8 日教育部圖書館事業委員會第 26 次委員會議審議，即由教育部社教司依《行政程序法》於 2002 年 12 月 17 日發布，12 月 27 日生效。

（三）特藏臺灣資料的整理

　　國圖特藏組配合館藏發展政策，特訂定古籍特藏蒐集原則。2002 年底起於坊間蒐求徵集有關臺灣舊籍、拓片、年畫、名信片、古文書等，茲以臺灣古文書及圖像明信片的整理為例，簡述如後：

　　臺灣古文書「大致是明鄭時期、清領時期、日據時期的公文書和私文書。而保存下來，以民間契據一類私文書為大宗，至於公文書則較少見。」（陳友民、徐惠敏）國圖蒐藏的臺灣古文書，前後 12 批，共有 2,000 餘種，大部分是日據時期古文書，少部分為清領時期，其中也有百年以上的歷史。

　　國圖為了進行古文書的編目作業，先參考《中國編目規則》、《中國機讀編目格式》、特藏組編《中國舊籍特藏分類表》（臺北：國圖，1995.12）、王世慶《臺灣公私藏古文書彙編目錄第 2 輯》（臺北：環球書社，1978.10）等有關文獻，編訂《國圖古文書編目要點》、《國圖古文書分類表》作為編目建檔的標準和依據。而國圖古文書的排架，係以採購進館的每一批次文件逐一給的一個總的流水號（5 位數字）為序，分類主要作為 OPAC 古文書檢索和類聚之用。另依俞寶華於 2003 編訂的《特藏組各種資料類型登錄及蓋館藏章等作業一覽表》，予以修訂為《特藏組各種資料類型登錄號/條碼號位置及鈐印館藏章/來源章一覽表》，分資料類型、索書號/BRN、登錄號/條碼號、館藏章、備注 5 欄。這僅是踏出整理的第一步。（陳友民、徐惠敏）

國圖藏日據時代出版的圖像明信片總數約有 4,000 餘張，保存了早已消失的老臺灣景物。在閱覽組主任俞小明推動下，由宋美珍、陳宗仁、吳雅卿進行整理、分類及解說。1.建立分類表。國圖採購之初，明信片草編50 類，大致以地名區分，過於籠統。爰以賴永祥《中國圖書分類法》為藍本，根據實際的需要，略加調整、增刪。2.關鍵字。每張圖像的關鍵字數量不限，關鍵字命名兼用今名與舊稱。3.翻譯。重新整理了圖像文字的中文翻譯。4.出版項。注釋了明信片的出版地、出版者。（陳宗仁）

（四）臺灣地區家譜聯合目錄

2002 年 3 月，國圖邀約有關收藏單位，召開「臺灣地區家譜聯合目錄編置相關事宜座談會」，決議由各收藏單位提供書目資料，國圖訂定欄位進行測試，匯集各單位書目資料，建置家譜聯合目錄。同年 11 月初順利完成「臺灣地區家譜聯合目錄測試系統」。參加單位除國圖外，還有中研院民族所、中研院史語所、臺北市文獻會、中央圖書館臺灣分館、臺灣省各姓淵源研究學會、宜蘭縣史館、故宮、國史館臺灣文獻館（前身為臺灣省文獻會）、萬萬齋。共收錄 6,052 筆資料。

（五）臺灣記憶系統

1992 年聯合國教科文組織（UNESCO）為了確保世界文獻資產不再受到損壞和散失，乃發起「世界記憶計畫」（Memory of the World Programme），用以及時保存各國珍貴的文獻資源，進而提升各國民眾認知本國文獻遺產所具有的世界意義為目標。各國在其政府的倡導下，逐漸展開文獻遺產數位保存的工作。其中最著名的是 1995 年開始，由美國國會圖書館主導的「美國記憶」（American Memory）。

國圖「臺灣記憶系統」構思於 2002 年，時國圖已建構各種圖書、報刊、

善本等索引書目資料庫，及參加國家數位典藏計畫，進行館藏數位化工程之際，進行規畫一個館藏臺灣歷史文化資源為基礎的「臺灣記憶系統」。旨在以數位館藏臺灣的歷史文獻與史料，妥善保存臺灣歷史記憶，藉由各種文字、影像、聲音的數位化史料，透過「人」、「事」、「時」、「地」、「物」的主題呈現，輔以該系統所建置的各種數位化特藏。並連結國圖既有豐富的研究文獻與數位化資料，完整呈現臺灣在不同時期的時代觀點、態度與信仰，共同建立屬於臺灣人的歷史記憶。該系統地特色：

1. 具有豐富的知識內涵。該系統的資料包括文字檔、聲音檔、靜態與動態影像檔等各種數位資源。將各種有關臺灣史料及文化價值的日據時期臺灣風景明信片、各地老照片、舊籍、地方志、畢業紀念冊、古書契、家譜、版畫、碑碣拓片及愛國獎券（1950-1987）、藝文海報、電視新聞和新聞節目、影音資料等數位化，建構為線上資料庫，以呈現臺灣各時代的歷史記憶。自 2003 年系統建置完成至今，資料庫內容不斷增加，系統功能也隨着資訊技術的進步逐年調整發展。

2. 完善的數位保存計畫。對於各種資料的數位化，從資料組織、加值、檢索及知識探勘等應用、數位化與技術標準規範、著作權管理、數位資料傳布方式，都有完整規劃，並建立數位化的相關技術標準規範，使豐富的臺灣史料透過國圖網站向大眾傳播。（宋美珍）

3. 多元的數位化合作。國圖與國內各學術單位、典藏單位、民間藝術家，共同合作建立符合「臺灣記憶」的各種數位資源，豐富網站內容。「如臺南市立圖書館、臺北市文獻委員會（2016 年 2 月改名為臺北市立文獻館）、國立臺灣圖書館（原國立中央圖書館臺灣分館）、高雄市立歷史博物館皮影戲館、臺灣基督長老教會、鹿港文教基金會、蔣渭水文教基金會、李世林等」。（李宜容、邱昭閔）

2007 年 5 月 24-27 日和 2008 年 4 月 28-29 日香港大學亞洲研究中心和澳門基金會分別開始規劃「香港記憶計畫」和「澳門記憶計畫」，特邀請國圖派員參加座談會分享「臺灣記憶計畫」推動經驗，國圖派閱覽組主任林

巧敏及編輯宋美珍與會。（林巧敏，宋美珍）

2017 年 1 月國圖推出「臺灣記憶系統」新系統，供眾使用。

（六）臺灣概覽系統

國圖「臺灣概覽系統」的建置，旨在增進一般社會民眾對臺灣的基本認識，有效地進行研究臺灣的資訊。該系統着重於圖書館「知識管理」的角度，從「概覽」的概念出發，提供民眾增進認識臺灣的資訊，進而發揮圖書館參考諮詢的功能。該系統主題有：

1. 認識臺灣。提供臺灣基本介紹、自然之美、地理資訊、歷史資訊等。

2. 政府與法令：提供憲法簡介、法規資源、政府組織、政府公報、統計速報、公職選舉等。

3. 新聞資訊。提供政府新聞稿整合查詢、國內熱門新聞搜尋、即時新聞、氣象萬千、國內媒體網站、政府新聞網站等。（陳麗玲）（宋美珍）

臺灣記憶與臺灣概覽系統的建置，所呈現的是具有「臺灣研究」的主題性特色，內容更跨越了傳統圖書文獻，包含了大量數位化的多媒體資源與網路資訊。

2003 年 4 月 21 日國圖 70 周年館慶及「臺灣記憶」暨「臺灣概覽」系統啓用儀式，總統 陳水扁蒞臨會場，與教育部主任秘書吳聰能、行政院文建會副主委吳密察、前館長王振鵠、曾濟羣、館長莊芳榮共同按鈕宣告兩系統啓用。

（七）善本古籍典藏數位化

1998 年國圖擇取館藏明代前期作家詩文集 17 種，建構製作「善本叢刊影像先導系統」，共有 7,000 影幅，全為彩色。置國圖區域網路，另擷取各書部分內容掛於網際網路，提供讀者使用。

2002 年參加了「數位典藏國家型科技計畫」第 1 期計畫，推出「善本古籍典藏數位化計畫」，規劃將館藏重要善本古籍，以及金石拓片等珍貴館藏，總計約 12,000 種數位化。並於計畫第 1 年年初步開發建置完成「國家圖書館善本古籍 Metadata 書目資料庫」、「古籍影像檢索系統」，將館藏古籍相關書目訊息以詮釋資料（Metadata）格式提供查詢。

因為國圖所藏善本古籍都已完成（1973-1979 年）攝製縮影微捲，提供讀者使用，所以主要採用舊有善本微捲轉換成數位化影像方式建置。因為由微捲轉換，基本上是黑白影像。如遇珍貴彩色繪本及版畫古籍，再行直接掃描原書成全彩影像。解析度方面為黑白 300dpi，如遇原件不夠清晰，則提升掃描密度至少 600dpi 及 8 位元灰階儲存。黑白檔儲存格是為 TIF 檔。選擇品質符合標準的微捲，優先進行數位化。作業流程：微捲提調→檢查微捲品質→掃描成影像→影像修邊→著錄頁碼建檔→校驗圖檔→微捲歸還。

國圖「Metadata 研究小組」設計了「古籍善本詮釋資料及著錄規範」，以 Dublin Core 的 15 個欄位，編製出符合需要的古籍 Metadata──包括書號、題名、卷數、創作者、篇目影像、標題、序跋者、序跋、收藏印記、版本、裝訂、版式行款、數量、高廣、索書號。國圖完成館藏善本書的 Metadata 及 MARC 的欄位對應表（pdf 格式、4 頁、52kb）。使由館藏善本書機讀書目轉為古籍 Metadata，建置在系統上，以供查詢，也提供了 XML 的匯入和匯出的功能。

（八）期刊報紙典藏數位化

2002 年參加了「數位典藏國家型科技計畫」第 1 期計畫，另推出「期刊報紙典藏數位化計畫」，規劃於 5 年（2002-2006）內進行館藏臺灣地區發行期刊約 1,000 種，報紙約 30 種的數位化工作，共約 945 萬頁影像。

期刊文獻中心為訂定標準與規範，特邀館外圖書資訊專家，協同國圖

特藏組、資訊組、參考組、政府出版品部門同人，成立「文獻分析機讀格式計畫小組」，研修期刊文獻建檔的詮釋資料格式。另參加國圖內部「自動化及網路諮詢委員會」、「中國機讀編目格式計畫小組」、「詮釋資料（Metadata）格式標準研訂小組」、「資料數位化標準研訂小組」、「分散檢索標準研訂小組」等多項會議，共同訂定數位化作業相關標準與規範。期刊文獻中心制定了：1.中國機讀編目格式第 4 版及 2001 年版（處理報刊書目詮釋資料）；2.文獻分析機讀格式（處理報刊內容篇目詮釋資料）；3.資料數位標準——檔案數位化參考格式；4.國家圖書館期刊影像編碼原則；5. 國家圖書館報紙影像編碼原則。

該「計畫」的數位化作業，大致依照下列 6 項步驟進行：1.數位典藏前置作業；2.詮釋資料分析與著錄；3.報刊資料數位化；4.數位資料的儲存與管理；5.智慧財產權管理；6.數位化資料的利用。由於量大的掃描業務，委託廠商進行，其流程為：1.自書架取件；2.製作移送掃描清單；3.送件；4.待掃描資料整理；5.進行掃描；6.報紙微縮片轉製；7.品質檢驗；8.數位成果產出；9.驗收；10.影像儲存；11.影像連結查核與索引檔更新。

報紙方面因時多家國內報社已開始發售其報紙光碟，所以國圖以不與業界商品重複為原則，凡能價購者，皆不進行數位掃描，以節省資源。期刊報紙數位化成果的運用，主要透過「遠距圖書服務系統」、「國圖期刊影像資料庫」、「國圖報紙影像資料庫」及「全國報紙資訊系統」提供讀者檢索使用。

全國報紙資訊系統

國圖早年即設立縮影室，為完整保存報紙資源，1983 年 7 月 2 日起開始實施「國內報紙縮影攝製計畫」，以拍攝 35mm 縮微捲片來保存報紙。計拍攝 1974-1983 年的聯合報、新生報、中華日報、中國時報、*China News* 5 種。1993 年起國圖與中央圖書館臺灣分館、政大圖書館達成協議，3 館分工，以各自拍攝一份聯合報、中國時報、中央日報，再行彼此交換。政大不再拍攝時，國圖決定續拍中央日報及加拍自由時報。國圖報紙服務，

1981 年以前的紙本，不再調閱原件，只提供縮微捲片的借閱服務；在參考室購置「中央通訊社剪報資料庫」（單機版），但未購置影像系統，作為查詢新聞的工具。

2002 年國圖建置「全國報紙資訊系統」，除在系統主網頁提供多種線上即時新聞，如中國時報、工商日報、中時晚報、聯合報系等外，並提供下列功能，供讀者使用。（林淑芬）

1. 館藏查詢。提供各報紙的創刊年、刊期、資料型態（紙本、微縮、影像）、館藏地、影像連結等多項資訊，也提供報紙的簡要基本資料。

2. 新聞標題查詢。國圖將購置的 6 種報紙標題資料庫：（1）報紙標題全文資料庫，1996-，含全文影像。（2）中國時報 50 年報紙影像資料庫，1950-1999，含全文影像。（3）中央日報光碟資料庫，1928-1949，含全文影像。（4）中華日報標題索引資料庫，2001-，含全文影像。（5）聯合知識庫。（6）WiseNews（收錄臺灣、港澳、中國大陸重要報紙）（標題資料庫其後續有增加）等，予以整合於同一網頁，以方便讀者檢索利用。惟因受著作權限制。限國圖區域網域內使用。

3. 影像瀏覽。將國圖所有報紙影像檔，包括國圖採購報紙影像、自行數位掃描及微捲等予以整合，以提供報紙全文影像瀏覽服務。讀者可依報刊名、年月日期、版次逐一瀏覽已掃描的報紙影像。如中國時報 1950-2003 年、聯合報 1952-2003 年、中央日報 1928-1949 年，刊期連貫，內容又豐富。限國圖區域網域內使用。

4. 電子報總覽。國圖同人定期搜尋整理網路上發行的各式電子報，以分類方式提供讀者查閱。

5. 網路資源。國圖同人定期搜尋整理各式報紙新聞資源，提供讀者進一步連結與查詢。相關資源包括報紙網站指南、網路報紙資源索引、國圖館藏報紙目錄、標題檢索資料庫、電視新聞媒體、新聞討論羣。

（九）博碩士論文數位化

國圖最早在 1970 年起即着手編印《中華民國博士碩士論文目錄》（紙本）。依 1994 年 4 月 27 日公布《學位授予法》的規定，國圖是國內唯一的博碩士論文法定寄存圖書館。復依 2018 年 11 月 28 日修正公布《學位授予法》第 16 條的規定，取得博碩士學位者，博碩士論文連同電子檔都要送存國圖。

自 1994 年以來，教育部高等教育司委託國圖辦理「全國博碩士論文摘要專案計畫」，開啓了我國學位論文自動化數位化的序幕。國圖電腦室（後改稱資訊組）初期採用由教育部電算中心所設計的論文摘要建檔軟體，進行學位論文的回溯建檔，並提供各校博碩士班應屆畢業生自行建檔。為推廣該計畫，分別至全國各地大學校院舉辦建檔說明會。1995 年 3 月重新開發 DOS 版論文摘要建檔軟體，並以兩年時間推廣到全國各系所。1997 年 9 月復提供 Web 版線上檢索系統。

1998 年在教育部經費支持下，首創「全國博碩士論文摘要檢索系統」與「全國博碩士論文摘要線上建檔系統」，是國圖第 1 代學位論文線上系統。教育部指示，辦理全國大學校院博碩士論文線上建檔，包括原有的論文書目、摘要外，更新增論文目次、參考文獻等，要有開放應屆畢業的碩博士研究生直接上網登錄資料的機制。「透過本系統線上建檔的運作，截止於 1999 年 6 月 30 日，國內計有 65 所大學院校 882 個研究所加入線上建檔的行列，另截止於 1999 年 12 月 31 日各校線上摘要建檔量累計達 130,000 筆。並自 1999 學年度第 2 學期起推動博碩士論文數位化。」（歐陽崇榮、王宏德）2000 年 3 月教育部復指示將該機制正式納為各校研究所畢業生離校程序。

1999 學年度起，配合已進行的論文摘要線上建檔作業，推動博碩士論文線上電子全文服務，將各校畢業研究生所提供的論文電子檔轉成 PDF 電子檔案格式，同時加上浮水印，進行限制電子檔案轉貼處理，在獲有研究

生授權書後，上網免費供眾下載利用。爰於 2000 年擴充「線上建檔系統」功能，提供線上電子全文授權認證及電子全文上傳、全文影像下載、書目資料轉換為 ISO2709 機讀編目格式、檢索介面英文化等功能。配合系統運作的行政程序如下：（黃三益、孫繡紋、王興翰）

1. 由各校系所助理控管學生帳號和密碼，並負責檢視學生是否上線。

2. 檔案上傳和全文授權採自願方式。授權書由學生填寫郵寄回國圖。但自 2001 學年度起，改由各校代收，再批次寄回國圖。

3. 研究生提供全文檔案格式不拘，由國圖轉換成 PDF 檔。

4. 各校如欲典藏己校論文全文，再由國圖系統依據 ISO2709 或 XML 格式轉出所需資料。

在此同時，2000 年 5 月中山大學參考 NDLTD（National Digital Library of Theses and Dissertation）作法，設計了乙套學位論文收集系統—eTHesys（Electronic Theses Heap of National Sun Yat-Sen University）。該系統包括學生繳交、職員審核、讀者查詢 3 大功能。藉由校內行政程序的配合，完整蒐集該校畢業研究生論文。

2001 年初，教育部圖書館自動化及網路化策略推動委員會經召開多次會議，達成共識。以國圖博碩士論文為全國博碩士論文的彙總集中式系統，但鼓勵各校利用系統收集，以達分散式蒐集且集中式查詢的效果。為使各校系統有一致的規格，由國圖委請中山大學加強 eTHesys 功能，完成「分散式學位論文共建共享系統」（Electronic Theses Harvestable and Extensible System）的設計與開發，再移轉給其他學校，但各校採用此系統時，必須同意按時將所收博碩士論文轉移給國圖。2004 年 12 月時，有 37 所大學校院與國圖簽約，使用該「分散式系統」。

稍早，1999 學年度。國圖與政治大學圖書館合作，進行「全國博士論文全文影像資料庫系統建置先導計畫」，將 1981 年以前畢業研究生的博士論文 400 篇（冊）數位化，並分別於政大及該館建置系統。2000 學年度進行「全國博士論文全文影像保存計畫」（迄 2000 學年度，已有博士論文約

12,000 篇），完成國圖館藏 3,004 篇博士論文全文影像提供建檔及微捲保存，行政院國科會科資中心提供全文影像光碟 1,619 篇，連同先前政大 400 篇。共計 5,023 篇。2004 年 12 月累計完成 14,196 篇。

全國博碩士論文資訊網

2001 年起國圖開始研擬「全國博碩士論文電子化服務工作計畫」，希望藉由全國性共建共享機制，整合各大學校院系所與圖書館的博碩士論文資源，建立完整的博碩士論文資料庫，提供全方位的博碩士論文電子服務。2002-2003 年在「圖書館事業發展三年計畫」中列「博碩士論文數位化」，完成摘要檢索系統與影像系統功能整合、系統安全憑證增置、新網頁開發設計、博碩士論文電子權文檔案自動轉檔系統及新增 OAI 功能。2004 年開發新版「全國博碩士論文資訊網」，是為國圖第 2 代學位論文線上系統。2005 年上線，並於 3、4 月分別在北中南東區舉行 7 場系統說明會。該「論文資訊網」除了保留第 1 代的功能和特色外，利用了資訊新科技，如資料探勘、知識分類樹等技術。新增的特色：1.全國博碩士論文資訊入口；2.提供查詢結果分析；3.被引用次數統計與連結；4.參考文獻連結；5.主題瀏覽；6.學校專屬網頁；7.分散式學位論文系統功能；8.提供個別化服務。提供了全國的使用者更好的檢索功能。（徐小琪、陳立原、曾維絢）

2010 年 6 月 30 日國圖「全國博碩士論文資訊網」，更名為「全國博碩士論文知識加值系統」；10 月 25 日國圖成為 NDLTD（National Digital Library of Theses and Dissertation）組織的機構會員。

2012 年 2 月 25 日運用 2011 學年度（2011.08.01-2012.07.31），就各校送存國圖該系統博碩士論文的書目資料、摘要、電子全文及授權使用情形等，進行國內大學院校論文研究趨勢、影響力、學位論文送存及授權、熱門點閱及論文下載排行等統計，提出《臺灣各大學博碩士學生研究趨勢報告》乙篇。此項統計分析結果國圖每年 2、3 月間發布。

2015 年 11 月 6 日國圖邀集全國大學院校圖書館，成立「臺灣博碩士論文雲端書庫全國聯盟」，「聯盟」下設「發展委員會」。2016 年 10 月 28

日「聯盟」第 1 次年會由國圖和高雄師大合辦，假高雄師大燕巢校區圖書館舉行。

經多年的經營，「2017 年 2 月，全國 142 所授予博碩士學位的大學當中，已有 129 所的大學電子全文 100%送存國圖典藏。同時，該系統的書目資料及檔案已逾 100 萬筆，而已獲有作者授權上網公開電子全文亦逾 40 萬筆。」（王宏德、林安琪）

截止 2018 年時，國圖每日上傳臺灣最新的學位論文書目到 NDLTD Union Archive，累積上傳已超過 105 萬筆，占 NDLTD 全球總書目量 1/5。（王宏德、吳亭佑）協助國內大學及研究人員將學術研究成果向全球發聲。（曾淑賢）

2018 年 9 月 26-28 日「電子學位論文國際學術研討會」（ETD 2018 Taiwan）在國圖舉行，由國圖、中華民國圖書館學會、中華民國圖書資訊學會共同舉辦。這是該學術研討會 20 年來首次在臺灣舉行。有來自德、美、中國大陸、星、印度、伊朗、加、澳洲、泰、巴西、菲、日、英、韓等 14 國及國內 212 人與會。由教育部次長林騰蛟主持開幕及歡迎晚宴。

（十）兒童知識銀行系統

建立兒童知識銀行旨在：1.以兒童知識入口網站為目標，建立並連結華文優質網站；2.建立兒童學習過程所需的全文影像系統，擴大加值兒童網路資源服務；3.建置各學科輔助教學資源與課外相關讀物；4.結合各項影音資料與電子資料庫；5.建立網路虛擬老師，解答兒童求知困惑。（鍾雪珍）內容有下列項目：

1. 專題文獻。將專題分類，提供關鍵字，使使用者從不同角度切入瀏覽。
2. 歷史事件。建置古今中外重要事件發生日期，並可與專題文獻結合。
3. 每月專題。選出每月重要的學習主題，加上重要的兒童讀物（電子書、電子期刊）或重要的網站相連結。

4. 兒童讀物。建置收錄國內外重要兒童讀物相關資訊。

5. 虛擬老師。透過虛擬老師,提供學童課業輔導與諮商輔導。

6. 最新消息(活動快報)。提供優良網站,選擇知識有獎徵答及徵求網站標章活動。

7. 創作園地。提供一個創作發表的園地。

8. 熱門主題。選出本網站中查詢率最高的詞彙前 50 主題及熱門查詢辭彙排名。

9. 網站連結。

10. 網站導引。

為利進行,成立「建置小組」,建議由臺北市立圖書館人員為主要成員,分組進行相關資料蒐集及編撰工作。

(十一)新聞影音資料數位化

2001 年 5 月國圖獲得文從道捐贈他曾受各界委託拍攝的各類資料母帶,內容包括中國電視公司早安新聞、放眼天下等節目母帶,及新聞拍攝帶等,數量約 2,000 餘捲。為了這批資料的處理,10 月閱覽組主任陳昭珍特率相關同人赴臺灣電視公司參觀其資料片庫。適 9 月 18 日,納莉颱風大雨侵襲,臺灣北部遭受到最嚴重的水災,若干電視臺多年來的影帶,也付諸積水中,損失劇甚。當談到數位化保存及利用課題,以這次災害為殷鑒,開啓了雙方數位化合作的對話。11 月國圖提「臺灣影音資料數位的典藏暨數位媒體隨選視訊服務計畫書」,獲得行政院文建會的資助,計畫時程 1 年(2001.11-2002.11)。計畫內容為 1.臺視晚間新聞。臺視於 1962 年 10 月 1 日開播。本次製作 1962-1971、1987-2001 年,每日晚間新聞的新聞影音數位檔案及相關詮釋資料;2.中華電視臺「華視新聞雜誌」節目。自 1981-1991 年所挑選的 182 個新聞單元數位檔案及所有新聞單元的詮釋資料;3.文從道新聞拍攝帶 1,000 多捲。

　　國圖就新聞資料的各種檔案格式製作相關規範，如新聞影音數位化檔案格式標準、新聞影音數位檔案、新聞資料內容分析的詮釋資料格式等。經協商高解析度的數位檔案（Mpeg 2　6M）由國圖及行政院文建會進行永久典藏，低解析的串流播放檔案（250Kbps、56Kbps）則分別授權於全國公共圖書館內部網路與網際網路做永久性非營利播放使用。

　　執行本計畫，承臺視公司總經理胡元輝、視聽處長李慧慧、處長李榮林、主任林開南，及華視處長黃日春、主任歐陽瑞、謝偉淦、周梅生在行政及數位技術的支援及配合，成功地保存了臺灣歷史的影音紀錄。成果陸續匯入國圖數位典藏等系統中，透過「臺灣記憶系統」及視訊隨選服務系統（VOD）服務網頁，提供民眾使用。雙方於 2003 年底起繼續合作，期將臺視開播以來電視新聞進行完整數位典藏。並以此為基礎，逐步有系統的完整蒐集和典藏我國重要新聞影音資料。

　　國圖獲行政院文建會的補助，參與建設國家文化資料庫，並大量徵集影音資料，獲多項影音資料公播版及隨選視訊版授權，為館藏影音圖書資料奠基。

　　2008 年中國廣播公司將包括黑膠唱片與廣播錄音盤帶在內，約 3 萬件錄音資料贈送給國圖，但缺乏可供參考的詳細目錄文件。錄音盤帶約 4,000餘捲，錄音期間函括 1920-1980 年，國圖爰予以逐步進行數位化。國圖自訂分類為：名人演講（含歷任總統、行政首長）、人物專訪、會議、廣播劇、實況錄音、戲曲等。（宋美珍、陳麗玲、唐申蓉）

四、國際典藏數位合作

　　除了上開臺灣出版圖書原編書目資料、名稱權威資料、學位論文資訊、古籍聯合目錄等國際及兩岸圖書館自動化合作外，進一步還有典藏數位的合作。

（一）臺灣家譜數位化合作

　　耶穌基督後期聖徒教會（The Church of Jesus of Latter-day Saints），有稱摩門教，重視人們尋根溯源，家庭傳承的教育目的，在世界各地從事家譜資料的蒐集和研究已有百年以上的歷史。早在 1894 年 11 月 13 日（清光緒 20.10.16）於美國猶他州鹽湖城成立家譜學會(Genealogical Society of Utah；GSU)圖書館（Family History Library）。該機構迭經改名，於 1987 年更為現名，是世界最大的家譜查詢中心。1938 年開始進行家譜資料攝製微捲微片。

　　1974 年王世慶（1928－2011）擔任美國亞洲協會（AAS）臺灣史研究小組研究員，編纂臺灣史文獻目錄、古文書。因（美）教授田武雄（Ted A. Telford；或譯：泰爾福）的推薦，於 1974 年 12 月至 1978 年 6 月，擔任家譜學會（GSU）駐臺研究員兼臺灣族譜蒐集計畫總主持人，為該學會進行調查、收集與拍攝族譜。由臺北市郊做起，開始採訪標準較嚴格，由於族譜一般是給家人看的，並不願提供外界參考，因此蒐集倍感困難。其後，GSU 復與中國文化大學中華學術院譜系學研究所及中華民國宗親譜系學會合作繼續蒐集族譜，採訪範圍也放寬。以迄 1985 年共蒐得族譜 9 千餘種，170 餘姓氏。Ted A. Telford 編，《美國猶他家譜學會攝影臺灣私藏家族及地方歷史資料目錄》（臺北：成文出版社，2007）。

　　2004 年 11 月 22 日國圖與家譜學會（GSU)簽訂「臺灣地區家譜微縮資料數位化合作計畫」協議書（Agreement），合作時間自 2004 年 11 月至 2008 年 11 月。國圖取得 GSU 在臺灣民間所蒐購的臺灣地區族譜微捲 880 捲（約 9 千種），GSU 依其所獲授權，同意國圖進行數位化掃描轉換為數位化影像光碟（計 940,958 影幅）及詮釋資料（metadata）欄位分析建檔（依據《國家圖書館族譜詮釋資料著錄格式》），建置「臺灣家譜」資料庫，並經由國圖免費提供民眾非營利性的個人研究使用。同時複製乙份交 GSU 典藏利用。

（二）中文善本古籍國際數位合作

　　國圖積極蒐集海外散佚中文善本古籍原件或重製物，並以數位化的經驗與技術，與國外機構合作進行數位化作業，以數位化方式取得重製物及使用的權利，達到合作發展，資源分享的目的。2005 年 3 月 12 日國圖與美國國會館簽訂合作協議，將國會館館藏元明清善本古籍數位化，預計分 3 期進行。第 1 期掃描館藏互不重複者，第 2 期繼續掃描兩館館藏皆有相同題名但版本不同者，第 3 期掃描兩館缺卷或殘本的善本古籍。由國會館提供可數位化善本古籍原件及掃描作業所需的獨立空間和網路傳輸設備；國圖提供設備，派員在該館提供的場所內進行掃描作業及遵行銓釋資料（Metadata）建檔格式編製目錄建檔。由國圖將原始檔燒錄成 300 dpi TIFF 檔及 72 dpi JPEC 檔，由合作雙方分別持有乙套。該數位化合作成果檔也可提供線上閱覽與檢索。本合作自 2005 年至 2012 年，共計完成了 2,025 部、1,032,401 影幅的善本古籍數位化作業，開啓了國圖中文古籍國際數位化合作的先例。

　　自 2010 年起至 2017 年，國圖先後與國外機構合作進行中文善本古籍數位化，如美國華盛頓大學東亞圖書館（382 部、236,424 影幅）、柏克萊加州大學東亞圖書館（374 部、290,937 影幅，及 72 部、90,138 影幅）、加拿大多倫多大學圖書館（222 部、290,973 影幅）、法國國家圖書館（294 部、81,357 影幅）、加拿大英屬哥侖比亞大學（48 部、30,242 影幅）等。

　　2018 年首度展開古籍影像交換合作模式。國圖以朝鮮本 47 部、224 冊的中文古籍影像，交換韓國國家圖書館貴重古籍 38 部、248 冊影像。（曾淑賢）

（三）參與數位內容分享合作

　　國圖為在國際平臺上展現我國文化，並經由網際網路分享在該平臺的

其他國家重要文化遺產，例示：

全球記憶網（Global Memory Net）

2006 年 7 月 19 日與「全球記憶網」（主持人陳劉欽智）簽訂合作備忘錄，國圖同意上傳《臺灣記憶》和《古籍文獻資訊網》中挑選所藏日據時期發行明信片和古籍附圖影像，及中英文銓釋資料，使透過《全球記憶網》傳播與推廣。

世界數位圖書館（World Digital Library）

2007 年 10 月 17 日 UNESCO 和美國國會圖書館簽訂發展「世界數位圖書館」協議備忘錄，並在巴黎共同舉行展示會；「展示會現場人員包含 UNESCO 主席、官員、美國國會館相關組織館員、來自美國國會館、埃及亞歷山卓圖書館、巴西國家圖書館、埃及國家檔案館、蘇俄國家書館、蘇俄州立圖書館等 6 個（合作館）館長、蘋果電腦技術人員、法國當地圖書館人士、資訊界人士、以及歐洲鄰近國家應邀前來觀摩的貴賓百人」（蘇桂枝）國圖應邀參加該會，特派交換處主任蘇桂枝與會。會中展示國圖提供館藏影像檔 10 幅。這是一個將世界各國文化資產匯集於一個網站，免費開放使用的國際計畫。2008 年 7 月 30 日國圖獲美國國會館邀請，正式雙方簽署 WDL 計畫合作協議書。國圖加入成為合作館（Partners）。國圖陸續將館藏善本數位化圖像、摘要、銓釋資料匯入 WDL，開展了文化交流與合作的新頁。

國際敦煌項目（International Dunhuang Project）

2013 年 11 月 5 日國圖與大英圖書館簽署「國際敦煌項目合作協議」，2016 年將完成的 141 種 152 卷館藏敦煌卷子影像檔、銓釋資料及摘要上傳，提供學者研究參考。（曾淑賢）

徵引及參考文獻書目

二畫

丁延峰、李波,〈臺灣故宮博物院藏海源閣遺書考述〉,《山東圖書館學刊》
2009:4,頁 102－105＋112。

三畫

三十年代,〈西諦書跋中所及舊書業人物(轉載)〉,上網日期:2014.10.31。
http://www.booyee.com.cn/bbs/thread.jsp?threadid＝422632
上海魯迅紀念館,《鄭振鐸紀念集》(上海:上海社會科學院出版社,
2008.09)。

四畫

王世杰(1946.03.04)。盟國對日委員會開會期近擬定我國代表團之指示要
點,遠東委員會及盟國對日委員會,國民政府。國史館,數位典藏號
001-063100-0001-001。
王世襄,〈梁思成和《戰區文物目錄》〉,載於:王世襄,《錦灰堆——王世
襄自選集》(北京:生活・讀書・新知三聯書店,1999.08),頁 575－577。
王世襄,〈回憶抗戰勝利後平津地區文物清理工作〉,載於:王世襄,《錦灰
堆——王世襄自選集》(北京:生活・讀書・新知三聯書店,1999.08),
頁 558－560。
王汎森,〈什麼可以成為歷史證據——近代中國新舊史料觀點的衝突〉,載
於:王汎森,《中國近代思想與學術的系譜》(臺北:聯經,2003),頁

343－377。

王宇、潘德利,《中國古籍流散與回歸》(北京:中國社會科學出版社,
2012.09)。

王行仁,〈OCLC中日韓自動化和東西文化交流〉載於:國家圖書館、漢學
研究中心編,《華文書目資料庫合作發展研討會論文集》(臺北:國圖,
2000.03),頁33－44。

王宏理,《古文獻學新論》(廣州:中山大學出版社,2008.10)。

王宏德,〈談國內博碩士論文數位化之現況與展望〉,《國家圖書館館訊》
2002:2(2000.05),頁29－33。

王宏德、吳亭佑,〈「知識無疆界:電子學位論文全球化」第21屆電子學位
論文國際學術研討會紀要〉,《國家圖書館館訊》2018:4(2018.11),頁
1－5。

王宏德、林安琪,〈國家圖書館推動國內電子化學位論文開放的理念與實
踐〉,《國家圖書館館訊》2017:2(2017.05),頁1－4。

王宏德、林安琪,〈我國學位論文資訊服務的新境界〉,載於:國家圖書館
編, 《中華民國圖書館年鑑‧2010 年》(臺北:編者,2011.06),頁
45—50。

王宏德,林安琪,〈邁向國家博碩士論文數位圖書館的願景〉,《國家圖書館
館訊》2000:1(2000.02),頁34－38。

王雨著、王書燕編,《王子霖古籍版本學文集》3冊(上海:上海古籍出版
社,2006.10)。

王明玲、杜立中、曾彩娥,〈國家圖書館數位參考服務之使用研究〉,《國家
圖書館館刊》2011:1(2011.06),頁65－98。

王岫,〈一張泛黃的借書證〉,《中華日報》(2014.01.02),副刊。

王岫,〈文學史料數位化的推手──敬弔莊健國兄〉,《文訊》286
(2008.01.02),頁42－44。

王祖彝,〈京師圖書館回顧錄〉,《中華圖書館協會會報》7:2(1931.10),

頁 1－6。

王若，〈關於嘉業堂所藏《永樂大典》的下落〉，《圖書館工作與研究》2002：
　　6，頁 17－19。

王振鵠，〈「中文資訊交換碼」的誕生──兼憶資訊專家謝清俊、楊鍵樵、
　　張仲陶、黃克東諸先生〉，《傳記文學》107：3（2015.09），頁 28－33。

王振鵠，〈書目與書評兼而得之　祝賀《全國新書資訊月刊》200 期〉，《全
　　國新書資訊月刊》200（2015.08），頁 6－8。

王振鵠，〈師友追憶：圖書館先進蔣復璁先生〉，《傳記文學》106：5
　　（2015.05），頁 80－85。

王振鵠，《書緣：圖書館生涯五十年》2 版（臺北：書緣編印部，2014.07）。

王振鵠、胡歐蘭、鄭恒雄、劉春銀，《臺灣圖書館事業百年發展》（臺北：
　　文華圖書館管理公司，2014.07）。

王振鵠，《臺灣圖書館事業文集》（臺北：國家圖書館，2014.05）。

王振鵠，〈古籍蒐藏與整理〉，《國家圖書館館訊》2013：4（2013.11），頁
　　57－64。

王振鵠，〈國家圖書館八十年〉，《國家圖書館館刊》2013：1（2013.06），
　　頁 1－10。

王振鵠，〈從書目控制談《全國新書資訊月刊》〉，《全國新書資訊月刊》3
　　（1999.03），頁 1－3。

王振鵠，〈傳承文化使命　開創館務新局　對全體同人講話紀要〉，《國家圖
　　書館館訊》10：2（1988.05），頁 22－23。

王振鵠，〈我們的責任及未來發展的方向〉，《國家圖書館館訊》9：4
　　（1987.11），頁 2－5。

王振鵠，〈國立中央圖書館善本書目增訂二版序〉，《國立中央圖書館館刊》
　　新 20：1（1987.06），頁 1－2。

王振鵠，〈我國圖書館自動化作業之現況及展望〉，《國立中央圖書館館刊》
　　新 15：1/2（1982.12），頁 1－5。

王振鵠，〈「出版品編目」計劃及「國際標準書號」制度──圖書館界與出版界合作進行的兩件事〉，《出版之友》6（1978.03），頁 16－17。

王茜，「嘉業堂藏書聚散考」，（上海：復旦大學博士研究生畢業論文，2005.04）。

王清原，〈館藏古籍善本的特色與利用〉，《圖書館學刊》2000：1，頁 59－62。

王梅玲，〈臺灣圖書館學教育史〉，《圖書與資訊學刊》63（2007：11），頁 47－63。

王紹曾，〈山東省圖書館館藏海源閣書目·序〉，載於：山東省圖書館編，《山東省圖書館館藏海源閣書目》（濟南：齊魯書社，1999），頁 12－13。

王聖思，〈外公徐森玉先生印象──紀念徐森玉先生誕辰 130 周年、逝世 40 年〉，《上海文博論壇》2011：04，頁 11－20。

王錫璋，〈第三個十年慶〉，《國家圖書館館訊》2003：1（2003.03），頁 4－6。

王獻唐，〈海源閣藏書之損失與善後處置〉，載於：山東省圖書館編，《山東省圖書館館藏海源閣書目》（濟南：齊魯書社，1999.12），頁 406－419。

中國第二歷史檔案館、周曉、劉長秀、王麗穎選輯，〈故宮文物西遷檔案史料選輯〉，《民國檔案》2017：1，頁 36－55+35。

中國第二歷史檔案館編，《中華民國史檔案資料彙編第五輯第三編文化》（南京：江蘇古籍出版社，1999.09）。

〈北平圖書館陳報將海源閣藏書收歸國有經過情形呈〉（1946.02.18），頁 324－329。

〈蔣復璁等報告接運文瀾閣四庫全書經過情形呈〉（1946.09.02），頁 329－331。

〈國立中央圖書館概況〉（1947.05），頁 338－351。

〈國立中央圖書館報告將善本書運臺經過致教育部呈〉（1949.02.19），頁 371。

〈外交部辦理追還在香港被日劫取中央圖書館善本書籍經過致教育部代
　電〉（1946.03.28），467—468。

中國第二歷史檔案館編，《中華民國史檔案資料彙編第五輯第二編文化
　（二）》（南京：江蘇古籍出版社，1997.09）。

〈教育部為請款蒐購敵戰區文物古籍轉運後方庋藏以存文化致行政院呈〉
　（1938.06—1941.11），頁 591—594。

〈國民政府文官處抄轉葉恭綽等呈請籌款蒐購華南公私文物函與內政部籌
　辦意見呈〉（1940.01—0.2），頁 596—597。

〈內政部關於戰區內古物文獻移轉情況報告〉（1940.07），頁 599－600。

〈教育部請批撥中英庚款補助中央圖書館建築費移作滬港蒐購文物書籍事
　致行政院呈〉（1940.09.07），頁 601—603。

〈行政院與教育部關於北平圖書館存滬善本運美保存的令文〉（1941.03—
　1942.11），頁 603—605。

中國第二歷史檔案館編，〈教育部關於防止山東省聊城楊氏海源閣繕本藏書
　流出海外並設法購置的文件（1929.05—1934.06）〉，載於：《中華民國史
　檔案資料彙編第五輯第一編教育（二）》（南京：江蘇古籍出版社，
　1994.05）。頁 787—791。

中華民國駐日代表團（1949.09.14）。電陳盟總查究我國被劫文物情形檢同
　報告祈鑒核由，外交部〈日方提列戰時所劫文物目錄〉。國史館，數位典
　藏號 020-010119-0001。

中華民國駐日代表團（1948.04.26）。電呈偽新民會書籍 117 箱已交由海浙
　輪運滬請查照見覆由，外交部〈要求日本歸還圖籍（一）第 7 冊，歸還
　文物——新民會書籍案〉。國史館，數位典藏號 020-010119-0027。

中華民國駐日代表團（1948.01.23）。電陳北平圖書館呈請索還在港被劫書
　籍經由英國駐日代表團接收運港轉運上海請予查核備案由，外交部〈要
　求日本歸還圖籍（一）第 7 冊，歸還文物——新民會書籍案〉。國史館，
　數位典藏號 020-010119-0027。

中華民國駐日代表團（1947.09.11）。電陳上野圖書館存書 560 箱請向港政
　　府代為申請歸還由，外交部〈要求日本歸還圖籍（一）第 5 冊，〈劫自香
　　港運往上野圖書館之我國圖書籍〉。國史館，數位典藏號
　　020-010119-0027。

中華圖書館協會執行委員會編，《中華圖書館協會會報》，雙月刊，1:1
　　（1925.06）—21:3/4（1948.05）（南京等：中華圖書館協會）。

〈海源閣之調查與協議〉，6:4（1931.02），頁 12－19。

〈海源閣續聞〉，6:5（1931.04），頁 31－32。

〈海源閣續訊〉，6:6（1931.06），頁 18－19。

〈商務書館損失調查〉，7:5（1933.04），頁 21－22。

〈政府近購孤本元曲寄存北平圖書館〉，13:1（1938.07），頁 19。

〈七七事變後北平圖書館狀況調查（一）國立北平圖書館狀況〉16:1/2
　　（1941.10），頁 5－8。

牛惠曼，〈國家圖書館遠距學園〉，《國家圖書館館訊》2002：2（2002.05），
　　28－33。

毛華軒、權儒學，〈北京圖書館館史（1948 年以前）檔案選錄（下）〉，《文
　　獻》1988：1（1988.01），頁 242－243。

毛華軒、權儒學，〈北京圖書館館史（1948 年以前）檔案選錄（上）〉，《文
　　獻》1987：4（1987.10），頁 221。

五畫

北京市地方志編纂委員會編，《北京市志·新聞出版廣播電視志·出版志》
　　（北京：北京出版社，2005.10）。

北京圖書館業務研究委員會編，《北京圖書館館史資料滙編（1909－1949）》
　　2 冊（北京：書目文獻出版社，1992.10）。

外交部（1946.05.14）。外交部致北平圖書館說明日本戰犯掠奪圖書經過情
　　況。載於：《北京圖書館史整理滙編》（北京：書目文獻出版社，1992），

下冊，頁 841。

外交部（1946.03.28）。外交部辦理追還在香港被日劫取中央圖書館善本書籍經過致教育部代電（歐 1946 四四九八號），載於：《中華民國史檔案資料滙編》第 5 輯第 3 編（南京：江蘇古籍出版社，1999），頁 467—468。

外交部（1946.03.27）。關於中央圖書館存滬善本書為日人劫去案，經轉據香港郭特派員電呈交涉經過，外交部〈戰時圖書徵（集）購（二）〉。國史館，數位典藏號 020-990900-0111。

外交部（1946.02.15）。准教育部函中央圖書館寄存香港之善本書被日人劫去事，外交部〈戰時圖書徵（集）購（三）〉。國史館，數位典藏號 020-990900-0112。

外交部亞東司一科朱世民楊雲竹（1946.03.01）。中央圖書館存香港之四庫全書約 3 萬冊現存東京上野圖書館特函知查照，外交部〈要求日本歸還圖籍（一）第 1 冊，歸還文物——中央書館善本書案〉。國史館，數位典藏號 020-010119-0027。

外交部郭德華（1946.03.04）。外交部駐廣東廣西特派員公署香港辦事處電呈外交部辦理交涉中央圖書館所失書籍經過由，外交部〈戰時圖書徵（集）購（一）〉。國史館，數位典藏號 020-990900-0110。

外交部劉增華（1946.03.15）。日人竹籐峯治等劫取香港馮平山善本書事，外交部〈要求日本歸還圖籍（一）第 1 冊，歸還文物——中央書館善本書案〉。國史館，數位典藏號 020-010119-0027。

六畫

安平秋，《安平秋古籍整理工作論集》（北京：中國書籍出版社，1994.09）。

江綉瑛，〈中文書目光碟系統之設計與展望——國立中央圖書館經驗〉，《國立中央圖書館館刊》新 24：2（1991.12），頁 3－12。

江綉瑛，〈國立中央圖書館推行合作編目建檔作業之探討〉，《中國圖書館學會會務通訊》60（1988.01），頁 23－25。

江綉瑛、莊健國,〈參加孫中山多媒體數據庫工作會議報告紀要〉,《國家圖
　　書館館訊》2000：3（2000.08）,頁 15－16。

江綉瑛、繆永承,〈圖書館事業發展三年計畫執行成果報告〉,《國家圖書館
　　館訊》2005：2（2005.05）,頁 1－8。

西一翁,〈廢除不平等條約始末〉,《傳記文學》107：1（2015.07）,頁 62
　　－65。

向斯,《故宮國寶宮外流失秘笈：清宮珍籍流傳宮外考（彩圖卷）》（北京：
　　中國書店,2007.01）。

向斯,《書香故宮：中國宮廷善本》（歷史新天地；27）（臺北：實學社出版
　　公司,　2004.02）。

全根先、王秀青,〈國家圖書館民國時期所編各類書目概述〉,《文津學志》
　　2013：8 頁 305－314。

朱小燕,〈嘉業堂藏書之聚散考略〉,《圖書館》2010：4,頁 138－139。

七畫

沈亞明,〈沈仲章與陳寅恪之緣〉,《傳記文學》106：2（2015.02）,頁 56
　　－65。

沈亞明,〈許地山跟沈仲章征服香港之巔〉,《傳記文學》105：5（2014.11）,
　　頁 49－54。

沈津,〈關於元刻朱墨套印本金剛般若波羅蜜經〉,載於：沈津,《書城風絃
　　錄──沈津學術筆記》（桂林：廣西師範大學初版社,2006）,頁 5－6。

沈津,〈鄭振鐸致蔣復璁信札（下）〉,《文獻》2002：1,頁 216－231。

沈津,〈鄭振鐸致蔣復璁信札（中）〉,《文獻》2001：4,頁 214－228。

沈津,〈鄭振鐸和「文獻保存同志會」〉,《國家圖書館館刊》1997：1（1997.06）,
　　頁 95－115。

宋玉,〈談字碼和圖書館作業〉,《國家圖書館館訊》2002：02（2002.05）,
　　頁 8－14。

宋玉,〈中文字碼的發展與華文書目資料庫〉,載於:國家圖書館、漢學研究中心編,《華文書目資料庫合作發展研討會論文集》(臺北:國圖,2000.03),頁 349－357。

宋玉,〈書林五十年:我與圖書館邂逅〉,《資訊傳播與圖書館學》6:4(2000.06),頁 93－97。

宋美珍,〈國家圖書館七十周年館慶暨臺灣記憶/臺灣概覽系統啓用儀式報導〉,《國家圖書館館訊》2003:3(2003.08),頁 7－8。

宋美珍,〈國家圖書館新聞影音資料數位化典藏現況〉,載於:國家圖書館編,《中華民國圖書館年鑑·2003 年》(臺北:編者,2003.05),頁 31－38。

宋美珍,〈臺灣記憶(TaiwanMemory)系統發展簡介〉,《國家圖書館館訊》2003:2(2003.05),頁 7－8。

宋美珍、陳麗玲、唐申蓉,〈國家圖書館館藏蔣中正先生講話檔案之研究〉,《國家圖書館館刊》2012:2(2012.12),頁 87－112。

宋建成,〈《麟臺故事》中所見北宋館閣的功能〉,載於:王振鵠教授九秩榮慶籌備小組,《王振鵠教授九秩榮慶論文集》(臺北:師大書苑公司,2014.07),頁 83－94。

宋建成,〈王振鵠教授與臺灣圖書館事業〉,《國家圖書館館刊》2014:2(2014.12),頁 181－192。

宋建成,〈徵集圖書文獻建立國家總書庫〉,《國家圖書館館訊》2013:2(2013.05),頁 17－19。

宋建成,〈國家圖書館歷史沿革之探析〉,《國家圖書館館刊》2011:2(2011.12),頁 1－29。

宋建成,〈電子圖書館時代的國家圖書館:國家圖書館遠距圖書服務系統〉,《圖書館學與資訊科學》23:2(1997.10),頁 41－50。

宋建成,〈邁向數位化國家圖書館之新紀元〉,《臺北市立圖書館館訊》14:2(1996.12),頁 53－57。

宋建成、簡家幸、王宏德、吳碧娟,〈民國 84 年資訊月──本館遠距圖書
　　服務系統展紀實〉,《國立中央圖書館館訊》18:1(1996.02),頁 10－
　　13。

宋建成、宋美珍、蔡佩玲,〈NII 與本館遠距圖書服務〉,《國立中央圖書館
　　館訊》17:3(1995.08),頁 10－12。

宋建成,〈淺談本館期刊索引發展走向〉,《國立中央圖書館館訊》16:1
　　(1994.02),頁 2。

宋建成,〈本館架設區域網路系統促進國內外之資訊交流〉《國立中央圖書
　　館館訊》15:3(1993.08),頁 45。

宋建成,〈國立中央圖書館的讀者服務〉,《國立中央圖書館館刊》新 26:1
　　(1993.04),頁 125－147。

宋路霞,《百年收藏－二十世紀中國民間收藏風雲錄》(上海:復旦大學出
　　版社,1999)。

李文綺,〈國立北平圖書館新築落成開幕記〉,《中華圖書館協會會報》6:6
　　(1931.06),頁 4－6。

李文潔,〈二戰前後中國爭取海外圖書援助的活動〉,《國家圖書館季刊》99
　　(2015.03),頁 103－109。

李孝聰,〈國立故宮博物院圖書文獻處清代輿圖的初步整理與認識〉,《故宮
　　學術季刊》25:1(2007.09),頁 151－178。

李希泌、張椒華,《中國古代藏書與近代圖書館史料(春秋至五四前後)》
　　(北京:中華書局,1982.02)。

李宗侗,〈敬悼袁同禮學長〉,載於:袁嘉熙編,《思憶錄》(臺北:編者,
　　1966),頁 44－46。

李宜容、邱昭閔,〈「臺灣記憶系統」典藏及展示臺灣歷史人文發展軌跡〉,
　　《國家圖書館館訊》2018:2(2018.05),頁 28－29。

李性忠,〈周子美與施韵秋──記南潯嘉業藏書樓的兩任主任〉,《圖書館研
　　究與工作》2007:1,頁 73－75。

李性忠，《嘉業藏書樓──二十世紀藏書文化史上的豐碑》（西安：西安地圖出版社，2005.05）。

李性忠，〈鄭振鐸與嘉業堂〉，《圖書館工作與研究》2001：1，頁69－70。

李勇慧，〈「海源閣」藏書的散佚、搶救與歸屬〉，《民國檔案》2011：02，62－68。

李勇慧，〈王獻唐年譜〉，載於：張本義主編，《大連圖書館百年紀念學術論文集》2冊（瀋陽：萬卷出版公司，2007.11），上冊，頁241－249。

李思純，〈與友論新詩書〉，《學衡》19（1923.07），頁2628—2629。

李昭淳，〈從文化視角看太平天國運動〉，《圖書館論壇》26：6（2006.12），頁362－364+361。

李致忠，〈鄭振鐸與國家圖書館〉，《國家圖書館學刊》2009.02期，頁9-12+16。

李致忠主編，《中國國家圖書館館史（1909－2009）》（北京：國家圖書館出版社，2009.08）。

李致忠主編，《中國國家圖書館百年紀事（1909－2009）》（北京：國家圖書館出版社，2009.08）。

李致忠主編，《中國國家圖書館館史資料長編（1909－2009）》上冊（北京：國家圖書館出版社，2009.08）。

李莉茜，〈臺灣地區實施國際標準書號制度概況〉，《國家圖書館館訊》1999：3（1999.08），頁7－11。

李莉茜，〈我國實施國際標準書號作業對呈繳制度的影響〉，載於：祝壽論文集編輯小組，《當代圖書館事業論集：慶祝王振鵠教授七秩榮慶論文集》（臺北：正中，1994.07），頁493－506。

李莉茜，〈我國標準書號與預行編目制度之實施與展望〉，《國家圖書館館刊》新26：1（1993.04），頁67－81。

李莉茜、劉春銀，〈臺灣地區國際標準書號中心資料庫知應用〉，載於：國家圖書館、漢學研究中心編，《華文書目資料庫合作發展研討會論文集》（臺北：國圖，2000.03），頁33－44。

李富華，〈《開寶藏》研究〉，《普門研究》13（2003.1），頁181－206。

李博強，〈根津一與「興亞主義」〉，《外國問題研究》2013:4=210，頁31－35。

李萬健，〈清代藏書家（代序）〉，載於：張愛芳、賈貴榮選編，《清代民國藏書家年譜》6冊（北京：北京圖書館出版社，2004.04），頁1－9。

李經國，〈謝辰生年譜〉，載於：李經國編，《謝辰生先生往來書札》2冊（北京：國家圖書館出版社，2010.09），冊下，頁520－625。

李際寧，〈北京圖書館藏《磧砂藏》研究〉〉，《北京圖書館館刊》1998:3，頁71－73。

李際寧，〈梁啓超與本館所藏「飲冰室手稿」〉，《文津流觴十周年紀念刊=36》，頁146－148。上網日期:2018.12.30。

http://www.nlc.cn/newhxjy/wjsy/wjls/wjqcsy/wjd36q/cypl/201201/p020120105353112232770pdf

李慧，〈《文獻保存同志會第二號工作報告（1940年5月7日）》考釋〉，《文津學志》6輯（2013），頁250－257。

李慧，〈《文獻保存同志會第一號工作報告（1940年4月2日）》考釋〉，《文津邢義田，〈香港大學馮平山圖書館藏居延漢簡整理文件調查記〉，《古今論衡》20（2009.12），頁19－59。

邢義田，〈傅斯年、胡適與居延漢簡的運美及返臺〉，《國際簡牘學會會刊》3（1995.02），頁45－60。

那志良，〈復員後的故宮博物院〉，《傳記文學》38：2（1981.02），頁97－102。

那志良，〈故宮文物的復員〉，《傳記文學》38：1（1981.01），頁51－57。

阮靜玲，〈搶救國家文獻──1940-41中央圖書館搜購古籍檔案展〉，《國家圖書館館訊》2008：2（2008.05），頁40－44。

吳方，《仁智的山水張元濟傳》（上海：上海文藝出版社，1994.12）。

吳光清，〈袁守和先生傳略〉，載於：袁同禮，《思憶錄》（臺北：袁慧熙，

1968），頁 3－7。

吳岩，〈憶西諦先生〉，《文物》11（1961.11），頁 1－3。

吳英美，〈圖書館事業發展三年計畫〉，《國家圖書館館訊》2002：2
（2002.05），頁 15－18。

吳英美、陳友民，〈承先啓後的《中文圖書分類法》〉，《國家圖書館館訊》
2008：1（2008.02），頁 29－34。

吳真，〈鄭振鐸與戰時文獻搶救及戰後追索〉，《文學評論》2018:6，頁 52
－61。

引用:Chan Kwan Po. Books in the University Libraries during the War,
1946.06.19.聯合國最高司令部民間財產管理局檔案（GHQ/SCAP 文件）
Box No.4219/16:Hong Kong Books—British.

吳真真，〈電腦在國立中央圖書館的應用〉，《中國圖書館學會會報》35
（1983.12），頁 308－310。

吳哲夫編，《古籍鑑定與維護研習會專集》（臺北：古籍鑑定與維護研習會
專集編輯委員會，1985.09），頁 341－351。

吳密，〈國立北平圖書館追討日偽新民會查禁書籍始末〉，《國家圖書館學刊》
109（2017.01），頁 104－110。

吳碧娟，〈迎向新世紀的館際合作與線上文獻傳遞——遠距服務系統館合人
員文獻傳遞服務〉，《國家圖書館館訊》1999：2（1999.05），頁 13－14。

吳碧娟，〈十二年來的期刊服務邁向「全國期刊文獻中心」〉，《國家圖書館
館訊》1999：1（1999.02），頁 12－15。

吳碧娟，〈國家圖書館電子化期刊資訊服務的現況與展望〉，《國家圖書館館
刊》1997：2（1997.12），頁 1－19。

吳碧娟，〈推展館藏數位化工程成立期刊影像掃描室〉，《國家圖書館館刊》
1997：1（1997.02），頁 39－40。

吳碧娟，〈認識國家圖書館的遠距圖書服務〉，《教師天地》85（1996.12），
頁 52－56。

吳碧娟,〈中華民國期刊論文索引光碟系統獲獎記〉,《國立中央圖書館館訊》
　　16：1（1994.02），頁 3。

吳碧娟,〈二十年來期刊論文索引發展概況〉,《國立中央圖書館館刊》新
　　11：3（1989.08），頁 6－9。

吳碧娟、宋美珍,〈「中華民國期刊論文索引光碟系統」之開發與應用〉,《國
　　立中央圖書館館刊》新 28：1（1995.06），頁 3－26。

吳碧娟、宋美珍,〈中華民國期刊論文索引光碟系統成果記者會暨參展紀
　　要〉,《國立中央圖書館館訊》15：3（1993.08），頁 31－32。

吳碧娟、宋美珍,〈我國期刊文獻檢索新媒體：國立中央圖書館期刊論文索
　　引光碟系統〉,《國立中央圖書館館刊》新 24：2（1991.12），頁 13－30。

吳碧娟、徐小琪,〈全國博碩士論文資訊網〉,《國家圖書館館訊》2003：2
　　（2003.05），頁 20－24。

吳銘能,〈敬悼黃彰健先生——從胡適的絕筆墨寶談起〉,《胡適研究通訊》
　　2010：2（總 10）（2010.05），頁 34－36。

何東紅、朱賽虹,《中國官府藏書》（貴陽：貴州人民出版社，2008.12）。

何炳松,〈商務印書館被毀紀略〉,載於:宋原放主編,《中國出版史料（現
　　代部分）》第 1 卷下冊（濟南：山東教育出版社，2001.04），頁 42－54。

何炳棣,《讀史閱世六十年》（允晨叢刊；99）（臺北：允晨文化實業公司，
　　2004.05）。

何培齊,〈國家圖書館與臺南市立圖書館「日治時期臺灣舊籍數位化」合作
　　計畫協議書——兼述其時日本圖書館協會會員臺灣之旅〉,《國家圖書
　　館館訊》2005：2（2005.08），頁 12—14。

八畫

孟國祥,〈故宮文物留存南京研究〉,《南京社會科學》2011：4，頁 125－
　　132。

孟國祥,〈江蘇省立國學圖書館損失〉,載於：《南京文化的劫難（1937－

1945）》（南京大屠殺史研究與文獻系列叢書）（南京：南京出版社，
　　2007.09），頁 78－107。

孟國祥，《南京文化的劫難（1937－1945）》（南京大屠殺史研究與文獻系列
　　叢書）（南京：南京出版社，2007.09）。

孟憲梅，〈華夏文明史上災難深重的一頁──記毀於日本帝國主義「一二八」
　　戰火的東方圖書館〉，載於：北京交大圖書館，《北京交通大學圖書館第
　　4 屆學術研討會論文集》（北京：編者，2004），頁 134－136。

屈萬里，〈致鄭振鐸函（1946.03.20）〉，載於：山東省圖書館、漁臺縣政協
　　編，《屈萬里書信集・紀念文集》（濟南：齊魯書社，2002.09），頁 197。

屈萬里，〈國立中央圖書館主辦的臺灣公藏中文人文社會科學聯合目錄編輯
　　工作〉，《中國一周》930（1968.02.19），頁 3，9。

屈萬里，〈國立中央圖書館〉，《教與學》1：1（1967.09），頁 24－29。

屈萬里，〈臺灣現存的珍本圖書和重要學術資料〉，《圖書資訊學刊（臺大）》
　　1（1967.04），頁 13－20。

屈萬里，〈由共匪焚書談到中央圖書館所藏的善本圖書〉，《幼獅月刊》24：
　　6（1966.12），頁 8－9。

林巧敏、宋美珍，〈參加「澳門記憶專家諮詢會」會議紀要與心得〉，《國家
　　圖書館館訊》2008：2（2008.05），頁 25－30。

林巧敏、宋美珍，〈受邀赴港分享「臺灣記憶計畫」推動經驗暨參訪心得〉，
　　《國家圖書館館訊》2007：3（2007.08），頁 14－20。

林巧敏、林淑芬，〈中文名稱權威資料庫合作發展之探討〉，《檔案季刊》10：
　　1（2011.03），頁 52－69。

林世田采訪、錢存訓述，〈國寶播遷話滄桑──錢存訓先生采訪錄〉，載於：
　　吳格，《坐擁書城，勤耕不輟－錢存訓先生的志業與著述》（北京：國家
　　圖書館，2013.10），頁 103－115。

林世田、劉波，〈關於國立北平圖書館運美遷臺善本古籍的幾個問題〉，《文
　　獻》2013：7（2013.07），頁 75－78。

林呈潢，〈國際標準期刊號與應用〉，載於：祝壽論文集編輯小組，《當代圖
　　書館事業論集：慶祝王振鵠教授七秩榮慶論文集》（臺北：正中，
　　1994.07），頁 533－547。

林呈潢，〈我國國際標準書號制度實施今昔〉，《國立中央圖書館館訊》，11:4
　　（1989.11），頁 1。

林孟玲，〈由 ARBA 看《臺灣出版參考工具書書目：2000-2002 年》〉，《全
　　國新書資訊月刊》2004:9（2004.09），頁 26－27。

林清芬，〈國立中央圖書館與「文獻保存同志會」〉，《國家圖書館館刊》1998：
　　1（1998.06），頁 1－22。

林淑芬，〈數位時代的報紙典藏——兼論國家圖書館報紙數位化〉，《國家圖
　　書館館刊》2005：1（2005.06），頁 189－214。

林淑芬，〈中文期刊報紙典藏數位化作概述〉，《國家圖書館館訊》2004：4
　　（2004.11），頁 12－17。

林淑芬，〈遠距圖書服務與期刊文獻授權工作計畫〉，《國家圖書館館訊》
　　2003：4（2003.11），頁 21－24。

林淑芬，〈期刊文獻資訊網新服務——「全國報紙資訊網」及「國家圖書館
　　期刊影資料庫」上線服務〉，《國家圖書館館訊》2002：2（2002.05），頁
　　24－27。

林淑芬、宋美珍，〈期刊報紙數位化問題淺探〉，《國家圖書館館刊》2003：
　　1（2003.06），頁 197－213。

林淑芬、許靜芬，〈NBINET 系統資料庫品質問題之探討〉，載於：國家圖
　　書館、漢學研究中心編，《華文書目資料庫合作發展研討會論文集》（臺
　　北：國圖，2000.03），頁 109－138。

來新夏，《中國近代圖書事業史》（上海：上海人民出版社，2000.12）。

昌彼得，《蟫菴論著全集》2 冊（臺北：故宮、中華民國圖書館學會，2009.08）。

昌彼得，〈病榻憶往——宗陶老人自敘（3）〉，《國家圖書館館訊》2009:1
　　（2009.02），頁 5－9。

昌彼得，〈病榻憶往——宗陶老人自述（2）〉，《國家圖書館館訊》2008：4
（2008.11），頁 1-9。

昌彼得，〈病榻憶往——宗陶老人自敘（4）〉，《國家圖書館館訊》2010：1
（2010.02），頁 7－9。

昌彼得，〈談故宮博物院所藏宋本書〉，《故宮文物月刊》19：12（2002.03），
68-73。

昌彼得，〈元刻朱墨本金剛經題識〉，載於：昌彼得，《增訂蟫庵群書題識》
（臺北：臺灣商務印書館，1997），頁 224－225。

昌彼得，〈蔣復璁以館為家五十年〉，載於：《蔣復璁先生九四誕辰紀念集》
（臺北：中國圖書館學會，1991.11），頁 57－61。

昌彼得，〈蔣慰堂先生年表〉，載於：《蔣復璁先生九四誕辰紀念集》（臺北：
中國圖書館學會，1991.11），頁 3－21。

昌彼得，〈蔣慰堂先生與國立中央圖書館〉，《中國圖書館學會會報》47
（1990.12），頁 1－4。

昌彼得，〈國立北平圖書館善本闕書目〉，《國立中央圖書館館刊》新 3：2
（1970.04）頁 68－82。

昌彼得，〈關於北平圖書館寄存美國的善本書〉，《書目季刊》4：2（1969.12），
頁 3-12。

昌彼得，〈國立中央圖書館簡史〉，《教育與文化》351/352（1967.03），頁 3
－7。

（日）岡田溫先生喜壽記念會編，《岡田先生を囲んで―岡田溫先生喜壽記
念》（〔橫濱〕：編者，1979）。

（日）岡田溫，〈終戰前後の帝國圖書館〉，《圖書館雜誌》59：8（1965.08），
頁 276－280。

易明克，〈我所知道的王館長振鵠先生〉，載於：寸心銘感集編委會編，《寸
心銘感集——王振鵠教授的小故事》（臺北：編者，1994.09），頁 24－32。

易明克，〈圖書館內部規劃與細部設計經驗談〉，《臺北市立圖書館館訊》6：

2（1988.12），頁 25－32。

周子美，〈嘉業堂藏書聚散考〉，《文獻》1982：2，頁 220－224。

周園，〈從編纂古籍善本書目看目錄版本學家之成就〉，《新世紀圖書館》
　　2014：08，頁 79－83。

周曉、劉長秀、王麗穎選輯；中國第二歷史檔案館編，〈故宮文物西遷檔案
　　史料選輯〉，《民國檔案》2017：1，頁 36－55+35。

九畫

姜民，〈楊氏海源閣及其藏書略述〉，《大學圖書館》9：1（2005.03），頁
　　123－142。

封思毅，〈天金孟氏及其金石拓片題記〉，《國立中央圖書館館刊》新 24：2
　　（1991.12），頁 177－198。

胡天石，〈中國國際圖書館與抗戰〉，《中華圖書館協會會報》14：4
　　（1940.01），頁 3－4。

胡歐蘭，〈邁入 13 位數碼的 ISBN 新里程——回首我國國際標準書號的來
　　時路〉，《新書資訊月刊》2006:12，頁 4－6。

胡歐蘭，〈四十年來的圖書館自動化作業〉，載於：中國圖書館學會，《中國
　　圖書館學會四十年》（臺北：該會，1995.12），頁 49－72。

胡歐蘭，〈國家書目資料庫發展之趨向〉，載於：祝壽論文集編輯小組，《當
　　代圖書館事業論集：慶祝王振鵠教授七秩榮慶論文集》（臺北：正中，
　　1994.07），頁 435－445。

胡歐蘭、江綉瑛、吳碧娟，〈國立中央圖書館機讀書目光碟資料庫〉，《臺北
　　市立圖書館館訊》6：4（1989.06），頁 7－14。

胡歐蘭，〈國立中央圖書館書目資訊網發展計畫〉，《國立中央圖書館館訊》
　　10：3（1988.08），頁 14－15。

胡歐蘭，〈圖書館自動化作業〉，載於：國立中央圖書館，《第二次中華民國
　　圖書館年鑑》（臺北：該館，1988.12），頁 81－117。

胡歐蘭,〈由中國機讀編目格式探討東亞國家機讀編目系統建立之可行性〉,《中國圖書館學會會報》37（1985.12），頁 25－35。

胡歐蘭、江綉瑛,〈國立中央圖書館中文圖書線上編目及書目查詢系統〉,《中國圖書館學會會報》35（1983.12），頁 251－270。

胡歐蘭,〈國立中央圖書館自動化作業之現況與展望〉,《國立中央圖書館館刊》新 16：1（1983.04），頁 34－36。

柳和城,《張元濟傳》（南京：南京大學出版社，1996.09）。

柳和城,〈文獻保存同志會〉,載於：柳和城,《張元濟傳》（南京：南京大學出版社，1996.09），頁 365－368。

范偉敏,〈中圖 WANG VS 與 TANDEM 兩主機系統間檔案傳輸說明——WANG VS 部分〉,《全國圖書資訊網路通訊》1：2（1992.01），頁 4-7。

俞小明,〈古籍復刊、經典再現：國家圖書館善本古籍重印出版〉,《全國新書資訊月刊》102（2012.06），頁 4－5。

俞小明,〈本館與全球記憶網（Global Memory Net）簽訂合作協議〉,《國家圖書館館訊》2007：3（2007.102），頁 40－41。

俞小明,〈國家圖書館與美國猶他家譜學會「臺灣地區族譜數位化」合作紀要——兼談其家譜圖書館〉,《國家圖書館館訊》2005：4（2005.11），頁 26－31。

韋力,〈沈德壽抱經樓（下）抱經樓至此為三,抄書不則遭貶〉,2016.08。上網日期：2017.11.12。http：//kknews.cc/zh-tw/culture/91xhr.8html。

秋禾（徐雁）、少莉編,《舊時書坊》（北京：生活‧讀書‧新知三聯書店，2012.11）。

十畫

〈海源閣續訊〉,載於：中華圖書館協會執行委員會,《中華圖書館協會會報》6：6（1931.06），頁 18－19。

〈海源閣續聞〉,載於：中華圖書館協會執行委員會,《中華圖書館協會會

報》6：5（1931.04），頁 31－32。

〈海源閣之調查與協議〉，載於：中華圖書館協會執行委員會，《中華圖書
　　館協會會報》6：4（1931.02），頁 12－19。

唐潤明，〈未注篇名〉，載於：重慶圖書館門戶網站，《重圖歷史──歷史資料
　　1》，上網日期:2018.09.18。http://www.cqlib.cn/?q=node/28

耿立群，〈天涯若比鄰，往來無白丁──記漢學研究中心學術服務二三事〉，
　　《國家圖書館館訊》2013：2（2013.05），頁 32－33。

耿立群，〈國圖的傳真機──《國家圖書館館訊》百期憶往〉，《國家圖書館
　　館訊》2004：2（2004.05），頁 6－9。

夏曉臻，〈民國時期南京澤存書庫藏書研究〉，《圖書與情報》1997：2，頁
　　56－58。

徐小琪、陳立原、曾維絢，〈全國博碩士論文資訊網」新系統簡介〉，《國家
　　圖書館館訊》2005：2（2005.05），頁 20－24。

徐文堪，〈功績與精神永存──徐森玉和西北科學考察團〉，《上海文博論叢》
　　2011：04，頁 8－10。

徐昕，〈國學圖書館典籍的守護者──柳詒徵〉，載於：國家古籍保護中心
　　編，《抗戰時期古籍搶救保護史迹文集》（北京：北京大學出版社，
　　2015.12），頁 118－125。

徐家壁，〈袁守和先生在抗戰期間之貢獻〉，載於：袁嘉熙，《思憶錄》（臺
　　北：編者，1966），頁 80－92。

徐雲根，〈上海商務印書館被炸紀實〉，《上海革命史資料與研究》14（2014），
　　頁 356－363。

徐雁，〈「絕代坊賈」陳濟川和孫殿起〉，載於：張本義主編，《大連圖書館
　　百年紀念學術論文集》2 冊（瀋陽：萬卷出版公司，2007.11），上冊，頁
　　266－274。

徐雁平、武曉峰，〈現代書商和中國典籍的聚散〉，《圖書館》1997：5，頁
　　66－69。

徐憶農，〈《玄覽堂叢書》的傳播與影響〉，《國家圖書館館刊》104：2
（2015.12），頁 53－74。

徐憶農，〈玄覽中區－海峽兩岸玄覽堂珍籍合璧展〉，《新世紀圖書館》2012：
12，頁 60－64。

翁慧珊、簡家幸，〈「一九九四大陸圖書展覽」紀實〉，《國立中央圖書館館
訊》16：2（1994.05），頁 12－14。

十一畫

章以鼎，〈前國防研究院藏善本暨普通本線裝書整編始末〉，《國立中央圖書
館館刊》新 28：2（1995.12），頁 25－48。

許京生，〈抗戰時期日偽劫掠北平圖書館文獻及平館戰後的追索〉，《文獻》
2015：4（2015.07），頁 21－26。

許靜芬，〈從資源建置及交流觀點探討中文人名權威紀錄消岐議題〉，《國家
圖書館館刊》2015：1（2015.06），頁 67－88。

許靜芬、鄭玉玲、林淑芬，〈臺灣地區中文名稱權威的現況及展望〉，《國家
圖書館館刊》2007：2（2007.12），頁 211－228。

郭德華（1946.03.04）。外交部駐廣東廣西特派員公署香港辦事處呈外交部
辦理交涉中央圖書館所失書籍由，外交部〈戰時圖書徵（集）購（一）〉。
國史館，數位典藏號 020-990900-0110。

梅貽琦，〈抗戰期中之清華〉，載於：清華大學校史研究室，《清華大學史料
選編第 3 卷（下）西南聯合大學與清華大學 1937－1946》（北京：清大
出版社，1994.04），頁 18。

曹紅軍，〈《古今圖書集成》版本研究〉，《故宮博物院院刊》2007：3=131
（2007.05），頁 53－66。

教育部（1946.01.31）。具報關於中央圖書館存港善本書為日人劫取一案轉
請查照辦理，外交部〈戰時圖書徵（集）購（二）〉。國史館，數位典藏
號 020-990900-0111。

教育部（1945.09.19）。據中央圖書館呈報日本掠奪我國文物一案函達查照由，外交部〈要求日本歸還圖籍（一）第 1 冊歸還文物——中央書館善本書案〉。國史館，數位典藏號 020-010119-0027。

教育部部長黃季陸手諭（1964.03.27）。主任委員孔德成准辭，中央文物運臺聯合管理處—理事。國史館，數位典藏號 019—030403—0015。

張力，〈學者外交官：義大利人羅斯在中國，1908—1948〉，《中研院近史所集刊》96（2017.06），頁 1—30。

張人鳳、柳和城，《張元濟年譜長編》2 冊（上海：上海交通大學出版社，2011.01）。

張人鳳，《張菊生先生年譜》（臺北：臺灣商務印書館，1995）。

張小亞，〈西安交通大學所藏日本東亞同文書院檔案〉，《歷史檔案》2014：4，頁 125—127。

張升，〈再談嘉業堂藏《永樂大典》的下落〉，《圖書館研究與工作》2005：3，頁 78－79。

張志清，〈十年來中國國家圖書館對古籍保護傳承的探索〉，載於：國家圖書館特藏文獻組、張圍東編《金針度人——第六屆玄覽論壇論文集》（臺北：國家圖書館，2019.09），頁 11－26。

張秀玉，〈丁寧遺卷述略〉，《新世紀圖書館》2011：4，頁 94－96。

張秀民，〈袁同禮與北平圖書館〉，《歷史月刊》（1996.09），頁 88－90。

張廷銀，〈嘉業堂藏書流散過程中的動態文化內容——也談書信的文獻價值〉，《書目季刊》37：4（2004.03），頁 45－57。

張廷銀、劉應梅，〈嘉業堂藏書出售信函（上）〉，《文獻》2002：4（2002.10），頁 70－71。

張廷銀、劉應梅，〈嘉業堂藏書出售信函（中）〉，《文獻》2003：1（2003.01），頁 234－251。

張廷銀、劉應梅，〈嘉業堂藏書出售信函（下）〉，《文獻》2003：2（2003.04），頁 257－268。

張南琛、宋路霞，《張靜江、張石銘家族：一個傳奇家族的歷史紀實》2冊
　　（臺北：秀威資訊科技公司，2008）。

張建智，《現代呂不韋：民國奇人張靜江》（臺北：獨立作家：秀威資訊科
　　技公司，2014.07）。

張圍東，〈國家圖書館古籍文獻保存、整理與利用〉，《全國新書資訊月刊》
　　190（2014.10）頁4－15。

張圍東，〈國家圖書館珍藏拓片概介〉，《國家圖書館館訊》2007：1（2007.02）
　　頁30－37。

張圍東，〈認識藏品系列──臺灣古書契〉，《國家圖書館館訊》2005：4
　　（2005.11）頁15－25。

張圍東，〈王省吾〉，載於：中國圖書館學會出版委員會主編，《圖書館人物
　　誌（一）》（臺北：中國圖書館學會，2003.11），頁133－138。

張鼎鍾，〈中文資訊交換碼與中文圖書資料自動化之回顧〉，載於：張鼎鍾，
　　《鼎鍾文集》（臺北：秀威資訊科技公司，2004.06），頁83－92。

張錦郎，〈抗戰時期搶救陷區古籍諸說述評〉，《佛教圖書館館刊》57
　　（2013.12），頁54－116。

張錦郎，〈蔣復璁著《珍帚齋文集》補正〉，《佛教圖書館館刊》50（2009.12），
　　頁66－91。

張錦郎、釋自衍採訪，〈論工具書編輯──專訪張錦郎老師〉，《佛教圖書館
　　館刊》34（2003.06），頁6－24。

張錦郎，〈包遵彭先生與國立中央圖書館〉，《國立中央圖書館館刊》新16：
　　1（1983：04），頁42－48。

張錦郎，〈抗戰時期的圖書館事業〉，《國立中央圖書館館刊》新7：2
　　（1974.09），頁8－26。

張錦郎、黃淵泉，《中國近六十年來圖書館事業大事記》（臺北：臺灣商務
　　印書館，1974.08）。

張錦郎，〈包遵彭先生與國立中央圖書館〉，載於：包遵彭先生逝世三周年

紀念集編委會,《包遵彭先生紀念集》(臺北:編者,1973.02),頁 160
　　-174。

張寶三,〈任教臺北帝國大學時期的神田喜一郎之研究〉,載於:張寶三、
　　楊儒賓編,《日本漢學研究初探》(東亞文明研究叢書;5)(臺北:臺大
　　出版中心,2002.03),頁 323-341。

陳乃乾,〈上海書林夢憶錄(上)〉,《古今半月刊》20/21(1943.04.16),頁
　　24-26。

陳乃乾,〈上海書林夢憶錄(中)〉,《古今半月刊》27/28(1943.08.01),頁
　　21-23。

陳乃乾,〈上海書林夢憶錄(下)〉,《古今半月刊》30(1943.09.01),頁 14
　　-16。

陳友民、徐惠敏,〈國家圖書館古文書編目初探〉《國家圖書館館刊》2004:
　　2(2004.12),頁 177-197。

陳友民、徐惠敏,〈國家圖書館館藏臺灣古文書編目要點〉《國家圖書館館
　　訊》2004:2(2004.05),頁 25-26。

陳立夫,《成敗之鑑:陳立夫回憶錄》(臺北:正中書局,1994.06)。

陳立夫,《戰時教育行政回憶》(臺北:臺灣商務印書館,1973)。

陳戌興,〈耆老陳眼先生訪談紀實〉,《止善》22(2017.06),頁 155-164。

陳妙智,〈國立中央圖書館國家資訊系統〉,《國立中央圖書館館訊》9:3
　　(1987.08),頁 10-11。

陳宗仁,〈國家圖書館館藏名信片整理初探——以臺北地區圖像資料為
　　例〉,《國家圖書館館訊》2004:3(2004.08),頁 21-26。

陳芷瑛,〈國家圖書館遠距圖書服務系統〉,《國立中央大學圖書館通訊》26
　　(1998.06),頁 10-11。

陳和琴,〈十年來的編目技術規範〉,載於:中國圖書館學會,《中國圖書館
　　學會 50 週年特刊:走過半世紀——與中國圖書館學會同賀》(臺北:該
　　會,2003.12),頁 137-141。

陳爭平、龍登高，《中國近代經濟史教程》（北京：清華大學出版社，2002）。

陳進金，〈蔣介石對中英新約的態度（1942－1943）〉，《東華人文學報》7（2005.07），頁123－150。

陳雪華，〈全國數位化典藏之發展成果〉，載於：國圖編，《中華民國圖書館年鑑・2013年》（臺北：編者，2014.05），頁3－26。

陳雪華，〈臺灣地區數位化典藏與資源組織相關計畫之發展〉，《圖書資訊月刊》16（2001.11），頁49－65。

陳福康，《為國家保存文化:鄭振鐸搶救珍稀文獻書信日記輯錄》（北京：中華書局，2016）。

陳福康，〈書生報國：徐森玉與鄭振鐸〉，《新文學史料》2012：1，頁94－106。

陳福康，《鄭振鐸年譜》2冊（太原：山西出版集團・三晉出版社，2008.10）。

陳福康，〈鄭振鐸致蔣復璁信札〉整理中的錯誤〉，《學術月刊》2002：7，頁90－93。

陳福康，〈鄭振鐸等人致舊中央圖書館的秘密報告〉，《出版史料》2001：1，頁87－100。

陳福康，《一代才華鄭振鐸傳》（上海：上海人民出版社，1996.11）。

陳福康，《鄭振鐸傳》（北京：北京十月文藝出版社，1994.08）。

陳福康，《鄭振鐸年譜》（北京：書目文獻出版社，1988.03）。

陳福康，〈記北京圖書館所藏鄭振鐸日記和文稿〉，《文獻》1986：04，頁221－240。

陳榮聲，〈前嶼信次其人其事〉，《臺灣與海洋亞洲研究通訊》2（2009.01），頁6－13。

陳雷，〈顧廷龍與「清理戰時文物損失委員會」〉，載於：國家古籍保護中心編，《抗戰時期古籍搶救保護史迹文集》（北京：北京大學出版社，2015.12），頁106－117。

陳瑪君，〈政府與民眾間的「捷運系統」中華民國政府公報索引線上新系統

簡介〉,《國家圖書館館訊》1996：1（1996.05），頁 29－31。

陳澄瑞,〈國家圖書館「遠距學園」實施公務人員數位學習認證服務簡介〉,
　　《國家圖書館館訊》2008：4（2008.11），頁 35－37。

陳德漢,〈國家圖書館之「教饗樂」——國圖館藏（烏拉圭中國國際圖書館）
　　精粹〉,《國家圖書館館訊》2015（2015.11），頁 27－30。

陳懿行、鄭建明,〈論《國立中央圖書館藏官書目錄》的編置特點和史料價
　　值〉,《圖書館理論與實踐》，頁 82—86。

陳麗玲,〈數位時代國家圖書館「政府公報資訊網」之服務〉,載於：國家
　　圖書館編,《中華民國圖書館年鑑‧2010 年》（臺北：編者，2011.06），
　　頁 37—44。

陳麗玲,〈臺灣地區地方文獻典藏數位化及運用——以國家圖書館為例〉,
　　《研考雙月刊》32:3（2008.06），頁 26－34。

陳麗玲,〈臺灣概覽（TaiwanInfo）系統簡介〉,《國家圖書館館訊》2003：
　　2（2003.05），頁 23－25。

莊健國、顧力仁,〈啓動漢學書房計畫開創院校資訊合作新紀元〉,《國家圖
　　書館館訊》2009：1（2009.12），頁 28－29。

莊健國,〈漢學研究中心讀者服務之回顧〉,《漢學研究通訊》25：4
　　（2007.11），頁 47－51。

莊健國,〈我國現代文學史料數位典藏與服務（上）〉,《國文天地》18：8=212
　　（2003：01），頁 104－110。

莊健國,〈我國現代文學史料數位化典藏與服務〉,《國家圖書館館刊》2002：
　　2（2002.12），頁 189－215。

莊健國,〈國家圖書館啓用「參考服務園地」系統〉,《國家圖書館館訊》2002：
　　1（2002.02），頁 22－25。

莊健國,〈中華民國期刊論文索引三十周年回顧〉,《國家圖書館館訊》2000：
　　3（2000.08），頁 1－6。

莊健國,〈穩定中成長的「中華民國人文社會科學圖書館合作組織〉,《臺北

市立圖書館館訊》5：2（1987.12），頁 41－45。

國立中央圖書館編，《第三次中華民國圖書館年鑑》（臺北：編者，1999.08）。

〔國立中央圖書館編〕，《王振鵠先生國立中央圖書館館長 1977 年 4 月至 1989 年 7 月》（〔臺北：編者，1989.07〕）。

國立中央圖書館編，《第二次中華民國圖書館年鑑》（臺北：編者，1988.12）。

國立中央圖書館編，《國立中央圖書館資訊服務系統》（臺北：該館，1986）。

國立中央圖書館編，《中華民國圖書館年鑑》（臺北：編者，1981.12）。

〔國立中央圖書館〕，〈國立中央圖書館概況〉，《國立中央圖書館館刊》新 5：2（1972.06），頁 1－37。

國立中央圖書館編，《國立中央圖書館典藏國立北平圖書館善本書目》（臺北：該館，1969）。

國立中央圖書館（1943.03.26）。查我國確係該約簽字國之一本館兼辦出版品國際交換事宜自應隨時徵集齊全轉贈各與約國以符國際信義由，籌備處組織概況及受贈索贈業務。國發會檔案管理局，A335000000E/0032/500/006/001/012。

國立中央圖書館書目資訊中心，〈國立中央圖書館「全國圖書資訊網路」近期發展重點〉，《教育部電子計算機中心簡訊》1994.08，頁 15－20。

〔國立中央圖書館〕特藏組〈古籍整編工作述要〉，《國立中央圖書館館刊》新 27：2（1994.12），頁 37－51。

國立中央圖書館編目組，〈書目資訊中心研究報告〉，《國立中央圖書館館刊》新 21：2（1988.12），頁 191－208。

國立中央圖書館館刊編輯委員會，〈館史史料選輯〉，《國立中央圖書館館刊》新 16：1（1983：04），頁 57－104。

〈蔣復璁報告赴港滬兩地布置搜購古籍情形簽呈（1940.02.27）〉，見「館史史料選輯」，頁 73。

〈上海文獻保存同志會第 1 號工作報告書（1940.04.02）〉，見「館史史料選輯」，頁 73－74。

〈上海文獻保存同志會第 2 號工作報告書（1940.05.07）〉，見「館史史料選輯」，頁 74－76。

〈上海文獻保存同志會第 3 號工作報告書（1940.06.24）〉，見「館史史料選輯」，頁 77－80。

〈上海文獻保存同志會第 4 號工作報告書（1940.08.24）〉，見「館史史料選輯」，頁 80－83。

〈上海文獻保存同志會第 5 號工作報告書（1940.10.24）〉，見「館史史料選輯」，頁 83－87。

〈上海文獻保存同志會第 6 號工作報告書（1941.01.06）〉，見「館史史料選輯」，頁 87－88。

〈上海文獻保存同志會來函（1941.03.19）〉，見「館史史料選輯」，頁 88－89。

〈上海文獻保存同志會第 7 號工作報告書（1941.04.16）〉，見「館史史料選輯」，頁 89－91。

〈上海文獻保存同志會第 8 號工作報告書（1941.05.03）〉，見「館史史料選輯」，頁 91－96。

〈上海文獻保存同志會來函（1941.05.25）〉，見「館史史料選輯」，頁 96－97。

〈上海文獻保存同志會第 9 號工作報告書（1941.06.03）〉，見「館史史料選輯」，頁 97－98。

〈轉報港滬兩地購書情況並上海文獻保存同志會辦事細則（1940.05.09）〉，見「館史史料選輯」，頁 76－77。

〈葉恭綽關於在港搜購古籍致中英庚款董事會報告（1940.09.10）〉，見「館史史料選輯」，頁 99。

〈葉恭綽在港購書報告（1941.05.02）（1941.12.04）〉，見「館史史料選輯」，頁 99－100。

〈教育部令轉袁同禮關於存港圖書下落之報告（1946.01.31）〉，見「館史

史料選輯」，頁 100。

〈呈報接收國立北平圖書館運臺文物（1955.3.12）〉，見「館史史料選輯」，
　　頁 100。

〈請教育部轉函駐美大使館交涉運回北平圖書館寄存美國善本圖書密呈
　　（1965.02.10）〉，見「館史史料選輯」，頁 100。

〈駐美大使館文化參事張乃維來函（1965.06.14）〉，見「館史史料選輯」，
　　頁 101。

〈運回前國立北平圖書館存美善本書 102 箱經過（1966.01.04）〉，見「館
　　史史料選輯」，頁 101－102。

〈國立中央圖書館概況〉，《國立中央圖書館館刊》新 16：1（1983.04），
　　頁 105－140。

國立中央圖書館蔣復璁（1941.10.15）。中央圖書館館長蔣復璁呈教育部報
　　告。載於：《中華民國史檔案資料滙編》第 5 輯第 2 編（南京：江蘇古籍
　　出版社，1999），頁 593。

國立北平圖書館編，《國立北平圖書館館務報告 1929 年 7 月至 1930 年 6
　　月》（北平：編者，1930），上網日期：2019.01.01。

　　http://taiwanbook.ncl.edu.tw/zh-tw/book/NCL-000763808/reader（臺灣華文
　　電子書庫）

國立故宮博物院編，《故宮跨世紀大事錄要：肇始播遷復院》（臺北：故宮，
　　2000.01）。

國立故宮博物院，《故宮七十星霜》（臺北：臺灣商務印書館，1995.10）。

國史館藏《外交部檔案》，「要求日本歸還圖籍（一）」（數位典藏編號
　　020-010119-0027），（臺北：國史館）。

〈教育部致外交部公函（1945.9.19 社字 47661 號）〉，「要求日本歸還圖籍
　　（一）」（數位典藏編號 020-010119-0027），（臺北：國史館）。

朱世明、楊雲竹，〈致國立中央圖書館箋函（1946.3.1 東書字 24 號）〉，「要
　　求日本歸還圖籍（一）」（數位典藏編號 020-010119-0027），（臺北:國史

館）。

劉增華,〈呈外交部電(1946.3.15 來電 03147 號)〉,「要求日本歸還圖籍(一)」
　　（數位典藏編號 020-010119-0027）,（臺北:國史館）。

國家圖書館（臺北）,〈首屆玄覽論壇在南京召開〉,上網日期:2014.10.25。
　　http://www.ncl.edu.tw/ct.asp?xItem=22065&ctNode=1668&mp=2.

國家圖書館編,《國家圖書館體質轉變的十年:易名十周年紀錄（1996－
　　2006）》（臺北:編者,2006.04）。

國家圖書館編,《第三次中華民國圖書館年鑑》（臺北:編者,1999.08）。

國家圖書館特藏組（臺北）,〈「認識中國古書」多媒體光碟系統簡介〉,《國
　　家圖書館館訊》1996:2（1996.08）,頁 32－33。

國防部史政編譯局（1946.04.08）。為飭查明繳還國立中央圖書館善本書籍
　　一百箱具報由,臺灣區日俘（僑）處理案。國發會檔案管理局,
　　R5018230601/0034/545/4010/5/151。

國際標準書號中心、〔曾堃賢〕,〈國家圖書館 80 周年慶‧書號中心 24 年的
　　回顧與前瞻〉,《國家圖書館館訊》2013:2（2013.05）,頁 35－40。

十二畫

馮明珠,〈「國立故宮博物院明清輿圖類文獻資料庫」建置經緯〉,載於:中
　　研院臺灣史研究所、故宮博物院主辦,《空間新思維──歷史輿圖學國際
　　學術研會》（2008.11.6－7.）,頁 1－3。

〔曾堃賢〕、國際標準書號中心,〈國家圖書館 80 周年慶‧書號中心 24 年
　　的回顧

曾淑賢,〈我國國家圖書館國際交換與合作之探討〉,《國家圖書館館刊》
　　2017:1（2017.06）,頁 1－64。

曾淑賢,〈各國國家圖書館國際關係之探討──合作、交流與獎助〉,《國家
　　圖書館館刊》2016:1（2016.06）,頁 1－72。

曾淑賢,〈各國圖書館發展政策及補助計畫之探討（下）〉,《國家圖書館館

刊》2013：2（2013.12），頁 173－209。

曾淑賢，〈民國一百年展望國圖未來〉，《國家圖書館館訊》2011：2（2011.05），頁 1－5。

曾濟羣，〈國家圖書館的誕生〉，《國家圖書館館訊》2013：2（2013.05），頁 1－3。

曾濟羣，〈回首來時路那燈火闌珊處──記載國家圖書館服務的片段〉，《國家圖書館館刊》2003：1（2003.06），頁 3－16。

曾濟羣，〈國家圖書館自動化的前景〉，《國家圖書館館訊》1997：2（1997.05），頁 1－7。

曾濟羣，〈國家圖書館遠距圖書服務系統〉，《教育部圖書館事業委員會會訊》24（1997.07），頁 2－3。

曾濟羣，〈國家圖書館自動化的前景〉，《國家圖書館館訊》1997：2（1997.05），頁 1－7。

曾濟羣，〈國家圖書館組織法的立法過程〉，《圖立中央圖書館館訊》18：1〈1996.02〉，頁 1－5。

曾憲雄，〈圖書館網路系統整合計畫與目標〉《圖書與資訊學刊》14（1995.08），頁 1－6。

黃三益、孫繡紋、王星翰，〈分散式學位論文共建共享經驗談〉《國家圖書館館訊》2002：1（2002.02），頁 7－13。

黃文範，〈蘆溝橋的第一槍〉，《聯合報》，（2015.07.07－08），D3 聯合副刊。

黃文德，〈國家圖書館「臺灣研究入口網」簡介〉，《國家圖書館館訊》2006：3（2006.08），頁 6－10。

黃天才，《五百年來一大千》（臺北：羲之堂文化出版公司，1998.11）。

黃莉玲，〈國立中央圖書館中文書目光碟系之研發與展望〉，《國立中央圖書館館刊》新 27：1（1994.06），頁 3－18。

黃淵泉，〈黃淵泉和賴氏分類法〉，上網日期：2016.04.21。

http://www.laijohn.com/works/work1/experience/Ng,IChoan.htm.

黃淵泉，〈賴永祥教授的學術生涯〉，上網日期：2016.04.21。
　　http://www.laijohn.com/interview/Huang.htm.

黃淵泉，〈國立中央圖書館編目組的工作〉，《國立中央圖書館館刊》新 2:4
　　（1969. 04），頁 61－64。

黃裳，〈關於「書目」收藏的經驗與思考〉，上網日期：2016.04.21。
　　http://www.zgnfys.com/a/nfms-3372.shtml.

辜瑞蘭，〈「第二次中文文獻資源共建共享合作會議」紀實〉，《國家圖書館
　　館訊》2001：2（2001.05），頁 1－4。

辜瑞蘭，〈「華文書目資料庫合作發展研討會」會議紀要〉，《國家圖書館館
　　訊》1999：4（1999.11），頁 7－9。

程振粵，〈我國歷史文物三度播遷的一頁珍貴史料〉，《傳記文學》11:5
　　（1967.11），頁 55－57。

喬衍琯，〈一五一十：15 年圖書館員生涯〉，《國立中央圖書館館訊》10：4
　　（1988.11），頁 28－29。

喬衍琯，〈一五一十：15 年圖書館員生涯〉，《國立中央圖書館館訊》11：1
　　（1989：2），頁 24－25。

喬衍棺，〈「陽明山莊（國防研究院）普通本線裝書目」〉，《華學月刊》11
　　（1972：11），頁 34－37。

十三畫

楊翠華，〈王世杰與中美科學學術交流，1963-1978：援助或合作？〉，《歐
　　美研究》29：2（1999.06），頁 41－103。

楊樹人，〈朱家驊與中央研究院〉，《中外雜誌》20：4（1976.10），頁 64－
　　66。

楊樹人，〈中央研究院最近的十年〉，《大陸雜誌》16：7（1958.04），頁 4
　　－12。

賈士蘅，〈敬懷業師中國考古學之父李濟教授〉，《傳記文學》111:5

〈2017.11〉，頁 66－71。

雷叔雲、吳碧娟，〈國立中央圖書館文獻分析資料庫及其運用——「中華民
　國期刊論文索引」與「中華民國政府公報索引」〉，《中國圖書館學會會報》
　35（1983.12），頁 277－307。

雷強，〈顧子剛：大同書店和《圖書季刊》英文本〉，《圖書資訊月刊》16：
　1（2018.06），頁 1－33。

雷強，〈亨利‧魏晉與中外學人關係考略〉，《中西文化交流學報》6：1
　（2014.07），頁 140－151。上網日期：2014.10.31。
　http://www.academia.edu/8722371/The_Intercourses_between_Henri_Vetch
　_French_Bookstore_and_Scholars.

十四畫

廖新田，〈緣分、傳承與願景——新任國立歷史博物館館長的側面與正面書
　寫〉，《歷史文物》28:3=296（2018.03），頁 8－13。

（日）鞆谷純一，〈帝國圖書館の掠奪圖書〉，《情報學》6：1（2009），上
　網日期:2019.0101。https:core.ac.uk/download/pdf/35263079.pdf.附「帝國
　圖書館『略奪圖書一覽』」。

趙其康，〈北京圖書館變遷紀略〉，載於：中國人民政治協商會議北京市委
　會文史資料研究委員會編，《文史資料選編》第 32 輯（北京：北京出版
　社，1987.12），頁 250－284。

趙宣，〈且把金針度與人，衣帶漸寬終不悔——安平秋先生談漢籍引進工程
　與古籍整理工作〉，《大學圖書館學報》2018：1，頁 124－128+115。

趙建民，〈佔港日軍劫掠馮平山圖書館始末〉。上網日期：2014.07.20。
　http://hknec.org/download/files/fungpingshanlibrary.pdf

趙愛學，〈國圖藏嘉靖本《永樂大典》來源考〉，《文獻》2014：3（2014.05），
　頁 38－64。

趙愛學、林世田，〈顧子剛生平及捐獻古籍文獻事迹考〉，《國家圖書館學刊》

2012：1，頁94－101。

臺灣地區日本官兵善後聯絡部（1946.04.11）。為報復中國國立中央圖書館善本書籍一百箱調查之件，臺灣區日俘（僑）處理案。國發會檔案管理局，B5018230601/ 0034/545/4010/3/132。

臺灣省警備總司令部（1946.04.08）。為飭查明繳還國立中央圖書館善本書籍一百箱具報，臺灣區日俘（僑）處理案。國發會檔案管理局，B5018230601/ 0034/545/4010/5/151。

監察院調查報告。據審計部函報：稽察教育部補助國家圖書館籌設南部館籌備服務處計畫，涉有未盡職責及效能過低情事乙案。上網日期：2017.02.28。

File:///C:Users/chanky/Downloads/0990005990990801679 公布版.pdf

管理中英庚款董事會，〈管理中英庚款董事會工作報告（1941.11）〉，載於：周琇環，《中英庚款史料彙編》中冊（臺北縣新店市：國史館，1993.06），頁303－309。

裴芹，〈《古今圖書集成》版本及流傳〉，載於：裴芹，《古今圖書集成研究》（北京：北京圖書館出版社，2002.12），頁141－152。

裴高才，〈胡秋原抗戰「四重奏」（一）〉，（傳記文學）111：1（2017.07），頁89－111。

十五畫

潘美月、沈津，《中國大陸古籍存藏概況》（臺北：國立編譯館，2002.12）。

鄭玉玲、陳慧文，〈從回溯建檔談日文圖書編目〉，《國家圖書館館訊》2005：1（2005.02），頁26－29。

鄭玉玲、羅禮曼，〈中國圖書分類法之建檔及應用〉，《國立中央圖書館館訊》11：3（1989.08），頁36－37。

鄭玉玲，〈國立中央圖書館日韓文作業系統〉《國立中央圖書館館訊》11：2（1989.05），頁28－29。

鄭欣淼,《天府永藏:兩岸故宮博物院文物藏品概述》(臺北:藝術家出版社,2009.03)。

鄭恒雄,〈近年來兩岸書目合作發展之探討〉,載於:王振鵠教授九秩榮慶籌備小組,《王振鵠教授九秩榮慶論文集》(臺北:師大書苑公司,2014.07),頁 141－158。

鄭恒雄,〈國家圖書館目錄工作的回憶〉,《國家圖書館館訊》2013:2(2013.05),頁 20－23。

鄭恒雄,〈「當代目錄學」發展之探討──從傳統走向現代〉,《國家圖書館館刊》2008:6(2008.06),頁 1－23。

鄭恒雄、江綉瑛,〈國家圖書館書目資訊中心營運發展的探討〉,《國家圖書館館刊》2007:1(2007.06),頁 1—39。

鄭恒雄,〈王振鵠教授的書目學理念與實踐〉,《圖書館學與資訊科學》31:2(2005.10),頁 30－38。

鄭恒雄,〈國家書目資源的建立與共享(1977-1989)──記王振鵠館長的貢獻與影響〉,載於:王振鵠教授八秩榮慶籌備小組,《王振鵠教授八秩榮慶論文集》(臺北:臺灣學生書局,2004.07),頁 247－258。

鄭恒雄,〈「編目園地」網站與編目規範之研訂與應用〉,《國家圖書館館刊》2003:1(2003.04),頁 39－50。

鄭恒雄,〈建置國家書目資料庫管窺──兼述召開「華文書目資料庫合作發展研討會」的意義〉,《全國新書資訊月刊》3(1999.03),頁 4－7。

鄭恒雄,〈中華民國出版圖書目錄光碟系統建置的回顧與前瞻──中文書目光碟系統 SinoCat 邁入第 2 個 5 年計畫〉,《國家圖書館館訊》1999:1(1999.02),頁 5－11。

鄭恒雄,〈出席「區域合作新紀元──海峽兩岸圖書館與資訊服務研討會」紀要〉,《國家圖書館館訊》1998:3(1998.08),頁 24－25。

鄭恒雄,〈國家圖書館書目網路系統之規劃與建立〉,《國家圖書館館訊》1998:2(1998.05),頁 2－6。

鄭恒雄，〈國立中央圖書館的技術服務〉，《國家圖書館館刊》新 26：1
　　（1998.05），頁 83－114。

鄭恒雄，〈「全國圖書資訊網路」新系統之規劃與建立〉，《圖書館學與資訊
　　科學》23：1（1997.04），頁 8－19。

鄭恒雄，〈我國圖家書目資訊庫之建立與發展〉，載於：祝壽論文集編輯小
　　組，《當代圖書館事業論集：慶祝王振鵠教授七秩榮慶論文集》（臺北：
　　正中，1994.07），頁 493－506。

鄭恒雄、宋建成，〈國立中央圖書館自動化及書目網路現況報告〉，載於：《國
　　立大學院校圖書館自動化規劃第六次研討會會議資料》（臺北：國立中央
　　圖書館，1992.09）。

鄭春汛、向群，〈文獻保存同志會與「孤島」古籍搶救〉，《上海高校圖書情
　　報工作研究》2009：01，頁 53－56。

鄭春汛、向群，〈文獻保存同志會與「孤島」國寶搶救〉，《檔案天地》2008.09，
　　頁 38－42。

鄭振鐸輯，《玄覽堂叢書》12 冊（揚州：廣陵書社，2010.06）。

鄭振鐸，《失書記》（臺北：大塊文化出版公司，2007.03）。

鄭振鐸著、陳福康整理，《鄭振鐸日記全編》（太原：山西古籍出版社，
　　2006.01）。

鄭振鐸、沈津，〈鄭振鐸致蔣復璁信札（上）〉，《文獻》2001：3（2001.07），
　　頁 249－275。

鄭振鐸、沈津，〈鄭振鐸致蔣復璁信札（中）〉，《文獻》2001：4（2001.10），
　　頁 214－228。

鄭振鐸、沈津，〈鄭振鐸致蔣復璁信札（下）〉，《文獻》2002：1（2002.01），
　　頁 216－231。

鄭寶梅，〈圖家圖書館與數位學習服務〉，《國家圖書館館訊》2007：2
　　（2007.05），頁 10－15。

鄭寶梅，〈共築圖書館終身學習園地──「遠距學園」新課程暨新服務〉，《國

家圖書館館訊》2006：2（2006.05），頁 23－25。

鄭寶梅，〈網路教學在圖書館之應用——以國家圖書館遠距學園為例〉，《圖書館學與資訊科學》29：1（2003.04），頁 65－73。

鄭寶梅，〈「第三次全國圖書館會議」綜合報導〉，《國立中央圖書館臺灣分館館刊》7：2（2001.06），頁 34－40。

歐陽崇榮、王宏德，〈全國博碩士論文摘要檢索系統簡介〉，《國家圖書館館訊》1998：4（1998.11），頁 3－6。

歐陽崇榮，〈漫談中央圖書館第二期自動化〉，《國立中央圖書館館訊》17：1（1995.02），頁 9－11。

歐陽崇榮、楊智晶，〈「資訊網路展」紀實〉，《國立中央圖書館館訊》15：3（1993.08），頁 23－24。

蔣復璁，〈六十年的圖書館員生活——在美國國會圖書館演講〉，《傳記文學》47：5（1985.11），頁 36－40。

蔣〔復璁〕序，載於：王振鵠，《圖書館學論叢》（臺北：臺灣學生書局，1984.02），頁 III。

蔣復璁，〈國立故宮博物院遷運古物來臺的經過與設施〉，《故宮季刊》14：1（1979 秋），頁 37－43。

蔣復璁，〈運歸國立北平圖書館存美善本概述〉，載於：《珍帚齋文集·卷二 圖書與圖書館》（臺北：臺灣商務印書館，1985），頁 160－164。

蔣復璁，〈中美合作下的中國近代圖書館事業〉，載於：《珍帚集》（臺北：自由太平洋文化事業公司，1965.08），頁 59-71。

蔡元培著，高平叔編，《蔡元培全集·第 4 卷（1921－1924）》（中國近代人物文集叢書）（北京：中華書局，1984.09）。

〈國立北平圖書館記（1931.06.25）〉，頁 91－92。

〈請將清內閣檔案撥為北大史學材料呈〉，頁 198－199。

蔡佩玲，〈國家圖書館政府資訊服務現況〉，《國家圖書館館刊》1999：2（1999.12），頁 21－34。

蔡佩玲,〈我國政府統計資訊的搜尋引擎——新到政府統計調查目次服務系統簡介〉,《國家圖書館館訊》1998:2(1998.05),頁16-17。

蔡佩玲,〈開創政府資訊服務新紀元:中華民國政府公報暨政府資訊目錄光碟系統介紹〉,《國家圖書館館刊》1997:1(1997.06),頁3-9。

蔡佩玲,〈遨遊千萬里、智慧滿行囊——行政院所屬各機關因公出國報告書光碟影像系統〉,《國立中央圖書館館訊》17:4(1995.11),頁21-23。

蔡佩玲,〈全球最大政府出版品資料庫——中華民國政府出版品線上新系統〉,《國立中央圖書館館訊》17:2(1995.05),頁24-26。

蔡佩玲,〈中華民國八十一年臺閩地區圖書館統計調查工作概述〉,《國立中央圖書館館刊》27:2(1994.12),頁3-35。

黎樹添,〈馮平山圖書館簡史〉,載於:黎樹添、黃德偉,《香港大學馮平山圖書館金禧紀念論文集(1932-1982)》(香港:香港大學馮平山圖書館,1982),頁16-30。

劉玉錚,〈專業公會與來薰閣〉,《出版工作》1987:6,頁109-113。

劉兆祐,〈屈萬里先生之圖書文獻學〉,載於:國立臺師大國文系、國立臺師大文學院,《漢學研究之回顧與前瞻國際學術研討會論文集》(臺北:編者,2006.04),頁4-24。

劉兆祐,〈屈萬里先生之文獻學〉,《國家圖書館館刊》2004:2(2004.12),頁1-25。

劉兆祐,〈屈萬里先生著述年表〉,載於:山東省圖書館、魚臺縣政協編,《屈萬里書信集‧紀念文集》(濟南:齊魯書社,2002.09),頁409-447。

劉兆祐,〈琳瑯秘籍,可以療飢——回憶在南海學園的一段日子〉,《國立中央圖書館館訊》11:2(1989.05),頁30-31。

劉兆祐,〈屈翼鵬先生與國立中央圖書館〉,《國立中央圖書館館刊》新16:1(1983.04),頁37-41。

劉兆祐,〈屈翼鵬先生對中國圖書館事業之貢獻〉,《出版與研究》42(1979.03),頁15-17。

劉明，〈鄭振鐸編《玄覽堂叢書》的底本及入藏國家圖書館始末探略〉，《新世紀圖書館》2014：7，頁 54－60。

劉春銀、陳妙智，〈光碟技術的應用在國立中央圖書館〉，《國立中央圖書館館刊》新 21：2（1988.12），頁 155－164。

劉衍文、艾以，《現代作家書信集珍》（上海：漢語大辭典，1999）。

劉哲民、陳政文，《搶救祖國文獻的珍貴紀錄──鄭振鐸先生書信集》（上海：學林出版社，1992.08）。

劉國蓁，〈服務馮平山圖書館的回憶（五）〉，《華僑日報》1957.12.19，第 3 張第 4 頁。

劉增華（1946.03.15）。日人竹籐峯治等劫取香港馮平山善本書事，外交部〈要求日本歸還圖籍（一）第 1 冊，歸還文物──中央書館善本書案〉。國史館，數位典藏號 020-010119-0027。

十六畫

賴文智，〈政府出版品納入線上期刊文獻傳遞服務的著作權議題〉，《國家圖書館館刊》2004：1（2004.06），頁 73－88。

賴貴三，〈國立臺灣師範大學特藏圖書與線裝古籍初探〉，載於：陳滿銘教授七秩榮退誌慶論文集編委會，《陳滿銘教授七秩榮退誌慶論文集》（臺北：萬卷樓圖書公司，2005.07），頁 451－477。

盧啓聰，〈臺北國家圖書館整編「善本書志」沿革數略〉，《書目季刊》46：3（2012.12），頁 15－35。

盧雪燕，〈臺北故宮博物院收藏方志述論〉，《故宮博物院院刊》，2012：5，頁 89－103。

盧雪燕，〈《永樂大典》──中國史上規模最大的類書〉，《故宮文物月刊》302（2008.05），頁 90－99。

盧雪燕，〈地理之學非圖不明：故宮所藏古地圖探微〉，《地圖》17（2007.09），頁 109－124。

盧錦堂,〈呂起森（1916—1998）〉,載於:黃元鶴、陳冠至主編,《圖書館
　　人物誌》（中華民國圖書館事業百年回顧與展望；12）（臺北:五南圖書
　　出版公司,2014.01）,頁 210—213。

盧錦堂,〈劫餘玄覽幸遷來〉,載於:國家圖書館特藏文獻組編,《1940－1941
　　搶救國家珍貴古籍特選八十種圖錄》（臺北:國家圖書館,2013.04）,頁
　　13－33。

盧錦堂,〈抗戰期間中央圖書館搶救我國東南淪陷區散出古籍相關工作報告
　　書之一考察〉,載於:《第一屆東亞漢文文獻整理研究國際學研討會論文
　　集》（臺北:國立臺北大學古典文獻學研究所,2011.07）,頁 133－146。

盧錦堂,〈元刊朱墨雙色印本《金剛般若波羅蜜經》為同版分次印刷考〉,
　　載於:《劉兆祐教授春風化雨五十年紀念文集》（臺北:臺灣學生書局,
　　2010.09）,頁 313－324。

盧錦堂,〈屈故館長翼鵬先生與國立中央圖書館在抗戰時期所蒐購我國東南
　　淪陷區之古籍最精品〉,載於:《屈萬里先生百歲誕辰國際學術研討會論
　　文集》（臺北:中研院史語所,2006）,頁 71－91。

盧錦堂,〈抗戰時期香港方面暨馮平山圖書館參與搶救我國東南淪陷區善本
　　古籍初探〉,《國家圖書館館刊》,2003:2（2003.10）,頁 125－146。

盧錦堂,〈國圖遺珍——宋刻本《一切如來心秘密全身舍利寶篋印陀羅尼
　　經》〉,《國家圖書館館訊》90:4（2001.04）,頁 14-16。

盧錦堂,〈赴北京出席「中文文獻資源共建共享合作會議第一次會議」報
　　告〉,《國家圖書館館訊》2000:3（2000.08）,頁 11—14。

盧錦堂,〈記國防部典藏古籍文獻捐贈儀式〉,《國家圖書館館訊》1999:2
　　（1999.05）頁 5-6。

盧錦堂,〈辛勤半世故紙堆,不教青史盡呈灰——感念呂起森先生〉,《國家
　　圖書館館訊》1999:1（1999.02）,頁 3-4。

盧錦堂,〈國立中央圖書館古籍蒐藏與整理〉,《國立中央圖書館館刊》新
　　26:1（1993.04）,頁 149－165。

錢存訓,〈我和國家圖書館——在北圖工作 10 年的回憶和以後的聯繫〉,《國家圖書館學刊》2009：3=69,頁 9－14。

錢存訓,〈北平圖書館善本書籍運美經過〉,《傳記文學》10：2（1967.02），頁 55－57。

十七畫

謝辰生,〈紀念鄭振鐸先生誕辰一百周年——《鄭振鐸文博文集》代前言〉,《中國歷史博物館館刊》1998：2（1998.09），頁 3－9+96。

謝榮滾,〈戰火中的國寶大營救——鄭振鐸與陳君葆的護書佳話〉,《百年潮》2008.03,頁 45－49。

〔謝興堯〕,〈書林逸話（上）〉,《古今半月刊》12（1942.12.01），頁 4-8。

〔謝興堯〕,〈書林逸話（中）〉,《古今半月刊》13（1942.12.16），頁 27－29。

〔謝興堯〕,〈書林逸話（下）〉,《古今半月刊》14（1943.01.01），頁 27－32。

薛吉雄、邱容妹,〈國立中央圖書館大事記（二）——自 1941 年至 1948 年〉,《國立中央圖書館館刊》新 14:2（1981.12），頁 79－85。

鍾雪珍,〈「臺灣文史哲論文集篇目索引系統」簡介〉,《國家圖書館館訊》2007:2（2007.05），頁 8－9。

鍾雪珍,〈進入知識的寶庫——兒童知識銀行系統簡介〉,《國家圖書館館訊》2003:2（2003.05），頁 12－15。

鍾博,〈懷念農復會精神〉,《傳記文學》107：2（2015.08），頁 53－65。

十八畫

藍文欽,〈嚴文郁先生年譜簡編〉,《中國圖書館學會會報》73（2004.12），頁 77－85。

蕭河,〈運臺國寶今安在滙印成冊歸故國〉,《兩岸關係》2000:2,頁 59─
　　60。

魏訓田,〈抗戰前後國立北平圖書館藏書聚散考略〉,《德州學院學報》20:
　　1(2004.02),79─81。

十九畫

羅金梅、林珊如,〈臺灣期刊論文索引系統──知識服務創新與突破〉,《國
　　家圖書館館訊》2010:1(2010.05),頁 39─42。

羅金梅,〈目錄索引編製:以《中文期刊篇目索引》紙本到網路版的編輯為
　　例〉,《佛教圖書館刊》46(2007.12),頁 51─70。

羅景文,〈國家圖書館藏《剿闖小說》探考〉,《國家圖書館館刊》2007:2
　　(2007.12),頁 161-192。

羅錦堂,〈難忘恩師董作賓〉,《傳記文學》111:5〈2017.11),頁 61─65。

羅禮曼,〈國立中央圖書館之「全國圖書資訊網路」〉,《國立中央圖書館館
　　刊》新 26:1(1993.04),頁 115─124。

二十畫

嚴文郁,《中國書籍簡史》(臺北:臺灣商務印書館,1992.11)。

嚴文郁,〈蔣復璁的宗教思想與辦事精神〉,載於:《蔣復璁先生九四誕辰紀
　　念集》(臺北:中國圖書館學會,1991.11),頁 91─94。

嚴文郁,《中國圖書館發展史──自清末至抗戰勝利》(臺北:中國圖書館
　　學會、新竹:楓城,1983.06)。

嚴文郁,〈提攜後進的袁守和先生〉,載於:袁同禮,《思憶錄》(臺北:袁
　　慧熙,1968),頁 74─79。

嚴佐之,《近三百年古籍目錄舉要》(上海:華東師大出版社,1994.09)。

嚴鼎忠,〈教育部閱讀植根與空間改造:2009-2012 圖書館創新服務發展計

畫成果〉，載於：國圖編，《中華民國圖書館年鑑・2013 年》（臺北：編者，2014.05），頁 3—26。

嚴鼎忠，〈眾志成城—記《中文主題詞表》的編訂出版（上）〉，《國家圖書館館訊》，2006：3（2006.08），頁 31－38。

嚴鼎忠，〈眾志成城—記《中文主題詞表》的編訂出版（下）〉，《國家圖書館館訊》，2007：1（2007.02），頁 1－12。

嚴鼎忠，〈書評：《臺灣出版參考工具書書目》詞——兼論參考資源工具書編制〉，《國家圖書館館刊》，2004：2（2004.12），頁 199－244。

嚴鼎忠，〈京師圖書館史略（上）〉，《國立中央圖書館館刊》，新 24：2（1991.12），頁 49－62。

嚴鼎忠，〈京師圖書館史略（下）〉，《國立中央圖書館館刊》，新 25：1（1992.06），頁 19－38。

嚴鼎忠，「國立北平圖書館之研究——清宣統元年至民國 38 年」（臺北：中國文化大學史學研究所碩士論文，1991.06）。

嚴靈峯，〈收羅諸子藏書的艱苦歷程〉，《國立中央圖書館館訊》10：2（1988.05）頁 4－7。

蘇桂枝，〈了解與參與：世界數位圖書館（World Digital Library）〉，《國家圖書館館訊》2008:1（2008.02），頁 14－16。

蘇振申，〈永樂大典聚散考〉，《國立中央圖書館館刊》，新 4：2（1971.06），頁 10－22。

蘇精，《近代藏書三十家》（臺北：傳記文學出版社，1983.09）。

蘇精，〈抗戰時祕密搜購淪陷區古籍始末〉，《傳記文學》35：5（1979.11），頁 109－114

蘇精，〈從換書局到出版品國際交換處——早期中國交換機關小史〉，《圖書館學與資訊科學》4：2（1978.10），頁 180－183。

蘇瑩輝，〈我與圖書館結了不解緣〉，《國立中央圖書館館訊》15：2（1993.04），頁 16－17。

蘇瑩輝,〈中央圖書館往事橑憶〉,《國立中央圖書館館訊》11：1（1989.02）,
　　頁 21－23。

蘇瑩輝,〈國立中央圖書館的文物拓片〉,《教育與文化》12：7（1956.06）,
　　頁 11－13。

蘇瑩輝,〈中央圖書館所藏漢簡中的新史料〉,《大陸雜誌》3：1（1951.7.15）,
　　頁 23－25。

蘇曉君、石光明,〈鄭振鐸《文獻保存同志會》購書單據概述〉,《文津學志》
　　6 輯（2013.08）,頁 238－249。

二十一畫

顧力仁,《誠與恒的體現：王振鵠教授與臺灣圖書館》,（新北市：華藝學術
　　出版,2019.05）。

顧力仁,〈師友風義：王振鵠教授與當代人物〉,《傳記文學》100：2（2017.02
　　頁 39－56。

顧力仁,〈王振鵠館長與國立中央圖書館〉,載於：王振鵠教授九秩榮慶籌
　　備小組,《王振鵠教授九秩榮慶論文集》（臺北：師大書苑公司,2014.07）,
　　頁 109－137。

顧力仁,《典範的時代和理想的人格：王振鵠館長與國立中央圖書館》,（新
　　北市：華藝學術出版,2014.03）。

顧力仁、阮靜玲,〈國家圖書館古籍蒐購與鄭振鐸〉,《國家圖書館館刊》
　　2010：2（2010.12）,頁 129-165。

顧廷龍,〈玄覽堂叢書提要〉,載於：《顧廷龍文集》（上海：上海科學技術
　　文獻出版社,2002.07）（芸香閣叢書）,頁 434－453。

顧廷龍,〈我和圖書館〉,載於：《顧廷龍文集》（上海：上海科學技術文獻
　　出版社,2002.07）,頁 590－601。

二十二畫

龔敏，〈孫楷第先生與《中國通俗小說書目》的編纂〉，《止善》13（2012.12），
頁 105－119。

西文

Bergstrom, C.W.（1961.09.11）。致兩院函，中央文物運臺聯合管理處─理
事。國史館，數位典藏號 019─030403─0015。

Brown, Charles H. "Co-operative Purchasing in China," *Library Journal* 69
（1944.03）: 27-28.

Fung, Margaret Chang.（張鼎鍾）" Safekeeping of the National Peiping
Library's Rare Books at the Library of Congress,1941-1965." *Journal of
Library History* 19:3（Summer1984）: 359-372.

國家圖書館出版品預行編目(CIP)資料

國家圖書館故事：館藏發展及整理 / 宋建成著.
-- 初版. -- 臺北市：元華文創, 2020.06
　　面；　　公分

　　ISBN 978-957-711-166-1 (平裝)

　　1.國家圖書館 2.館藏發展 3.善本

023.52　　　　　　　　　　　　　109004351

國家圖書館故事──館藏發展及整理
The Historical Development of the National Central Library ii

宋建成　著

發 行 人：賴洋助
出 版 者：元華文創股份有限公司
公司地址：新竹縣竹北市台元一街 8 號 5 樓之 7
聯絡地址：100 臺北市中正區重慶南路二段 51 號 5 樓
電　　話：(02) 2351-1607
傳　　真：(02) 2351-1549
網　　址：www.eculture.com.tw
E - m a i l：service@eculture.com.tw
出版年月：2020 年 6 月 初版
定　　價：新臺幣 480 元

ISBN：978-957-711-166-1 (平裝)

總經銷：聯合發行股份有限公司
地　址：231 新北市新店區寶橋路 235 巷 6 弄 6 號 4F
電　話：(02)2917-8022　　　　　傳　真：(02)2915-6275